American Society for Training and Development

ASTD

인적자원개발 트렌드

| 오헌석 저 |

학지사

서 문

인적자원개발 분야는 미국에서만 연간 78조 원이 투자되고, 매년 4% 정도 성장하며, 보수 대비 평균 2.4%가 투입되는 등 전 세계적으로는 195조 원이 투자되는 거대 산업이다.[1] 최근 기업의 인적자원개발은 어떻게 교육과 학습을 경영 전략과 연계하고, HRD 거버넌스와 운영을 효율화하며, 차세대 리더와 신세대들을 지속적으로 육성할 수 있을 것인가 등의 과제를 안고 있다. 특히 국내외의 경기변동으로 인해, 어떻게 적은 비용과 인력으로 고성과를 내는 HRD 시스템을 마련할 것인가의 문제가 핵심 이슈가 되었다.

이러한 조직 중심의 인적자원개발 과제 이외에도 학습의 생명력인 자율성과 개체성 그리고 사회성에 기반한 비형식 · 무형식 사회학습 영역을 개인의 성장과 조직의 발전을 위해 어떻게 지원하고 활용할 것인가 역시 중요한 이슈로 부상하고 있다. 때문에 오늘날의 기업은 자칫 딜레마에 빠질 수도 있는 조직 중심 인적자원개발의 계획성과 개인의 자기 주도 성장이라는 양날의 칼을 인적자원개발의 현장 속에 지혜롭게 녹이고 벼려, 지속성장을 가능하게 하는 학습과 혁신 역량을 조직의 일상 속에 내재화해야 한다.

고령화 사회로의 진입으로 조직 내에 3세대가 공존하는 다세대 조직이 일반화되고, 학습과 개발의 기능을 통해 인재관리까지 해야 할 필요성이 증가하고 있다. 또한 끊임없는 학습요구들을 즉각적으로 충족시켜 주어야 하고 학습내용의 생산자가 연수원과 같은 공급자에서 구성원 개개인 및 다양한 소그룹과 사회적 네트워킹으로 이동하는 현상들은 기업 인적자원개발의 전체 지형도를 바꾸고 있다.

이러한 변화에 현명하게 대처하고 서로의 지혜를 나누어 최적의 해결책을 탐색하고자 하는 공론의 장이 ASTD다. ASTD는 1944년 창립된 이래 지난 60여 년간 조직 인적자원개발 분야 최고의 지식과 실천의 향연으로 군림해 왔다. 즉, 세계적으로 벤치마킹 대상이 되는 베스트 프랙티스, 학계 및 컨설팅 분야 대가의 실천모형과 이론을 광범위하게 소개함으로써 최신 이론에 목말라하고 목전의 방안을 마련해야 하는 현장의 전문가들에게 패키지화된 최신 장비를 제공하는 역할을 하고 있는 것이다. 이런 점에서 ASTD는 대학과 연구소에서 이 분야를 연구하는 전문가뿐만 아니라, 국내 기업 및 공공기관에서 HRD를 담당하는 실무자들에게 세계 선진 기업과 조직의 HRD 동향과 사례, 새로운 기법, 최신 연구결과를 공급하는 지식의 산실 역할을 하고 있다.

이제 우리나라의 기업 인적자원개발은 ASTD에 참여해 선진 프랙티스를 베끼기에 바빴던 '모방의 15년'을 넘어 창조와 혁신의 시대로 접어들고 있다. 자신의 분야에서 세계 최고의 경쟁력을 확보하려는 기업이라면 더 이상 선진 기업의 추종자로 머물 수는 없으며, 자신의 갈 길을 스스로 밝히는 월드 리더로의 변신이 필요한 시대다. 더욱이 조직의 핵심 역량은 문화와 역사의 소산이기에, 고유 브랜드를 개발하지 않고서는 핵심 역량을 지속적으로 축적하고 육성할 수 없다. 베스트 프랙티스는 어디까지나 참조대상일 뿐이다. 그럼에도 불구하고 남들이 어떤 HRD를 실천하고 있는지, 전 세계의 HRD가 어떻게 움직이고 있는지를 명확히 아는 것은 우리가 걸어온 길을 돌아보고 가야 할 길을 알려 주는 중요한 이정표다.

저자는 2005년부터 5년간 한국능률협회의 ASTD 한국대표단 코디네이터 교수로 참여하면서 한국 참가자들의 높은 열의와 역량을 가까이서 보고 느꼈다. 그러나 여러 사람에게 학습 기회를 주고자 해마다 바뀌는 참가자들이 시차적응도 못한 채 10일 전후의 일정 안에서 ASTD의 전체 흐름과 동향을 한눈에 파악하는 것은 어려운 일이다. 4일간 숨가쁘게 진행되는 600개가 넘는 세션 중 하루 최대 4개의 세션에 꼬박 4일간 참여해도 총 16개의 세션밖에 듣지 못하는 상황에서 전체 동향을 파악하기란 쉽지 않은 일이기 때문이다. 발표 자료만으로 내용을 파악하기 어려운 세션들도 적지 않다.

저자는 참가자들이 겪는 동향 파악의 어려움을 해소하고 국내 HRD 전문가와 HRD 분야에 관심이 있는 분들에게 ASTD의 HRD 트렌드를 종합적으로 소개하기 위해 이 책을 집필하게 되었다. 무엇보다도 해외 참가국 중 북미를 제외하고는 가장 많은 인원이 참가하고 있는 우리나라의 HRD에 대한 높은 관심을 충족시키기 위해 ASTD의 HRD 동향을 종합적으로 정리할 필요성을 느끼게 되었다.

저자는 5년 동안 발표된 총 1,063개의 세션 중 이러닝을 제외한 941개 세션의 발표 내용을 분석하였다. 핸드아웃이 없거나 자료가 있다 해도 워크시트로 되어 있어 내용 파악이 어려운 세션은 발표와 관련된 모형과 프랙티스, 이를 뒷받침하는 이론에 관해 출간된 발표자의 저서나 논문, 기타 워크숍 자료 등을 찾아서 보완하였다.

ASTD에서는 항상 모든 분야의 새로운 내용이 소개된다기보다는 HRD의 핵심과제와 이슈를 중심으로 한 현장 적용 사례와 보다 보완된 모형들이 주류를 이룬다. 때문에 약 50%의 내용은 그 근본

아이디어 면에서는 동일하고, 약 20%는 기존 모형에서 진화된 형태이며, 나머지 30% 정도가 새롭게 등장한 이슈들을 다루고 있다. 저자는 이러한 트렌드를 분석하기 위해 코디네이터 교수로 참여한 국내 전문가들의 디브리핑 자료나 강연자료 등도 참조하였다. 이들의 통찰과 안목도 트렌드를 이해하고 분석하는 데 많은 도움이 되었다. 이 자리를 빌려 감사의 말씀을 드린다.

이 책은 서울대학교 인적자원개발연구회와 한국능률협회의 공동 노력의 산물이다. 서울대학교 인적자원개발연구회는 대학원에서 HRD를 학습하고 연구하는 교수와 학생의 모임이다. HRD를 사랑하고 이 분야에 헌신하고자 하는 마음이 있는 대학원생이면 누구나 가입할 수 있으며, 교육학과에 교수로 재직 중인 저자와 저자의 지도학생이 중심이 되어 연구회를 운영하고 있다.

한국능률협회는 '아시아의 넘버원 지식공급자'를 비전으로 기업과 공공부문에 걸쳐 교육 및 컨설팅 사업을 수행하고 있다. 국내 유일의 ASTD 글로벌 파트너로 1994년 이래 매년 200여 명에 이르는 한국 참가자들을 인솔하여 대회에 참가함으로써 우리나라 HRD 발전에 크게 기여하였다.

그간 ASTD의 코디네이터 교수로 참여할 기회를 주고 우리나라의 ASTD 참가 역사와 관련된 각종 자료를 기꺼이 제공해 준 한국능률협회의 최권석 사장님과 선유철 팀장님께 감사의 말씀을 드린다. 특히 선유철 팀장님의 적극적인 협조가 없었다면 이 책은 완성되지 못했을 것이다.

그리고 이 책이 완성되는 과정에서 저자의 대학원 지도학생들이 각 세션의 자료를 정리하고 동향을 함께 분석하는 수고를 해 주었다. 서울대학교 BK21 역량기반교육혁신 연구사업단의 최윤미 박사, 박사과정의 배진현, 강용관, 김국군 학생, 지난 학기 석사과정을 마친 권귀헌, 위현진, 석사과정의 배형준, 선우형, 이도엽, 성문주, 이상훈, 김은지, 최예슬 학생의 노고가 컸다. 특히 최윤미 박사는 저자와 함께 이 책의 전체 구조와 틀을 잡는 논의와 자료 정리를 하는 수고를 했고, 배진현 학생은 총괄편집과 교정을 맡아 수고해주었다. 이상훈 학생은 군입대를 앞두고도 각 세션의 모든 자료를 리스트로 만들어 한눈에 동향을 파악할 수 있는 기초자료를 만들어 주었다. 이들 모두에게 깊이 감사한다.

2009년 8월 관악산 끝자락이 보이는 연구실에서
오헌석

차례

▪서문 3

제I부 ASTD의 배경

1. ASTD의 역사와 현황 15
2. ASTD HRD 모형과 트랙의 변천 20

제II부 ASTD 트랙별 동향

01 경영 전략으로서의 학습 49

1. 얼라인먼트와 경영성과의 창출 51
2. 전략적 HRD 기능의 강화 55
3. CLO의 역할 변화 59
4. 학습 거버넌스 변화: 전통적 기업대학의 쇠퇴와 부활 62
5. HRD 부문을 비즈니스처럼 운영하라 66
6. 전략과 학습을 연계하는 도구의 활용: WLP 성과표 74

02 리더십 및 관리자 개발 79

1. 리더십의 의미 변화: 개인/내부에서 집단/사이로 확장 84
2. 리더 육성과 인재관리의 통합 90
3. 인재육성형 리더십의 부상 91
4. 리더와 기업의 사회적 책임 97
5. 리더 육성 방법의 변화 100
6. 글로벌 리더십의 보편화 106
7. 세대별 차이를 고려한 리더십 개발과 동기부여 112
8. 비즈니스 코칭을 통한 경영성과 달성 116

03 조직 변화 촉진 119

1. 변화 촉진의 핵심은 조직문화의 혁신 122
2. 변화 저항 요인의 체계적 분석과 요인별 대응 126
3. 참여를 통한 조직 변화 131
4. 조직 변화의 촉진과 관리 134
5. 조직학습과 조직 전체 대상 교육의 역할 강화 141
6. 강점 기반 조직개발의 확산 143

04 경력계획 및 인재관리 147

1. 인사에서 인재경영으로: 인재경영 통합모형 150
2. 인재경영의 DNA: 헌신 158
3. 인재경영의 새로운 동력으로서의 학습과 개발 159
4. 신인재관의 등장과 강점혁명 160
5. 베이비붐 세대 은퇴에 따른 새로운 인재경영 전략 171

05 학습설계 및 운영 173

1. 학습무대의 이동: 강의실에서 일터로 174
2. 교육효과 극대화를 위한 학습법칙의 적용 180
3. 세대 차이를 반영한 교수 및 학습 전략 190
4. 뇌친화적 접근을 활용한 감성적 전달 196

5. 교수체제설계 기법의 한계와 대안 201

06 성과 개선 205

1. HRD 담당자는 성과 개선 전문가 206
2. 성과 컨설팅 분석모형 211
3. 성과 컨설팅 2.0 시대 216
4. 성과 개선을 위한 효율적인 팀 빌딩 방안 220
5. 성과개선모형과 훈련 및 역량모형과의 결합 224
6. 성과 개선을 위한 조직문화 분석 227

07 측정 · 평가 및 투자수익률 233

1. 커크패트릭의 4수준 평가모형과 그 이후 236
2. 요구분석과 평가의 체계적 연계 238
3. 1, 2수준 평가의 적합한 활용과 효과적인 평가자료 분석 240
4. 교육투자수익률 분석 249
5. 기대수익률 평가: ROI를 넘어 258
6. 3수준 성공사례기법평가로 경영층 설득 260
7. 리더십 프로그램 평가는 SCM과 ROI에 집중 265
8. 개별 프로그램 평가를 넘어 매크로 평가 기법 도입 269

08 자기계발 및 전문성 계발 273

1. 일과 삶의 균형 패러다임 변화 275
2. 일과 삶의 의미에 대한 새로운 통찰 281
3. 21세기형 업무관리 및 시간관리 기법의 활용 284
4. 네트워킹을 통한 인맥관리 291
5. 효과적인 스트레스 관리 293
6. 의사소통역량은 자기계발 및 전문성 계발의 기본 296

제 III 부 ASTD 동향 10계명

1. 기업 HRD에 철학이 있어야 한다 303
2. 학습은 관리 대상이자 자율 영역이다 305
3. 강점혁명, 긍정혁명에 기반을 둔 인재육성과 조직개발 패러다임에 주목하라 306
4. 현업 HRD의 활성화가 필요하다 307
5. 리더 육성이 인재보유, 관리 및 개발을 통합하는 인재경영의 핵심이다 308
6. 세대의 변화와 차이를 고려한 HRD를 실행해야 한다 309
7. 학습무대의 이동: 실제 상황 활용과 무형식 학습이 중요하다 310
8. 매크로 HRD 시스템 평가가 필요하다 311
9. 성공사례기법을 중심으로 3수준 평가를 실시한다 312
10. HRD 담당자는 휴먼 시스템의 무한한 가능성을 신봉하는 긍정주의자여야 한다 312

- 미주 317
- 참고문헌 321

부록

- 〈부록 1〉 2004~2008 트랙별 발표 세션 목록 343
- 〈부록 2〉 한국의 ASTD 참가 역사 391

- 찾아보기 393

제 I 부

ASTD의 배경

1. ASTD의 역사와 현황

1944년에 설립된 ASTD(American Society for Training and Development)는 전 세계 100여 개국, 20,000개가 넘는 기관에서 인적자원 분야에 헌신하고 있는 70,000여 명의 전문가들이 회원으로 등록되어 있으며, 인적자원개발 분야에서는 세계 최대 규모의 현장지향형 학회이자 협회다. 기업뿐만 아니라 정부, 컨설팅 회사, 비영리기관, 대학, 연구소 등 광범위한 기관의 전문가들이 회원으로 가입되어 있고, 매년 개최되는 국제학술대회를 통해 모범 사례와 혁신이론 및 새로운 모형, 동향조사 결과 등을 공유하고 있다. ASTD는 미국 내 각 지역에 14개의 분과위원회를 두고 있고, 25개의 글로벌 네트워크를 갖고 있는 인적자원개발 분야의 심장이라 할 수 있다.

ASTD는 학습과 성과의 연계에 중점을 두고, 지속적인 학습 및 개발의 필요성을 알리며, 인적자원개발 전문가들에게 최신 동향과 전략을 제공하는 것을 목적으로 한다. 조직과 근로자 개인이 지속 가능한 경쟁력을 확보하는 길은 경쟁자보다 더 빠른 속도로 깊이 있게 학습하고 더 효율적으로 직무를 수행하는 역량을 갖추는 것이다. 이런 점에서 ASTD 국제학술대회[1)]는 일터학습과 성과 향상에 도움을 주는 최신의 성공 사례들을 한자리에 집대성함으로써 기업은 물론 다양한 기관과 단체의 인적자원개발 역량을 향상시키는 데 선구적인 역할을 하고 있다.

매년 9,000여 명에 이르는 참가자들로 성황을 이루는 오늘날의 ASTD가 최초로 결성된 것은 1942년 재즈의 본고장인 뉴올리언스에서 개최된 미국석유협회(American Petroleum Institute)의 훈련위원회(Training Committee) 회의에서였다. 이어 이듬해인 1943년 루이지애나 주 배턴루지에서 15명의 훈련담당자들이 미국훈련담당자협회(American Society of Training Directors)를 결성하여 첫 번째 운영위원회를 개최하게 된다. 이들은 전미 차원의 조직을 만들 아이디어를 구상하였고, 2년 뒤인 1945년 드디어 미국의 3대 도시 중 하나인 시카고에서 역사적인 첫 번째 대회를 개최하였다.

이후 전국의 기업체 및 공공기관의 연수원을 중심으로 기관 회원들이 점차 ASTD에 가입하기 시작하였다. 1946년 ASTD는 '산업계 훈련전문가들의 수준과 권익 향상 및 훈련전문가들의 훈련과 개발 촉진'이라는 목표가 담긴 헌장을 채택하였다. 이 헌장의 내용은 훈련전문가의 위상이나 요구가 변한 지금에도 여전히 ASTD의 목표로 자리 잡고 있다. 현재의 명칭인 'American Society for Training and Development'는 1964년에 확정되었다.

ASTD Mission

탁월한 학습과 수행을 통해 더 나은 세계를 창조한다.

("Through exceptional learning and performance, we create a world that works better.")

Vision

일터의 학습과 수행에서 세계의 리더가 된다.

("To be a world-wide leader in workplace learning and performance.")

1990년대 들어 ASTD는 공급자 중심의 훈련 관점에서 벗어나, 일터라는 현장 어디에서든 살아 숨쉬는 학습을 지원할 뿐만 아니

표 I-1 ASTD 발간 자료

State of the Industry Report	매해 인적자원개발의 전체 동향을 설문조사한 결과를 분석한 현황 개관 보고서
Benchmarking Forum	전 세계의 민간 및 공공 부문의 선진 사례에 관한 보고서
T+D	최신의 아이디어, 동향 및 모범 사례들에 대한 정보가 실린 잡지
Books	훈련, 이러닝, 성과 향상 등에 관하여 200권 이상의 도서를 출판 및 배포
Infoline	다양한 주제에 관하여 간단명료하면서 실천적인 정보를 제공
Learning Circuits	이러닝에 관한 온라인 뉴스와 특집기사를 제공
Buyers Guide	학습 및 개발 프로그램과 서비스에 대한 데이터베이스를 제공

라 학습의 결과를 성과로 연결하는 관점을 전면에 부각시켜 새로운 미션과 비전을 채택한다. "탁월한 학습과 수행을 통해 더 나은 세계를 창조한다."를 미션으로, "일터의 학습과 수행에서 세계의 리더가 된다."를 비전으로 채택한 것이다.

ASTD가 수행하고 있는 활동은 크게 세 가지 유형으로 구분된다. 첫 번째는 자료 제공이다. 주로 학습과 성과분야 전문가들을 위한 자료를 제공하는데, 〈표 I-1〉과 같이 연구보고서, 분석 자료, 벤치마킹 보고서, 온라인 정보, 도서 및 기타 출판물 등이 있다.

ASTD의 두 번째 활동 영역은 국제학술대회, 분과학회, 워크숍 등을 개최하여 일터학습과 성과 분야 전문가들 간에 세계적인 지식 공유의 장을 마련하는 것이다. 특히 2001년에 시작된 'ASTD TechKnowledge® Conference & Exposition'은 이러닝과 테크놀

표 I-2 ASTD 자격증 및 연수 프로그램

프로그램	내용
CPLP(Certified Professional in Learning and Performance)	2004년 완성된 ASTD 역량모형을 토대로, 2005년 예비조사를 거쳐 2006년부터 인적자원개발 전문가들에게 9개 영역별로 교육과 시험을 거쳐 자격증을 수여하고 있음
HPI(Human Performance Improvement) Certificate Program	수행공학의 5개 기초과정을 이수하면 자격증 수여
Business Academy Certificate Program	미국 일리노이 주에 위치한 레이크 포레스트(Lake Forest) 경영대학원과 연계하여 비즈니스 핵심 역량에 관한 심도 있는 지식을 제공하고 자격증을 수여하는 프로그램
Training Certificate Program	강의나 워크숍을 빈번히 진행하는 현장 전문가들에게 필수적인 핵심 역량을 개발하고 미래 경력을 어떻게 설계할 것인지에 대한 교육을 제공한 뒤 자격증 수여
Designing Learning Certificate Program	학습 프로그램의 설계에 필요한 역량을 개발하고 연습하는 워크숍을 이수한 뒤, 자격증 수여
ROI Skill-Building Certificate Program	필립스의 ROI 방법론을 배우고 ROI 프로세스 모형을 적용해 보는 프로그램으로 이수 후 자격증 수여
Measuring and Evaluating Learning Certificate Program	측정 및 평가에 대한 주요 이슈를 다루는 3일간의 프로그램으로 이수 후 자격증 수여
e-Learning Instructional Design Certificate Program	이러닝 교수설계의 이론, 실제, 적용 기술을 다루는 프로그램으로 이수 후 자격증 수여

로지의 활용에 관련된 최신 정보와 모범 사례, 그리고 학습 자원들을 제공하고 있다. 이 대회에서는 경험이 풍부한 실천가들이 최첨단 기법과 기술을 선보임으로써 현업에서의 활용도가 높은 정보를 제공한다는 점이 특징이다. 이 밖에도 ASTD에서는 온라인 토론

및 포럼을 적극적으로 지원하여 온라인상에서 전문적인 식견을 확산시키는 역할도 수행하고 있다.

세 번째 활동은 학습과 성과에 관련된 현장 전문가들에게 전문성 개발의 기회를 제공하는 것이다. 이를 위하여 회원들에게 다음과 같은 프로그램을 제공하고 있다. 대부분의 프로그램은 2일간의 교육과 워크숍으로 구성되어 있으며 프로그램 종료 후 시험을 본 뒤 합격자에게 자격증을 수여한다.

또한 ASTD는 훈련 · 개발 분야의 우수 실천 사례, 혁신 사례를 공모 · 선발하고, 현장의 개선에 기여한 이론이나 방법을 선별하여 상을 수여한다(〈표 I-3〉 참조).

표 I-3 ASTD가 수여하는 상

Advancing ASTD Awards	ASTD의 목표와 비전에 공헌한 개인 혹은 팀에게 수여
Advancing Workplace Learning and Performance Awards	WLP 분야에서 리더십을 발휘하거나 이 분야의 위상을 높인 개인에게 수여
ASTD BEST Awards	조직 구성원의 학습과 개발을 성공적으로 수행한 조직에게 수여
Excellence in Practice Awards	실천, 개입 및 학습 솔루션을 통해 WLP 전반에 걸쳐 좋은 결과를 달성한 조직에게 수여
ROI Impact Study Award	측정 및 평가에서 우수한 결과를 보인 조직에게 수여
ROI Measurement and Evaluation Award	

2. ASTD HRD 모형과 트랙의 변천

1) 맥레이건의 인적자원 휠 모형

맥레이건(Patricia A. McLagan)은 미국 미네소타 주에 위치한 McLagan International의 설립자 겸 CEO이다. 그녀는 'ASTD의 역량과 표준에 관한 특별위원회(ASTD' s Task Force on Competencies and Standards)'의 리더로서 'HRD 실천모형(Models for HRD Practice)' 연구를 주도하였다(McLagan, 1989).

이 연구는 미래 조직에서 인적자원개발(HRD: human resource development)이 왜 중요한지, HRD 부서가 어떠한 역할을 담당해야 하는지, 그리고 HRD 담당자들에게 요구되는 역량은 무엇인지를 밝히려는 목적으로 2년에 걸쳐 수행되었다. 맥레이건은 1990년대의 조직은 조직 구조 및 인력 구성의 변화로 인하여 첫째, 기존의 조직보다 더 유연하고 참여 중심적인 성격을 띠게 될 것이고, 둘째, 과거의 조직보다 한층 더 복잡하고 인간친화적으로 변모할 것이며, 셋째, 책무성과 창조성을 함께 강조하게 될 것이고, 넷째, 사람을 통해 경쟁우위를 추구하는 방향으로 변화할 것이라고 예측하였다. 20년이 지난 연구지만, 당시 예측된 변화 방향은 여전히 의미 있는 통찰을 제공한다.

조직, 인력 그리고 실천에서 나타나는 이와 같은 주요 변화는 HRD에도 중요한 시사점을 제공하였다. 새로운 경영환경에서 HRD는 무엇을 필요로 하고, 어떤 역량을 갖추어야 하며, 과정과 결과에 대해서는 누가 책임져야 하는가? 등의 문제에 대한 해답을 찾아야 했고, 그러한 물음에 대한 답으로 제공된 것이 HRD 실천모형이었다.

HRD는 학습과 개발 활동을 통해 인적자원의 역량을 향상시켜 개인, 팀, 그리고 조직의 성과를 향상시키는 과정이다. 따라서 HRD는 조직이 수행하는 활동에만 국한되지 않으며 모든 사람이 수행할 수 있는 활동이다. 개인은 자신의 능력을 개발하기 위하여, 관리자는 부하직원의 역량 및 경력개발을 지원하기 위하여, HRD 담당자는 총체적인 개발 전략과 공식적인 개발 프로그램을 제공하기 위하여 HRD 활동을 수행한다.

HRD는 인적자원이라는 우산 아래의 한 분야다. 맥레이건은 인적자원의 활동 영역을 [그림 I-1]과 같이 11가지로 구성된 '인적자원 휠(HR Wheel) 모형'으로 제시하였다. 이 모형은 실제 기업에서 인적자원과 관련해서 어떤 활동을 수행하고 있는지를 설문조사하여 그 실태를 유형화하고 분류하여 구성된 것이다. 이 모형에서 인적자원 활동은 크게 인적자원개발과 인적자원관리(HRM: human resource management)로 구분된다. 인적자원개발 분야에는 훈련·개발(T&D: training & development), 조직개발(OD: organization development) 그리고 경력개발(CD: career development) 활동이 포함된다. 결국, 기업의 실무자들이 HRD를 이 세 가지 영역으로 인식하고 있다는 사실을 확인해 준 셈이다.

여기에서 훈련·개발이란 계획된 학습을 통하여 현재 혹은 미래 직무를 수행하기 위해 필요한 핵심 역량을 규명하고 진단하고 개발할 수 있도록 하는 행위다. 그림에서 ①로 표시된 훈련·개발은 HRD에서 가장 오랜 역사를 지닌 영역이며 오늘날까지도 가장 광범위한 영역이다. ②의 조직개발은 조직 내외부의 건강한 관계를 유지하고, 조직의 변화를 주도하고 관리하는 행위다. 경력개발은

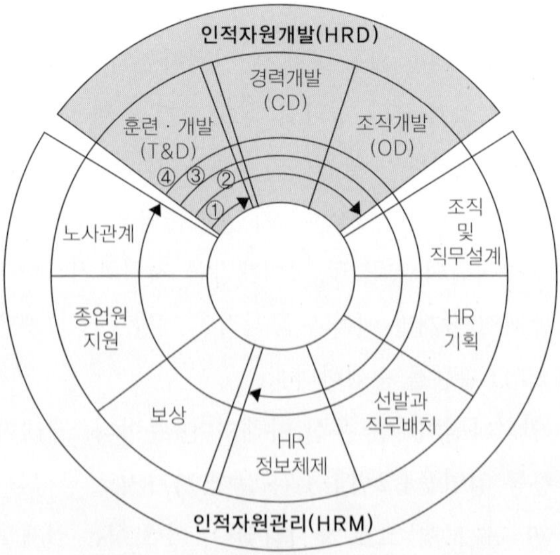

[그림 I-1] 인적자원 휠(HR Wheel) 모형

개인과 조직의 요구가 합치될 수 있도록 개인의 경력계획과 조직의 경력관리 과정을 일치시켜 가는 행위를 의미한다. ①~② 영역이 HRD의 핵심 영역이며, ③의 조직 및 직무설계, 인적자원계획, 선발과 직무배치, 인적자원 정보체계 영역은 HRD가 HRM과 밀접히 관련되는 영역이고, ④의 나머지 영역인 보상, 종업원 지원, 노사관계 등은 HRM 고유의 영역이다.

HRD 실천모형에서 맥레이건은 HRD를 '개인과 조직의 효과성 향상을 위하여 훈련 · 개발, 조직개발, 경력개발을 통합적으로 활용하는 것' 으로 정의하고 있다. 이 정의는 훈련과 같은 하나의 독립된 개입에서 성과 향상과 변화를 유도하는 다양한 영역으로 HRD의 활동과 개념의 범위가 확대되었다는 사실을 보여 주고 있다. 또한 여기서 주목해야 할 점은 HRD는 그 활동 수행의 주체가 누구이고 어떤 기관에 의해 이루어지는가보다는 개발 활동 자체와 기능을 그 중심에 두고 있다는 점이다. 때문에 HRD는 일련의 과정이자 기능으로 존재하며, 부서나 기관을 지칭하지 않는다.

2) 일터학습성과모형

맥레이건의 인적자원 휠 모형이 발표된 이래 HRD 실제와 연구는 진화와 발전을 거듭하였다. 훈련 · 개발 분야의 경우 훈련이나 개발 기회를 제공하는 것 자체가 바람직하다는 인식에서, 점차 개인이나 조직의 성과와 학습을 효과적으로 연계해야 한다는 요구가 높아지고 이를 해결하기 위한 방법론들이 개발되었다. 훈련 · 개발 기회가 독립된 이벤트에서 기업의 전략, 개인의 성장과 연계된 전략적 도구로 진화하면서 개인과 조직의 성장에 지속적으로 기여하는 학습의 가치를 명료화하고, 학습과 경영 부문과의 관계를 구조적이고 체계적으로 연결하려는 시도가 이루어졌다.

결국, ASTD는 학습과 성과를 전면에 내세우게 된다. 역사의 보존이란 측면에서 기관의 명칭에 'T&D'라는 요소를 유지하지만, 이면의 철학은 T&D에서 'Learning & Performance'로의 일대 전환을 선언하기에 이른다. 즉, HRD의 핵심 모형과 패러다임이 '훈련 · 개발(T&D)'에서 '일터학습과 성과(WLP: workplace learning & performance)'로 변한 것이다. ASTD는 1999년부터 훈련 · 개발을 대신하여 WLP란 용어를 사용하고 있다. WLP는 개인과 조직의 성과 향상을 목적으로 학습 그리고 학습 이외의 다양한 인터벤션(intervention)을 통합적으로 활용하며 개인과 집단, 조직의 요구를 분석하고 이에 대응하는 체계적인 프로세스를 적용한다.

서그류, 오드리스콜 그리고 블레어(Sugrue, O' Driscoll, & Blair, 2005)는 WLP의 개념을 다음과 같이 설명하고 있다. WLP에서 일터(workplace)란 학습과 성과가 발생하는 맥락을 구체화한 개념이다. 학습 솔루션을 선택하고 실행하여 성공시키려면 기관의 목적, 시스템, 자원, 인센티브와 같은 업무현장에서 발생하는 다양한 변인의 역할을 종합적으로 고려하고 인터벤션을 설계하는 것이 중요하다. 이러한 변인들이 총체적으로 영향을 미치는, 또 하나의 살아 있는 시스템이 HRD이기 때문이다.

학습(learning)은 '훈련 · 개발' 이라는 전통적인 용어를 대체하고, 초점을 '외적 활동(external activity)' 에서 교육받는 '개인(individuals)' 으로 전환시켰다. 또한 학습의 영역과 수준을 확장해서 형식과 무형식, 계획과 무계획 등 개인과 조직이 새로운 지식과 기술을 학습하고 개발하는 모든 형태의 학습 활동을 포함하게 되었다. 뿐만 아니라 학습 주체의 존재론적 확장으로 학습 활동이 개인 차원을 넘어 팀, 더 나아가 조직 차원으로 확대되었다. 조직학습은 개인학습의 과정과 결과, 그리고 집합적 학습 시너지를 통해 개인학습의 총합을 넘어서는 집단학습의 역동을 포착하고자 하였다. 이는 집단만이 창출하는 집합적 학습과정과 지혜 그리고 그 결과에 대한 새로운 관심을 유발하게 하였다. 새롭게 규정된 WLP에서 학습은 개인과 조직의 전문지식과 학습 역량을 개발하여 개인과 조직의 성과를 동시에 달성하는 혁신적 역할을 수행하게 된다.

학습과 마찬가지로 성과(performance)도 WLP에서 여러 가지 의미를 지닌다. 첫째, 성과는 학습의 결과이고 개인, 집단, 조직의 세 가지 수준에서 측정되고 관리된다. 둘째, 개인, 집단, 조직의 성과에 영향을 미치는 수많은 상호작용적 변인 중의 하나가 학습이고

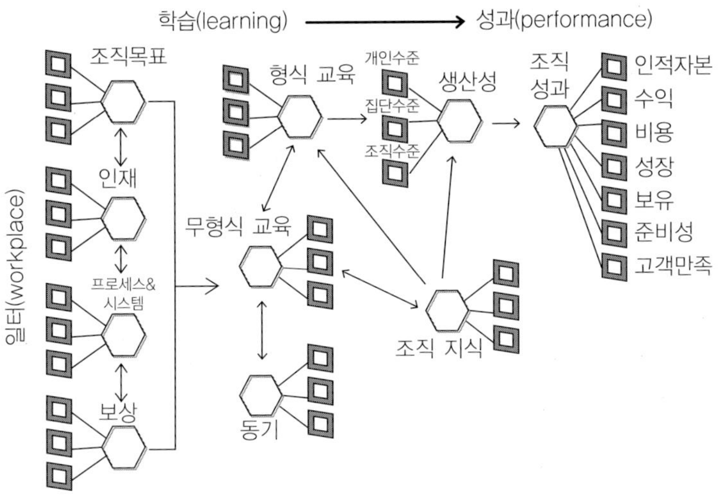

[그림 I-2] ASTD WLP 가치사슬(Sugrue, O' Driscoll, & Blair, 2005)

지능, 인격, 동기와 같은 개인적 특성 외에 과정, 자원, 보상과 같은 비학습적인 변인도 성과에 중요한 영향을 미친다.

ASTD가 제시한 WLP의 강점은 학습뿐만 아니라 학습을 지원하는 여타 모든 활동을 개인, 집단 그리고 조직성과의 향상과 명시적으로 연계하였다는 점이다. WLP의 궁극적인 목표는 성과 향상이며, 학습의 가치사슬(value chain) 구조가 [그림 I-2]의 모형으로 제시되었다. 일터의 변인들은 학습 요구, 전략, 실천을 결정하게 되고, 이것은 다시 성과를 향상시키는 동인으로 작동하게 된다. [그림 I-2]의 가치사슬에 WLP의 범위와 구조가 제시되어 있다.

〈표 I-4〉는 WLP의 개념 정의와 그 안에 내포된 중요한 가정과 가치를 정리한 것이다(Rothwell, Sanders, & Soper, 1999).

표 I-4 WLP의 정의 및 내포된 가정과 가치

정의	요소	내포된 주요 가치
WLP는 개인과 조직의 성과 향상을 목적으로 한 학습과 학습 이외의 다양한 인터벤션의 통합적 활용이다. -개인과 집단, 조직의 요구를 분석하고 이에 대응하는 체계적인 프로세스를 활용한다. -WLP는 조직 내의 인간과 윤리, 기술 그리고 운영에 대한 다각적 고려를 통해 긍정적이고 진보적인 변화를 창조하고자 한다.	학습과 다른 인터벤션의 통합적 활용	통합적이라는 용어는 학습과 학습 이외의 인터벤션이 기대되는 결과를 달성할 수 있도록 시너지 효과를 낸다는 의미를 내포하고 있다는 점에서 중요하다.
	개인과 조직의 성과 향상을 목적으로 함	WLP는 개인과 조직 성과 향상의 균형을 지향한다.
	개인과 그룹, 조직의 요구를 분석하고 이에 대응하는 체계적인 프로세스를 활용	WLP는 성과 갭을 채우고 구성원들이 성공적인 결과를 달성하는 데 필요한 자원과 정보를 얻을 수 있도록 도움을 제공하는 체계적인 접근방법으로서 수행 개선(HPI) 프로세스를 활용한다.
	긍정적이고 진보적인 변화를 창조	WLP는 개인이 자신의 업무를 성공적으로 수행할 수 있도록 도움을 주면서 동시에 생산성 향상을 달성하는 데 중점을 두고 있다. WLP는 조직의 맥락에서 이루어진다. 가정과 생활에 관련된 이슈들 또한 직원 개개인의 성과에 영향을 줄 수 있지만, WLP는 기본적으로 업무현장과 관련된 문제만을 다룬다.
	인간과 윤리, 기술 그리고 운영에 대한 다각적 고려	WLP의 원칙은 성과나 생산성의 향상을 추구하는 데 있어 인간적이고 윤리적인 부분을 희생하는 것을 허용하지 않는다. WLP는 수행 및 생산성 향상과 동시에 인간적, 윤리적 부분 또한 고려할 것을 강조한다.

표 I-5 T&D, HRD, WLP의 비교

	T&D	HRD	WLP
시기	1960년대 이후	1970년대 이후	2000년대 이후
정의	성공적인 직무 수행을 위하여 계획된 개입을 통해 조직 구성원들의 핵심 역량을 규명하여 개발하는 것	개인과 집단 그리고 조직의 효과를 향상시키기 위한 훈련 · 개발, 조직개발, 경력개발의 통합적인 활용	개인과 조직성과의 향상을 목적으로 한 학습과 다른 개입의 통합적 활용
인간관	생산적이기 위해서 사람들은 그들의 직무에 관한 교육을 받기를 원하고 필요로 한다.	사람들은 자기실현을 위한 존재로 고려되어야 한다. 학습은 자기실현을 위한 핵심 요소다.	사람들은 학습과 개발을 원한다. 학습과 성과는 조직과 구성원들의 목적을 달성함으로써 얻어질 수 있다.
목적	직무지식, 기술, 태도를 향상시키는 것이다.	계획된 학습을 통해 성과 달성을 위한 훈련 · 개발, 조직개발, 그리고 경력개발을 통합하는 것이다.	인간성과의 향상, 개인의 요구와 조직의 요구 간의 균형, 조직 내의 지식자본의 형성, 그리고 금전적 결과의 향상이다.
학습의 특성	학습은 개인에 의해 수행되는 직무에 중점을 두어야 한다. 훈련의 결과는 즉각적인 것이어야 하고, 직무와의 관련성이 확실해야 한다.	직무에 관한 기술과 지식의 증가는 조직 차원의 효과로 연결되어야 한다. 개인에 중점을 둔 개입(훈련 · 개발)과 다른 개입(조직개발, 경력개발)과의 연계를 통해 최적의 학습을 촉진한다.	학습 개입은 특수한 성과 문제들을 해결하는 데 적절한 방안이 될 수도 있고 아닐 수도 있다. 지속적인 학습은 개인과 조직성과에 결정적인 요소인 지적 자본을 형성하기 때문에 조직 차원의 중요한 전략이다.
중심 모형	교수체제설계(ISD)	교수체제설계(ISD), 액션 연구	수행 개선(HPI) 프로세스 모형

요컨대, ASTD는 조직의 인적자원 활동이 개인의 능력개발에 초점을 맞춘 훈련·개발에서 교육훈련, 조직개발, 경력개발을 통합적으로 고려하는 HRD를 거쳐, 학습과 학습 외적인 해결책을 통합적으로 사용하고자 하는 WLP의 개념으로 확대·발전하였다고 보고 있다. 로스웰과 몇몇 학자들은 이상에서 살펴본 훈련·개발, HRD 그리고 WLP의 개념과 특징을 〈표 I-5〉와 같이 비교·제시하였다(Rothwell, Sanders, & Soper, 1999).

한 가지 주목해야 할 사실은 ASTD가 WLP를 HRD 이후의 새로운 패러다임으로 규정하고 있다는 점이다. 로스웰의 연구로 대표되는 이러한 관점은 전통적인 HRD와 ASTD에서 새로이 제시하고 있는 WLP 모형이 차별화된 특성을 지닌다는 점을 강조한다. 그러나 로스웰이 표에서 제시하고 있는 설명만으로는 양자의 차이가 확연하게 드러나지는 않기에, 이하에서는 HRD와 WLP가 어떤 점에서 차이가 있으며 양자의 관계가 무엇인지 자세히 살펴보기로 한다. 특히, 정의에서 WLP가 학습과 학습 이외의 개입을 통합적으로 활용한다고 하지만, 이런 관점은 HRD에서 오래전부터 강조되어 왔고 실제 현장에서 적용되어 왔다.

WLP 모형은 첫째, 과거의 훈련·개발이나 이를 핵심 영역의 하나로 포함하고 있는 HRD와는 달리 학습을 전면에 내세우고 있다. 맥레이건 이후 훈련·개발, 경력개발, 조직개발의 3대 영역을 중심으로 논의된 HRD 모형 역시 세 가지 인터벤션(intervention)을 통해 학습과 성장의 기회를 제공한다는 기능 면에서의 차이는 없으나, WLP 모형에서는 이러한 학습이란 용어를 전면에 내걸고 있다는 점에서 차이가 있다. 공급자 중심의 훈련·개발의 개념 대신 수요자 중심의 학습 개념을 채택한 것은 HRD의 발전적 진화라 할 수 있다. 개인과 조직의 변화를 통해 달성되는 성과는 조직이 관리·통제하는 학습 기회인 훈련·개발만이 아니라 개인이나 집단이 주도하는 다양한 무형식 학습 활동을 통해서도 달성되기 때문이다. 이제 조직에서 학습은 의도되고 계획된 프로그램의 영역과 무한한 상호작용과 자율에 기초한 학습의 두 가지 영역을 명시적으로 포괄하게 된 것이다.

둘째, HRD 모형에서는 세 가지의 인터벤션인 훈련·개발, 경력개발, 조직개발을 그 개념적 영역으로 구체적으로 제시하고 있지만, WLP 모형에서는 그것이 어떤 방법론이든, 학습 또는 학습 이외의 다른 영역이든 모두를 포괄한다는 방법론적 개방성을 지향한다. 일터에서의 학습과 성과에 영향을 미칠 수 있는 어떤 변인이나 방법론에 제한을 두지 않는 것이다. 현대의 HRD 논의에서 훈련·개발, 경력개발, 조직개발 등 세 가지 영역의 방법만을 HRD라 규정하고 영역상의 제한을 두는 전문가는 없지만, WLP는 기업에서의 실태조사에 바탕을 둔 맥레이건의 전통적 HRD 모형에서 제시

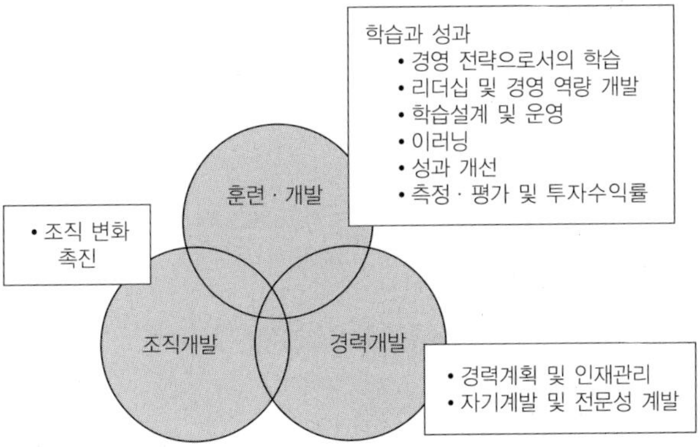

[그림 1-3] HRD의 영역과 WLP의 관계

된 영역분류와는 차이를 보인다. 이러한 차이는 HRD 모형과 WLP 모형의 관계를 좀 더 구체적으로 살펴봄으로써 더욱 분명해진다.

HRD에서 가장 많은 비중을 차지하고 있는 훈련·개발 영역은 과거의 공급자 중심의 훈련 개념이 내포하고 있는 한계와 성과와 연계되지 않는 독립 활동으로서의 한계를 동시에 극복하고자 WLP 모형으로 발전하였다. 훈련·개발은 학습 및 성과와 관련된 6개 영역(경영 전략으로서의 학습, 리더십 및 경영 역량 개발, 학습설계 및 운영, 이러닝, 성과 개선, 측정·평가 및 투자수익률)으로 세분화되었다.

이러한 세분화 이면에는 HRD를 '과정'으로 보는 관점과 '내용'으로 보는 관점의 통합이 작용하고 있다. 먼저, 과정모형 HRD란 HRD를 기획, 설계 및 전달, 측정 및 평가, 성과 개선 등의 일련의 프로세스로 이해하는 방식이다. HRD 기획이 경영 전략으로서의 학습으로, 나머지 과정요소들은 그대로 일터학습성과모형에 반영되고 있다.

반면, 내용모형 HRD는 HRD의 소재가 되는 컨텐츠인 내용을 중심으로 HRD의 영역을 나누는 방식이다. 훈련·개발 영역 중 가장 집중적인 투자가 이루어지고, 성과와의 연계를 통한 책무성의 압력도 가장 많이 받고 있는 리더십과 관리자 개발이 하나의 트랙으로 구분되었고, 최첨단 기술의 발달과 더불어 조직 HRD의 지형도를 변화시키고 있는 이러닝 또한 독립된 트랙으로 정립되었다. 리더십과 관리자 개발 그리고 이러닝의 구체적인 세부 내용으로 들어가면 프로그램의 기획, 설계 및 개발, 전달, 측정 및 평가 등 과정모형의 절차가 그대로 적용된다.

HRD의 내용모형과 과정모형이 서로 연계되어 있듯이 WLP 모형 역시 독립된 트랙으로 구분되어 있지만 내용상 밀접한 관련성을 가질 수밖에 없다. 학습을 핵심적인 경영 전략으로 규정하고 활용하며, 조직과 개인의 성과 개선을 체계화하기 위해 수행공학의 여러 가지 기법을 도입하며, 정보통신기술의 광범위한 도입과 활용에 따라 이러닝을 HRD의 전 과정에 통합하고, 훈련 · 개발, 학습의 가치와 최종 성과를 과학적으로 확인하기 위해 측정 · 평가를 실시한다. 한 걸음 더 나아가 구체적인 성과를 경제적 가치로 보여줄 뿐만 아니라 비경제적 가치도 구분하여 확인해야 하는 필요성 때문에 측정 · 평가에서 투자수익률(ROI) 분석을 실시한다.

WLP와 HRD의 차이에 관한 이러한 설명에도 불구하고 ASTD가 HRD란 용어 대신 WLP를 채택하게 된 배경에는 이론적, 개념적인 차원보다는 정치적인 성격을 간과할 수 없다. ASTD에 참여해 온 일부 대학교수들과 현장 전문가들이 ASTD에서 독립해 1993년에 인적자원개발학회(AHRD: Academy of Human Resource Development)를 창립한 이래, 미국 전역의 대학에서 석 · 박사과정이 늘어나면서 20년이 채 못 돼 HRD 분야가 폭발적으로 확대되었다. 이에 ASTD는 학회의 미션을 보다 분명히 하고 AHRD와의 차별화가 필요하게 되었다. 결국 ASTD는 명칭에 붙박여 있는 'T&D' 가 지향하는 공급자 중심의 한계를 벗어나고 성과라는 지향점을 구체화하여 학습과 성과를 전면에 내세움으로써, 어떤 방식이든 AHRD와 외형적으로 차별화된 새로운 미션을 선포하게 된 것이다. 요컨대, HRD 분야에서 ASTD가 현장 중심 대회라면, AHRD는 연구 중심 학회로 역할이 분화되어 오늘날까지 발전해 왔다. 최근에는 ASTD에서 이론적 연구결과가 발표되기도 하고 AHRD는 현장 사례발표 트랙을 추가하는 등 서로의 장점을 포섭하려는 변화가 일고 있다.

3) ASTD 역량모형

급변하는 경영환경은 HRD에도 많은 변화를 요구한다. 변화의 속도와 깊이를 예측하기 어렵기 때문에 HRD 전문가들은 현재와 미래의 경영환경 변화에 따른 HRD의 새로운 변신과 역할에 주목하게 되었다. 새로운 역할은 새로운 역량을 요구하기에 이를 확인하기 위한 작업이 이루어졌다. 2004년 ASTD는 2,000명이 넘는 회원 및 현장 전문가들과 함께 '미래를 설계하기 위한 ASTD 역량연구(ASTD Competency Study: Mapping the Future)' 를 수행하였다.

ASTD가 이 역량연구를 수행하게 된 목적은 첫째, HRD 전문가들의 현재와 미래에 영향을 주는 동향과 동인을 밝히고, 둘째, 포괄적이고 고무적이며 미래지향적인 역량모형을 개발하며, 셋째, 역량 기반 HRD의 적용, 실행 그리고 결과의 기초를 제공하기 위해서였다.

ASTD 역량연구가 이루어진 절차는 [그림 I-4]와 같다(Davis, Naughton, & Rothwell, 2004). 연구팀은 1단계에서 2003년 'ASTD 국제학술대회 및 전시회' 에 참가한 리더들과 실천가 75명을 대상으로 한 탐색적 면담을 실시하였다. 이후 총 25,000쪽에 달하는 기존 모형과 출판물에 대한 광범위한 문헌검토를 하였다. 60명의 전문가, 리더 그리고 실천가들을 대상으로 전화 심층면담 및 전문가 협의회를 개최하였고, 이 결과를 바탕으로 역량모형의 밑그림을 마련하였다.

2단계에서 연구팀은 1단계에서 마련한 역량모형의 밑그림을 타당화하기 위하여 웹을 통한 설문조사의 초안을 작성하였고, 2,050명이 넘는 사람들이 이 설문조사에 응하였다. 분석된 설문조사 자

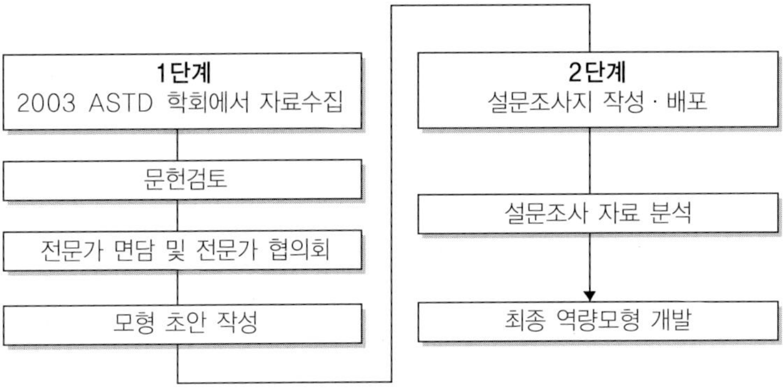

[그림 I-4] ASTD 역량모형 개발과정

료를 바탕으로 ASTD 역량모형이 완성되었다.

한편, ASTD 역량연구는 일터에 변화를 가져오는 여덟 가지 동향을 먼저 밝히고, 이러한 동향이 HRD 실천가들에게 제공하는 시사점을 설명하고 있다. 이 부분은 100명이 넘는 HRD 리더 및 실천가 집단과의 면담, HRD에 영향을 주는 동향에 관련된 30건 이상의 연구 및 논문들에 대한 검토, 2,000명 이상의 HRD 전문가들을 대상으로 한 설문조사 결과를 토대로 정리된 것이다. 이 여덟 가지 동향을 요약하면 〈표 I-6〉과 같다(Colteryahn & Davis, 2004).

표 I-6 HRD를 둘러싼 여덟 가지 동향

1. 격변의 시대에 걸맞는 혁신적인 조치
   지난 몇 년간의 불확실한 경제상황은 조직으로 하여금 성장과 수익 증대 방법을 더욱 치열하게 고민하게 했고, 이에 따른 혁신조치들이 시행되고 있다.
2. 일과 삶의 모호한 경계
   근무시간 선택제, 빈번한 이동 그리고 조직 구조의 변화는 일과 삶의 경계를 모호하게 하고, 이에 따라 직원 및 HRD 전문가의 업무 성격도 변하고 있다.

3. 작아지는 세계
   글로벌 커뮤니케이션 기술이 발달함에 따라 지구촌 전체 차원의 의사소통이 어디에서나 일어나고 있다.
4. 새로운 얼굴, 새로운 목표
   다양한 국적, 배경을 지닌 직원의 수가 급격히 늘고 있다. 다양화, 이질화가 표준이 되고 있다.
5. 빠르고 능숙한 업무처리
   변화의 속도가 빨라짐에 따라 적응력이 뛰어나고 발 빠르게 움직일 수 있는 개인과 조직이 필요하다.
6. 철저한 보안유지
   정부 차원의 개인보호 정책이 마련되어도 보안에 대한 우려로 전 세계 어디서나 안전에 대한 불안감이 커지고 있다.
7. 디지털 세계에서의 일과 삶
   첨단정보통신기술, 특히 인터넷의 발달로 업무 및 삶의 방식이 근본적으로 바뀌고 있다.
8. 도덕성 향상
   세계 유수 기업 최고경영진의 잇따른 도덕적 해이로 직원들의 충성심, 신뢰가 뿌리째 흔들리며 불안감이 증폭되고 있다. 이제 경영윤리는 고객의 신뢰를 얻고 기업을 지속적으로 발전시키는 경영의 기본요소여야 한다.

이러한 시대의 변화에 따른 새로운 동향의 출현은 HRD 담당자들이 수행하기를 기대하는 새로운 역할로 구체화된 새로운 역량을 요청하게 되었다. [그림 I-5]의 ASTD WLP 역량모형은 이런 배경에서 탄생하였다. 이 모형은 HRD에 관련된 모든 업무를 포함하고 있을 뿐만 아니라 HRD 전문가에게 어떤 역량이 필수적으로 갖추어져야 하는지를 구체적으로 보여 주고 있다. 이 역량모형은 HRD 전문가로 성장하기 위해 밟아야 하는 각 단계에서의 경력개발을 안내하는 지침으로도 활용될 수 있다.

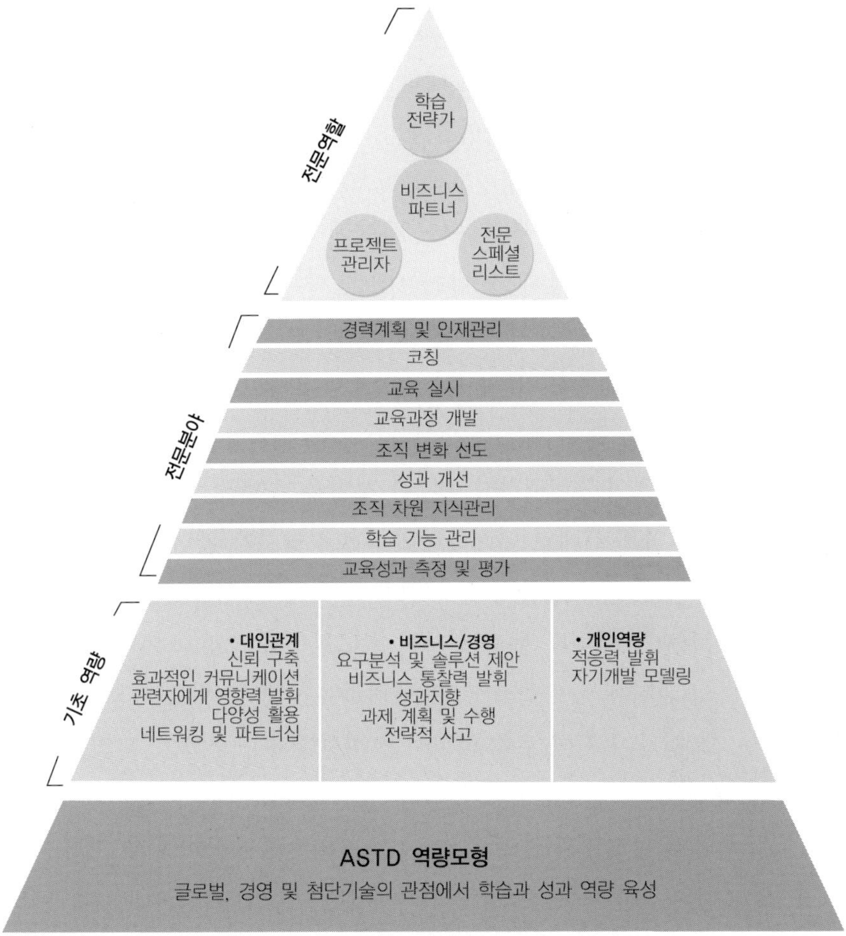

[그림 I-5] ASTD WLP 역량모형

자료: ASTD 홈페이지(www.astd.org)

ASTD WLP 역량모형은 크게 세 개의 층, 즉 기초 역량, 전문분야, 그리고 전문역할로 나누어져 있다. 먼저, 기초 역량은 다양한 형태의 성과를 달성하는 데 필요한 지식, 기술, 능력 그리고 태도를 총

칭하는 집합적 개념으로 크게 다음의 세 가지 영역으로 구분된다.

첫째, 대인관계(interpersonal) 역량이다. 이는 신뢰 구축, 효과적인 의사소통, 이해관계자에 대한 영향력 발휘, 다양성 추구, 네트워킹 및 파트너 관계를 의미한다.

둘째, 비즈니스 및 경영(business/management) 역량이다. 이 역량은 요구분석 및 솔루션 제안, 사업에 대한 통찰력 발휘, 성과지향, 과제 계획 및 수행, 전략적 사고로 구성된다. 특히, 최근 들어 HRD 담당자들의 경영에 대한 이해가 매우 강조되고 있다. 경영일선이 어떻게 움직이는지를 파악하지 못하고서는 현장지향적인 HRD, 성과를 내는 HRD를 수행하는 것이 불가능하기 때문이다.

여기서 경영을 이해한다는 것은 경영의 무엇을 이해한다는 의미일까? 경영을 제대로 이해하려면 최고경영자의 관점에서 HRD를 바라보는 관점의 전환이 필요하다. 교과서에 나와 있는 경영지식에 의해서가 아니라 우리 회사의 최고경영자 그리고 미래 최고경영자의 관점에서 기업과 HRD를 바라보는 눈이 필요하다는 것이다. 그 입장이 되어 보지 않고서는 회사에서 요구하는, 그리고 현장에서 요구하는 HRD는 실현되지 못할 것이기 때문이다.

신규로 창업되는 기업 중 5~10%만이 5년 이상 버티고, 28%의 CEO만이 5년 이상 자리를 유지하며, 70%의 인수합병이 기대된 성과를 내지 못하는 상황이 오늘날 기업의 CEO가 처한 상황이다. 이런 점에서 최고경영자가 HRD 담당자들이 경영의 무엇을 알기를 원하는지 파악하는 일[2)](Charan, 2001)은 필수적이다.

경영에는 [그림 I-6]처럼 5대 핵심 요소가 있다. 우선 ① 재무(cash)에 대한 이해다. 재무제표를 이해하지 못하고 경영을 논할 수는 없다. ② 비용을 제외한 순익(margin)을 이해해야 한다. ③ 속도(velocity)가 생명이다. 경영성과에 얼마나 큰 영향을 미치는가는 타이밍에 달려 있는 경우가 많다. 경쟁자보다 빠르게 신제품과 서비스를 시장에 내놓아야 한다. 업계의 선두주자가 되고자 한다면 표준을 선점해야 하며 한 번 시기를 놓치면 후발주자의 위치를 벗어나기가 여간 어렵지 않다. 완벽한 것보다는 제때에 처리하는 것이 더 중요할 때가 많다. 이런 점에서 학습은 경영속도의 엔진 역할을 수행한다. 다른 기업보다 빠르게 학습하는 기업과 조직 구성원만이 현대의 경쟁사회에 살아남을 것이다. ④ 성장(growth)이다. 성장은 여러 가지로 측정되지만 가장 대표적인 세 가지 요소가 회사의 영업이익, 순이익 그리고 주가다. 마지막 핵심 요소는 ⑤ 고객(customer)이다. 우리 회사의 제품과 서비스를 누가 최종적으로

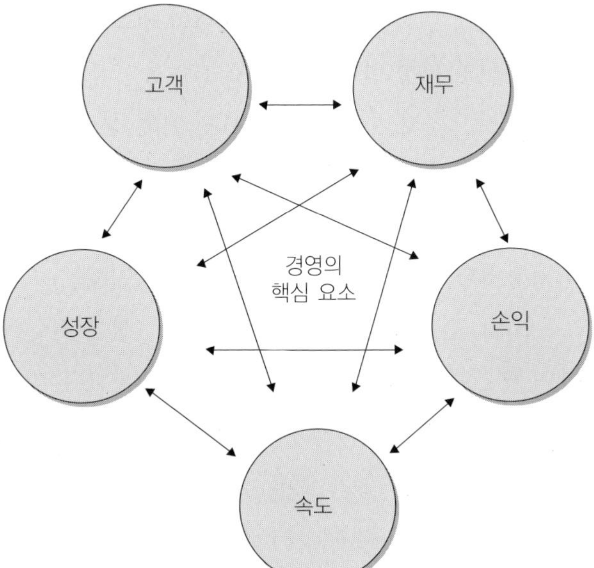

[그림 I-6] 경영의 5대 핵심 요소

사용하는지 알아야 한다. 이는 HRD 부문에도 그대로 적용되며 HRD의 고객이 누구인지에 대하여 끊임없이 질문해야 한다. 우리 회사 HRD의 고객은 학습자인가 경영층인가 아니면 CEO인가 하는 고객의 정의에 따라 HRD의 성과관리 및 운영 메커니즘이 달라지며 HRD의 전략적 수준이 달라진다.

이 다섯 가지의 경영요소는 서로 영향을 미치기에 한 가지가 변하면 다른 요소도 따라 변한다. 이 중 CEO는 어떤 요소를 가장 긴요하게 생각할까? 시급성의 순서로 보면 재무, 순익, 속도, 성장과 고객 순이다. 성장과 고객은 장기적으로 기업의 생존 여부를 결정한다. 결국, 이 다섯 가지 요소의 개선을 위해 HRD가 무엇을 해야 할 것인지가 ASTD 각 트랙에서 말하고자 하는 것이다.

셋째, 개인(personal) 역량은 적응력 발휘와 자기계발모형을 포함한다. 경영환경의 변화는 HRD의 지속적인 변화와 발전을 요구하며 담당자 자신의 환경 변화에 대한 적응과 유연성, 이를 바탕으로 하는 자기계발모형의 체화를 요구한다. 어떤 경로, 어떤 방식, 어떤 학습을 통해 자신을 성장시킬 것인가를 이해하지 못하는 HRD 담당자가 조직과 타인의 성장과 발전을 지원하기 위해 필요한 무한한 상상력과 창의를 발휘하기는 어려울 것이다.

다음으로 HRD 전문가들이 어느 영역의 전문성을 획득해야 하는지를 보여 주는 전문분야(areas of expertise)가 있다. 여기에서 전문분야는 HRD 전문가가 조직 내 학습과 성과를 촉진하고 이를 지원하는 성공적인 시스템을 구축하는 데 필수적인 구체적인 전문지식과 기술을 일컫는다. 아홉 개의 영역으로 분류되는 전문분야는 경력계획 및 인재관리(career planning & talent management), 지식경영(managing organizational knowledge), 코칭(coaching), 학습 기능 관리(managing the learning function), 조직 변화 촉진(facilitating organizational change), 측정 및 평가(measuring & evaluating), 훈련 실시(delivering training), 수행 개선(improving human performance), 학습설계(designing learning) 등이다. 특히, 아홉 개의 전문분야 중에서 최소한 두 분야 이상의 전문성을 지녀야 HRD 전문가라 할 수 있다. 따라서 현업의 담당자들은 이들 아홉 개의 영역 중 최소한 두 개 분야 이상에서 최고 수준의 전문성을 갖출 수 있도록 노력해야 한다.

끝으로, HRD 담당자의 전문역할은 학습 전략가(learning strategist), 비즈니스 파트너(business partner), 프로젝트 관리자(project manager) 그리고 전문 스페셜리스트(professional specialist)의 네 가지로 구분된다. 이 역할들은 HRD 내에서 요구되는 책임 영역에 해당한다. 역할은 직무 명칭(job title)과는 다른 개념으로, 업무나 프로젝트에 따라 변하는 유동적인 개념이다.

HRD 담당자의 네 가지 역할은 ASTD 역량모형 피라미드의 가장 상단에 위치하고 있는데, HRD 전문가들이 전문지식과 기술을 바탕으로 궁극적으로 이상의 네 가지 역할을 완수해야 하기 때문이다.

이후 2007년 ASTD는 펜실베이니아 주립대학교의 윌리엄 로스웰(William J. Rothwell) 교수를 연구책임자로 지정하여, 2004년의 역량모형이 지금까지도 여전히 유용한지 확인하기 위한 평가연구를 수행하게 하였다. 광범위한 문헌분석과 설문조사, 그리고 실천가와 리더들을 대상으로 한 면담 등을 토대로 2004년의 ASTD 역량모형은 여전히 유효하다는 평가가 내려졌다. 이에 따라 이 모형에서 강조되는 역량과 전문영역을 기준으로 하는 HRD 담당자들의 경력개발이 권장되고 있다(Salopek, 2008).

한편, 이 모형에서 제시된 기초 역량과 전문분야가 작동하는 맥락은 첨단기술의 발전과 HRD 전문가들에 대한 기대 수준의 향상으로 인해 변화를 겪고 있다. 기초 역량과 전문분야가 모두 동일한 비중과 중요성을 갖는다기보다는 경영환경 변화에 따라 주요 이슈와 트렌드가 변하고 있다는 사실 또한 간과할 수 없다. 최근에는 기초 역량에 해당하는 비즈니스 및 경영 역량과 전문영역 중의 하나인 경력계획 및 인재관리 영역의 중요성이 그 어느 때보다도 강조되고 있다. 경영성과의 향상을 위한 인재 확보 및 개발 전쟁의 시대가 도래함으로써 이러한 트렌드는 더욱 강화될 것으로 예견된다.

또한, 2005년에는 ASTD의 각 지역 본부 리더를 위한 역량모형(Chapter Leader Competency Model)을 개발하였다. HRD 실무자 역량모형과는 달리, 이들 리더에게 필요한 것은 학습과 성과, 리더십, 팀워크와 헌신, 통합관리라는 네 가지 핵심 역량으로 구성된다.

최근 ASTD는 회원들이 학습과 성과 분야에서 역량을 개발하고 전문가로 성장할 수 있도록 지원하는 역할을 한층 강화하고 있다. 가장 중요한 사업이 ASTD 인증원(ASTD Certification Institute)의 자격시험제도와 시험을 통한 자격증 수여다. '학습성과 전문자격(CPLP: certified professional in learning and performance)' 이라 불리는 이 자격증은 HRD 전문가들의 역량과 전문성을 측정하고 평가하는 표준으로 활용되고 있다.

4) ASTD 전문가 인증제도

ASTD는 2004년 개발된 ASTD 역량모형을 토대로 CPLP 자격제도를 시행하고 있다. 특정한 자격요건, 즉 시험에서 일정 수준의 점수를 받았거나 일정 기간 경력을 갖춘 사람에 한하여 인증서를 발급한다. 현재 약 4,000명 정도가 자격증을 보유하고 있고, 미국의 경우 점점 더 많은 조직이 HRD 담당자들에게 CPLP 자격 취득을 요구하고 있다. 일본, 중국, 싱가포르, 인도네시아, 말레이시아, 태국 등 아시아 각국에서는 이미 이 자격증이 널리 통용되고 있다. 우리나라는 최근 한국능률협회가 주관이 되어 한국 CPLP의 도입을 검토했으나 실현되지 못했다.

ASTD의 본 대회가 시작되기 전 이틀에 걸쳐 운영되는 자격과정 교육은 HRD 분야에서의 최소 3년 정도의 근무 경험이 있는 사람들에게 권장되고 있는데, 교육이 종료된 후 시험에 통과하는 사람에게만 자격증을 수여한다. CPLP는 두 가지 시험으로 구성되어 있다. 하나는 지식검사(knowledge test)로서 객관식 시험 평가이고, 다른 하나는 실제 작업결과물(work product) 평가다.

5) 트랙명과 발표 세션 수의 변천

ASTD 국제학술대회의 트랙 수는 2001년 9개, 2002년 10개, 2003년 10개로 트랙의 명칭뿐만 아니라 트랙의 수에도 변화가 있었으나, 2005년부터 9개 트랙으로 정해진 뒤 지금까지 그대로 유지되고 있다. 9개의 트랙은 경영 전략으로서의 학습(learning as a business strategy), 리더십과 관리자 개발(leadership and management development), 조직 변화 촉진(facilitating organizational change), 경력계획 및 인재관리(career planning and talent management), 학습 설계 및 운영(designing and delivering learning), 이러닝(e-Learning), 성과 개선(performance lmprovement), 측정 · 평가 및

표 I-7 ASTD 연도별 발표 트랙 구성의 변천[3)]

2004년	2005년	2006년	2007년	2008년
9트랙, 184세션	9트랙, 180세션	9트랙, 170세션	9트랙, 237세션	9트랙, 292세션
e-Learning(22)	e-Learning(18)	e-Learning(18)	e-Learning(26)	e-Learning(38)
Performance Improvement(18)	Performance Improvement(12)	Performance Improvement(14)	Performance Improvement(15)	Performance Improvement(23)
Training and Specialized Training Programs(18)	Designing and Delivering Learning(23)	Designing and Delivering Learning(29)	Designing and Delivering Learning(46)	Designing and Delivering Learning(48)
Measurement and Evaluation (16)	Measurement, Evaluation and ROI(14)	Measurement, Evaluation and ROI(16)	Measurement, Evaluation and ROI(22)	Measurement, Evaluation and ROI(32)
Careers: Guiding Yours, Guiding Others (17)	Career Planning and Talent Management(16)	Career Planning and Talent Management(19)	Career Planning and Talent Management(21)	Career Planning and Talent Management(27)
Leadership and Management Development(27)	Leadership and Management Development(25)	Leadership and Management Development(21)	Leadership and Management Development(27)	Leadership and Management Development(38)
Personal and Professional Effectiveness(16)	Personal and Professional Effectiveness(15)	Personal and Professional Effectiveness(17)	Personal and Professional Development(26)	Personal and Professional Development(30)
Learning as a Business Strategy(29)	Learning as a Business Strategy(25)	Learning as a Business Strategy(18)	Learning as a Business Strategy(33)	Learning as a Business Strategy(28)
Organizational Culture and Change(21)	Facilitating Organizational Change(32)	Facilitating Organizational Change(18)	Facilitating Organizational Change(21)	Facilitating Organizational Change(28)

투자수익률(measurement, evaluation, and ROI), 그리고 자기계발 및 전문성 계발(personal and professional development)이다. 〈표 I-7〉에 2004년부터 2008년까지 연도별 트랙 구성의 변천을 정리하였다.

이상에서 ASTD의 HRD 모형과 트랙의 변천을 개관하였다. 각 트랙별 동향을 살펴보기 전에 지금까지 검토한 내용을 토대로 HRD의 기본 성격과 HRD 전문가들이 고려해야 하는 몇 가지 과제를 살펴보기로 한다.

HRD는 본질적으로 사람을 변화시키는 업(業)이다. 누군가를 현재보다 나은 상태로 성장시키기 위한 학습 및 성장의 기회와 계기를 마련하고 제도와 전략을 만들어 내는 비즈니스가 바로 HRD이다. 세상에 사람의 변화만큼 어려운 일도 없다. 이미 자기 인식이 지배하는 성숙한 성인을 변화시키는 일이기에, 과학적이고 정교한 지식체계, 인간의 성장에 관한 무한한 애정과 열정이 필수적이다. 지식을 전달하는 것은 쉬우나 사람의 마음을 변화시키는 것은 어려우며, 더 나아가 변화된 마음이 행동으로 나타나게 하려면 훨씬 더 많은 노력이 들기 마련이다. 때문에 인간행동과 학습 및 변화의 과학적 원리를 규명하고 그에 따라서 체계적으로 실천해야만 개인과 조직의 성공적인 변화, 바람직한 HRD를 구현할 수 있다. HRD 전문가들에게 인간의 내면에 대한 이해가 필요한 것도 이 때문이다.

타인을 변화시키는 일을 잘하려면 자신의 변화에도 전문가여야 한다. 사람을 변화시키는 기술은 남에게만 적용되는 것은 아니다. 남을 변화시키는 일을 자기 스스로 확신하고 체화하려면 자신의 변화로부터 시작되는 HRD를 실천할 수 있어야 한다. 세상의 진화와 발전도 결국은 자신의 변화, 다른 사람의 성장과 변화, 그리고 거기서 비롯된 조직의 성장과 변화, 사회의 발전이 축적된 결과다. HRD에 대한 이러한 이해는 조직과 개인의 성장, 성과 향상 요구가 지속적으로 증가하고 있는 동향을 체화하는 데도 필수적이며, HRD 전문가들에게 다음과 같은 몇 가지 교훈을 일깨워 준다.

첫째, 학습과 개발에 관련된 이론과 이를 실제에 적용하기 위해 인간의 본질적 특성과 성장의 원리를 체계적으로 이해해야 한다. 인간본성을 이해하지 못한 상태에서 지속 가능한 성장을 담보하는 HRD 원리를 규명하고 이를 현장에 구현할 수는 없기 때문이다. HRD의 궁극적 근원은 인간의 본성, 인간성장의 원리에 있으며 이러한 원리를 조직의 맥락에 구현해야만 지속적인 성장동력이 내장된 조직을 구현하게 될 것이다.

둘째, 조직의 HRD가 구현되는 맥락은 '조직'이기에 조직의 관점, 경영의 관점과 결합되어야 한다. 오늘날의 HRD 실천가는 경영목표를 이해해야 하고, 학습과 개발 전략과 성과 개입을 경영목표와 연계시킬 수 있어야 한다.

셋째, HRD 전문가들은 학습의 의미와 가치 향상, 향상된 조직성과와 측정 가능한 결과를 통해 자신들의 노력과 존재가치를 보여 줄 수 있어야 한다. 개인의 학습력과 실행력을 향상시키고 성과를 달성하게 하며, 조직의 성과에 지속적이고 긍정적인 영향을 주어야 하는 것이다.

넷째, HRD 전문가들은 사람들이 갖는 일과 직업에 대한 의미와 가치를 높이 평가하고 일의 목표와 의미의 중요성을 자신의 업무 속에 구현할 수 있도록 조력해야 한다. 현대인의 삶에서 일은 정신활동의 절대적인 비중을 차지한다. 지력을 쓰는 대부분의 활동이 일과 학습이며 조직을 떠나 양자의 발생빈도와 질적 깊이를 논하는 것은 불가능한 일이 되어 버렸다.

다섯째, HRD 전문가들은 학습을 활성화하고 가속화할 수 있는 다양한 테크놀로지를 이해하고, 그 활용 방법 및 잠재 가능성을 인지하고 있어야 한다. 첨단기술을 학습과 성과 향상에 활용하지 못하면 개인의 성장을 지원할 수 없다. 특히, 첨단 정보통신장비를 신체의 일부처럼 활용하고 생활해 온 밀레니엄 세대의 학습과 성장을 지원하기 위해 이제 첨단 테크놀로지는 선택이 아닌 필수적인 기본도구가 되었다.

여섯째, HRD 전문가들은 세계화의 현실을 직시하고 다양화, 개성화 시대의 성장철학을 이해하며, 학습과 의사소통 방식에서도 나타나는 다양성에 대하여 이해해야 한다. 서로 다른 성장배경, 언어, 종교, 전문성이 한데 어우러져 시너지 효과를 낼 수 있도록 지원하기 위해서는 구성원의 다양성과 이질성이 만들어 내는 창조적 성과의 의미를 이해할 수 있어야 한다. 앞서 언급한 첨단기술 역시 필수도구다. 전 세계에 있는 조직 구성원들에게 학습의 장을 제공하고, 이들이 자신과 조직의 성장을 동시에 달성할 수 있도록 지원할 수 있는 가장 강력한 도구이기 때문이다.

일곱째, HRD 전문가들은 조직이 원하는 목표를 달성하기 위하여 어떠한 유형의 인재가 필요하고, 어떻게 개발해야 하며, 이러한 인재를 선발하기 위해 무엇을 고려해야 하는지 결정하는 데 중요한 역할을 할 수 있어야 한다. 인재 확보 · 보유 및 개발 전략을 연계하고, 인재를 지속적으로 육성하여 이들의 역량을 향상시킴으로써 조직에 공헌함과 동시에 조직에 오래 머물 수 있도록 도와주어야 한다. 때문에 개인 및 조직 역량을 과학적으로 진단하고 피드백을 제공하는 진단 전문성을 갖추어야 한다.

마지막으로, 학습의 가치를 누가 결정하는가에 대한 분명한 이해가 필요하다. 누군가 제공하는 어떤 활동의 가치는 그러한 활동을 수용하는 사람, 혜택을 받아야 하는 최종 이해관계자에 의해 결정된다. 인적자원 활동의 가치도 그 활동을 설계하고 공급한 사람이 아니라 수혜자 집단인 투자자, 고객, 현업관리자 그리고 최종적으로 고용주에 의해 결정된다(Ulrich & Brockbank, 2005). 수요자의 판단이 우선이라는 이야기다. 학습의 가치는 최종 수혜자인 학습자에 의해 결정되는 것이지, 교육과 훈련을 통해 학습 기회를 제공하는 HRD 담당자들이 스스로 결정하는 것이 아니다.

새로운 프로그램을 만드는 경우도 마찬가지다. 교육 프로그램의 공급은 새로운 교육수요를 창출한다. 공급이 수요를 창출하는 것이다. 사람들이 인지하지 못하는 블루오션의 가치를 구현하는 새로운 프로그램을 제공하면 학습의 가치는 더욱 고양된다. 이 경우에도 역시 학습의 가치판단은 수혜자의 몫이다. 더 나아가 학습의 가치는 학습자에게 학습 기회를 제공한 현업의 관리자에 의해, 궁극적으로는 조직성과에 대한 기여 여부에 의해 판단된다. 어찌 보면 너무나도 당연한 이치가 조직 내에 구현되고 HRD 활동에 구현되는 데에 많은 시간과 에너지를 요구한다. HRD 담당자는 'HRD의 고객은 누구인가?' 를 늘 고민해야 한다. 전략적 HRD의 시작은 고객을 정의하는 데에서 시작된다.

제II부

ASTD 트랙별 동향

01_ 경영 전략으로서의 학습

02_ 리더십 및 관리자 개발

03_ 조직 변화 촉진

04_ 경력계획 및 인재관리

05_ 학습설계 및 운영

06_ 성과 개선

07_ 측정 · 평가 및 투자수익률

08_ 자기계발 및 전문성 계발

01
경영 전략으로서의 학습
Learning as a Business Strategy

기업에서 학습은 경영환경 변화에 능동적으로 대응하고 현장의 성과 개선을 추진하는 변화 전략이자 과정으로 이해된다. ASTD의 현 회장인 토니 빙엄(Tony Bingham)은 최근 몇 년간 학술대회 개회사에서 학습이 경쟁력의 원천이며 학습은 이미 기업의 경영 전략으로 활용되고 있다고 여러 차례 강조하였다. 심지어 경영성과를 향상시키지 못하는 교육은 무용지물로 취급한다. 기업의 교육과 학습은 경영목표 달성을 위한 전략적 수단인 셈이다.

결국, 기업에 HRD 부서와 기능이 존재하는 이유는 경영성과의 향상에 기여하기 위해서다. 학습을 경영 전략으로 규정하는 이유도 그 때문이다. 학습 기능의 패러다임 변화와 관리 전략에 초점을 맞추어 경영 전략으로서의 학습 트랙이라는 명칭을 부여하게 되었다. 이 트랙은 HRD 전략의 큰 틀을 제공하며 다른 여덟 개 트랙의 전체 흐름을 관통하는 원리를 제공하므로 총론에 해당한다. 나머지 트랙은 이 트랙의 내용을 다양한 컨텐츠와 프로세스로 구체화한 결과라고 할 수 있다.

이 트랙의 명칭이 처음 등장한 것은 2003년이다. 2001년까지는 Managing the Training/Learning Function이었고, 2002년에는 Training이 제외된 채 Managing Learning Function이 되었다.

[그림 II-1] '경영 전략으로서의 학습' 트랙의 변천

경영 전략으로서의 학습 트랙을 통해 확인되는 최근 기업의 인적자원개발은 조직의 성과 향상을 위한 전략과 방법론에 집중되고 있다. 가장 중요한 세 가지 키워드는 경영 이슈와의 지속적인 얼라인먼트(alignment), 학습 솔루션 개발과 전달의 효율화(efficiency), 강의실이나 코스를 넘어선 경영성과에의 영향(effectiveness: business impact)이다. 이러한 요소를 잘 구비하는 조직만이 고성과 학습조직을 구축할 수 있다.

1. 얼라인먼트와 경영성과의 창출

얼라인먼트, 효율화 그리고 경영성과의 세 가지 요소는 서로 긴밀하게 연계되어 있다. 경영성과에 영향을 미치느냐 그렇지 않느냐는 얼라인먼트와 효율의 수준에 달려 있다. 얼라인먼트는 경영 요구, 전략적 역량 갭, 노동력의 구성과 조직문화, 우선순위 등을 인적자원개발 부문이 얼마나 잘 이해하고 있으며, 이러한 지식과 이해를 조직의 주요 이슈, 거버넌스, 계획 및 성과 컨설팅, 역량 진단과 얼마나 긴밀하게 연계되느냐를 의미한다.

효율성은 적합한 방법의 혼용, 적절한 매체의 선택, 프로그램의 신속하고 비용효율적인 개발, 무형식 학습의 광범위한 활용, 진단, 시뮬레이션 등과 같은 방법을 총동원하여 최고의 프로그램을 만드는 능력을 말한다.

기업환경의 변화는 인적자원개발의 최우선 투자 분야와 중점 대상뿐만 아니라 인적자원개발 분야 종사자들의 세계를 변화시키고

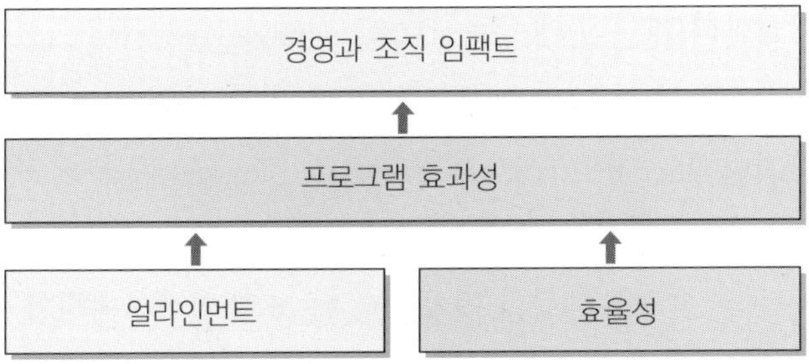

[그림 II-2] 고성과 학습조직: 경영성과 창출 구조(Bersin, 2008b)

있다. HRD 담당자들에게 전통적으로 중시되었던 교수설계나 프로그램 개발 및 운영 능력 외에도 경영 중심의 성과 컨설팅 역량, 블로그, 시뮬레이션, 조직내 네트워킹 등 광범위한 첨단기법의 숙달, 사업부서와 파트너십을 형성하고 인사부문과 공동작업을 수행하고 협력적인 관계를 유지하는 역량, 인재경영이 가능하도록 전 구성원의 역량을 진단하고 관리하는 능력, 그리고 인적자원개발 부문을 비즈니스처럼 운영할 수 있는 능력과 관심이 요구되고 있다.

경영 전략으로서의 학습에서 가장 중요한 한 가지 키워드를 꼽으라면 그것은 얼라인먼트다. 끊임없이 변하는 기업환경과 늘 부족할 수밖에 없는 예산하에서 인적자원개발에 투입될 자원의 우선순위를 정하는 일은 항상 도전적인 과제다. 때문에 베스트 프랙티스로 벤치마킹 대상이 되는 선진 기업들에서는 얼라인먼트를 HRD 부문의 제1과제로 선정하여, 인적자원개발을 경영 전략과 연계시키고 있다.

이러한 얼라인먼트를 위해 첫째, 인재관리의 새로운 통합모형이 등장하고 학습과 경력개발의 통합에 최우선 순위를 부여하고 있다. 캐터필러, 텍스트론, 마이크로소프트, 웰포인트 같은 기업에서는 경력개발의 개념이 개인중심모형(manage your own career)에서 조직중심모형(centralized approach)으로 변하고 있다. 이들 기업들은 역량기반 학습경로(competency-based learning paths), 행동 및 직무관심 진단, 학습 프로그램 안내 포털 등을 구축하여 경력개발을 지원한다. 고령화사회의 영향으로 한 조직 안에 3세대가 공존할 만큼 다세대(multigeneration)화가 진행되고, 리더십 파이프라인 전 영역에 걸쳐 핵심 역량의 부족과 갭이 상존하기 때문에 선진 기업들은 이러한 문제를 해결하기 위해 경력개발 프로그램을 활용하고

표 II-1 고성과 학습조직의 열여덟 가지 베스트 프랙티스(Bersin, 2008a)

번호	고성과 학습영역	교육성과 향상도	영역	경영성과와의 상관관계
1	조직의 학습문화	30%	문화	매우 높음
2	성과관리와 통합된 학습	30%	인재경영	매우 높음
3	경력관리 프로그램의 전문성	29%	인재경영	매우 높음
4	강력하게 중앙집중화된 L&D 조직	29%	조직과 체제	매우 높음
5	컨텐츠를 공유하고 다시 활용할 수 있는 능력	29%	컨텐츠 개발	높음
6	다른 형식의 학습에 이러닝을 통합할 수 있는 능력	29%	컨텐츠 개발	높음
7	협력학습 전략과 프로그램 전문성	28%	컨텐츠 개발	높음
8	성과 컨설팅 전문성	28%	컨텐츠 개발	높음
9	코칭 전문성	27%	인재경영	높음
10	컨텐츠 개발 표준의 개발 및 강화	26%	컨텐츠 개발	높음
11	고성과 이러닝 및 주문형 학습 구축 능력	25%	컨텐츠 개발	높음
12	학습 프로그램과 그 운영의 세계화 능력	24%	조직과 체제	보통
13	학습을 위한 사업기획 작성	19%	조직과 체제	보통
14	비즈니스 중심의 의사결정위원회와 체제	17%	조직과 체제	보통
15	성과 및 개발경영 채택	12%	인재경영	보통
16	비즈니스 중심의 최고 학습관리자(CLO)	13%	조직과 체제	보통
17	잘 운영되는 학습관리 시스템(LMS)의 존재	15%	기술	낮음
18	조직의 80% 이상이 LMS를 사용	18%	기술	낮음

있다. 적절한 경력개발 프로그램은 내부 이동성을 높여 주고, 우수 인재의 유인과 채용에 결정적인 영향을 미친다. 이에 따라 경력개발 프로그램은 리더십 파이프라인만이 아니라 영업과 전문기술 영역의 파이프라인 설계로까지 확장되고 있다.

둘째, 얼라인먼트는 학습과 성과관리의 통합에서도 강조되고 있다. 즉, 인사고과 중심의 성과관리가 경쟁적인 평가모형(Competitive Evaluaiton Model)에서 코칭 및 개발모형(Coaching and Development Model)으로 이동하고 있다. 후자의 모형에서는 조직 구성원의 학습과 개발지원 등이 인사고과와 연계된다.

마지막으로, 얼라인먼트는 궁극적으로 조직의 학습문화 속에 내재되어야 한다. 2008년 조시 버신(Josh Bersin)은 경영성과에 가장 큰 영향을 미치는 핵심 요인이 무엇인가를 찾기 위해 800명의 전문가와 60개 이상의 베스트 프랙티스를 분석하였다. 그중 가장 중요한 요인이 조직의 학습문화와 얼라인먼트였다. 이들의 조사가 〈표 II-1〉에 요약되어 있다.

조직에서 많은 교육 프로그램이 개발되고 운영되는 것만으로는 충분하지 않다. 무수한 프로그램에 많은 재원이 투입되어 개발·운영되고 있지만 최고경영자나 사업부서장 그리고 심지어 연수원 책임자조차 뭔가 2% 부족하다고 느끼는 이유는 무엇일까? 교육 프로그램의 내용은 궁극적으로 구성원들에게 체화되고 활용되어야 하며 기대하는 방향으로 지속적인 강화와 지원이 수반되어야 효과가 있다. 이는 조직 내에 총체적인 학습문화가 형성되어 있지 않고서는 기대할 수 없는 일이다. 학습문화란 조직의 전략과 미션, 세부 운영이 개인과 조직의 지속적인 학습과정을 통해 끊임없이 개선될 수 있다는 조직 전체의 믿음이다. 학습문화는 약점을 진단하고 그 원인을 확인하여 모든 계층에서 언제든지 개선과 학습이 일어날 수 있도록 투자(investment), 프로그램(program), 과정(process)의 3요인이 모두 갖추어질 때 형성되며 올바로 작동한다.

2. 전략적 HRD 기능의 강화

HRD와 경영 전략의 연계를 위해 HRD의 기능과 담당자의 역할 역시 변화하고 있다. 구체적으로는 첫째, 지금까지 HRD는 직무분석을 기반으로 한 컨텐츠 중심의 교육훈련에서 역량모형에 근거한 역량개발 활동으로 변해 왔다. 그리고 최근에는 경영성과지표와 연계되면서 HRD 담당자의 역할로 여겨지지 않았던 다양한 수단이 동원되고 전통적인 교육훈련 방식 역시 변화하고 있다.

둘째, 이에 따라 HRD 부서의 기능이 교육훈련 프로그램의 운영을 통한 직원 능력개발에서 인적자원 기반 컨설팅을 통한 경영성과 향상으로 옮겨가고 있다. 강사 혹은 교수설계자의 역할보다 내부 컨설턴트의 역할이 부상하고 있다. 셋째, HRD 활동의 성공을 위한 관리자의 역할이 중요해지면서 학습과 개발의 책임과 역할이 HRD 담당자에서 현장 리더로 이동하고 있다. 넷째, HRD의 대상이 조직 구성원을 넘어 사업 파트너에까지 확장되고 있다. 다섯째, 이와 같은 활동을 지원하기 위한 다양한 도구들이 개발되어 활용되고 있다. 인적자원성과표(HR scorecard), WLP 성과표(Workplace Learning & Performance scorecard) 등이 그 예다.

2005년 ASTD와 펜실베이니아 대학교(the University of Pennsylvania)가 92명의 기업 학습담당 임원을 대상으로 실시한 조사결과는 HRD의 전략적 기능이 강화되고 있음을 잘 보여 준다. 다양한 규모(자산규모 1천만 달러~2천억 달러/연간훈련비용 1백만 달러~1억 달러/종업원 1백 명~5만 명)의 기업을 대상으로 실시된 이 조사의 결과가 [그림 II-3]에 제시되어 있다. 기업 학습담당 임원의 70%가 전략개발과 기획 활동에 참여하고 있다. 다음으로 다른 임원진들과의 소통, 학습부서 직원관리, 비즈니스 라인과의 소통, 성과향상 활동에 참여하는 것으로 나타났다.

또한 이들은 평가에 있어서도 무엇보다 사업 전략과의 얼라인먼트(71%)에 의해 평가받고 있다고 대답하였다. 이어서 사업가치에의 기여도에 따라 평가받는다는 사람이 69%나 되었고 학습 기능의 효율성(45%), 비용관리(37%), 직원성과 향상(28%)이 뒤를 이었다.

이 조사에서 눈여겨볼 것은 학습부서의 일상적이고 전통적인 업

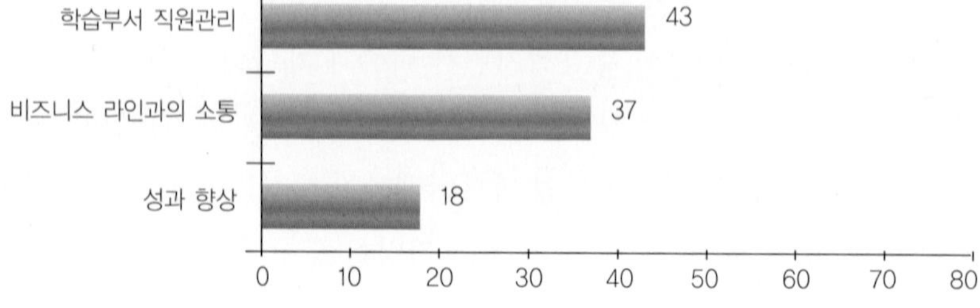

[그림 II-3] 기업체 학습담당 임원이 참여하는 활동

자료: "The Evolving Strategic Role of the Learning Leader".
(http://executiveeducation.wharton.upenn.edu/clo/Role.htm)

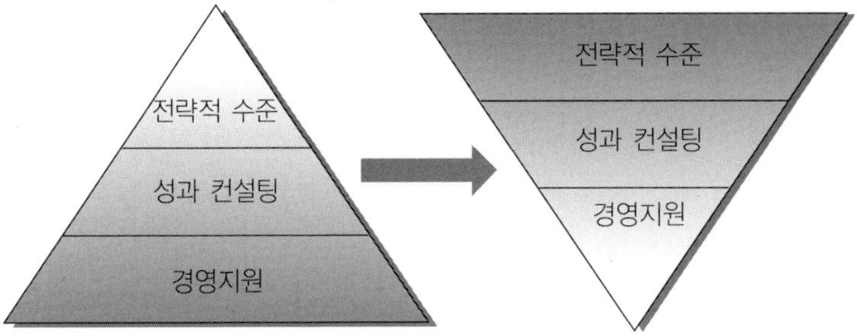

[그림 II-4] HRD의 기능 변화(Elkeles, 2007)

무나 성과 향상 역할보다도 조직 전략과 HRD의 연계에 관한 답변(전략개발과 기획, 임원진 및 현업부서와의 소통, 사업 전략과의 얼라인먼트, 사업가치에의 기여)이 월등하게 많다는 점이다.

[그림 II-4]는 HRD의 기능이 경영지원에서 성과 컨설팅을 넘어 전략적 수준으로까지 옮겨 가고 있음을 보여 준다. HRD의 기능이 전략적 수준에 초점이 맞추어진다는 것은 〈표 II-2〉에서 보는 바와 같이 컨설팅의 비중이 다른 교육훈련 활동을 압도하며 조직 차원

표 II-2 HRD 성숙도 평가 틀(Elkeles, 2008)

구분	Level 1	Level 2	Level 3
기능	90% 교육훈련 10% 컨설팅	70% 교육훈련 30% 컨설팅	75% 컨설팅 25% 교육훈련
요구진단	구성원이 학습할 주제 확인	진단을 통한 훈련요구 확인	개인과 조직의 요구 확인
교육평가	1수준 평가만 실시	1~3수준 평가	지속적인 질적, 양적 평가
경영부서와의 관계	독립적 업무 수행	요구가 충족되도록 관련 부서와 협력	고위 관리자와 협력

의 목표 달성을 위해 조직의 고위 임원진들과 지속적으로 협력함을 의미한다.

HRD의 기능이 발전하고 성숙하기 위해서는 HRD 부서가 개인의 역량개발에 초점을 맞추는 교육훈련 중심의 기능에서 벗어나 조직 전체의 역량개발에 기여하도록 영역 및 기능이 확장되어야 한다. [그림 II-5]는 개인 역량개발과 조직 역량개발의 주요 영역을 보여 주고 있으며 HRD는 양자의 역량을 동시에 강화시키는 역할을 수행해야 한다. HRD 부서의 이런 기능 변화에 CLO의 역할은 절대적이다.

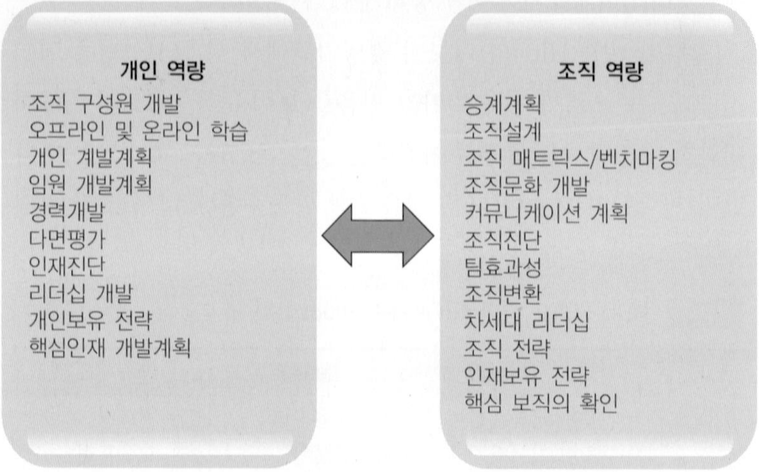

[그림 II-5] 개인 및 조직 역량의 통합적 개발

3. CLO의 역할 변화

HRD의 기능 변화를 위해서는 HRD의 최고책임자인 CLO(chief learning officer)의 역할[1] 또한 재정립되어야 한다. CLO는 어떻게 HRD 부서를 이끌 것인가? CLO는 ① 조직 구성원의 다음 세대를 위한 계획을 수립하고, ② HRD 부서의 운용효율성(operational excellence)을 규명하며, ③ 어떻게 학습이 조직 내의 여러 그룹에 의해 사용될 것인가를 정확히 이해하고 학습과 비즈니스의 통합이 일어나도록 학습체제를 구축하며, ④ 학습자원을 정확히 예측 · 배분하며, ⑤ 마케팅 원리 및 실제를 HRD 부서에 적용하고, 마지막으로 ⑥ 모든 조직 구성원들과의 협상 및 커뮤니케이션 등이 원활히 이루어지도록 해야 한다. 이러한 CLO의 역할을 좀 더 구체적으로 살펴보자.

1) 항상 학습 전략을 보다 상위의 경영지표와 연계한다

학습 자체의 성과보다는 학습이 기업의 경영성과지표와 어떻게 연계되는지를 보여 주고 이러한 관계에 늘 주목한다. 예를 들어, 동종업계의 평균 이직률이 14%일 때 퀄컴은 6% 대의 낮은 이직률을 유지하고 있다. 퀄컴의 자체 조사에 의하면, 퀄컴의 채용 제의(job offer)를 받아들이는 가장 중요한 이유 두 가지로 성장 및 개발 기회(40%)와 일하기 좋은 곳(36%)이라는 점이 꼽힌다. 학습과 성장은 구성원의 회사에 대한 만족도, 이직률 등의 상위지표와 경영성과지표에 어떤 영향을 주는지의 관점에서 운영 · 관리되어야 한다.

2) 조직 전체의 학습 전략을 개발한다

기업의 학습요구는 기업의 성장, 이윤 증대, 낭비요인 제거, 경쟁자 추월, 증권가의 기대 충족 등 총체적인 성과 향상과 미지의 사업 영역을 발굴하고 개척하는 불확실한 도전, 그리고 리더십의 변화, 주요 전환점, 조직합병, 기업환경 변화 등과 같은 변곡점에서 발생한다. 이러한 상황에 대비하기 위해 기업이 어떤 분야의 비즈니스에 속해 있는지 명확히 이해하고 경쟁력 요소가 무엇인지 규명한 뒤 조직 전체의 학습 전략을 개발해야 한다. 조직 전체의 학습 전략을 개발하기 위해서는 우선 경영 전략을 이해하고 학습이 현재 어떤 기능을 수행하고 있으며 미래에는 어떤 기능을 수행해야 할지를 밝혀야 한다.

기업의 HRD 부문은 '어떤 일'이며 '어떻게 작동'하는지를 분명하게 이해해야 한다. 어떤 일인가의 이해는 HRD 기능의 범위와 한계, 요구되는 역량과 인력, 업무보고 관계(HR, CEO 등과의 관계) 등을 통해 확인되며, 어떻게 작동하는가는 학습조직, 기업대학, 중앙집권형 대 분산형 구조와 같은 거버넌스를 어떻게 구조화하는가에 의해 결정된다.

3) 비즈니스와 학습을 연계하고 학습을 비즈니스처럼 관리한다

HRD 부서의 목표는 교육 프로그램을 운영하는 것이 아니고 개인과 조직의 성과를 높이는 것이다. 이를 위해 운영 영역, 문제와 도전과제, 전략 및 전술계획, 개선 필요 영역, 산업, 마켓 등 주요 비즈니스 매트릭스를 만들어 각 영역과 학습을 연계한다. 학습 기능의 거버넌스와 투자 구조를 규명하고, 이익센터(profit center)의 개념을 도입하며, 아웃소싱을 적극적으로 활용하여 학습 기능을 다른 비즈니스 영역과 동일한 방식으로 운영해야 한다.

4) 학습 브랜드를 구축한다

외부에서의 인정은 HRD 부문 내부의 소속감을 강화한다. 우리만의 고유한 학습 기능은 무엇이고 무엇이 우리를 대표하는지를 명확히 하고 HRD 부문의 로고와 아이덴티티를 만들 필요가 있다. 베스트 프랙티스 개발, 수상 이력, 자체적 인정 등을 통해 학습 브랜드(learning brand)를 창출할 수 있다. 예컨대, ASTD에서 발표할 수 있는 브랜드 프로그램 개발을 목표로 삼음으로써 구성원의 에너지와 지혜를 응집할 수 있다.

5) 대안적인 학습전달 체제를 마련한다

학습에 활용할 수 있는 다양한 기술을 동원하고 학습을 직무 속에 통합시킨다. 뿐만 아니라 개인계발계획(IDP)을 마련하고 대학 및 교육업체와의 적극적인 파트너십을 통해 아카데미와 외부 자원을 적극적으로 활용한다.

6) 인재관리와 육성의 통합을 통해 전략적 HRD를 구현한다

인재의 예측, 진단, 배치 및 개발의 통합적 틀에서 인재육성을 포지셔닝한다. 인재예측(talent forcast)을 통해 우리 회사가 어떤 인재를 필요로 하며 현재 어떤 인재를 확보하고 있는가를 확인할 수 있으며, 인재진단(talent assessment)을 통해서는 누가 핵심 인재이고 그들의 핵심 역할은 무엇이며, 자신의 경력에서 무엇을 최고로 지향하는지, 그리고 후계자를 보유하고 있는가를 알 수 있다. 인재배치(talent placement)는 현재와 미래의 경영목표를 달성하기 위해 올바른 인재를 유인하고 있는가와 회사 내외부에서 적절한 전문가를 확보할 수 있는가를 보여 준다. 마지막으로, 인재육성(talent development)은 직무 경험을 통한 성장 기회가 있는지, 코칭이 제공되는지, 기타 리더십 육성 전략은 마련되어 있는지 등과 관련된다.

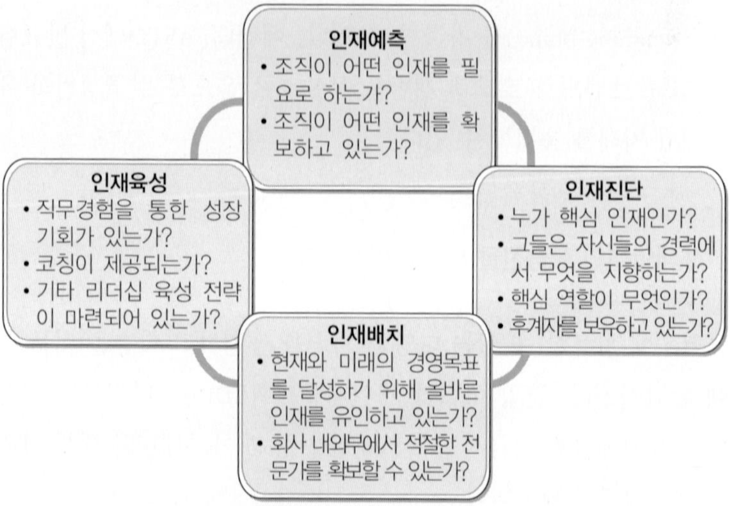

[그림 II-6] 퀄컴의 통합적 인재관리 시스템(Elkeles, 2007)

4. 학습 거버넌스 변화: 전통적 기업대학의 쇠퇴와 부활

인적자원개발의 어떤 기능을 중앙집중화하고 어떤 기능을 분산시킬 것인가? 각 영역에서의 최적 방안은 무엇인가? 기업대학(corporate university)은 어떻게 변하고 있는가? 학습과 개발 부문은 왜 그리고 어떻게 중앙관리되어야 하는가 등의 문제가 학습 거버넌스의 최근 트렌드에 관한 질문들이다.

1980~1990년대에 널리 인기를 끌었던 기업대학모형은 전통적인 대학을 모방하여 기업체 연수원을 '교육 프로그램의 집합소(collection of courses)'로 규정하였다. 과정개발자, 강사, 강의실 및 프로그램 관리자 등이 기업대학을 지배하는 핵심 요소였다. 즉, 학습자는 훈련받기 위해 대학에 가고 대학은 교육과정을 운영하는 것이다. MacDonald Hamburger University, Motorola University 등과 같이 오래전부터 대학의 명칭을 쓰고 있는 기업체 연수원을 쉽게 발견할 수 있다.

	기업대학		학습 서비스
학습내용 저장소	카탈로그의 코스	➡	코스, 컨텐츠, 학습은 어디에서나
제공방식	학습자가 교육받으러 대학으로 이동	➡	학습 서비스가 학습자를 찾아감
기능	과정 운영	➡	학습자와 조직의 요구 충족
내용생산	교육에서 제공되는 내용	➡	학습자도 컨텐츠를 스스로 생산

[그림 II-7] 기업대학의 쇠퇴와 학습 서비스로의 진화(Howard, 2008)

그러나 급격한 기술발전, 경영환경의 변화로 이러한 방식의 기업대학모형은 더 이상 효과적이지 못하게 되었다. 학습내용과 과정은 어디에나 있어야 하며, 블로그와 같은 개인생산 컨텐츠 · 정보 · 학습내용을 실시간으로 공유해야 하는 시대가 도래한 것이다. 강의실 학습이 사라지지는 않을 것이나, 그 비율이 줄어들 것은 분명하다.

새로운 환경 아래 인적자원개발 부서는 기업대학처럼 교육 프로그램 카탈로그를 개발하고 운영하는 교육공급 조직에서 개인과 조직이 필요로 하는 훈련과 수행능력, 그리고 컨설팅을 제공하는 '학습 서비스(learning service)' 조직으로 진화[2)]하고 있다.

이러한 변화는 오늘날의 정보통신기술(IT) 부서가 1970년대와 1980년대의 데이터 처리부서에서 진화한 것과 유사하다. 현대의 IT부서는 과거처럼 메인프레임을 운영하는 것이 주 임무가 아니라 업무의 생산성을 직접적으로 지원하는 서비스 부서다. 인적자원개발 조직의 기능은 교육과정을 운영하는 데 있는 것이 아니라 학습자와 조직의 요구에 신속하고 효과적으로 반응하는 것에 일차적인 목적이 있다(Bersin, 2007, 2008). 학습서비스모형에서는 학습자 또한 학습내용 생산의 주체가 된다.

학습 서비스 조직에서는 첨단기술과 외주업체의 활용이 늘어난다. 대신 내부인력은 HRD 기획, 경영성과와의 얼라인먼트, 성과컨설팅 제공, 측정과 같은 핵심 기능에 집중하게 된다. 이러한 경향은 미국 기업 전체의 교육예산은 늘어난 반면 보수 대비 교육비용은 줄어든 데서도 알 수 있다. 미국의 2006년 보수 대비 교육비용은 전년도와 대비해 11%나 감소하였다.

중앙집권화된 단일조직의 전통적 기업대학모형의 쇠퇴와 함께 연방형 HRD 거버넌스모형(Federated Model of HRD)이 확산되고 있다. 기업 전체 HRD의 비전과 방향을 설정하고 핵심 교육과정을 운영하는 중앙 차원의 기능과 각 부문별 인적자원개발 기능을 수행하는 사업부서형 HRD의 병렬 구조를 탄생시킨 것이다. 예를 들어, 세일즈 교육, 고객만족교육, IT 교육 등과 같은 분야는 사업부서의 HRD가 자체적으로 충당하는 형태로 자리를 잡아가는 것이다. 지방정부 역할을 하는 이들 부서는 중앙의 인프라를 십분 활용하지만 운영은 독립적이다. 이와 같은 연방형 모형은 중앙과 부문별 기능이 유기적인 협력과 경쟁관계를 유지해야 하기 때문에 실행에 있어 상당한 의지와 자원이 필요하지만, 일단 정착될 경우 학습자 개인의 기회 접근성을 높이고 단위사업부의 성과를 향상시키는 데 직접 기여한다.

기업의 훈련센터를 대변했던 전통적인 기업대학은 이제 온라인 교육의 거버넌스에서 재탄생하고 있다. 30% 이상의 프로그램이 온라인으로 운영되면서 중앙집권적인 운영의 필요성이 부활하고 있는 것이다. 이러한 변화 이면에는 성장과 학습성과 향상을 위한 기회를 실시간으로 제공하고, HRD 기능이 인재관리의 핵심 수단으로 전환되고 있는 트렌드가 자리 잡고 있다.

이와 같은 변화로 기존 기업대학의 기능과 구조가 한꺼번에 사라지는 것은 아니다. 각 기업마다 독특한 형태를 유지해 온 기업대학은 운영의 효율화에 집중하는 운영상의 탁월성(operational excellence)을 지향하고 있다. 이와 같은 요구는 'HRD 부문을 비즈니스처럼 운영하라'는 선언으로 나타나고 있다.

5. HRD 부문을 비즈니스처럼 운영하라

오늘날의 기업 HRD는 현재의 교육내용으로 전달되는 지식의 50%가 3년 뒤에는 활용가치가 없는 낡은 지식이 되어 버리는 지식의 고속성장시대에 직면해 있기에 어느 때보다도 신속하고 비용효율적인 운영 압력을 받고 있다. 뿐만 아니라 경영성과를 극대화하기 위해 한정된 재원을 어느 부문에 투자할 것이냐의 자원배분에 관한 결정은 HRD의 미래와 존재가치를 좌우하는 핵심 사안이 되고 있다. 어떤 성과에 집중할 것인가로 귀결되는 이러한 의사결정은 프로그램의 질관리보다 경영성과에 더 큰 영향을 미친다는 의미에서 전략적이라고 할 수 있다.

이러한 사정에도 불구하고 학습은 여러 가지 이유로 비즈니스처럼 관리되거나 운영되지 않았다. '학습에는 불확실한 변수가 많이 개입된다.' '충분한 데이터를 확보하기 어렵다.' '학습은 다른 비즈니스 영역과는 차별되는 무엇이 있다.' '학습은 너무나 중요하다.' '학습은 그 자체로 가치가 있다.' 등의 이유로 학습을 비즈니스처럼 관리하거나 판단해서는 안 된다는 생각이 지배적이었다. 이와 같은 생각이 학습을 비즈니스처럼 관리하는 것을 어렵고 불가능한 일로 만든다(Vance, 2007).

학습을 비즈니스처럼 관리한다는 것은 무슨 의미일까? 모든 비즈니스의 초점은 '고객지향'과 '효율화'라는 두 가지 키워드로 집약된다. 고객 없이 기업이 생존할 수 없으며 고객이 만족하는 상품을 어떻게 신속하게 적은 비용으로 세상에 내놓느냐가 기업의 미래를 결정한다. 학습을 비즈니스처럼 관리한다는 것은 이 두 가지 핵심요소인 고객 중심의 학습과 효율화라는 원리를 학습 기능의 관리와 운영에 내재화한다는 의미다. 고객과 효율이라는 화두를 중심으로 경영환경이 급격하게 변화되고 혁신되는 데 비해 기업의 HRD는 매우 느린 속도로 진화하고 있다. 학습으로 대변되는 HRD 부문을 비즈니스처럼 관리한다는 철학이 급진적으로 느껴지는 한 HRD 부문은 연구개발, IT, 마케팅, 생산 등 다른 경영 영역에 늘 뒤처질 수밖에 없을 것이다(Trolley & Adelsberg, 2000).

학습을 비즈니스처럼 운영하기 위해서는 첫째, 고객을 위해 HRD 자원을 어떻게 배분할 것인지, 가치창출 구조(value chain)—배분된 학습재원이 경영성과에 영향을 미치는 과정과 내용—와 최종 결과물이 무엇인지를 구체적으로 확인할 수 있어야 한다. 둘째, 파악한 구조를 최적의 상태로 효율화하기 위해 학습의 거버넌스를 재구조화하고 학습비용을 관리해야 한다.

가장 단순한 형태의 비즈니스 운영모형은 다음과 같은 형태다. 학습에 투입될 수 있는 요소(input)가 회사 내외적으로 확인되고 확보되면 자원 배분에 관한 의사결정이 이루어지고, 학습이 이루어지는 과정(process)이 존재하며, 그 결과를 확인하고 목표에 얼마나 접근했느냐를 보여 주는 기준과 비교하여 최종적인 성과(output)에 대한 판단을 내리게 된다.

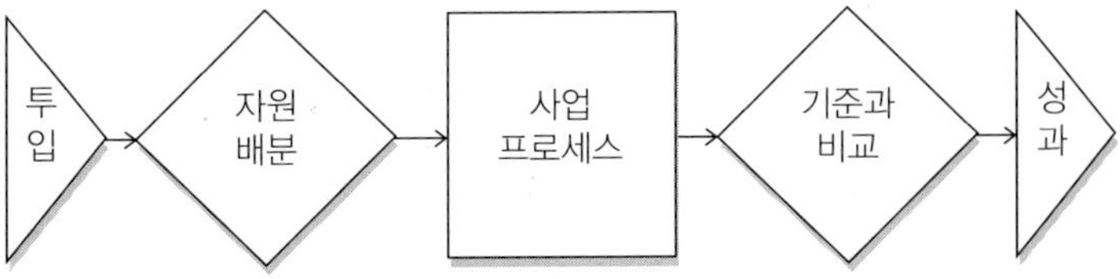

[그림 II-8] 비즈니스 성과운영모형(Rivera, 2008)

자원배분을 위한 의사결정은 투자모형에 의해 이루어지고 학습과정 관리의 분할이 필수적이며 최종적인 성과는 수치를 통해 확인되어야 한다. 평가와 측정이 중요한 것도 이 때문이다. 결국 HRD를 비즈니스처럼 운영하려면 담당자가 경영의 핵심 요소를 우선적으로 이해해야 한다.

1) HRD 훈련투자모형의 활용

HRD 부서의 전형적인 재원 배분은 〈표 II-3〉처럼 이루어진다. 대부분의 회사에서 인건비는 일부 프로그램 개발 및 운영비용으로, 또 일부는 사무부문 운영 등 간접비용으로 처리된다. 후자의 간접비는 교육생에게 직접적인 효과로 돌아가는 것이 아니기 때문에 이런 간접비를 최소화하는 것이 중요한 과제이기도 하다.

자사의 HRD 예산배분 구조가 〈표 II-3〉과 비슷하다면 어떤 프로그램에 얼마만큼을 투자할 것인지 어떻게 결정할 것인가? 모든 프로그램에 균등하게 재원을 배분할 것인가 아니면 몇몇 프로그램에 집중 투자할 것인가? 어떻게 미리 우선순위를 정할 것이며, 경영환경의 변화와 새로운 사업 착수에 수반될 수밖에 없는 새로운

표 II-3 전형적인 교육예산 배분 비율(Bersin, 2004)

인건비	60~65%
자체 프로그램 개발 및 운영	12~15%
외주 프로그램 및 운영	10~12%
첨단기술 및 매체 활용	8~12%

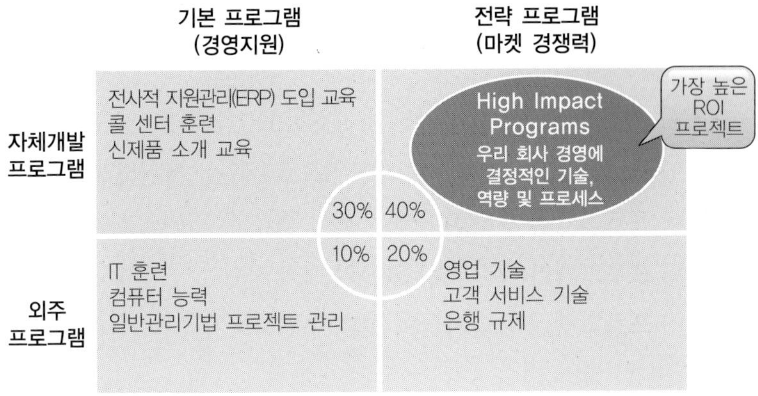

[그림 II-9] HRD 훈련투자모형(Bersin, 2004)

교육수요에 어떻게 유연하게 대처할 것인가 등의 문제는 늘 최고 책임자를 고뇌하게 만드는 일일 수밖에 없다.

이런 문제를 해결할 수 있는 기본 틀이 재무투자모형에서 발전한 HRD 훈련투자모형이다. 이 모형에 따라 HRD 부서에서 운영하는 모든 프로그램을 [그림 II-9]와 같이 네 가지 유형으로 분류한다. Y축에 자체개발 프로그램과 외주 프로그램, X축에 기본 프로그램과 전략 프로그램을 구분한다. 기본 프로그램은 경영에 필수적인 프로그램들이다. 이러한 프로그램은 매우 중요하지만 경쟁자를 추월하게 하거나 시장점유율을 증가시키지는 못한다. 전략 프로그램은 지속적 경쟁력을 확보하게 해 주고 시장점유율을 늘려 주며 경영성과를 달성함으로써 전략적 경쟁력을 담보할 수 있는 역량을 구축하게 해 주는 프로그램들이다. 자사의 경험과 암묵지를 토대로 개발되고 운영되는 이러한 프로그램은 경쟁사와 공유될 수 없다.

[그림 II-9]와 같이 HRD 투자모형을 적용하는 구체적인 절차는 다음과 같다. 첫째, 현재 운영되고 있는 모든 프로그램을 조사하여

리스트를 만든다. 이 작업에는 다음의 질문들이 필수적이다.

- 이 프로그램을 최고경영진이 지원하고 있는가?
- 이 프로그램에 사업부서가 주도적으로 재원을 지원하고 있는가?
- 이 프로그램을 현업의 관리자들이 중요하다고 믿고 있는가?
- 이 프로그램이 우리 회사 고유의 지적 자산을 구현하고 있는가?
- 이 프로그램을 학습자들이 널리 추천하는가?

둘째, HRD 담당자 회의를 통해 일차적인 분류를 실시한다. 동일한 프로그램도 비즈니스 분야에 따라 다르게 분류되므로 가장 중요한 기준은 업종이다. 예를 들어, IT 자격교육은 보험회사에서는 좌측 아래에 분류되지만 하이테크 컨설팅 회사에서는 우측 상단의 고성과 프로그램에 해당된다. [그림 II-9]의 세부내용은 IT 업종의 예시다.

셋째, 사업부서장과 관리자들의 의견을 듣는다. 최종 결정은 HRD 부서에서 내리지만 현업에서 느끼는 그들만의 우선순위를 최종 분류에 참조한다. 각 부서에 경쟁적인 우선순위를 알려 주어 어떤 부서가 어떤 프로그램을 우선시하는지 감을 갖게 한 뒤 순위를 정하게 한다.

넷째, 최종적으로 분류한다. 오른쪽 상단과 하단의 프로그램을 먼저 결정한다. 오른쪽 상단의 프로그램이 가장 중요한 전략적 투자 대상이다. 여기에 너무 많은 프로그램을 분류하기보다는 3~4개 정도의 프로그램만 위치하게 한다.

다섯째, 프로그램을 분류한 뒤 자원 배분의 규칙을 정한다. [그림 II-9]는 전체 예산이 프로그램 개발비와 인건비를 합쳐서 100이라고 가정했을 때 전략적 자체개발 프로그램에 40%, 기본적 자체개발 프로그램에 30%, 전략적 외주 프로그램에 20%, 기본적 외주 프로그램에 10%를 투자하는 것으로 결정한 것이다. 이러한 규칙이 정해지면 세부 프로그램으로 들어가 투자 규모를 결정하게 된다.

2) 학습과정의 성과 영향 분석 및 대응

현재의 교육 프로그램들은 대부분 독립적인 이벤트처럼 실행되고 있어서 성과로의 영향이 단절된다. 교육훈련(TE: training event) 이후 코칭이 이루어지지 않거나 학습내용의 활용기회가 없으면 학습한 내용의 약 80%는 소멸된다(Laughlin & Bahl, 2008). 교육이 성과로 이어지려면 사전, 사후조치가 필수적이다.

학습과정은 학습 이전 단계, 학습 경험 단계 그리고 팔로우업 단계로 구분되며, 각 과정에 투자되어야 하는 재원의 이상적인 배분

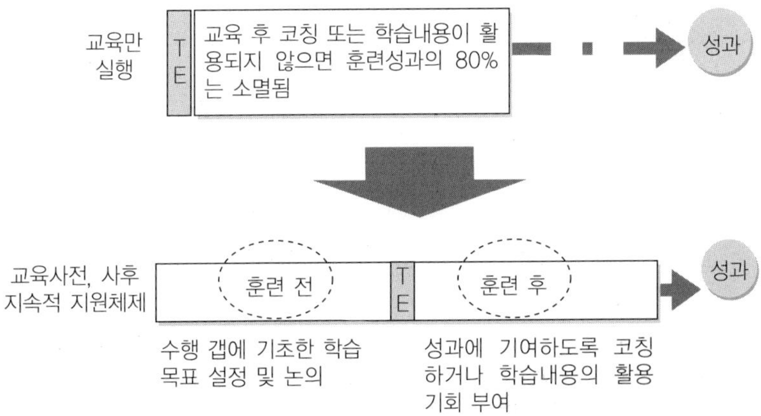

[그림 II-10] 훈련성과의 소멸과 지원체제(Ball, 2008)

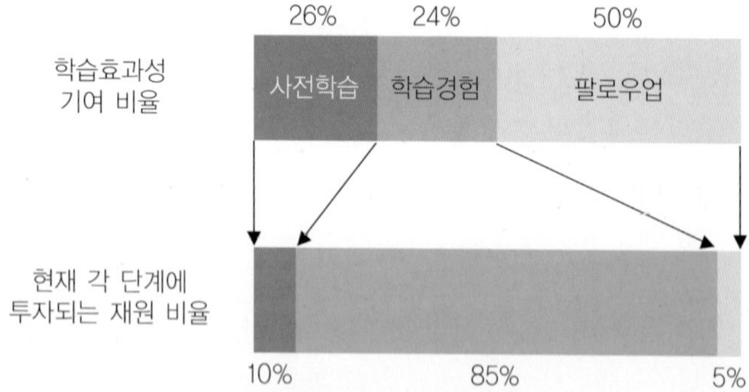

[그림 II-11] 학습효과성 기여비율과 투입 재원 분포(Peterson, 2004)

은 각 과정이 성과에 얼마만큼의 영향을 미치는가를 반영해야 한다. [그림 II-11]에서 보는 것처럼 학습 이전 단계, 학습 경험, 팔로우업 단계가 성과에 영향을 미치는 비율은 26:24:50으로 구성된다(Laughlin & Bahl, 2008). 중요한 사실은 학습이 직접적으로 일어나는 학습 경험 자체보다 사전 과정의 영향이 더 크다는 것과 팔로우업이 성과에 미치는 영향이 학습 경험의 2배에 이른다는 점이다. 결국 학습의 성과는 팔로우업에 달려 있다.

이에 반해 현재 각 학습과정의 단계별로 투자되는 재원의 비율을 추정한 결과에 의하면, 사전학습 과정에 10%, 학습 경험 자체에 85%, 팔로우업에 5%가 투자된다. 가장 큰 영향을 미치는 팔로우업에 가장 적은 재원이 투입되는 것이다. 이러한 문제를 해결하기 위해서는 성과맵(impact map)을 활용하여 교육 전, 교육, 교육 후의 전 과정을 관리해야 한다.

성과맵이란 교육훈련과 비즈니스 요구가 부합하는지, 교육준비 과정과 교육 자체가 어떤 과정을 통해 성과로 이어지는지에 관해 논의할 수 있는 시각적 도구다. [그림 II-12]는 이와 같은 성과맵을 활용하여 교육 전, 교육 중, 교육 후의 전 과정을 관리하는 프로세스를 보여 준다.

현재는 부하직원에 대한 학습지원이 관리자의 직무라는 인식이 미흡하고 업무과중으로 시간을 할애하기도 어렵다. 그러나 이와 같은 관리자의 역할과 시간 배분에 변화가 필요하다. 교육의 전 과정에서 관리자의 역할을 부각시키고 학습지원과 관리를 관리자의 공식적인 직무에 포함할 필요가 있는 것이다. 또한 성과를 확인하기 위해 성공 사례 기법을 활용한다. 이와 같이 성과맵을 활용해 시행한 교육은 이전의 학습관리 방식에 비해 현업활용도와 업무성과에 미치는 영향 면에서 4배의 효과가 있었다.

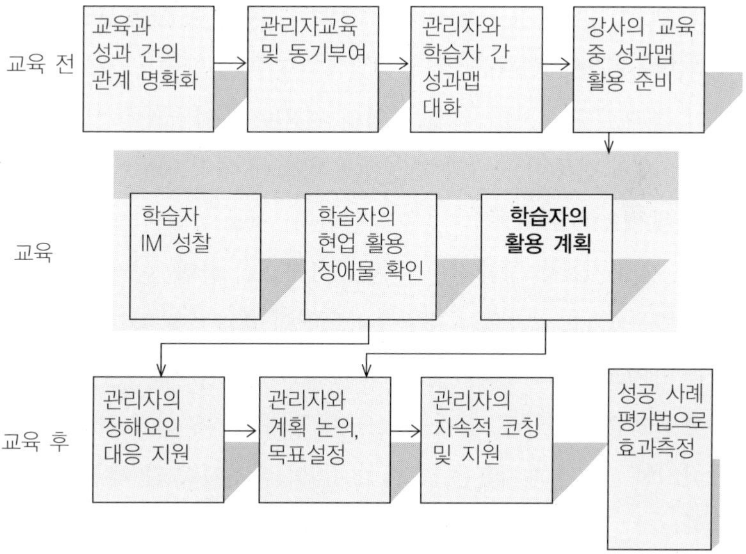

[그림 II-12] 고성과 학습과정의 개관(Ball, 2008)

6. 전략과 학습을 연계하는 도구의 활용: WLP 성과표

기업의 성과는 재무지표만으로 표현될 수 없다는 점에 주목하여 하버드 경영대학의 카플란과 노튼 교수는 1996년 균형성과표(BSC: balanced scorecard)(Kaplan & Norton, 1996)를 개발하였다. 이후 BSC는 인적자원 분야에 적용되어, 2001년 인적자원성과표(HR scorecard)(Becker, Huselid, & Ulrich, 2001), 2005년 인력성과표(workforce scorecard)의 탄생으로 이어진다. 2007년 ASTD는 여기에 학습과 성과를 중심으로 하는 WLP 성과표(WLP scorecard: workplace learning & performance scorecard)를 개발하여 보급하였다.

WLP 성과표는 경영과 학습을 전략적으로 연계하는 도구다. 경영과 학습을 연계한다는 것의 실질적인 의미는 학습투자를 경영성과의 형태로 표현하기 위해 경영의 지표로 투자결과를 보고하고, 학습투자의 변동이 학습과 경영성과 양자에 어떤 영향을 주었는지를 구체적으로 보여 주는 것을 의미한다. 이를 위해서는 다음과 같은 네 가지 지표를 구체적인 수치로 나타내야 한다. 이러한 구조로 되어 있는 WLP 성과표는 개별프로그램의 효과성을 평가하고 측정하는 마이크로 HRD 평가를 넘어서 HRD 부문과 기능 전체를 평가하고 관리하는 도구로서 매크로 HRD 평가를 가능하게 한다.

이러한 4대 성과지표는 [그림 II-13]의 예시처럼 각 세부 지표로 분할된다. 효과성 지표만을 예로 든다면, 이는 총수입, 비용, 이익, 새로 얻게 될 자산과 향후 시나리오에 활용할 수 있는 정보로 분류된다.

표 II-4 WLP 4대 성과지표(Huselid, Becker, & Beatty, 2005)

얼라인먼트	효과성
• 성과변수 관리의 기초 • 경영목표와의 연계 • 개인, 과정, 조직성과의 연계	• 학습성과의 기초 • 조직의 생산성과 재무성과 • 구성원 만족도와 보유율
효율성	**지속 가능성**
• 학습 전략의 실행 • 핵심 목표 달성을 위한 자원배분 • 학습 기능 운영의 효율성	• 성공 수준 유지 가능성 • 학습자산과 인적자본의 축적 정도 • HRD 부문 투자 수준

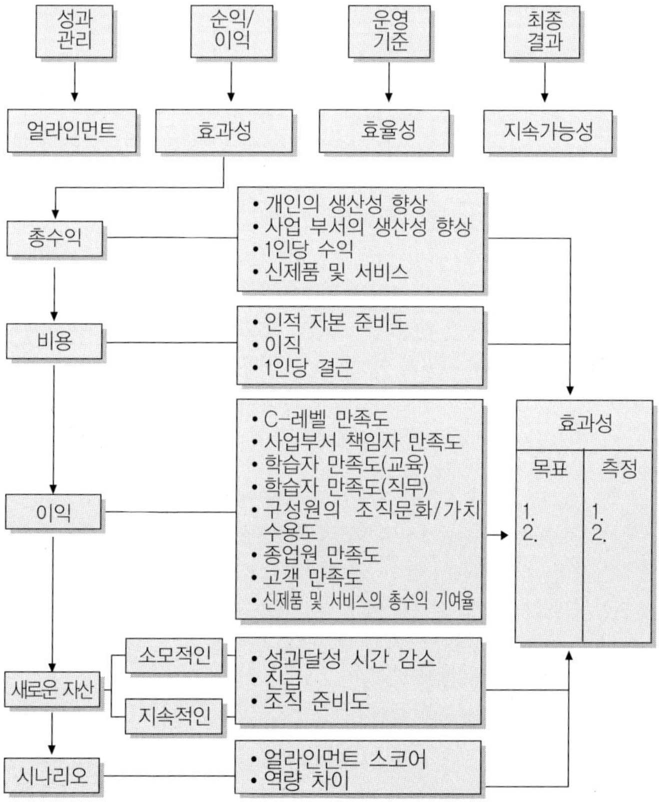

[그림 II-13] WLP 성과표를 활용한 수익계획 수립(Rivera, 2008)

다국적 FMCG(일용소비재) 기업 폴란드 지사의 변화(Kudla, 2008)

주먹구구식 T&D: 2003년 이 회사는 폴란드 내에서 13%의 시장점유율로 동종업계 4위의 규모를 유지하고 있었는데, 2007년까지 시장점유율을 2위 수준으로 끌어올리는 것을 목표로 설정하였다. 당시 회사의 T&D 사정은 다음과 같았다. 각 부서는 T&D에 있어 매우 자율적이었고 시스템화되지 않는 정책기조가 유지되었다. 주로 각 부서의 임원과 관리자들의 요청(demands)과 바람(wishes)에 기반해 '피자주문' 과 같이 훈련이 선택되고 실행되었다. 고객 서비스 기초/고급과정, 프로젝트 관리, 영향력 발휘 기술, 구매협상, 인간관리심리학과 같이 매우 전형적이거나 아니면 트렌드를 따르는 과목들이 주로 채택되었다. 훈련과목의 선택이 역량 갭과 거의 관계없이 이루어지고 있었다. 어떤 사업부서에서는 훈련 자체를 원하지 않았고 직원을 훈련에 참여하도록 내보내는 것을 기피하였다.

역량기반 T&D 시스템 구축: 2004년 이사회로부터 이에 대한 문제제기가 있었고 모종의 압력이 가해지기 시작하였다. 훈련정책은 시스템화되어야 했다. 당시 이미 역량 시스템이 존재하였지만 분기별 평가가 이에 근거해 이루어질 뿐 훈련이나 보상, 채용 시스템에는 전혀 영향을 미치지 못하는 상황이었다. 이에 따라 해외 다른 지사에서 이미 실행되고 있던 'Worldwide Academy' 가 도입되었다. 아카데미는 이미 도출되어 있던 회사의 역량모형에 기반하여 이러닝, 블렌디드 러닝과 전통적인 학습 시스템을 아울러 시스템화하였다. 이제 직원의 역량평가 결과에 근거하여 직원과 관리자의 합의하에 훈련과정 등록이 결정되게 되었다. 과거의 무규칙한 T&D 운영에 비해 역량평가에 기반하여 훨씬 체계적인 시스템이 정착된 것이다.

의외의 실패: 그러나 2005년 겨울과 2006년에 각각 CEO와 HRD 부문 부서장이 바뀌면서 실행된 조사결과는 전혀 다른 결과를 보여 주었다. 이 조사에는 전직원의 70%에 이르는 500여 명에 대한 설문과 26건의 심층 인터뷰가 실시되었는데, 그 결과는 매우 결정적인 것이었다. 사람들은 상식 수준의 교육, 그리고 현장과 괴리된 교육내용에 지쳐 가고 있었다. 관리자 역시 비즈니스 경영과 인재경영(managing people) 사이에 큰 간격을 느꼈는데, 왜냐하면 인재경영과 사업성과(business metrics) 사이에 명확한 연결고리를 발견하지 못했기 때문이었다. 사람들은 비즈니스 목표, 당면한 도전과 프로젝트에 직접적으로 연결된 훈련을 요구하였다. 또 회사에서의 현

실적인 사례를 사용하며 참가자들의 의견교환과 연습이 가능한 워크숍 형태의 교육이 많아지기를 원하였고, 역량의 달성 수준에 따라 단계별로 차별화된 과정과 트레이너와의 보다 정기적인 접촉을 요구하였다. 거의 모든 사람들이 2004년 이후의 변화와 '아카데미' 에 대해 질색했고, 특히 이러닝에 대해서는 트라우마를 나타낼 정도였기 때문에 이러닝은 일단 중단하기에 이르렀다.

성공 변화(1) - 성과지표의 설정: 조사 실시 이후 가장 큰 변화는 사업측정지표(business metrics)에 근거해 훈련이 실시된 것이다. 예컨대 고객관리 부문의 경우 고객 서비스 기초/고급과정, 비즈니스 전화 등의 과목을 중심으로 편성되던 것이 영업이익, 만족도(고객과의 대화의 질을 수량화), 고객유지율 등과 같은 KPI(key performance indicator)가 근거가 되었다. 사소하거나 잘 알려진 테크닉들은 제외되었고 최고 수행자와 보통 수행자를 구별하는 결정적인 요소에 초점이 맞춰졌다. 이에 따라 훈련과정 역시 시장 벤치마크와 최고성과자의 모범 사례에 근거해 개발되었다. 구체적인 예로 고객관리 부서 인력을 대상으로 한 프로그램에서 성과지표는 '고객불만 해소 효과성' 으로 설정되었다. 이는 해당 그룹의 KPI 중 하나였다.

성공 변화(2) - 훈련 전후 코칭과 후속 세션: 변화된 시스템은 유효한 목표치를 설정했을 뿐만 아니라 훈련 방식에도 큰 변화를 주었는데, 유효성 달성 정도에 따라 각 레벨의 사람에게 훈련 전후로 차별화된 코칭을 실시한 것이다. 훈련을 실시하기 전 118%의 유효성을 달성한 한 사람에게는 '어떻게 다른 사람들을 가르칠 것인가?' 100%의 유효성을 가진 두 사람에게는 '어떻게 120%의 유효성을 이룰 것인가?' 그 외 목표치에 미치지 못하는 사람들에게는 '가장 취약한 점' 에 대한 코칭이 실시되었다. 또한 1차 훈련 후에 일정기간의 업무적용기간 후 후속 세션(follow-up session)을 가짐으로써 실무와의 연관성을 높였다.

성공 변화(3)-훈련적용 과제 수행과 상사의 훈련과정 참여: 훈련 중에는 임박한 미래에 완수해야 하는 구체적이고 현실적인 과제 두 가지를 반드시 설정하도록 의무화하였다. 이때 과제는 훈련 후 5근무일 이내에 훈련참가자가 상사의 승인을 받아 학습 포털에 과제를 입력하도록 하였고, 그러면 자동적으로 메시지가 관리자와 HRD 부서, 그리고 참가자 본인에게 전달되었다. 일정한 시간이 지난 후 훈련에서 배운 것을 토대로 과제를 수행한 경험과 모범 사례를 토대로 한 후속 세션이 진행되는데, 이 후속 세션이 시작되기 10일 전에 학습시스템은 자동으로 관리자에게 이 훈련과 과제를 상기시켰다. 그러면 관리자는 훈련에 참가하였던 부하와 토론을 거친 후 후속 세션에서 초점을 맞출 부분과 함께 과제에 대한 피드백을 입력하였다. 참가자는 기본 세션과 후속 세션에 모두 참여하고 과제 수행에 대해 상사로부터 긍정적인 피드백을 받은 경우 해당 과정에 대한 이수증명서를 받을 수 있도록 하였다.

극적인 성공: 변화조치가 실행되고 약 3년이 지난 후 모든 부분에서 놀라운 향상이 나타났다. 훈련활동에 대한 조직원의 만족도, 습득된 지식과 성과의 범위, 무엇보다 사업지표에 있어서 뚜렷한 상승이 이루어진 것이다.

02 리더십 및 관리자 개발

Leadership and Management Development

현대 조직에서 리더십 개발은 끊임없이 변화하는 경영환경에 대한 해석과 대응을 의미한다. 급변하는 시장, 고객의 요구, 경쟁업체의 전략 변화 등을 신속하게 해석하고 이에 대한 적절한 대응책을 마련하는 일은 리더십이 개발되지 않고서는 불가능한 일이기 때문이다. 이제 기업에서의 리더십 개발은 훈련 프로그램의 설계에서 경영성과를 개선하는 전략적 도구로 진화하고 있다. 기업의 오늘과 내일이 리더에게 달려 있기 때문에 단일 프로그램으로 보면 어떤 분야보다도 많은 자원과 인력이 투입되는 영역이 리더십 개발 부문이다.

현재 조직의 리더에게는 어떤 리더십이 요구될까? 그리고 기업의 지속적인 성장을 가능하게 하기 위해서는 어떤 리더십이 필요할까? 리더십의 새로운 동향을 알아보기 위해서는 미래의 리더십에 영향을 미치는 요소들이 무엇인지 확인할 필요가 있다. 창의적 리더십센터(CCL: Center for Creative Leadership)는 전 세계 28개국에서 참여한 800명 이상의 리더들을 대상으로 실시한 조사에서 리더와 리더십에 영향을 미치는 네 가지 글로벌 트렌드를 다음과 같이 제시하였다(Martin, 2006; Criswell & Martin, 2007).

첫째, 세계화의 진전이다. 세계는 국가의 경계와 차이에 주목하고 국가 간의 관계를 중심으로 보는 국제화 시대에서, 국경을 넘어 지구적 맥락에서 기술, 지식, 상품, 서비스 및 사람의 교류가 이루어지고 가치, 규범 등이 통용되는 세계화 시대로 진화하고 있다. 최근 겪고 있는 세계적인 경기침체처럼 어느 한 나라의 변화가 전 세계에 파급효과를 미치는 것도 지구촌의 세계화를 보여 주는 증거다.

둘째, 복잡한 과제의 증가다. 물리학자인 시어도어 모디스(Theodore Modis)의 예측에 의하면, 지난 20세기 100년간 인류가 겪었던 전쟁, 자동차의 발명, 유전자의 규명, 인터넷의 등장과 같은 엄청난 일들을 2025년에는 한 주 안에 겪게 된다. 90%가 넘는 리더들이 자신의 회사가 겪고 있는 도전이 과거 5년 전보다 훨씬 더 복잡해지고 있다고 응답하였다. 리더의 역할을 복잡하고 어렵게 하는 요인으로 복잡해지는 경영환경에 대응하기 위한 내부조직의 변화(23%), 시장의 역동성(18%), 인재의 부족(12%)이 지적되고 있다. 리더와 함께 복잡한 경영 이슈들을 해결하고 성과를 내기 위해서는 비즈니스 세계의 변화를 유연하게 헤쳐 나갈 수 있는 인재가 절대적으로 필요하나, 필요 역량을 모두 갖춘 인재를 발견하기도 육성하기도 쉽지 않은 현실이 리더의 역할을 더욱 어렵고 복잡하게 만들고 있다.

셋째, 간섭의 증가다. 현대인은 끊임없는 간섭의 세계 속에 살고 있다. 보통의 회사원들을 관찰한 결과, 평균 11분 간격으로 누군가가 자신의 일을 중단시킨다고 한다. 다시 원래 자신이 하던 일로 돌아오는 데는 평균 25분이 걸린다(Mark, 2005). CCL의 연구에 의하면, 임원들은 30분 간격으로 방해를 받는다. 어떤 임원은 심지어 5분 간격으로 방해를 겪는다고 한다. 이처럼 리더의 집중을 방해하는 현상은 보편적이나, 어떻게 대응하느냐에 따라 다른 결과를 가져온다. 어떻게 이러한 방해를 줄일까? 가장 많은 응답이 문을 닫는다(29%)였고, 다음으로 우선순위 정하기(18%), 비서에게 권한을 많이 주어 대신 처리하게 하기(14%), 전화연결 끊기나 회의 줄이기(13%) 순이었다.

넷째, 리더의 건강이 지니는 중요성이 더욱 높아지고 있다. 효과적인 리더십은 규칙적인 운동과 높은 상관관계가 있다. 규칙적인 운동을 하는 리더는 리더에게 필요한 다른 역량인 신뢰, 진실성 및 조직경영 등의 영역에서도 높은 점수를 보였다. 47%의 리더가 음식, 건강, 신체충실도 등에서 자신이 직원들의 역할모델이라 인식하고 있고, 실제로 그러하였으며, 30%는 일주일에 세 시간 이상 운동을 한다. 이들이 사회경제적 지위 면에서 최상류층에 속한다는 사실은 건강 면에서도 마찬가지다. 점점 복잡해지고 있는 경영환경과 높아지는 스트레스 속에서의 생활이 일상화되기 때문에 건강과 적절한 음식, 그리고 운동은 리더로의 지속적인 성장과 커리어를 위한 필수조건이 되고 있다.

이러한 네 가지 메가트렌드 속에서 조직과 팀을 이끌어야 하는 리더들은 실제로 어떤 문제와 영역에서 가장 어려움을 겪고 있을까? 무엇보다도 리더십 파이프라인을 거쳐 올라가면서 생기는 리더십 포지션 이동의 문제를 가장 어렵게 느끼고 있다. 이는 이혼이

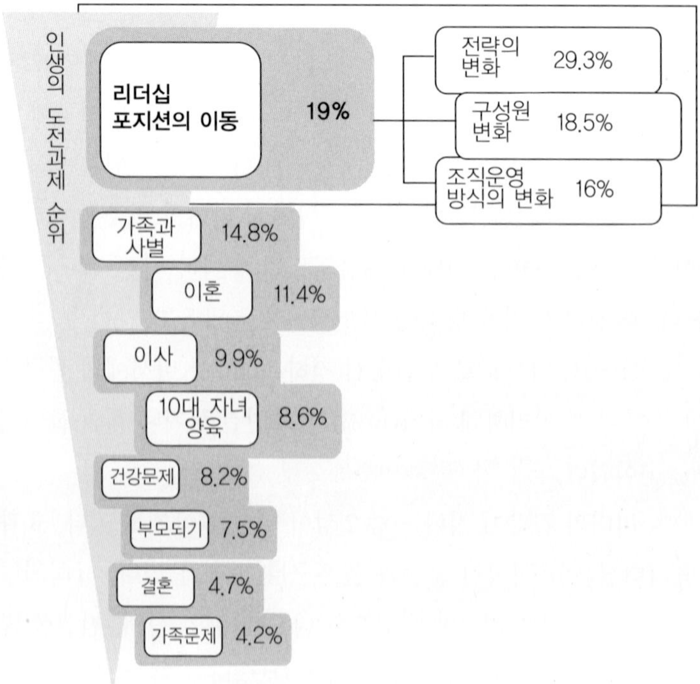

[그림 II-14] 인생의 도전과제 순위(Paese & Wellins, 2007)

나 박탈감보다도 훨씬 더 큰 부담을 주는 도전과제다. 리더십 포지션의 이동 중에서도 전략의 변화로 인한 도전을 가장 어려운 과제로 인식하는 비율이 약 30%나 된다.

리더십 포지션의 이동 문제는 리더가 실패하는 이유에서도 확인된다. 최근 DDI의 조사[3]에 따르면, 리더가 실패하는 가장 중요한 이유 두 가지는 [그림 II-15]에서 보는 것처럼 사람을 다루는 기술과 전략적 사고의 부족이다.

리더들이 겪는 기업 내외의 환경 변화는 리더십의 의미와 역할의 변화를 수반하고 있다. 이에 따라 리더십 개발과 인재관리의 통

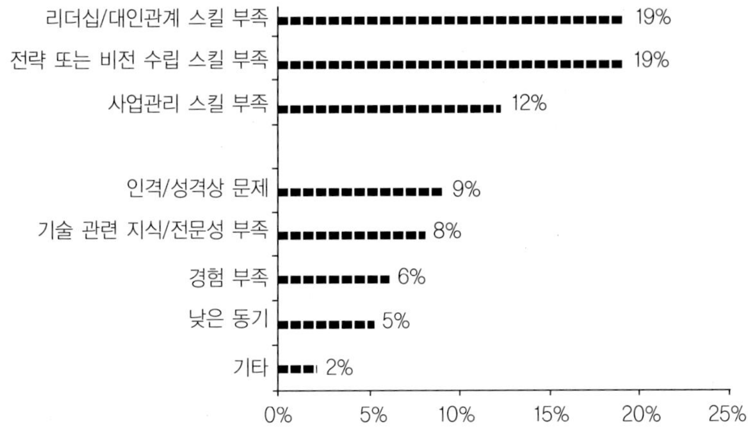

[그림 II-15] 리더가 실패하는 이유(Wellins & Howard, 2008)

합, 리더 육성 방법의 변화, 글로벌 리더십의 보편화, 세대별 차이를 반영한 인재개발의 차별화, 사업 전략과 성과 달성을 위한 코칭 등이 주목된다. 전통적으로 리더십이 공동의 목표 달성을 위해 업무를 지시 · 관리하는 통제 중심의 패러다임에 입각해 있었다면, 오늘날처럼 급변하는 경영환경하에서 리더십은 직원들의 능력을 정확히 파악하고 적절하게 활용함은 물론 지속적으로 능력개발을 돕고 비전을 공유하는 등 그 의미가 달라지고 있다. 또한 수직적 조직문화에서 수평적 조직문화로의 변화, 세대별로 다르게 표현되는 조직 구성원의 다양한 욕구, 개인의 가치와 성장 가능성 존중 등 새로운 조직문화는 성공적인 리더십을 새롭게 정의할 것을 요구하고 있다.

1. 리더십의 의미 변화: 개인/내부에서 집단/사이로 확장

경영환경의 변화는 효과적인 리더십의 의미 자체를 변화시키고 있다. 2005년 CCL의 연구(Martin, 2005)에 따르면, 리더의 84.3%가 지난 5년간 효과적인 리더십의 의미가 변했다고 응답하였다. 또한 46.7%는 새로운 환경의 도전으로 새로운 의미의 리더십이 요구된다고 응답하였다.

[그림 II-16]은 리더들을 대상으로 5년 전, 현재, 5년 후 리더십에 대한 조직의 접근 방식을 조사한 결과다. 각 항목은 'A vs B' 와 같은 방식으로 대비되어 제시되었으며, (−)의 값은 A의 값을, (+)의 값은 B의 값을 나타낸다. 예컨대, '직책 vs 프로세스' 항목의 값이 −2.3이라는 것은 조직에서 리더십을 프로세스보다는 직책의

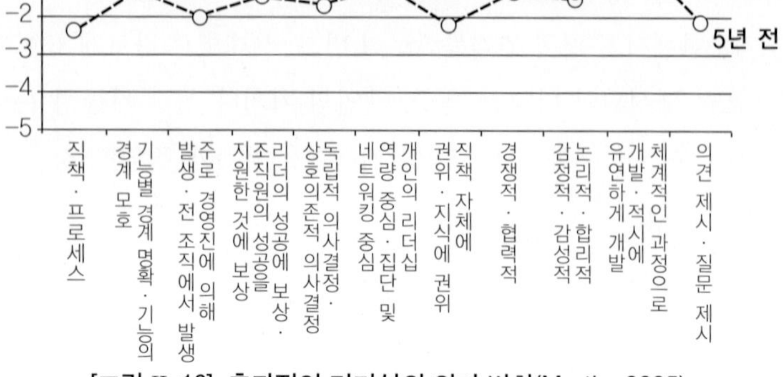

[그림 II-16] 효과적인 리더십의 의미 변화(Martin, 2005)

관점에서 접근하고 있다는 것으로 해석된다. 조사 결과, 5년 전에 비해 리더십에 대한 접근 방식이 '논리성 및 합리성 vs 감정 및 감성' 항목을 제외하고는 전반적으로 변화한 것으로 나타났다.

리더십은 직책보다는 프로세스의 의미로 변하고, 리더 자신의 성공보다는 지원을 통한 조직 구성원의 성공을 중시하며, 타 부서와의 경쟁보다는 협력이 강조되고 있다. 또한 리더십 개발에 있어서도 체계적인 과정을 통한 방식에서 변화하는 환경에 대처할 수 있도록 필요 시, 적시에, 그리고 유연한 방식으로 개발하는 방향으로 변화하고 있으며, 조직 구성원에게 의견을 제시하기보다 질문을 통해 스스로 해결책을 찾도록 돕는 코칭 리더십이 강조되고 있다.

리더십과 관련하여 현대 조직이 직면한 도전과제의 유형은 크게 세 가지로 요약된다. 첫째, 기술적인 차원의 도전(technical challenges)으로 프로세스, 시스템, 구조의 변화가 필요한 도전을 말하며, 자원의 재분배를 요구한다. 또한 기술적인 차원의 도전을

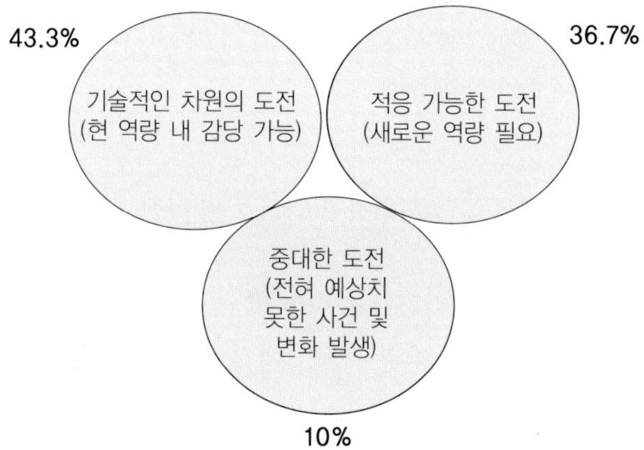

[그림 II-17] 변화의 유형(Martin, 2005)

극복하기 위해서는 체계적인 실행계획이 필요하다.

둘째, 적응 가능한 도전(adaptive challenges)으로 명확한 해결책은 없지만 궁극적으로 해결할 수 있는 도전과제를 말한다. 이런 과제에 대처하기 위해서는 새로운 프로세스, 시스템, 스킬을 창조하기 위한 전략적 의사소통 및 독창적인 해결책의 실행이 요구된다.

셋째, 중대한 도전(critical challenges)으로 조직의 전략 및 방향 전체에 대하여 새롭고 과감한 변화를 요구하는 도전과제이며, 전체 조직에서 상당한 수준의 즉각적인 변화가 필요하다.

그러나 이러한 변화에도 불구하고 리더십의 중요요소인 방향 설정 및 사업 면에서는 41%, 전략과의 연계 면에서는 45%, 커미트먼트 형성 면에서는 60% 정도의 기업만이 준비된 상태다.

표 II-5 리더십의 현주소(Martin, 2005)

내용	비율
방향 설정(setting direction)	41.5%
전략과의 연계(creating alignment)	44.9%
커미트먼트 형성(building commitment)	60%

1) 개인/내부에서 집단/사이로 리더십 차원 확장

전통적인 리더십이 리더가 가져야 할 특성, 발휘해야 할 행동 등 리더 개인에게 초점을 맞춘 '개인 내적인(individual within) 리더십' 이었다면, 최근에는 리더가 타 부서와 업무를 조율하고 협력하는 데 필요한 리더십을 발휘해야 함을 의미하는 '개인 간 상호연계(individual between) 리더십' , 더 나아가 개인 수준을 넘어 팀의 성

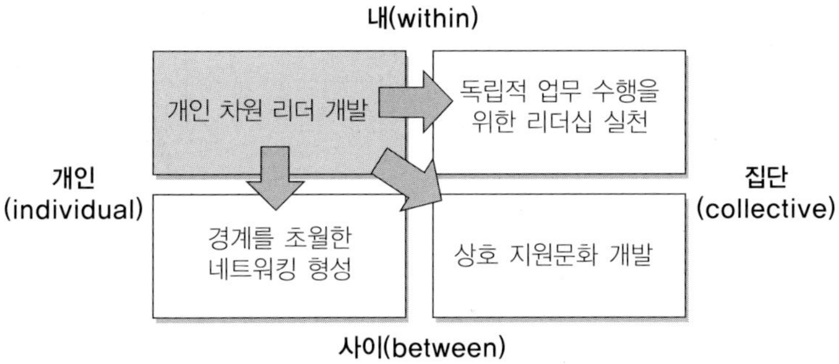

[그림 II-18] 리더십의 의미 변화(Martin, 2005)

과를 달성하기 위해 필요한 '집단 내(collective within) 리더십' 및 부서 간 상호 지원문화를 개발하는 영역까지 확장되는 '집단 간(collective between) 리더십'으로 그 의미와 방향이 확장되고 있다.

2) 개발을 위한 리더의 지지 및 임파워먼트 강조

전통적으로는 리더에게 권한이 집중되어 있어 리더가 방향을 설정하고 지시하면 구성원들이 따르는 형태로 조직이 운영되었지만, 급격한 환경 변화에 신속히 적응하고 업무를 창의적으로 수행하기 위해서는 구성원 개개인의 자율적인 권한 행사를 통해 자신의 능력을 최대한 발휘할 수 있도록 조직이 운영되어야 한다. 따라서 다음과 같은 방향으로 변하고 있다.

리더는 관리와 감독보다는 조직 구성원들에게 권한을 위임하고 그들의 능력개발을 지원하는 역할에 보다 집중해야 한다. 또한 수직적이고 복잡한 명령체계로서 피라미드 형태였던 조직의 구조가

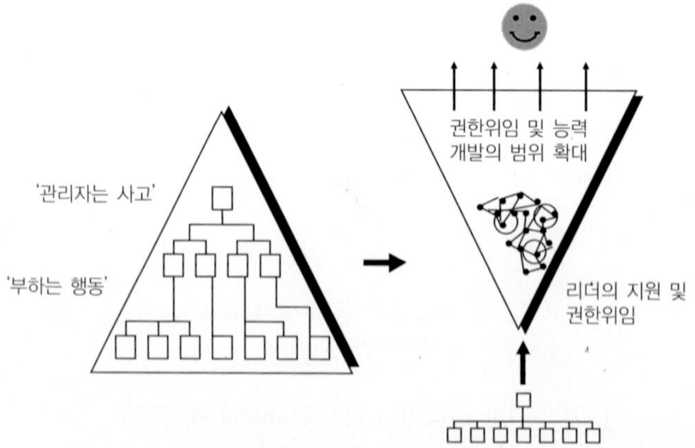

[그림 II-19] 임파워먼트와 육성지원의 필요성(Bahl, 2007)

수평적이고 단순한 형태로 진화하고 있으며, 이로 인해 구성원들에 대한 권한 부여와 자율성 존중 및 창의적인 능력개발을 촉진하는 것이 더욱 중요하게 되었다.

3) 새로운 리더에게 요구되는 리더십 스킬

미국경영협회(American Management Association)는 2005년 전 세계 1,573명의 관리자와 인사 전문가들을 대상으로 '미래의 리더십(Leading into the Future)' 이라는 서베이를 통해 효과적인 리더십 개발을 위해 조직에 필요한 문화와 업무 수행 프로세스의 요소가 무엇인지, 현재 그리고 10년 뒤에 가장 중요한 리더의 역량은 무엇인지를 밝혀 미래 리더에게 요구되는 다섯 가지 특성, 열두 가지 리더 역량을 제시하고 있다(Tobin, 2006).

리더의 특징에서는 특히 개인 및 집단의 두 가지 차원에서 커뮤니케이션이 강조되고 있고, 역량에서는 전략적 사고 및 커뮤니케이션 능력, 인재육성 · 관리, 창의성 등이 강조되고 있다.

미래 리더에게 요구되는 다섯 가지 특성

1. 변화에 대한 개방성
2. 개인 간 커뮤니케이션
3. 혁신지원
4. 유연성
5. 그룹 커뮤니케이션

열두 가지 리더 역량

1. 전략개발
2. 커뮤니케이션 스킬
3. 리더 육성
4. 인재채용
5. 창의성과 혁신 촉진
6. 성과 달성 및 추진력
7. 경영이해
8. 역할모형
9. 경영윤리
10. 산업계 이해
11. 조직 내 관계 형성
12. 조직과 시장의 얼라인먼트

2. 리더 육성과 인재관리의 통합

리더 육성은 경영성과를 달성하기 위한 인재관리의 한 부문이다. 필요한 인재를 적합한 업무에 적시에 배치하기 위해서는 인재수요 및 갭 진단에서 시작해, 인재를 선발하고 육성하는 전 과정이 하나의 사이클로 통합되어야 한다. 선진 기업들은 리더 육성과 인재관리를 통합 · 운영하고 있다. 예를 들어 에너지 산업의 선두주자인 셰브론 사(Shevron)의 인재관리는 리더 육성과 긴밀하게 통합

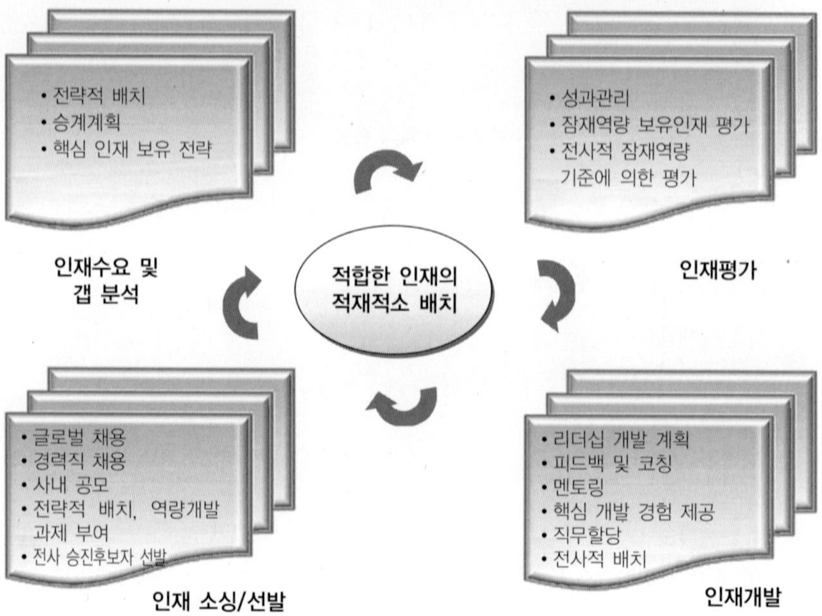

[그림 II-20] 셰브론의 리더 육성과 인재관리의 통합
(Momsen & Schwenger, 2008)

되어 있다.

3. 인재육성형 리더십의 부상

오늘날의 기업은 인재를 확보하고 개발하기 위한 전쟁을 치르고 있다. 인재확보와 개발은 이제 HR 부서만의 책임이 아닌 리더의 책임으로 규정되고 있다. 인재의 확보, 유지, 관리 및 육성이라는 전통적인 HR 부서의 기능이 리더의 역할로 부상함에 따라 인재전쟁은 HR 부서만이 아니라 모든 리더의 새로운 역할을 요구한다. 이는 과거에도 일부 수행했던 리더의 역할이나, 이제는 전면에 부상하고 있다.

인재의 경력개발, 학습욕구, 직무수행 능력, 조직에 대한 만족도 등을 가장 가까운 거리에서 수시로 확인할 수 있는 위치에 있는 사람이 현업의 관리자이자 리더들이다. 이들은 인사고과와 역량평가를 통해 승진과 성장 기회를 직접 배분하는 역할을 수행한다. 심각한 문제는 리더십 역량이 뛰어난 리더들이 자신의 부하직원 중에서 리더를 키우는 일이 기업의 미래에 얼마나 중요한 영향을 미치는가를 인식하고 있지 못하거나, 인식한다 해도 이러한 역할을 제대로 수행하지 못한다는 사실이다(Hammett, 2007). 리더가 보이는 이런 패러독스는 조직의 차세대 리더 육성을 어렵게 한다.

뿐만 아니라 자신이 인재를 키우는 일에 얼마나 관심과 역량을 갖고 있느냐에 대한 리더의 인식이 부하직원들의 인식과 다르다. '나는 부하직원들이 성장하고 역량이 개발되는 일의 중요성을 신봉하는 사람이다.' 라는 질문에 81%의 임원들이 동의하고 있는 반

표 II-6 인재육성에 대한 리더와 직원의 인식 차이 (Center for Creative Leadership, 2007)

문항	임원	직원
나의 상사는 직원들의 성장과 인재육성의 중요성을 신봉한다.	81%	66%
내가 일을 잘하면 승진의 가능성이 높다.	71%	51%
현재 나의 직무는 미래의 성장을 위한 좋은 계기다.	78%	62%
승진은 업무성과보다 인맥에 더 큰 영향을 받는다.	24%	52%
성과에 대한 피드백은 적시에 제공되고 정확하며 의미 있다.	41%	37%

면에, 우리 부서의 임원이 실제로 그러한가를 부하직원들에게 질문한 결과 66%만이 그렇다고 대답하고 있다. 〈표 II-6〉은 이러한 인식 차이를 보여 주고 있다. 특히, 인식 차이가 큰 부분은 인맥과 업무성과 중 어느 쪽이 승진에 더 큰 영향을 미치는가다. 임원들은 24%가 인맥의 영향을 언급하지만 직원들은 절반이 넘는 52%가 그렇다고 답하고 있다. 또한 인재육성에 필수적인 요소인 피드백은 임원과 직원 모두 적절하게 제공되지 않는다고 생각하였다.

인재들이 조직을 떠나는 이유도, 조직에 남아 있는 이유도 현재의 조직이 자신의 성장 가능성을 얼마나 지원해 주고 있으며 미래에도 지원해 줄 것이냐에 집중되고 있다. 조직에 새로이 유입되는 밀레니엄 세대들의 욕구를 파악하고 이들이 추구하는 '배움, 일에서의 흥미, 삶의 질' 이라는 가치를 충족시켜 줌으로써 이들을 조직에 몰입시켜야 하는 리더의 역할과 책임이 더욱 커지고 있는 것이다. 이러한 변화로 조직 차원에서는 지속 성장이 가능한 경쟁력을 확보하고, 인재를 유지하며, 개인 차원에서는 그들이 추구하는 가치를 만족시키고, 최대한의 능력을 발휘하며, 성과 향상을 위해 인재의 성장을 적극적으로 지원하고 촉진하는 '인재육성형 리더십'이 대두되고 있다.

ASTD에서 리더의 코치, 멘토 역할에 관한 세션이 매해 4~5개씩 발표되고 있는 것도 리더 역할의 변화를 반영한다. 이러한 인재육성형 리더십은 ASTD 세션에서 리더의 새로운 역할(leader's new role, 2004), 차세대 리더에게 영감을 불어넣는 리더십(inspirational leadership, 2005), 리더에 의한 리더 육성(leadership development by leaders, 2006; leader's role in growing other leaders, 2006), 인재지속경영(talent sustainability, 2008) 등 각기 다른 표현으로 쓰이고 있지만, 리더에게 새로이 요구되는 육성형 리더십의 중요성을 강조하고 있다.

1) 인재육성형 리더십의 특징

인재육성형 리더는 그 역할 및 특성, 구성원과의 관계, 학습, 조직문화의 측면에서 전통적인 리더와 비교된다. 우선, 역할 및 특성 측면에서는 전통적인 리더와는 달리, 리더가 부하직원으로 하여금 자신의 의견을 따르도록 설득하고 그들을 지배하는 것이 아니라 부하직원의 요구에 적극적으로 반응하고 동기를 부여하는 역할을 한다. 또한 조직의 성과 창출을 위해 일방적으로 조직원에게 변화를 강요하던 전통적 리더십과 달리, 인재육성형 리더십은 구성원 개개인의 비전과 특성을 존중하고 개인의 비전 실현을 지원하여 그들이 자발적으로 몰입하고 스스로 문제를 해결할 수 있도록 돕는 역할을 한다.

관계 측면에서는 구성원 개개인을 존중하며 그들의 감성적인 부분을 수용한다. 학습 측면에서는 과거의 단기적 성과 향상의 관점에서 벗어나 중장기적 관점에서 비전 실현을 위해 적합한 학습을 할 수 있도록 지원하며, 개개인이 학습과 경험을 통해 성장할 수 있도록 조력한다. 조직문화 측면에서는 수평적 조직 구조 속에서 개인 간, 그리고 부서 간 서로 협력하며 성장하도록 돕는다.

인재육성형 리더십은 첫째, 구성원의 학습촉진자로서 미래를 예측하고 창의적으로 미래에 대한 대응방안을 설정하며, 조직 및 개인의 비전 수립을 돕는 비전 수립가(leader as visionary), 둘째, 객관적인 시각에서 인재의 상태를 점검 · 분석하여 피드백하는 평가

핵심 요소	전통 리더십	인재육성형 리더십
역할 및 특성	• 타인이 행동하도록 설득함 • 타인 위에서 지배적 영향력 행사 • 개인의 능력을 발전시킴 • 뛰어난 실적을 자랑 • 사람들을 강요를 통해서 변화 • 리더가 조직의 변화를 야기함	• 타인의 요구에 관심을 가짐 • 타인에게 영감을 불어넣음 • 타인을 육성하고 가르치는 스승이 됨 • 타인의 훌륭한 행동을 인정 • 개인적인 꿈을 실현시키기 위해 변화함 • 리더는 변화를 제한하는 조건을 제거함
관계	• 인간미 미흡(형식 중시) • 통제된 접근(간접 접촉) • 사람과 일의 거리가 멂(분리)	• 인간미 중시(감성 중시) • 경계를 넘나드는 정보쇄도(직접 접촉) • 사람과 일의 거리가 가까움(통합)
학습	• 분할된 리더십 역량 교육 • 실패=퇴출, 징계, 보상의 축소 • 단기적 과제 중심으로 계획 • 변화는 계획함으로써 얻어짐	• 관계 중심으로 통합된 리더십 역량 교육 • 실패 =성장의 한 과정, 새로운 투자 • 장기적 과제의 예측과 비전 중시 • 변화는 경험으로부터 축적된 결과
조직문화	• 분할적, 독립적, 위계적 조직구조 • 이성 중시 • 힘(Power)의 분산	• 상호 협동적, 수평적 조직구조 • 감성 중시 • 힘(Power)의 결집

[그림 II-21] 전통적 리더십과 인재육성형 리더십 비교

자(leader as assessor), 셋째, 논리적인 사고로 개인에게 필요한 가르침을 제공하는 교육자(leader as teacher), 부하직원에게 공감하고 그들의 생활 전반을 보살피는 양육자(leader as nurturer)의 역할을 수행해야 한다. 이를 위해 리더는 각 영역별로 요구되는 역량을 갖출 수 있도록 노력해야 한다.

특히 비전 수립가나 교육자로서의 역할은 리더에게 전문성을 요구한다. 전문성 없이 리더가 사업에 대한 비전 제시와 교육자 역할을 수행하는 것은 불가능하다. 지식의 고도화, 직종의 전문화, 기술발전, 경영환경의 급격한 변화는 전문화된 리더의 시대를 열고 있다. 이제 조직에서 전문성 없는 보스를 마음으로 따라가는 부하를 찾아보기 어려울 것이다.

2) 인재육성을 위한 리더의 실천방안

인재육성을 위해 리더는 어떤 역할을 수행해야 하는가? 인재육성을 위해 리더는 개발지원적인 조직문화를 키워야 한다. 관리자는 인재육성을 지원하고, 조직 구성원은 최고 수준에 도달하고자 하는 열망으로 성장을 위해 노력하며, 조직은 인재육성을 위한 시스템을 마련해야 한다(Kaye, 2006).

또한 인재육성을 위해 리더가 반드시 해야 하는 일이 있다. 이에 대한 케예(Kaye, 2006)의 견해를 정리해 보면 다음과 같다. 첫째, 경청이다. 남의 말을 열심히 들어주는 것만이 경청이 아니라 인재의 능력과 재능에 주목하고 이들의 성장욕구를 들어주고 이들에게 적정한 도전과제를 배분해 주는 역할도 경청을 통해 시작되고 완수된다. 이처럼 부하직원의 내면을 경청해야 한다. 둘째, 수준 측정이다. 인재는 피드백과 함께 성장한다. 이를 위해서는 인재의 재능을 판단하고 진단하는 역량이 필요하다. 셋째, 미래예측 능력이 있어야 한다. 조직의 미래에 대한 현실성 있는 예측을 제공하는 것은 부하직원들의 비전공유 정도와 사기에 중요한 영향을 미친다. 넷째, 연결이다. 인재육성형 리더는 교육과정, 멘토 코치, 동료그룹과의 연결을 통해 학습 기회를 지속적으로 제공할 수 있어야 한다.

3) 몰입을 이끌어 내는 리더십

인재육성형 리더십은 결국 조직 구성원의 몰입으로 이어진다. 리더십, 기업문화, 직무배치, 지원 시스템과 같은 HR 활동의 궁극적인 목표는 업무에 대한 직원의 몰입(engagement)을 이끌어 내는 것이다. 갤럽조사(Steve, 2004)에 의하면, 직원 몰입의 중요성에도 불구하고 미국의 직장인 중 71%가 업무에 몰입하지 않으며 그 첫 번째 이유로 리더십을 들고 있다. 즉, 인재의 몰입에 영향을 미치는 요인 중 리더의 역할이 가장 중요하다.

몰입이란 근로자와 고용주 모두 서로를 위해 책임량 이상을 수행하여 상호 이익이 되는 관계를 의미한다(Tasker, 2004). 개인이 몰입하지 않는 이유는 불안한 고용관계, 경영진에 대한 불신, 정당한 보상의 미흡, 성장 및 개발 기회의 부족, 늘 행해 왔던 대로 일을 수행하도록 하는 리더의 구태의연한 태도, 실패 시 부과될 책망에 대한 두려움, 정보의 부족과 일방적 지시로 인한 신뢰 부족 등 다양하다. 이러한 이유들로 인해 몰입하지 못하는 직원이 지속적으로 증가하고 있다.

우선, 직원들의 몰입 정도가 어느 수준인지 정확히 진단하는 일부터 시작해야 한다. 인재의 몰입을 위해 리더는 직원 개개인에게 적합한 전략과 비전, 결과를 제시하고 존중하는 태도로 직원을 대함으로써 그들의 성실과 능력, 헌신을 이끌어 낼 수 있어야 한다. 리더는 직원들의 몰입을 이끌어 내기 위해 적절한 리더십을 발휘하고 장애요인을 제거하도록 노력을 기울여야 한다. 또한 조직은 기업의 고유한 특성에 맞는 리더상과 리더십 역량을 정립하여 이에 적합한 리더를 육성해야 하고, 리더가 직원들의 학습에 관심을 가질 수 있는 조직문화를 만들어 가야 한다.

특히, 권위적이고 일방적인 리더십이 아니라 존중의 리더십이 강조되고 있다. 또한 지시, 계획 및 성과 위주의 거래적 리더십보다는 설득, 역할모형의 제시, 배려, 비전 제시를 중시하는 변혁적 리더십이 강조되고 있다. 이에 더하여 임파워먼트, 학습기회 제공, 직무 수행을 위해 적절한 자원 배분, 정보 공유를 위한 환경 마련 또한 리더의 역할로 강조되고 있다.

4. 리더와 기업의 사회적 책임

21세기 들어 기업과 사회의 관계는 근본적인 변화를 겪고 있다. 세계화의 급격한 진전으로 국경을 초월한 문제들이 급증하고 정부영역에 한정되지 않는 각종 사회문제로 공부문과 사부문의 협력관계가 어느 때보다도 중요해지고 있다. 영업이익과 1인당 국민총소득을 기준으로 했을 때 전 세계의 100대 경제주체 중 53개가 기업이고 47개가 국가(정부)인 점(Knapp & Hafoka, 2008)을 고려하면, 기업은 지구촌의 각종 문제를 해결하는 데 공부문보다도 더 중요한 위치에 놓여 있다고 볼 수 있다. 최근 골드만삭스는 환경과 사회참여지표를 기업의 평가 기준에 추가하기도 하였다. 기업으로 하여금 공공문제를 해결하기 위한 책임을 공유하도록 하는 요청이 커지고 있는 것이다. 기업이 사회와 고객, 그리고 지역 공동체의 일에 적극적으로 참여하는 과정은 21세기에 적합한 책임 있는 리더십을 육성하고 좋은 기업시민이라는 명성과 회사의 명예를 키우는 조직발전의 과정이다.

최근 20년 사이에 '기업의 사회적 책임(CSR: corporate social responsibility)'은 준법이나 자선사업 같은 회사의 체면치레용 행사 패러다임에서 회사의 경영과 전략에 통합되어 가는 등 그 내용이 본질적으로 바뀌면서 경영활동의 일환으로 전환되고 있다. 상당수의 회사들이 법률 준수나 과시용 행사 중심의 초기 단계를 벗어나, 사회에 선행을 하는 전통적인 사회적 책임 단계인 2단계에 진입하여 지역사회에 많은 기부를 할 뿐만 아니라 리더들이 비영리기관의 이사회에 참여하고 있다. 직원들에게는 자원봉사에 참여하도록 권장하며 이러한 기회에 연결해 주기도 한다. 이 단계는

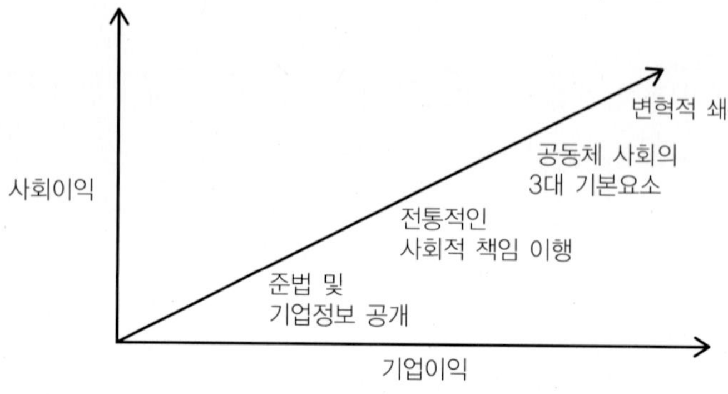

[그림 II-22] CSR의 진화 과정(Googins, Mirvis, & Rochlin, 2007)

CSR이 아직 경영활동과 연계되지는 않은 상태다.

두 번째 단계를 넘어 기업의 사회적 책임이 경영의 궁극적 목표에 포함되고 운영의 핵심 원칙이 되는 단계에서는 사회환경이나 이슈에도 세심한 배려를 하며, 인간-지구-이익이라는 공동체 사회의 3대 기본요소를 균형 있게 추구하려 한다. 소위 고품격 회사(high-purpose company)(Arena, 2006)가 되는 것이다.

기업의 사회적 책임을 적극적으로 수행하고 있는 기업은 IBM, GE, Nokia, Price Waterhouse Cooper, McKinsey & Co, Walmart, Timberland 등 수없이 많다. Body Shop과 같이 급속도로 성장하고 있는 우량기업의 상당수가 기업의 사회적 책임을 경영과 접목시키고 있다. 기업의 사회참여는 비영리단체, 정부 등과 같은 공동체와의 파트너십을 통해 이루어지는 경우가 대부분이나, '빌게이츠 & 멜린다 재단' 처럼 빈곤퇴치, 교육 및 장학사업을 직접 수행하는 경우도 늘고 있다.

기업의 사회적 책임은 기업이 일방적으로 사회에 이익을 환원하는 것이 아니라 오히려 이를 통해 기업이 지속적으로 수익을 창출하는 일까지도 가능하게 한다. 기업의 전략적인 사회적 책임은 기업에 생산성 증가, 충성도가 높은 고객관계, 높은 직원 몰입, 리더십 함양, 채용 증가, 더 나은 혁신과 개선된 재무적 결과를 가져왔다. 즉, 기업의 사회적 책임은 기업과 시민사회가 양방향의 긍정적인 상호작용을 하는 것이며, 기업에게는 궁극적으로 지속경영을 가능하게 하는 발판이 된다.

특히, 기업의 사회적 책임 수행과정에서 조직의 리더들이 갖고 있는 기업과 사회에 관한 근본적인 의식 변화가 일어나고 적극적인 참여행동이 일어난 것도 바람직한 성과다. 리더십은 다른 체험,

다른 사고를 통해 자신을 돌이켜보고 사회와 기업을 위해 의미 있는 일을 하겠다는 의지를 깨어나게 하는 활동을 통해 한 단계 업그레이드된다. 사회봉사와 지역활동에의 직접적인 참여와 솔선수범은 부하직원들의 존경과 열정을 끌어낼 뿐만 아니라 사람을 대하는 리더의 기본자세를 변화시키고 있다.

5. 리더 육성 방법의 변화

리더를 어떻게 육성하는 것이 가장 효과적일까? HRD의 가장 오래된 고민인 리더 육성 방법은 강의 중심의 접근에서 경험 중심의

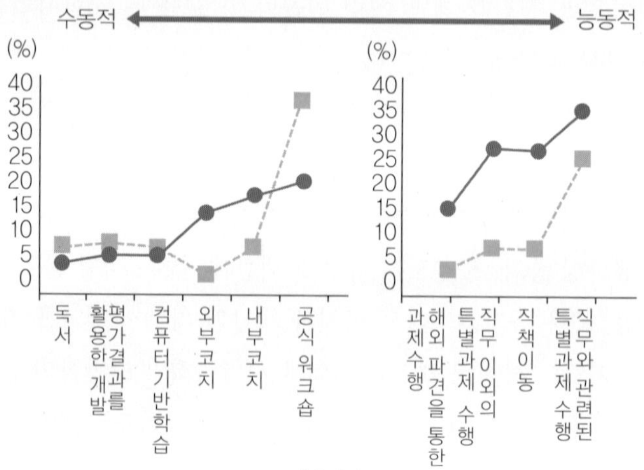

※해석 방법
——: 해당 항목이 리더십 개발에 효과적이라고 응답한 리더 비율
- - -: 해당 항목이 리더십 개발에 많이 활용된다고 응답한 HR 담당자 비율

[그림 II-23] 리더 육성 방법 및 효과(Wellins & Howard, 2008)

접근으로 변화하고 있다. 그렇다고 강의나 워크숍이 사라지고 있는 것은 아니다. 문제는 [그림 II-23]처럼 리더십 개발을 위해 워크숍이 여전히 가장 많이 활용되고 있으나, 리더십 육성 효과는 그리 높지 않다는 데 있다. 리더들이 가장 효과적이라고 인식하는 리더 육성 방법은 '도전적인 프로젝트' '다른 포지션 수행' '직무 이외의 프로젝트' 등이다.

이러한 리더 육성 방법의 변화는 실제와 유사한 과제를 통한 리더십 학습에서 더 나아가 실제 과제 수행을 통한 학습으로 이어지고 있다. 뿐만 아니라 교육을 통한 리더십 육성도 지속적인 팔로우업을 통해 교육의 효과성을 높여야 한다는 점이 강조되고 있다.

1) 경험과 도전과제 수행을 통한 리더십 학습

조직의 인재육성 방법이 강의실 중심의 형식교육에서 실제 도전적인 과제의 수행과 경험을 통한 학습으로 이동하고 있다. 리더 육

표 II-7 리더 육성 방법의 변화(Mintzberg, 2004)

변화 추세		내용
1세대 교육	사례와 이론 중심	• 타인의 경험을 배움으로써 자기의 문제점을 해결하는 데 제한적 효과
2세대 교육	액션 러닝	• 상황을 만들어서 접근하기 • 관리자들을 더욱 바쁘게 만듦
3세대 교육	내추럴 러닝 (natural learning)	• 자기 스스로의 경험이나 문제점에 대해 생각하도록 함 • 리더들이 실제 접하는 문제점에 대해 컨설팅을 하는 형태의 교육

성 방법에도 이러한 추세가 반영되어 액션러닝을 통한 리더십 개발에서 더 나아가 가상적인 상황이 아닌 실제 상황에서의 리더십 개발 방법을 적용하고 있는 추세다.

리더 육성 방법의 변화 추세를 살펴보면, 1세대 교육은 주로 강의실과 같이 실제 환경과 무관한 상황과 공간에서 리더십 이론이나 사례를 학습(case study)하는 방식으로 이루어졌다. 이러한 학습은 전문가인 누군가로부터 배우는 형태다. 코드화되고 탈맥락적인 지식이 누군가로부터 전수되는 것이다. 그러나 사례 중심이나 이론 중심 리더십 교육은 실제 상황과는 거리가 있다. 리더 자신이 겪는 현장의 문제를 해결하기 위해서는 학습한 이론과 사례를 적용해야 하는 학습전이의 문제가 있기 때문이다.

한편, 2세대 리더십 교육 방법은 액션 러닝이 대세를 이룬다. 이런 교육 방법은 인위적으로 창안된 경험으로부터 배우게 하는 것이다. 학습보다는 실행에 초점이 맞추어지기도 한다. 액션 러닝은 리더들이 팀을 구성하여 과제를 부여받거나 자체적으로 설정하고, 과제해결을 위해 팀 미팅을 실시하며, 해결대안을 개발 · 실행함으로써 현업의 실제 과제 해결에 도움을 주는 것은 물론, 문제해결 과정에서의 집단학습을 통해 리더십이 육성되는 두 가지 효과를 동시에 달성하고자 한다. 액션 러닝을 통해 리더는 실제 상황과 유사한 과제를 수행함으로써 현업의 문제해결력을 향상시키고 학습 과정에 적극적으로 참여하게 된다.

그러나 액션 러닝은 업무가 과중한 리더들에게 또 다른 과제를 부여하고 별도의 시간을 투자하게 함으로써 부담을 가중시키는 부작용을 낳고 있다. 더욱이, 액션 러닝은 리더십에서 가장 중요한 전략적 사고, 대인관계 기술보다는 과제 중심의 문제해결력을 키우는 데 적합한 방법이라는 점 때문에 팀장 수준의 리더십 육성에는 효과적이나, 그 이상의 직급에서는 한계를 드러내기도 한다.

3세대 교육은 리더가 실제 상황에서 직면한 일이나 문제를 학습 내용으로 다룬다. 인위적으로 만들어 내는 일이 아니다. 이런 학습은 자연 상태의 경험으로부터 배우게 하는 것이며 성찰을 통해 일어난다. 이 방법은 액션 러닝과 달리 실제 상황에서 발생한 문제를 교육의 소재로 활용한다. 이 방식에서 관리자들은 진지한 분위기의 강의실에서 상호 피드백을 통해 자신들의 생생한 경험을 교환하고 상호 성찰함으로써 배운다. 학습의 소재로 일을 새로 만들어 내는 것이 아니라 하고 있는 일을 이용하는 것이다.

리더십 육성 방법에 있어서 리더십 개발의 45% 이상이 직무와 각종 경험을 통해 이루어지고, 33%는 멘토링이나 다른 사람과의 상호작용 및 네트워킹의 결과이며, 단지 20% 정도가 교육과 훈련을 통해 일어난다(Eichinger, 2006). 때문에 업무현장에서 일어나는

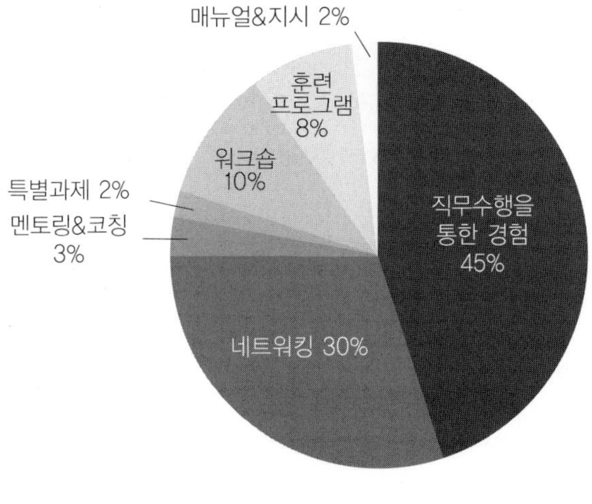

[그림 II-24] 실제 상황 중심의 리더 육성 방법(Mosher, 2008)

무형식 리더십 학습에 관심을 기울이고, 이를 체계적으로 지원·관리하는 시도가 이루어지고 있다.

2) 팔로우업의 중요성: '팔로우업 없이 리더십 교육효과도 없다'

대부분의 교육 프로그램이 교육 종료 후 현업에서의 실질적인 행동 변화를 목표로 하지만, 일시적인 변화가 아닌 지속적인 변화가 나타나는 경우가 많지 않다. 이는 교육 프로그램 자체의 문제라기보다는 교육 이후의 팔로우업이 체계적으로 이루어지지 않기 때문인 경우가 많다. 과거에는 교육 프로그램 설계 및 개발 역량이 부족해 내용구성이 부실하고, 학습자의 참여가 부족한 강의 중심으로 프로그램을 운영하여 효과가 없는 경우가 많았으나, 교수설계 기법과 프로그램의 질 관리 노력으로 교육 프로그램 자체의 문제점이 줄어들고 있다. 때문에 교육목표를 달성하고 효과를 높이기 위해서는 지속적인 팔로우업이 필수적이다.

리더십 교육에 있어서도 리더의 장기적이고 실제적인 변화를 위해 지속적인 팔로우업이 매우 중요하다. 2008년 ASTD에서 기조강연을 한 골드스미스(Goldsmith, 2007)는 리더십 개발 프로그램의 효과성 측정을 위해 미국의 8개 대기업, 86,000명 이상의 인원을 대상으로 설문조사를 실시하여 계속적인 팔로우업이 이루어졌을 때 리더의 변화 정도가 현저하게 증가한다는 사실을 보여 주었다. [그림 II-25]~[그림 II-28]는 팔로우업의 빈도에 따라 리더의 변화 정도 차이가 크게 난다는 사실을 보여 준다.

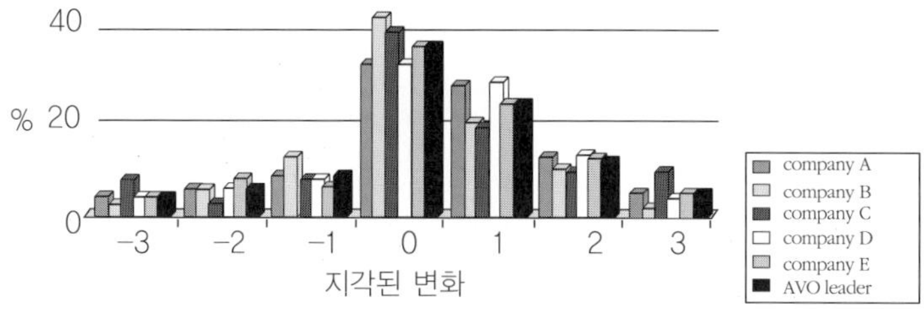

[그림 II-25] 팔로우업을 하지 않은 경우

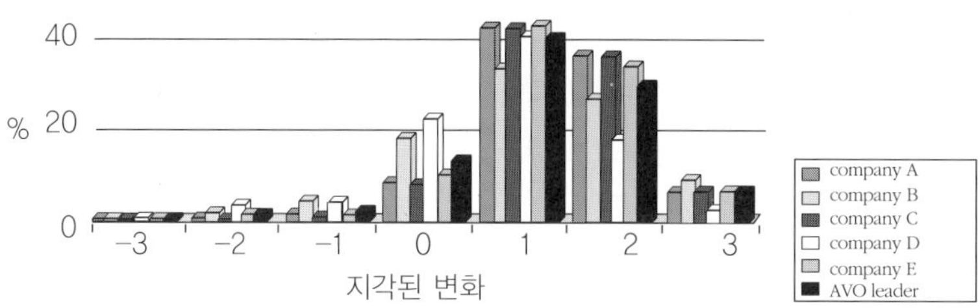

[그림 II-26] 팔로우업을 조금 했을 경우

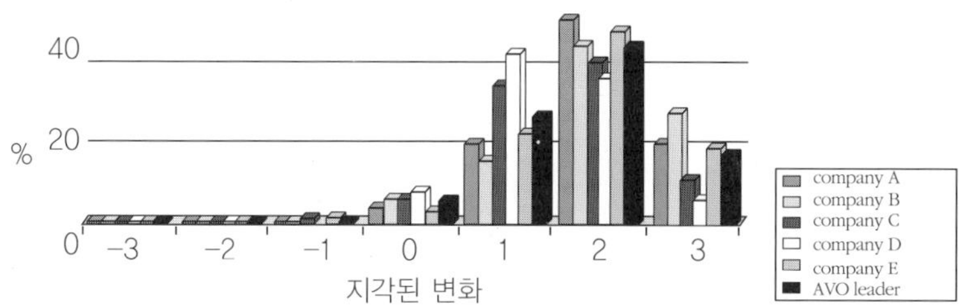

[그림 II-27] 팔로우업을 자주 했을 경우

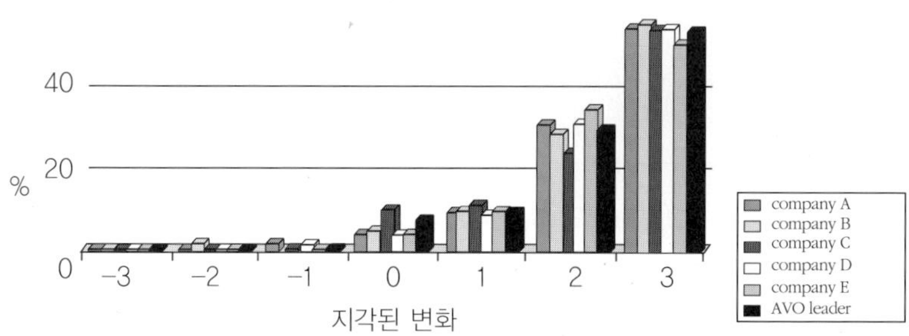

[그림 II-28] 팔로우업을 지속적으로 했을 경우

6. 글로벌 리더십의 보편화

21세기의 가장 큰 변화 중 하나는 세계 경제의 글로벌화이며, 많은 기업들이 국가 간 경계를 초월하여 국제사회를 무대로 활동하고 있다. 이는 비단 해외에 활발하게 진출하고 있는 규모가 큰 다국적 기업뿐만 아니라 다양한 인종과 국적, 종교적 배경을 가진 인력이 공존하는 모든 기업에 해당되는 변화다. 이에 따라 대다수 기업의 경영자와 관리자에게 글로벌 리더십이 필수적으로 요구되고 있다.

그러나 많은 글로벌 기업에서 글로벌 리더십을 가진 리더가 부족하다고 지적한다. DDI의 조사결과 글로벌 기업의 61%가 조직 내 글로벌 리더 준비도에 대해 '나쁨' 으로 응답했으며, 조직의 지원 측면에 있어서도 48%가 '나쁨' 으로 응답하고 있다.

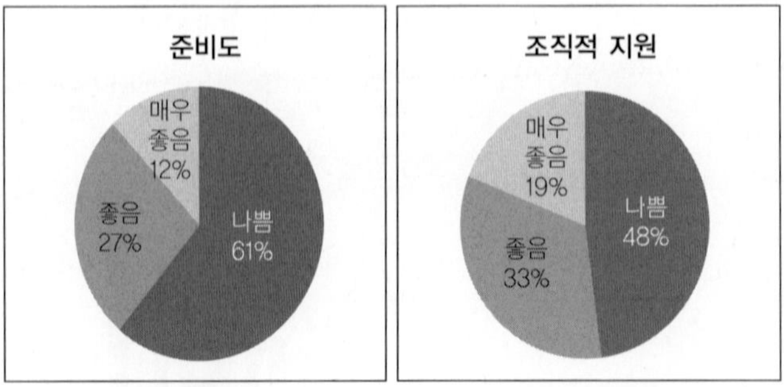

[그림 II-29] 다국적기업 대상 설문(DDI, 2008)

사회문화적 배경에 따라 훌륭한 리더십에 대한 정의는 서로 다르다. 특정 국가에서 효과적인 리더십이 다른 국가에서는 그렇지 않을 수도 있다. 그러므로 글로벌 리더십은 일반적인 리더십에 비해 복잡하고 그 수준 또한 높아지고 있으며, 글로벌 리더십에 대해 단일의 관점으로 접근하는 것에는 한계가 있다.

글로벌 리더십에서 강조되는 것은 리더의 문화적 민감성과 다양성 존중, 의사소통 능력, 변화에 대처할 수 있는 유연성 등의 역량이다.

그러므로 다양한 국가 혹은 문화적 배경 속에서 각 상황에 적합한 리더십을 발휘하기 위해서는 이러한 역량을 지속적으로 개발하는 것이 중요하다. 리더십 및 경영 역량 개발 트랙에서는 글로벌 리더로 성공하는 데 필요한 여덟 가지 방안(Yoshida & Geller, 2007)을 제시하고 있다.

(1) 차이 존중: 자신을 알기, 타인 존중

리더는 자신의 가치, 요구, 동기를 파악함으로써 보다 적합한 의사결정을 내릴 수 있다. 자신에 대한 깊은 성찰과 이해를 바탕으로 타인에 대해 보다 잘 이해할 수 있게 되며, 이를 통해 조직 구성원들이 업무에 몰입하도록 도울 수 있다.

또한 인간의 다양성을 존중함으로써 자신의 관점만으로 문제를 보는 것이 아니라, 다양한 구성원들의 의견을 경청하고 통합함으로써 문제를 해결한다. 글로벌 리더는 타인을 돌보고, 진심으로 다가가며, 창의적 혁신을 촉진함으로써 사업결과에 긍정적인 영향을 미칠 수 있다.

(2) 공동체로서의 공감대 형성

글로벌 경제상황에서 사업성과를 얻기 위해서는 공동체로서의 정체성 형성이 필수적이며, 팀원 및 이해관계자 간의 강한 유대관계를 형성함으로써 목표달성을 위해 함께 몰입할 수 있도록 한다.

글로벌 리더는 협력을 위한 공동체문화를 형성할 수 있도록 도와야 한다. 각 개인은 팀에 기여하고 팀의 목표를 달성함으로써 성취감을 느끼게 되며, 이를 통해 공동체에 대한 그들의 소속감을 강화할 수 있다.

글로벌 리더는 방향 지시, 단기과제 완료 촉진, 개인별 역할 및 책임과 관련된 정보 제공을 위해서는 개인별 의사소통을 해야 하며, 팀의 미션 및 목표에 대한 명확한 이해 및 팀에 대한 개인의 몰입을 촉진하고, 집단 결속력을 강화하며, 비판적인 사고 및 성찰이 요구되는 경우에는 공동체 전체를 대상으로 의사소통을 하는 것이 바람직하다.

(3) 새로운 방식의 커뮤니케이션: 목소리, 대화법

글로벌 리더는 자신과 타인에 대해 이해하고 복잡한 문제와 결과물에 대해 보다 잘 파악하기 위해서 구성원 간 대화를 촉진해야 한다. 대화를 통해 위계적인 상황을 벗어나 열린 태도로 상호작용할 수 있게 된다. 자유로운 분위기에서 대화함으로써 구성원 간 유대관계를 형성하고, 소속감을 강화하며, 팀이 무엇을 하고 있는지 또 이를 잘 수행하고 있는지에 대하여 구성원들의 다양한 관점을 파악할 수 있다.

또한 대화과정에서 다양한 배경을 지닌 구성원들이 서로의 사회 · 문화적 배경을 이해함으로써 서로의 차이를 존중할 수 있도록 해야 한다. 이러한 대화의 과정은 상호 신뢰에 기반한 수평적인 관계를 형성한다. 이처럼 복잡성이 증가하고 있는 21세기에는 대화를 통해 다양한 배경의 구성원들의 관점을 폭넓게 통합함으로써 혁신적인 해결책을 찾을 수 있다.

(4) 성찰적 실행 : 다국적 환경에서의 연습

글로벌 리더에게는 타인으로부터, 그리고 경험과 성찰을 통해 학습하는 능력이 더욱 요구된다. 모든 리더십 실행은 학습을 통해 이루어져야 하며, 리더는 항상 최신의 지식을 습득하고, 점점 더 복잡해지는 세계를 파악하는 것에 대한 책임감을 지녀야 한다.

글로벌 리더는 실행을 성찰하는 시간을 가져야 한다. 즉, 팀이 어떤 업무를 실행 중에 있거나 혹은 실행을 완료하였을 때 그 결과에 대해 구성원들이 함께 성찰할 수 있는 공식적인 시간을 마련해야 한다. 이때 리더는 구성원들과 파트너십을 구축하여 무엇이 어떻게 진행되고 있는지를 파악해야 하고, 이에 대한 긍정적인 교훈 및 우수 사례는 무엇인지에 대한 생각을 공유해야 한다.

이러한 구성원 간의 성찰적 대화는 무엇에 집중해야 할 것인지, 팀을 성공적으로 만드는 것은 무엇인지, 각 개인의 역할과 책임은 무엇인지에 대한 통찰력을 제공한다. 글로벌 리더는 또한 성공과 실패로부터 균형 있게 학습할 수 있어야 한다.

(5) 비전 공유

글로벌 리더는 협력을 추구하고 다른 구성원을 파트너로 인식해야 하며, 구성원 개개인의 활동이 사업목표와 연계되어 궁극적인 선을 추구할 수 있도록 비전을 공유해야 한다. 리더는 비전수립 과정에서 구성원들이 가진 다양한 관점을 표현해 낼 수 있는 환경을 만들고, 열린 사고로 이것을 수용함으로써 구성원들이 적극적으로 비전을 수립하도록 돕는다.

비전수립 과정에서 구성원들은 전략개발에도 적극적으로 참여하게 된다. 전략개발 시에는 조직의 집중 분야가 무엇인지를 확인하고 비전과 연계된 전략을 개발해야 한다. 그리고 각 개인은 팀의 비전 및 전략을 달성하기 위한 자신의 책임을 명확하게 인식해야 한다. 이것을 팀과 개인의 성과 리뷰 기준으로도 활용할 수 있다.

(6) 민첩한 대응: 전략 수립 및 접근

글로벌 리더는 서로 다른 문화적 배경을 가진 구성원들이 동일한 관점과 방식으로 직무를 수행할 필요가 없다는 사실을 인정해야 한다. 또한 글로벌 리더는 유연성을 가져야 하고 변화하는 요구 및 환경에 잘 적응할 수 있어야 한다.

글로벌화를 통해 지구촌 곳곳에서 서로 다른 시간대에 업무가 수행됨으로써 휴일 혹은 퇴근시간이라는 개념이 불분명해지고 있다. 이러한 환경으로 인해 일과 삶을 유동적으로 조율하고 구성원들이 자신, 가족, 조직의 요구를 통합적으로 고려하여 일과 삶의 경계를 설정할 수 있도록 지원해야 한다.

(7) '궁극적인 선' 을 위해 일하기

글로벌 리더는 의사결정 시 조직뿐 아니라 사회의 단기 및 중장기적 이익을 동시에 고려해야 하고, 주주에 대한 재무적인 책임뿐 아니라 지역 공동체 및 사회에 대한 책임에 대해서도 명확한 관점을 견지해야 한다. 또한 조직의 사업이익을 위해 일을 추진할 때에도 장기적인 관점에서 다양한 이해관계자들을 고려하여야 한다.

최근 기업들이 공장이나 운영을 담당하는 부서 등을 전략적으로 신흥시장에 배치함에 따라 글로벌 리더는 해당 국가의 문화적 요소를 조직의 문화에 포함시켜야 하고, 직원 및 지역 공동체의 건강과 행복을 위해 건전한 조직문화를 구축해야 한다.

글로벌 리더는 종종 단기적 이익과 장기적 이익 사이에서 딜레마 상황에 빠지게 된다. 이때 성찰적 사고 및 구성원들과의 대화를 통해 팀과 개인 그리고 조직의 장기적 이익을 위한 방안을 강구해야 한다.

(8) 글로벌 리더의 육성

글로벌 리더를 육성하기 위한 프로세스는 다음과 같다.[4] 첫째, 조직에서 요구하는 글로벌 역량을 정의한다. 둘째, 해당 리더에 대한 글로벌 역량을 평가한다. 이때 다양한 문화에 대한 수용능력에 대해서도 평가하게 된다. 셋째, 개인별 요구 역량과 현재 역량과의 차이 및 인력 풀의 요구 역량과 현재 역량과의 차이를 분석한다. 넷째, 각 리더별 역량 프로파일을 작성하고 이를 근거로 다양한 글로벌 리더십 개발 방법을 구상한다. 특히, 다문화 역량개발을 위한 코칭을 실시한다. 다섯째, 실제로 역량이 개발되었는지에 대해 측정한다.

글로벌 리더의 육성 방법에서는 글로벌 리더 간 네트워킹을 강화하고, 다양성을 관리하며, 문화적 장애를 파악 · 극복하고, 글로벌 과업의 실제 상황에서 발생하는 문제들을 공유하고 토론하는 방법 등이 중시된다.

7. 세대별 차이를 고려한 리더십 개발과 동기부여

현대 조직에서는 베이비붐 세대, X세대, 밀레니엄 세대가 공존하며 업무를 수행하고 있다. 각 세대들의 다른 특성은 직장에서의 성공을 서로 다르게 정의한다. 따라서 세대별 특성을 고려한 맞춤형 리더십이 요구되고 있다. 각 세대들의 삶에 대한 서로 다른 가치, 성공에 관한 서로 다른 규정, 첨단기술의 활용 정도 등은 어떻게 그들에게 동기를 부여하고 헌신을 이끌어 내며 어떻게 코치하고 교육할 것인가에 대한 새로운 도전과제를 제시하고 있다. 특히, 베이비붐 세대의 대거 은퇴가 시작된 현대 기업조직은 신세대들의 광범위한 유입과 함께 이들의 특성에 대한 이해와 존중을 바탕으로 한 인재육성이라는 과제에 직면해 있다. 조직의 기성세대들이 '다른 것은 잘못된 것이 아니라 그저 다른 것일 뿐'(Coove, 2008)이라는 사실을 받아들이는 인식이 기본적인 출발점이다.

최근 3년간 ASTD에서는 이러한 세대별 특성과 그에 따른 리더십의 변화, 인재육성에 대한 새로운 방법의 필요성을 역설하는 세션이 어떤 주제보다도 현저히 증가하고 있다. 이제 현대 조직의 리더들은 자신의 세대에 습득된 가치와 관점으로 신세대들을 이해할 수 없기에, 타인을 바라보는 공식처럼 굳어진 자신의 스테레오 타입과 인식이 어떻게 변화해야 하는지를 깊이 성찰해야 한다.

1) 세대별 특징

세대를 부르는 명칭과 출생년도 구분은 약간씩 차이가 있으나 대체로 베이비붐 세대, X세대, 밀레니엄 세대(Y세대, N세대 등) 등으로 구분된다. 상세한 내용은 〈표 II-8〉에 요약되어 있다. 이들 각 세대의 성장문화와 가치관, 업무관, 의사소통 방식, 권위에 대한 시각, 직업의식은 서로 다른 특성을 보인다. 이들에 대한 동기부여 및 관리 방식, 효과적인 리더십 역시 달라질 수밖에 없다.

대기업 고위 리더들의 대부분이 베이비붐 세대이며, 이들은 일을 삶의 최우선순위로 생각해 왔기 때문에 어떤 세대보다도 일과 회사에 대해 헌신적이다. 또한 조직 내 인간관계에 있어서 위계질

표 II-8 세대별 일반적 특징(Coove, 2008; Zemke et al., 1999 통합 · 요약함)

세대	베이비붐 세대	X세대	밀레니엄 세대
출생	1943~1960년	1960~1980년	1980~2000년
문화	• TV 세대 • Type Writing	• 컴퓨터 • 비디오게임	• 인터넷 • 모바일 장비 • 정보혁명
성격	• 자신의 일에 헌신 • 낙천적, 긍정적	• 회의적 • 독립적	• 자기 존중 • 성취 중심
일에 대한 관점	• 직업 중심	• 직무 중심	• 유연함
의사소통	• 절충을 잘함	• 무뚝뚝함	• 정중함
권위에 대한 시각	• 권위 존중	• 권위 존중 약함	• 권위에 대한 두려움이 크지 않음
적합한 리더십	• 동의에 의한 리더십	• 능력 중심 리더십	• 성취 중심 리더십
직업의식	• 일 중심	• 일과 삶의 균형	• 야망 중심
초점	• 관계, 결과	• 과업, 결과	• 글로벌, 네트워크
기술	• 노력하여 학습	• 자연적 학습	• 통합적 학습
인정 기준	• 경험	• 능력	• 기여

서를 중시하고 의사소통 시 여러 의견들을 종합하여 절충하는 것을 선호한다. 미국의 경우 베이비붐 세대는 전체 인구의 약 29%인 8천만 명에 이르며 빌 클린턴 전 대통령, 영화배우 메릴 스트립 등이 이 세대다.

그리고 현재 중간관리자들의 대부분을 차지하는 X세대의 경우 독립적인 성향이 강하며, 의사소통은 자신의 주장과 필요한 말을 간결하게 하는 것을 선호하고, 다른 세대에 비해 무뚝뚝한 편이다. 이들은 권위를 중요하게 생각하지 않는 경향이 있어 부하직원이 리더를 비교적 편안하게 대할 수 있는 분위기를 형성하며, 과업에 대한 결과를 중시한다. 이들 X세대는 능력을 중시하는 리더십 스타일을 선호한다. 미국의 X세대는 4천 5백만 명으로 전체 인구의 16%를 차지하며 1961년생인 버락 오바마 대통령, 영화배우 제니퍼 로페즈 등이 이 세대다.

또한 하위직급자들은 대부분 밀레니엄 세대다. 이들은 자존감이 강한 편이고, 자신의 목표를 성취하려는 성향이 강하며, 권위에 대한 두려움이 적고, 권위자에 대해서도 위협적으로 느끼지 않기 때문에 리더들과 자유롭게 의사소통하고 싶어 한다. 밀레니엄 세대에게는 도전적인 목표를 부여하고 이를 성취할 수 있도록 지원하며, 활발한 의사소통을 통해 이들의 패기가 직무성과로 이어질 수 있도록 해야 한다. 미국의 밀레니엄 세대는 7천 5백만 명으로 전체 인구의 28%를 차지한다. 테니스 요정 서리나 윌리엄스, 영화배우 애시톤 쿠처 등이 이 세대다.

2) 세대별 리더십 특성 및 동기부여 방법의 차별화

각 세대별 리더십 스타일의 강점을 강화하고 약점을 보완할 수 있는 리더십 개발이 필요하며, 학습 및 업무 수행과 리더십 개발을 위한 동기를 부여하는 것에도 각각 차별화된 전략이 강조되고 있다. 베이비붐 세대의 리더들은 부하직원들과 삶을 공유하고 마음을 나누는 리더십을 발휘하는 것이 강점이나, 리더십 스타일에 권위적인 요소가 강해 이를 조절하여 유연한 리더십을 발휘하는 지혜가 없으면 충돌의 소지가 있다.

또한 X세대 리더들은 유능하고 정직한 것이 강점이나, 상황에 따라서 적절하게 필요한 말이나 행동을 할 수 있는 역량개발이 필

표 II-9 세대별 리더십 특성 및 동기부여 방법(Glass, 2006)

세대		베이비붐 세대	X세대	밀레니엄 세대
리더십 스타일	강점	• 부하직원과 함께 참여하는 스타일 • 진심으로 다가가는 리더십 • 사내정치에 능숙함	• 변화에 강함 • 유능하고 솔직함 • 권위에 위축되지 않음	• 헌신적임 • 어려운 상황에서도 낙관적임
	보완점	• 부드러운 리더십 스킬 학습 • 갈등을 피하지 않고 직접적으로 다루기 • 실행력 강화	• 지나치게 솔직한 면을 변형하여 상황에 따라 재치 있게 대처하는 능력 • 사내정치 능력	• 갈등에 쉽게 위축되지 않는 능력 • 구성원에 대한 지휘 능력 • 생각의 조직화
동기부여 방법		• 경험과 공헌에 대한 인정 • 보상 기회 제공 • 스톡옵션보다 현금 제공	• 유연한 업무 참여 • 학습과 개발의 기회 제공	• 일에서 의미를 찾도록 돕기 • 조직에서 승진하고 공헌할 수 있는 기회 제공

요하며, 사내정치가 필요함을 인식하고 이에 적절하게 대처할 수 있는 능력이 요구된다.

밀레니엄 세대의 경우 낙관적인 성격이 리더십에도 반영되어 강점으로 작용하나, 갈등상황을 통해서 상대방이 자신을 성찰하고 능력을 발휘할 수 있도록 갈등상황을 활용할 수 있는 역량의 개발이 필요하다.

한편, 베이비붐 세대에게 동기를 부여하기 위해서는 그들의 경험과 공헌을 인정하고 적절한 보상을 제공해야 하며, X세대의 동기부여를 위해서는 지속적인 학습과 자기개발의 기회를 제공해야 하고, 밀레니엄 세대의 동기부여를 위해서는 일 자체에서 의미를 찾을 수 있도록 지원하는 것이 중요하다.

8. 비즈니스 코칭을 통한 경영성과 달성

기업의 지속적인 성장을 위해 리더의 학습곡선(learning curve)을 낮추고, 예상치 못한 리더의 궤도이탈을 예방하려면 리더십 개발이 일상화되어야 하며, 이러한 과정에서 코칭만큼 강력한 도구는 없다. 또한 코칭은 리더 자체의 육성만이 아니라 리더의 인재육성 역량에도 중요한 영향을 미치기 때문에 더욱 강조되고 있다.

기업문화가 명령과 복종, 통제의 패러다임에서 구성원의 자발적, 적극적 참여를 강조하는 자율과 창의의 문화로 변화하면서 코칭 리더십의 발휘가 요청되고 있다. 때문에 기업은 임원과 중간관리자의 코칭 역량 향상을 위해 많은 투자를 하고 있으며, 최근 ASTD에서도 사업 전략과 성과 달성을 위해 코칭의 역할에 대해

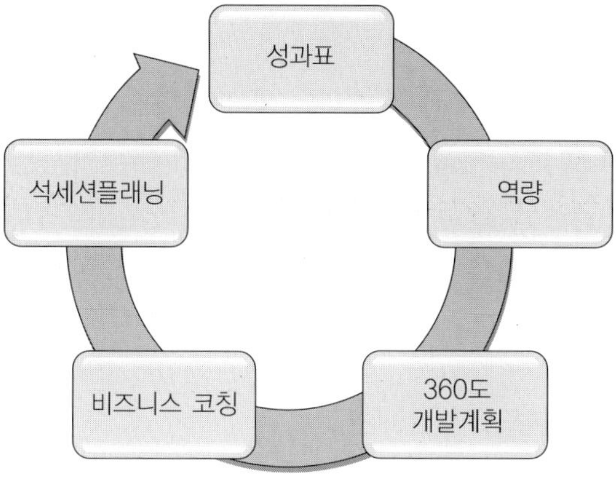

[그림 II-30] 비즈니스 코칭 모형(Mathis & Nielsen, 2008)

강조하고 있다. ASTD의 리더십 개발을 위한 코칭모형은 [그림 II-30]과 같다.

1) 비즈니스 코칭의 개념

ASTD는 성과 달성을 위한 비즈니스 코칭(bizcoaching)을 강조하고 있다. 비즈니스 코칭이란 개발 코칭과 성과 코칭의 조합으로 직무행동과 사업결과에 대한 피드백을 중시한다. 코치와 피코치가 코칭 결과에 대해 공동책임을 진다.

[그림 II-31] 비즈니스 코칭의 개념(Mathis & Nielsen, 2008)

2) 비즈니스 코칭의 핵심 관계자

비즈니스 코칭의 핵심 관계자는 내부 코칭 코디네이터, 코칭 대상자, 코칭 계획자(planning coach), 비즈니스 코치, CEO 또는 직속 관리자 등으로 구성된다. 핵심 관계자들은 프로그램의 시작부터 종료시점까지 적극적으로 참여해야 한다.

3) 비즈니스 코칭의 프로세스

비즈니스 코칭의 프로세스는 다음과 같다. 코칭 계획자가 사전 미팅을 실시하고 현상을 진단하며, 코칭 액션 플랜을 수립하고, 비즈니스 코치를 선정한다. 그런 다음 비즈니스 코치와의 토론 및 문서전달을 통해 업무를 이관하며, 이후 비즈니스 코치는 관리자 및 코칭 대상자와 미팅을 실시하고, 액션 플랜을 확정하며, 코칭을 통해 코칭 대상자의 인식을 변화시킨다. 코칭 실시 후 행동관찰조사(BOS: behavioral observation survey)를 실시하여 변화 정도를 평가하며, 팔로우업을 실시한다.

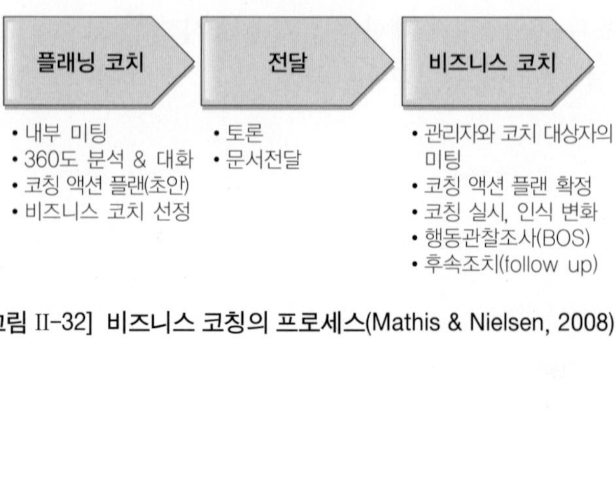

[그림 II-32] 비즈니스 코칭의 프로세스(Mathis & Nielsen, 2008)

03
조직 변화 촉진

Facilitating Organizational Change

오늘날에는 경영환경의 변화를 예측하는 일 자체가 불가능해지고 있다. 글로벌 경쟁으로 인한 시장의 변화와 기술발전으로 변화의 속도와 깊이는 준비된 경로를 따라가는 경영을 무용지물로 만들고 있어, 기업은 조직 전체의 학습력과 유연성을 키워 변화대응력을 준비하는 일에 몰두할 수밖에 없다. 그런 점에서 조직개발과 변화 촉진은 21세기 무한경쟁 시대의 조직 생존과 발전 전략의 핵심이다.

한때 워크맨의 성공으로 전 세계 소형 음향기기 시장의 최강자로 군림했던 소니가 MP3 시장으로의 변화를 무시하다가 회사 전체의 쇠퇴를 겪고 있는 모습은 경영환경 변화에 대응하는 조직 변화의 의미를 새삼 깨닫게 해 준다. 조직의 변화와 혁신은 선택사항이 아니라 필수조건이 되었다.

기업환경의 변화는 지식의 폭발적 증가와도 밀접한 관련이 있다. 지식의 증가 속도는 혁신의 속도와 비례하기 때문이다. 과거 AD 1년의 지식이 두 배가 되는 데에는 1,500년이란 세월이 소요되었으나, 이후 다시 두 배가 되는 데는 300년이, 또다시 두 배가 되는 데 100년밖에 걸리지 않았다. 1900년대에 이르러 1940년까지는 매 20년마다, 그 후 1970년까지 매 7년, 이후 오늘날 지식의 양이 두 배가 되는 데 소요되는 시간은 1~2년에 불과하고, 2020년에는 매 72일마다 두 배가 될 것으로 예측되고 있다(Biech, 2008).

지식과 정보의 생산 속도가 빨라지면 기업의 의사결정 속도 또한 빨라져야 하고 의사결정량의 증가로 인한 비용 역시 증가한다. 특히, 예측하기 어려운 세계 경제의 주기 변동은 기업으로 하여금 효율성과 생산성 향상을 통하여 서비스 및 재화의 질을 높이지 않고 시장에서 생존할 수 있는 방법이 없다는 점을 일깨우고 있다.

현대 조직이 직면하고 있는 도전과제는 크게 세 가지로 요약된다(Edgelaw, 2008). 첫째, 성과를 내기 위해 성공적으로 직무를 수행하는 일, 둘째, 직무를 수행하는 방식을 변화시키는 일, 셋째, 직무를 수행하는 방식을 변화시키는 방식 자체를 변화시키는 일이다.

이 중 세 번째의 도전은 지금까지와는 다른 형태의 조직 변화 전략이 필요함을 시사한다. 조직 변화의 필요성에도 불구하고 조직 변화를 위한 시도의 70%가 실행 단계에서 실패하기 때문이다(Gillert & Pillen, 2008). 문화 변화의 성공률은 19%, 경영 확장은 20%, 리엔지니어링이나 경영과정 개선(BPI: business process improvement)은 30%, 인수합병은 33%, 신기술의 도입은 40%, 리스트럭처링은 46%, 신전략 설정은 58%의 성공률을 기록하고 있는 것이 경영의 현실이다(Martin, 2002).

이러한 맥락에서 조직 변화 촉진 트랙에서는 단순히 '조직이 어떻게 변화해 가는가'를 알려 주는 변화과정뿐만 아니라, 의도된 방향으로 성공적인 변화를 촉진하는 여러 가지 수단과 방법들이 중요하게 다루어지고 있다. 이 트랙은 2004년까지 '변화관리(managing change)' '변화유도(leading change today)' '조직문화와 변화(organizational culture & change)' 등으로 불리다가 2005년부터 현재의 명칭이 되었다.

2004년부터 2008년까지 조직 변화 촉진 트랙의 트렌드는 [그림 II-33]과 같이 여섯 가지의 키워드로 요약된다. 첫째, 조직 구성원들이 공유하는 가치관과 신념, 행동양식을 결정하는 조직문화를 혁신하고, 둘째, 변화의 '저항 요인'을 분석하고 요인별 대응 전략을 마련하며, 셋째, 조직 변화를 실행하는 데 있어 구성원들의 동의와 의사결정 과정에의 참여가 필수적이며, 조직과 개인의 변화 목표가 일치되어야 한다. 넷째, 조직 혁신 또는 조직 변화 촉진은 일련의 '변화관리' 과정을 거치며, 그 과정에서 모형의 개발과 활용이 중요하다. 다섯째, 조직 변화 촉진을 위한 '교육과 학습'의 역할이 증대된다. 특히, 개인학습을 넘어 조직수준 학습의 중요성이 강조된다. 마지막으로, 조직의 문제점을 진단하고 보완하여 성과를 개선한다는 전통적인 조직개발의 철학에서 벗어나 조직의 강점에 기반한 핵심 역량 강화에 초점을 맞추는 긍정혁명의 철학이 강조된다. 이에 따라 강점 기반 조직개발(AI: appreciative inquiry)이 확산되고 있다. 이하에서는 각각에 대해 보다 구체적으로 살펴보기로 한다.

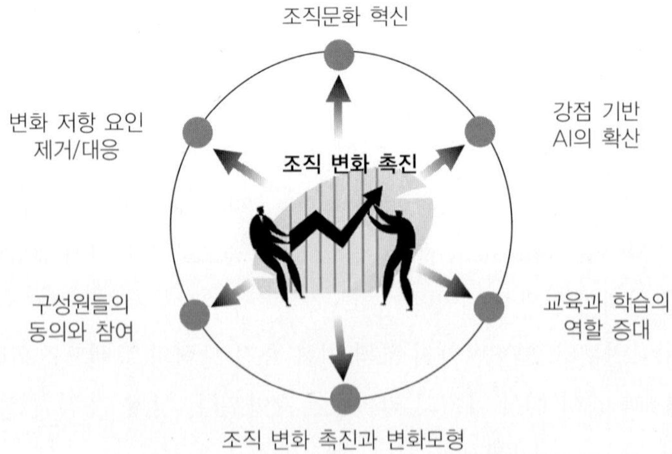

[그림 II-33] 조직 변화 촉진 트랙의 여섯 가지 트렌드

1. 변화 촉진의 핵심은 조직문화의 혁신

조직문화란 조직 구성원들이 공유하는 가치와 신념체계 및 사고방식의 복합체를 의미한다. 『좋은 기업을 넘어 위대한 기업으로(Good to Great)』의 저자인 짐 콜린스(Jim Collins, 2001)에 의하면, '문화' 란 '좋은 기업' 에서 '위대한 기업' 으로의 도약을 돕는 환경이며, 정신, 비전과 가치에 대한 조직의 특성이다. 이러한 조직문화에는 조직이 기반을 두고 있는 국가의 사회문화 · 관습 · 규범이 영향을 미치며, 조직 내 최고관리자의 조직관리 이념과 전략, 그리고 구성원들의 특성이 반영된다. 조직문화는 조직 구성원들에게 정체성을 제공하고, 몰입을 가능하게 하며, 조직체계의 안정성을 높이고, 구성원들의 행동 방향을 좌우하는 기능을 수행한다.

1) 조직문화 혁신의 로드맵 개발과 모형의 활용

조직의 변화가 지속되기 위해서는 변화의 생산지이자 보유지인 문화의 변화와 혁신이 필수적이다. 문화의 변화에까지 이르지 못하는 조직 변화 프로그램은 시스템의 회귀성 때문에 피상적인 단기 효과에 그치는 경우가 많다. 조직의 지속적 성장을 위해서는 구성원들을 하나의 구심점으로 결집시키고, 이들의 열정과 에너지를 이끌어 낼 수 있는 강한 조직문화가 필요하다.

성공적인 조직문화의 특성으로 자신감, 신뢰, 책임감, 의사소통, 협동 그리고 새로운 아이디어(Russell, 2007)가 강조된다. '성공하는 문화' 의 로드맵 개발을 위한 다섯 가지 단계는 다음과 같다.

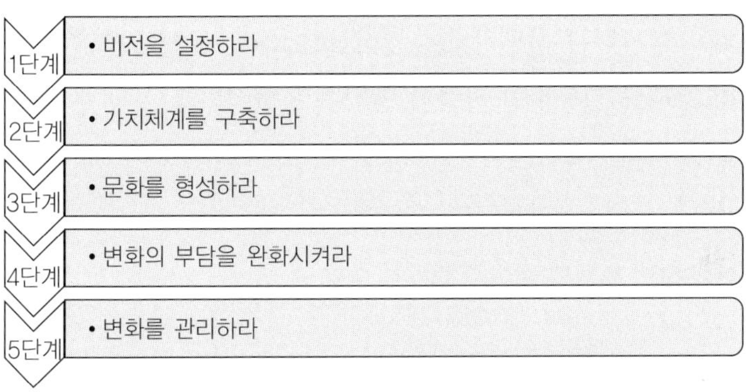

[그림 II-34] 성공하는 문화개발 5단계(Russell, 2007)

[그림 II-34]에서와 같이, 조직 변화는 조직 구성원들의 사고와 행동을 지배하는 공유 비전이나 가치체계 등 조직문화의 변화가 선행되지 않고서는 달성되기 어렵다. 구성원 사이의 공감에 근거한 조직문화는 변화에 흔들림 없이 항상 조직이 나아갈 바른 길을

안내해 주는 나침반 같은 역할을 한다.

조직문화는 모든 인터벤션의 성패를 좌우하지만 어떠한 인터벤션도 조직문화를 일시에 변화시킬 수는 없다. 조직문화는 조직이 처한 환경, 산업특성, 규모, 목적 등으로 구성된 역사성을 지니고 있기 때문이다. 때문에 단계적인 조직문화 변화 노력에 주목할 필요가 있다. 호주의 은행과 병원 두 곳의 직원 800명을 대상으로 약 3년 동안 교육, 액션 러닝, 동기화, 일대일 코칭 및 지원이라는 네 가지 요소를 중심으로 식스 시그마의 5단계 접근법(DMAIC: define, measure, analyze, improve, control)을 적용한 '한 번에 하나씩(One Bite at a Time)' 이라는 프로그램을 운영한 결과, 50% 이상의 서비스 개선과 수천 달러 이상의 생산성 개선효과가 있었다고 한다(David & Gary, 2006). 이들은 조직문화의 변화는 실제로 업무가 행해지는 일선에서 이루어지는 것이 중요하며, 경영자의 의지가 아무리 강해도 일방적인 하향식 방법을 통해서는 달성될 수 없다는 점을 강조하고 있다.

2) 조직의 통합을 넘어 문화합병으로

조직의 구성원은 조직의 목표와 가치에 통합되어 있는 것처럼 보이지만 실제 인식은 그렇지 않은 경우가 많아 갈등은 물론 변화에 대한 저항의 중요한 요인이 된다. 특히, 기업합병과 같은 조직간 통합은 외형적인 조직합병을 완성해 주는 문화합병을 이루지 못하고는 효과적일 수 없다. 합병 당시 '꿈의 결합' 이라는 찬사를 들었던 다임러벤츠와 크라이슬러의 합병은 10년이 지난 현재에도 분사와 매각 논의가 끊이지 않으며, 합병 시 기대했던 시너지 효과를 낼 수 없었다. 합병 초기부터 다임러벤츠와 크라이슬러의 이질적인 기업문화는 의사결정 과정에서 잦은 마찰을 일으켰고, 양사 직원들의 강점을 살리지도 못했다.

문화합병은 적지 않은 시간이 소요되고 새로운 조직의 가치와 목표, 직무과정 및 절차, 구성원들의 직무태도 등을 유기적으로 통합할 수 있는 새로운 메커니즘을 요구한다. 또한 새로운 조직에 적합한 의사소통모형의 개발은 문화합병의 성패에 지대한 영향을 미친다.

멕시코의 세계적인 주류제조사인 페르노리카(Pernod Ricard)와 앨리드도메크(Allied Domecq)의 합병 사례연구를 통해 [그림 II-35]과 같이 기업합병 시 변화를 촉진하는 문화합병의 3요소 모형이 제시되었다(Maldonado & Miguel, 2007).

'전략' '공정/절차' '직무태도'에 대한 각각의 가이드라인을 설정하여 18개월간 문화통합을 추진한 결과, 기업 전략에 대한 구성원들의 이해도가 20% 증가하였을 뿐 아니라 내부정보 접근에 대한 협조는 13%, 회사에 대한 지지도는 10% 이상 증가하였으며,

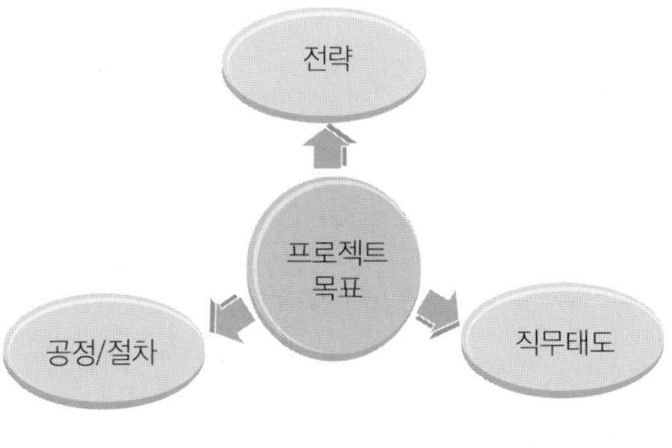

[그림 II-35] 문화합병의 세 가지 축(Maldonado & Miguel, 2007)

91% 이상이 현재 직무에 만족하고 있는 것으로 조사되었다. 2005년 합병한 이후 두 기업 모두 2006년엔 마이너스 성장, 2007년부터는 합병 이전보다 최대 55%의 성장을 기록하였다.

기업합병이 조직 외부의 문화를 내부로 도입하는 형태로 이루어지는 이질적인 문화합병이 시도되는 경우도 있다. 모히간 선(Mohegan Sun)[5)]의 문화합병 사례는 모히간 선이 카지노의 메카인 라스베가스에 맞서 인디언 정신(Spirit of Aquai)과 다양한 인종으로 구성되고 다양한 언어를 사용하는 종업원들에 대한 교육 시스템 및 보상제도의 개혁으로 성공한 사례다(Beinert & Moran, 2008). 모히간 선의 경영진은 종업원들에 대한 다양성이 조직 고유의 신념체계와 방문객 수, 개인당 게임 지출액, 고객만족도 등 객관적인 사업지표 달성이라는 조직의 목표에 통합될 수 있도록 노력하였으며, 그 과정에서 교육 시스템은 문화합병의 가장 중요한 동력으로 활용되었다.

경영환경의 불확실성이 증가하고 기업 간 경쟁이 심화될수록 기업문화 혁신의 필요성 역시 증가한다. 최근 기업문화 혁신의 사례들은 기업이 처한 환경에 적합하게 구성원들의 사고와 행동을 변화시키는 교육에 초점이 맞추어진다.

2. 변화 저항 요인의 체계적 분석과 요인별 대응

조직 변화에서 저항이 일어나는 것은 자연스러운 현상이다. 개인이 체중감량을 할 때에도 회귀현상이 일반적인 것처럼 조직 또한 관성의 힘이 있기에 변화에 대한 저항은 일반적이다. 저항도 변화의 일부다.

조직의 변화를 가로막는 다양한 요인이 존재한다. 변화를 추진해야 하는 이유나 목적을 이해하지 못했거나, 조직의 새로운 운영 방안에 대해 동의하지 않아서도 생긴다. 또한 단순히 자신에게 미칠 영향 때문에 저항하는 경우도 있다. 어떠한 경우라도 저항에 대처하기 위한 전략은 저항의 원인에서 찾을 수 있다.

변화에 대한 저항의 원인은 [그림 II-36]에서와 같이 네 가지로 요약된다(Siegal & Marcus, 2008).

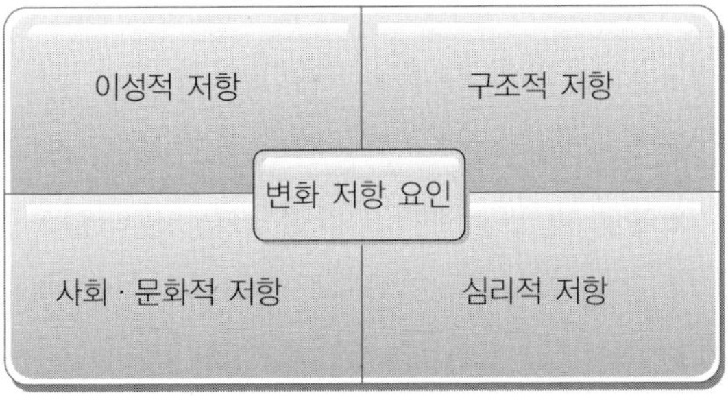

[그림 II-36] 변화에 대한 저항 (Siegal & Marcus, 2008)

첫째, '이성적 저항(rational resistance)'은 개인이나 집단이 변화의 필요성에 대해 충분히 이해하지 못했을 경우 발생한다. 둘째, '구조적 저항(structural resistance)'은 경영 시스템이나 보상체계가 지니고 있는 현재의 관성에 기인한다. 셋째, '사회 · 문화적 저항(social/culural resistance)'은 권력이동과 같이 기존 권력 구조나 힘의 균형에 대한 위협을 느낄 때 발생하며, 변화에 대한 구성원들의 응집력을 강화시킨다. 마지막으로, '심리적 저항(psychological resistance)'은 개인수준의 변화에 대한 두려움에 기인한다.

표 II-10 조직 변화의 가시적인 차원과 숨겨진 차원(Marshak, 2008)

가시적인 원인	이성적 · 분석적 논리
드러나지 않는 원인	
• 정치적(politics)	개인과 집단의 이해관계
• 영감(inspirations)	가치기반, 비전에 대한 갈망
• 감성(emotions)	정서적이고 민감한 감정
• 사고방식(mindset)	신념과 가정
• 정신역학(psychodynamics)	근심에 근거한 무의식적 방어기제

네 개의 저항 중 사회 · 문화적 저항과 심리적 저항은 나머지 두 저항에 비해 진단 및 대처가 더 어렵다. 이러한 저항들은 다루기도 어려울 뿐 아니라 변화의 성패에 지대한 영향을 미치기 때문에 변화를 추진하고자 하는 리더들은 두 가지 유형의 저항에 더욱 주목해야 한다. 저항을 변화의 에너지로 전환시키기 위해서는 조직 내 커뮤니케이션을 활성화하고 변화과정에 조직 구성원의 참여 폭이 확대되어야 한다.

변화 저항에 대한 대처는 겉으로 드러나지 않는 저항의 원인 규명에서 시작되어야 한다. 변화 저항이 잘 드러나지 않는 원인은 〈표 II-10〉과 같이 다섯 가지로 분석된다(Marshak, 2008).

조직변화의 실행과정에서 드러나지 않는 변화 저항의 원인들은 어떤 방식으로든 감지될 수 있는 단서를 드러낸다. 마샤(Marshak, 2008)은 〈표 II-11〉에서 보는 바와 같이 이러한 단서를 진단하는 공식을 개발하였는데, 저항의 숨겨진 단서는 주어진 맥락(C: context)에서 기대되는 행동 패턴(P: patterns)과 그러한 행동 패턴에서 강조되거나(E: emphasis) 빠져 있는(O: omissions) 요소의 함수다.

표 II-11 숨겨진 저항을 감지하는 단서의 진단공식(Marshak, 2008)

숨겨진 정도= F[(P)(C) · (E/O)]			
행동 패턴(P)	맥락(C)	강조(E)	누락(O)
순서, 관계, 형태, 반복, 원리, 상징 등	목적, 참여자, 계층, 국면, 절차, 가능성 등	무엇이 강조되고 추구되었는가, 무엇이 치밀하고 홍보되었으며 명확하게 전달되었는가 등	무엇을 경시하고 회피하였는가, 무엇을 얼버무리고 거부하고 무시하였는가 등

변화가 시작되자마자 변화에 대한 저항 역시 시작된다. 잘 드러나지 않는 저항의 원인을 규명하거나 진단하더라도, 효과적인 대응이 없으면 앞서 언급한 것처럼 변화의 실행과정에서 70% 이상이 실패한다. 때문에 변화는 관리대상이며 프로세스로 접근된다. 전략적 변화관리가 강조되는 것도 그 때문이다. [그림 II-37]에서 보는 바와 같이 변화 저항의 관리는 전체 조직의 변화과정의 일부로 저항의 정도에 따라 조직의 대응이 달라짐을 알 수 있다(Stanleigh, 2007).

[그림 II-37]에서 변화 저항의 관리는 변화관리의 핵심이며 이 단계를 간과하면 변화는 기대된 대로 이루어지지 않는다. 따라서 변화저항에 대한 진단 및 분석과 요인별 대응에서는 [그림 II-38]과 같이 혼란의 정도가 심하고 변화를 위한 학습과 수용, 더 나아가 헌신이 필요한 영역에 주목해야 한다.

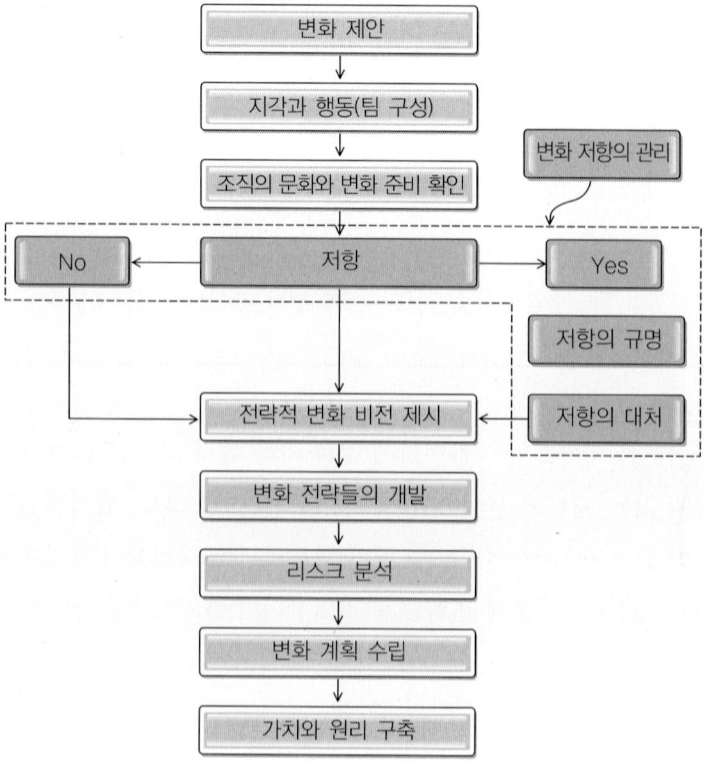

[그림 II-37] 전략적 변화관리 과정(Stanleigh, 2007)

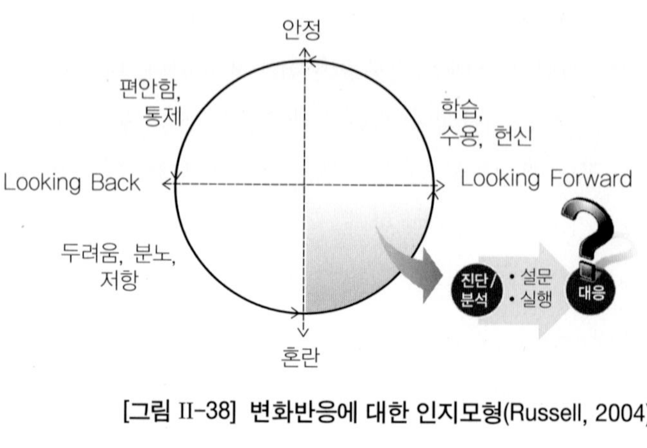

[그림 II-38] 변화반응에 대한 인지모형(Russell, 2004)

3. 참여를 통한 조직 변화

변화가 필요하다는 믿음이 있어도 변화를 두려워하는 것이 인간의 본성이다. 변화에 대한 불안감이 크고 변화에 동참할 의지가 적어도 사회적 기대(social desirability)에 따른 행동 때문에 변화를 지지하는 것처럼 행동하는 경우도 있다. 특정 집단이 보유한 기득권이 크면 클수록 변화에 대한 저항은 커진다(Lewin, 1951). 조직이 변화를 추진하기 위해 더 큰 압력을 행사하면 저항은 수면 밑으로 가라앉아 더 커지기도 한다. 이러한 한계를 극복하기 위해서는 전통적인 조직변화모형인 하향식 접근 방법에서 벗어나, 개인의 이해관계를 변화과정 속에 통합하는 변화 추진 전략이 필요하다. 이러한 필요로 인해 조직 변화의 패러다임이 조직의 성과 시스템 중심 사고에서 조직 변화의 행위자인 인간 중심 · 사고로 이동하고 있다.

1) 개인과 조직 간 변화목표의 일치

개인의 행동은 이기적 욕구 충족이라는 보이지 않는 손에 의해 지배된다. 개인을 움직이게 하는 원동력은 인간이 지니고 있는 존재론적 이기심이며, 조직 변화에서는 이러한 이기심을 공동목표로 전환하는 과정이 변화의 성패를 좌우한다. 변화과정에서 개인 간 이해관계와 공동의 목표를 동시에 고려해야 하는 것도 그 때문이다. 조직 구성원은 변화의 목표 달성을 통해 이해관계가 실현될 수 있다고 믿을 때 비로소 변화에 동참하게 된다. 결국, 조직의 목표를 실현하는 것이 곧 개인의 이익을 실현하는 것이 되어야 조직변화는 궁극적으로 성공하게 된다(Gillert & Pillen, 2008).

2) 구성원들의 참여를 통한 조직 변화 유도

조직의 변화과정에서 처음부터 구성원들의 자발적인 참여를 유도하기는 쉽지 않다. [그림 II-39]는 조직 내 변화 혹은 혁신과정에서 개인이 겪는 심리적 변화를 보여 주고 있다. 인간의 본성에 따른 행동을 자연스러운 현상으로 수용해야 현실에서 작동하는 변화전략이 실천된다. 이러한 변화는 개인의 참여를 유도하고 조직의 변화 목표와 개인의 변화목표 간의 합의점을 도출하는 기법을 통해 실천된다.

21세기 조직 변화의 성공은 구성원들의 조직에 대한 소속감에서 시작된다. 조직에 대한 소속감을 키우는 것이야말로 구성원들의

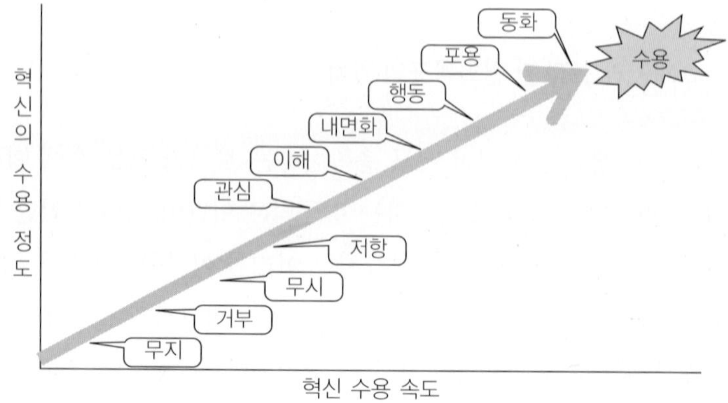

[그림 II-39] 개인의 조직 내 혁신 수용과정(Pitera, 2004)

참여와 성공적인 변화를 가능하게 하는 원동력이다. 이런 점에서 소속감을 키우는 열두 가지 행동지침을 참고할 만하다(Katz & Miller, 2008).

소속감을 키우는 열두 가지 행동지침

1. 진심으로 반기라(인사 잘하기).
2. 팀원들을 심리적으로 편안하게 대하라.
3. 공익을 위하고 성과를 함께 나누라.
4. 상대방에게 경청하라.
5. 편안함만을 추구하지 말라.
6. 주인의식을 가져라.
7. 타인의 생각과 감정을 헤아려라.
8. 다양성을 수용하라.
9. 오해나 반대의사를 표현하여 해결하라.
10. 모든 사람들이 아니라고 말할 때 자신 있게 말하라.
11. 전체 상황을 이해하도록 도움을 요청하라.
12. 신뢰를 구축하라.

조직 구성원들의 참여를 유도하기 위해 간과할 수 없는 것이 열린 대화와 투명한 의사결정이다. 열린 대화는 변화에 강하게 저항하는 사람들을 공식적 또는 비공식적인 논의의 장에 참가시켜 갈등의 순기능을 찾아 건설적으로 해결하려는 시도다. 이때 옳고 그름을 가리는 식이 되지 않아야 하며, 저항의 원인을 진단한 뒤 적절한 조치와 지원이 수반되어야 한다(Siegal & Marcus, 2008). 투명한 의사결정은 조직 구성원을 변화를 위한 의사결정 과정에 참여시켜 그들의 목소리가 영향을 미친다는 것을 확인시켜 주는 방법이다.

4. 조직 변화의 촉진과 관리

조직 변화 연구의 가장 큰 공헌은 변화 촉진자들이 참조할 수 있는 조직변화촉진모형을 개발해 왔다는 점이다. 변화 촉진 전략은 조직 변화의 방향과 실천지침을 수립하고 이를 단계적으로 추진하게 하는 지도와 같다. 모형은 지도에서 우리에게 최선의 길을 안내한다. 존 코터(John Kotter, 1996), 로자베스 칸터(Rosabeth Kanter, 1999), 데이비드 얼리치(David Ulich, 1997) 등의 변화모형이 가장 널리 알려져 있다. 변화과정이 계획된 대로 진행되는 경우도 있지만, 그렇지 못한 경우가 더 많다. 모형을 활용한다는 것은 예기치 못한 문제가 발생했을 때, 보다 민첩한 대응을 가능하게 한다. 그것은 마치 우리가 지도에서 길을 잃었을 때 이정표를 다시 되짚어 길을 찾게 해 주는 것과 같다.

변화촉진모형과 변화관리모형을 혼동하는 경우가 있다. 변화관리란 조직이 어떤 목적을 달성하기 위해 추진한 변화에 의해 조직

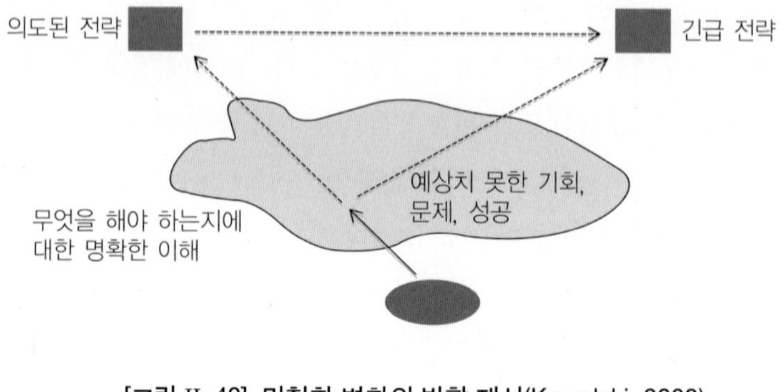

[그림 II-40] 민첩한 변화의 방향 제시(Kowalski, 2008)

의 구성원이 영향을 받아 조직의 성과 저하가 예상될 때 취하는 조직대상 관리 프로그램을 말한다.[6] 변화관리는 모빌의 균형을 잡는 것과 같다. 균형을 잡는다는 것은 변화 노력을 이끄는 사람과 새로운 전략을 기대하며 변화에 참여하는 사람 간의 대화를 관리하고, 변화가 일어날 수 있는 조직 내 상황을 만들며, 전통적으로 기업에서 간과되어 왔지만 성공적인 변화에 핵심적인 역할을 하는 감정을 관리하는 것을 의미한다. 따라서 변화촉진모형이 변화의 시작 단계부터 평가 및 제도화하는 단계까지 일련의 변화 전략을 단계별로 구분한 것이라면, 변화관리모형은 각 단계에서 예상되는 저항이나 문제들을 변화목표를 달성할 수 있도록 효율적으로 해결하는 기법을 단계별로 제시한 것이다.

ASTD에서 발표된 변화(촉진)모형과 변화관리모형은 엄격히 구분되지 않는 경우가 많다. 그것은 두 모형을 통합한 모형이 대부분을 차지하고 있기 때문이기도 하다.

1) 조직변화모형

비치(Biech, 2008)는 변화를 이끄는 열 가지 방법의 가장 첫 단계

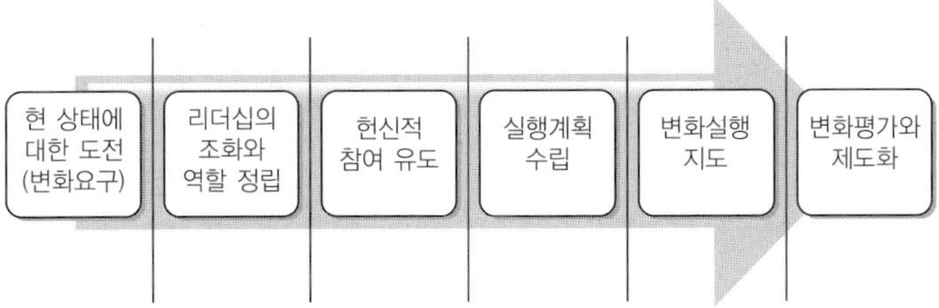

[그림 II-41] 비치의 CHANGE 모형(Biech, 2008)

로 변화모형의 활용을 들고 있다.

2) 조직과 구성원이 함께하는 변화관리

조직 중심의 변화는 개인의 목표와 관심의 소외로 변화의 동력을 상실하기 쉽다. 조직과 구성원이 함께하는 변화관리는 변화의 행위자인 개인을 중요한 변화의 동인으로 간주한다. 앞에서 살펴볼 '개인과 조직 간 변화목표의 일치' 와 같은 맥락이다.

개인은 변화로 인해 자신이 지불해야 할 변화비용이 변화를 수행함으로써 얻게 될 이익보다 클 경우에만 변화에 동참하려는 속성이 있다. 따라서 조직의 변화는 다음과 같은 변화방정식을 충족할 때 일어난다(Accelerate, 2007).

$$(A \times B \times D) > X = \text{Change}$$

A: 현 상태에 대한 불만족(dissatisfaction with status quo)
B: 미래에 대한 비전 요구(compelling vision for the future)
D: 변화계획(plan)
X: 개인이 지불해야 하는 변화비용(cost of change)

조직과 구성원이 함께하는 변화관리란 위에 제시한 변화방정식에서 좌변과 우변을 같게 함으로써 변화를 통해 조직과 개인이 모두 승리하는 가장 이상적인 모형이라 할 수 있다. 이를 위해서는 위로부터의 변화보다는 자발적인 수평적 변화가 이루어질 수 있도록 구성원 간 변화 경험을 공유해야 하며, 전략적 집중과 지속적인 의사소통이 중요하다. 이와 같은 개념을 모형화한 것이 [그림 II-42]

[그림 II-42] **조직과 구성원이 함께하는 변화관리모형**
(Gillert & Noort, 2007)

의 '조직과 구성원이 함께하는 변화관리모형' 이다.

개인과 조직의 목표를 일치시키기 위해서는 중앙을 둘러싸고 있는 세 가지 관점인 변화 경험의 공유, 실행할 수 있는 변화의 핵심에 집중, 상명하달이 아닌 네트워크 중심의 변화유도라는 변화행동이 중요하고, 이 행동들은 또다시 변화행동을 둘러싸고 있는 세 가지 원리, 즉 변화의 필요성에 대한 의사소통과 의미부여, 조직 구성원 모두가 동기화되도록 하는 설계, 구성원들의 학습을 통한 조직 변화 유도 등에 의해 관리된다.

3) 진화의 관점에서 본 조직개발의 대두

조직을 바라보는 관점의 전환은 새로운 조직개발모형을 탄생시킨다. 조직은 끊임없이 진화하기 때문에 조직개발에 대한 새로운 이해가 선행되어야 성공적인 조직 변화를 달성할 수 있다. 따라서 진화론의 관점에서 조직을 이해하고 조직개발의 원리를 도출해야 한다는 점이 강조되고 있다. 진화의 관점에서 본 조직개발은 조직 내 또는 조직 간 변화과정을 자연의 법칙과 원리를 따르는 유기체의 변화과정으로 이해하여 조직개발을 '진화경영(evolutionary management)'이라는 큰 틀에서 접근한다(Otto, 2008).

조직이론의 대가인 모건(G. Morgan)도 『조직의 이미지(Images of Organization)』(1996)란 저서에서 유기체로서의 조직을 강조하였다. 자연의 섭리를 토대로 이해되는 조직의 원리란 조직이 어디에서 와서 어디까지 왔으며, 어디로 향하고 있는가에 대한 기준을 제공한다. 『살아 있는 회사(Living Company)』의 저자인 드 호이스(A. De Geus, 1997)는 유기체처럼 조직도 자신의 잠재능력을 실현하기 위해 생존과 변화라는 두 가지 목적을 위해 존재한다는 점을 강조한다. 기업이 단지 소비자들에게 좋은 상품을 공급하고 이해관계자들의 투자에 대한 수익을 증대시켜 주기 위해서만 존재하는 것은 아니다.

이하에서는 오토(Otto, 2008)의 '진화경영이 조직개발에 주는 시사점' 이란 발표내용을 요약하여 정리한다. 진화론적 관점에서 본 조직개발의 역동적 원리는 [그림 II-43]과 같은 네 가지 요인으로 설명된다. 첫째, 조직개발자들은 조직이 '성장, 안정, 소멸(growth, stability, shrinkage)'의 어느 단계에 있는지를 진단해야 한다. 오늘날 경영의 최대 관심은 성장의 조직화에만 쏠려 있다. 조직의 안정과 소멸의 과정을 동시에 고려하지 못하는 성장일변도의 시각은 조직의 일부가 소멸하고 완전히 새로운 방향으로의 진화를 준비하지 못하게 한다. 따라서 현재 상황을 명확히 진단하고 그에 따른 적절한 조치를 취하는 것이 중요하다.

둘째, '속도(speed)' 의 문제다. 속도 자체는 중립적인 개념이다. 중요한 것은 조직변화의 적정 속도를 선택하는 일이다. 이는 특정 상황에서 속도의 완화 또는 증가의 중요성을 알려 준다. 혁신이 지나치게 빨리 진행되어 시장의 성숙도를 앞서가면 실패는 불가피하다. 1993년에 개발되었다가 실패한 애플의 PDA인 뉴튼(Newton)이 그런 사례다.

셋째, '개발의 방향성(direction of the development)' 이다. 조직의 발전이 대부분 1차원적 선형성을 띠고 이루어진다고 생각하지만 조직의 실제 진화는 방향의 변화가 적지 않다. 이는 동물 진화의 세계에서도 흔히 나타나는 현상으로 고래의 조상은 웅굴리트라는 발굽류 동물에서 진화한 육상동물이다. 조직변화의 과정 역시 선형적으로 일어나지 않는다. 아주 긴 우회 곡선형이기도 하고 선형형 발전으로 예측하기 어려운 급격한 도약이 있기도 하다. 때문에 예상치 못한 방향과 변화를 준비하는 일이 중요하다.

넷째, '조직의 수명(lifetime of the organization)' 이다. 경영계획이 점점 단기적이 되어 가고 있다. 조직의 지속적인 발전을 원한다면 장기적인 계획과 사고가 필수적이다. 장수하는 조직은 환경 변

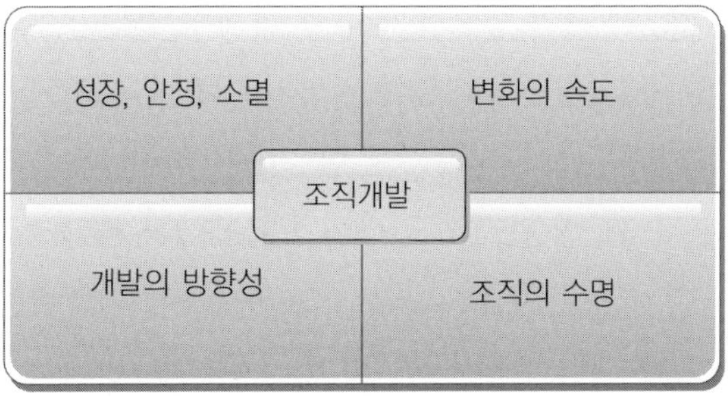

[그림 II-43] 진화론적 관점에서의 조직개발 역동 요인(Otto, 2008)

화에 민감하지만, 자신의 고유 정체성을 굳건히 지키며, 다양한 발전 방향에 개방적임과 동시에 새로운 접근도 끈기 있게 수용하며, 재무관리에서는 보수적이라는 네 가지 특징을 보인다.

조직개발에서 조직의 생멸에 미치는 경쟁과 협력의 관계를 이해하는 것도 중요하다. 지구상에 존재하는 모든 생명체의 절반 이상이 공생관계 속에서 살아가지만 경쟁과 협력 모두 생명체의 진화에서 일어나는 동등하게 중요한 상호작용의 형태다. 진화는 적자의 생존에 의해 일어나는 것이 아니라 부적응자의 소멸에 의해 일어난다. 경쟁은 공생관계보다 더 많은 에너지를 요구하며 진화의 역동성도 경쟁에서 나온다. 중요한 점은 협력하기 위해서는 경쟁할 수 있는 힘을 키워야 한다는 것이다. 조직의 경우도 경쟁 역량 없이 협력 역량이 생기지 않는다.

진화 관점에서 간과할 수 없는 또 다른 통찰은 인간행동의 패턴에 관한 원리다. 인간은 합리성의 기준으로만 이해될 수 없으며 본능과 욕구와 같은 정서적인 동인의 영향을 받는다. 개인의 감성은 전통적으로 일의 세계에서는 언급되지 말아야 할 대상처럼 취급되었다. 그러나 감성을 터부시하는 것은 신경생물학의 연구결과에 의한 인간행동의 자연스러운 원리에 어긋나며, 수천년의 진화과정을 통해 개발된 인간의 중요한 역량을 배제시키게 된다. 감성은 이성적 사고의 속도를 월등하게 초월하기 때문에 어떤 상황에 보다 적절하게, 그리고 매우 신속하게 반응하게 한다. 때문에 조직 내 리더십과 조직개발의 관점에 감성이 통합되어야 한다.

신경생물학자 다마지오(Damasio, 2003)는 인간의 행동이 두 가지 근본적인 동인에 의해 일어난다고 설명한다. 하나는 생존의 필요이고, 다른 하나는 웰빙의 필요다. 인간은 생리적으로 이러한 두 가지 메커니즘하에 작동하는 만족화 시스템(gratification system)을 보유하고 있어 엔돌핀이나 도파민 같은 호르몬을 생산하여 행복감을 느끼며 동기화되고 목표에 집중하게 된다. 때문에 행복 호르몬을 분비하게 하는 다섯 가지 전형적인 상황에 주목해야 한다.

조직 내에는 이러한 다섯 가지 상황이 빈번하게 일어나도록 충분한 도전 기회가 제공되어야 한다. 한 가지 주목할 점은 조직 내 구성원들의 만족화 시스템을 더 적극적으로 자극하기 위해서는 웰빙 기회보다는 도전 기회가 더 많아야 한다는 사실이다. 행복 호르몬을 분비하게 하는 다섯 가지 조건이 대부분 도전 기회에서 나오기 때문이다. 도전 기회 없이 성장도 없고 성장 없이 행복도 없다.

행복 호르몬이 생기는 다섯 가지 상황

1. 최초로 문제를 해결하는 경우
2. 새로운 아이디어를 개발한 경우
3. 무언가를 성공적으로 학습한 경우
4. 호기심이 충족된 경우
5. 처음엔 좌절감만 줄 것 같았던 상황을 극복한 경우

5. 조직학습과 조직 전체 대상 교육의 역할 강화

조직의 변화를 촉진하기 위해서는 조직의 문화를 혁신해야 한다. 이러한 조직의 문화는 체계적이고 공식적인 학습을 기반으로 전수될 수도 있고 비공식적인 채널을 통해 형성되기도 한다. 그러

[그림 II-44] 혁신을 잘하는 조직의 특성(Barnes & Soken, 2008)

므로 조직 변화는 학습과 분리해서 생각할 수 없다. 변화의 최종산물은 조직 시스템의 개선뿐만 아니라 새로운 기술, 변화과정, 그리고 변화에 관한 신념 등에 있어 구성원들의 학습을 포함한다 (Gillert & Noort, 2007).

혁신을 잘하는 조직에서 학습이 활발히 일어나는 것은 필연적인 현상이며, 학습은 전략적 변화를 조직의 성과로 전환하는 컨버터의 역할을 수행한다. 이 과정에서 조직의 변화는 개개인의 행동양식과 인식, 그리고 학습 방법의 변화를 수반하게 된다.

앞서 변화관리의 중심이 조직에서 개인으로 이동하는 현상에 대해 언급하였으나, 조직 변화를 촉진하는 교육과 학습은 개인에서 조직수준으로 점차 확대되는 양상을 보인다. 학습과정이 개인 차원을 넘어 집단과 조직으로 확산됨으로써 개개인의 기억과 지적능력의 합을 넘어서는 조직기억과 조직지능에 의해 조직학습이 일반화되고 있다. 조직 전체 시스템의 변화는 개개인보다는 조직 차

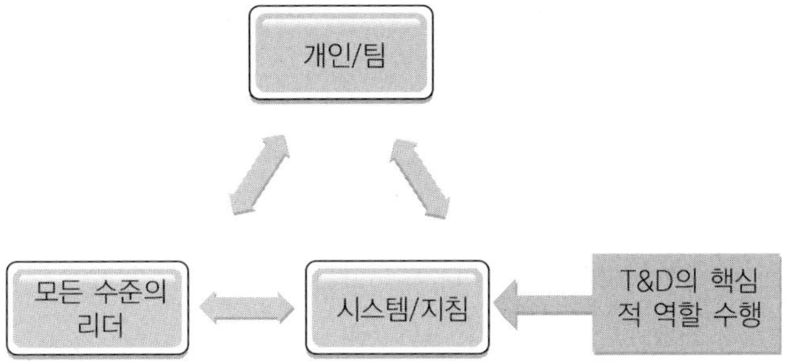

[그림 II-45] 변화에 유연한 조직에서 T&D의 역할(Edgelow, 2008)

원에서 일어나는 학습에 의해 완성된다.

이와 같은 맥락에서 변화에 유연한 조직을 구축하기 위해 교육과 개발(T&D)이 개인이나 팀 수준이 아닌 조직 시스템 차원에 집중되어야 한다고 강조된다(Edgelow, 2008).

변화과정에서 경영층과 구성원들로 구성된 학습 커뮤니티(learning community)를 활성화함으로써 조직 변화를 촉진시킬 수 있다(Nangle & Tolchinsky, 2004). 이와 같은 관점 역시 개인 차원을 넘어선 조직학습에 의해 조직 변화가 일어난다는 점을 강조한다. 학습 커뮤니티를 통한 조직의 변화는 첫째, 커뮤니티 안에서 넓은 시스템 전체에 대한 지식을 창조하고, 둘째, 전체 시스템 수준의 문제를 제기하고, 셋째, 변화 실행에 주인의식을 견지하고, 넷째, 지속적인 변화를 추구하는 과정을 통해 달성된다.

6. 강점 기반 조직개발의 확산

'강점 기반 조직개발(AI: appreciative inquiry)' 은 문제를 발견하

고 진단하며 이를 해결하는 과정으로 이루어진다. 때문에 전통적인 조직개발의 관점에서 조직은 언제나 문제를 안고 있는 대상이며, 컨설턴트가 객관적인 도구를 활용하여 이러한 문제를 진단하고 문제해결을 위한 처방을 내리면 이에 따라 조직이 발전 · 성장한다는 가정에 입각해 있다.

과연 조직은 문제를 찾아 그것을 해결 · 보완하는 방식으로 성장하고 시장에서 경쟁하며 발전하는가? 강점 기반 조직개발은 전통적인 조직개발의 문제 중심 사고가 갖는 한계에서 태동하였다. 조직 구성원들이 공유하는 경험 속에서 긍정적인 요소를 발굴하고

표 II-12 결점 기반 변화(deficiency-based change) 관점과 긍정적 변화(positive change) 관점의 차이
(Whitney, Trosten-Bloom, & Cooperridcer, 2003)

요소 \ 관점	결점 기반 변화 관점	긍정적 변화 관점
인터벤션의 초점	문제 발견	강점 발견
참여	선발된 소수	전체
액션 리서치	• 문제진단 • 원인과 결과의 분석 • 양적 분석 • 문제 프로파일 생산 • 외부 컨설턴트 주도	• 긍정적 강점 발견 • 최고 분야를 중심으로 조직 • 담화(narrative) 분석 • 핵심강점 지도 구성 • 조직 구성원에 의해 실행
해결책 제시	의사결정자에게 보고	성공 사례의 광범위하고 창의적인 공유
해결책 모색	여러 대안의 브레인스토밍	더 나은 세계, 우리 조직의 기여에 대한 꿈꾸기
결과	최선의 문제해결책	조직의 비전과 개인의 열망 설계
역량 향상	계획을 실행하고 측정하는 능력	지속적인 긍정적인 변화

이를 통하여 그들이 공유할 수 있는 가장 이상적인 미래 조직의 이미지로 조직 변화를 추구하는 것이 강점 기반 조직개발이다(Powley et. al., 2004). 이것은 단순히 주어진 목적을 달성하기 위한 변화관리 도구를 실행하는 것만을 의미하지는 않는다. 모든 조직 내에 존재하는 협력과 변화를 위한 역량을 극대화하기 위해 조직 구성원 간 대화와 화합이 필수적이다. 〈표 II-12〉는 문제발견 중심의 조직개발과 긍정혁명 관점의 강점 기반 조직개발(AI)을 비교하고 있다.

이러한 AI는 20년 전 케이스 웨스턴 리저브 대학교(Case Western Reserve University)의 데이비드 쿠퍼리더(David Cooperrider)와 슈레쉬 스리바츠바(Suresh Srivastva)에 의해 개발되었다. 그들은 액션리서치의 문제해결 방법에 의문을 품고 개인이건 팀이건, 더 나아가 조직이건 어떤 일을 최고 수준으로 성취했을 때 어떤 일이 일어났는지에 초점을 맞추어 분석하는 방법을 찾게 되었다. AI에 따르면 조직의 긍정적인 면에 집중하면 미래로의 성장토대를 찾고 무엇을 더욱 고양시키고 육성해야 하는지를 알려 주는 유용한 정보를 얻게 된다.

AI는 인간의 본성과 학습에 관해 밝혀진 긍정적 원리를 기반으로 문제해결을 넘어 최종적으로 기대하는 결과를 확인하고 창조하는 데 집중한다. 따라서 문제발견과 진단에 많은 시간, 인력, 재원을 투입하는 전통적 조직개발모형과는 달리, AI는 최고 분야를 중심으로 강점을 발굴하는 데 주력하므로 조직진단 과정의 시간과 비용을 절감하고 미래 비전과 변화 방향을 효과적으로 설정할 수 있다.

AI의 기본원리는 개인 차원의 긍정혁명과도 맥을 같이한다.

1998년 미국 심리학회 회장이었던 마틴 셀리그먼(Martin Seligman)은 긍정심리학을 창시한다. 그는 1970~2000년까지 심리학회에서 출간된 전체 논문을 분석한 결과, 놀라운 사실을 발견하였다. 45,000편의 논문이 인간의 우울, 정신이상, 다른 유형의 정신질병에 관한 연구였고, 단지 300편만이 기쁨, 정신건강, 웰빙을 다루고 있었다. 인간 정신세계의 문제에 초점을 맞춘 연구는 현대인의 심리적 문제를 해소하는 데 많은 도움을 준 것도 사실이나, 우울증이나 정신상의 문제에서 벗어난다고 해서 개인이 행복해지지는 않는다. 인간의 행복은 부정적인 상태를 줄이는 것만으로는 부족하며, 행복을 적극적으로 추구하고 긍정의 사고를 바탕으로 새로운 세계를 개척하고 창조해야 궁극적인 행복을 얻게 된다. 이러한 사고는 조직의 변화와 개발에도 새로운 통찰을 제공하면서 강점혁명, 긍정혁명의 시대를 열고 있다. 조직의 문제가 해결되었다고 해서 조직을 지속적으로 성장·발전시키는 핵심 역량이 길러지는 것은 아니기 때문이다.

2000년대 초반 소개된 이래 긍정혁명은 지난 10여 년간의 경영과 조직 운영의 개념을 근본적으로 바꾸고 있다. 우리 조직의 문제는 무엇이고 우리는 왜 그 문제를 해결하지 못하며 문제해결을 위해 선택할 수 있는 방법은 무엇인가를 묻는 방식과, 우리 조직을 성공하게 만든 강점과 역량은 무엇이며 앞으로 어떤 방향으로 나아가야 하며 이를 위해 무엇을 해야 하는지를 묻는 방식은 근본적으로 다르다. AI는 조직의 성장과 발전을 바라보는 시각의 근본적인 변화다. 이러한 시각 전환은 인본주의 심리학과 개인의 강점혁명을 철학적 토대로 하는 코칭과도 밀접하게 연계되어 있다.

04
경력계획 및 인재관리

Career Planning and Talent Management

기업의 경쟁 양상은 시대에 따라 변하고 있다. 1960년대가 마케팅전쟁시대, 1980년대는 품질경쟁 시대였다면 2000년대는 인재전쟁(war for talent) 시대다(Michaels et al., 2001).[7] 산업화 시대에는 사람들이 기업을 찾았다면, 이제는 기업이 사람을 찾아나서는 시대가 된 것이다. 개인이 일신전속적으로 체화하여 보유하고 있는 학습 능력과 지식이 기업가치 창출의 원천이 되면서 인재를 확보하고 육성하기 위한 기업 간 경쟁이 치열해지고 있다.

문제는 우수인재일수록 관리와 육성 모두가 어렵다는 점이다. 때문에 기업은 인재의 경력계획과 관리라는 새로운 도전거리를 안게 되었다. 최고의 인재들은 언제 어느 곳에서 어떻게 나타날지 가늠하기 어려우며 이러한 현상은 전 세계적으로 일어나고 있다. 누가 창업을 하여 새로운 세계를 만들어 낼지, 어떤 경험을 가진 사람이 최고의 성과를 낼지 예측하기가 점점 어려워지고 있다. 예를 들어, 레이 크록(Ray Krock)은 밀크셰이크 기계를 레스토랑에 판매하는 일을 하다 52세가 되어서야 맥도날드를 창업하였고, 광고계의 황제로 불리는 데이비드 오길비(David Ogilby)는 요리사, 농부, 정보원 등으로 일한 다양한 경력의 소유자였다.[8] 인재의 출현은 예측 불허이며 이러한 인재의 선점을 위한 기업 간 경쟁은 가속화될 것이다.

또한 최고의 인재들은 대부분 야망이 크며 최고 수준의 학습 기회와 성장 기회를 원한다. 최고의 멘토, 개인의 비전을 실현할 수 있는 회사의 무한지원, 핵심 역량을 지속적으로 키울 수 있는 교육 기회를 원하는 등 조직이 제공할 수 있는 자원의 한계를 넘어서는 요구를 끊임없이 제기하며, 성장 기회 배분의 형평원칙을 가차 없이 무너뜨리기를 기대한다.

산업계 대부분의 기업이 직면하고 있는 인재 부족에 가장 큰 영향을 미치는 요인으로 첫째, 경제성장과 경영환경의 변화, 둘째, 인구구성의 변화 및 젊은 세대들의 가치관 변화가 꼽힌다(Bersin, 2007). 급격히 성장하는 산업 분야는 더욱 심각한 인재 부족을 겪고 있으며 경쟁기업의 위협, 새로운 시장의 개척, 신상품이나 서비스의 개발 및 출시 등은 늘 새로운 인재 수요를 낳아 기업을 인재전쟁으로 내몰고 있다. 시장 규모가 급격히 커지고 있는 의료, 첨단기술, 보험, 소매유통업 분야의 기업들은 이러한 경주에서 앞서기 위한 전략 구상에 고심하고 있다.

인도와 몇몇 개발도상국을 제외한 전 세계 기업 근로자들의 평균연령이 증가하는 고령화 시대가 도래했다. 사람들은 생계뿐만 아니라 활동을 위해서도 은퇴보다 일을 원하기 때문에 65세 은퇴

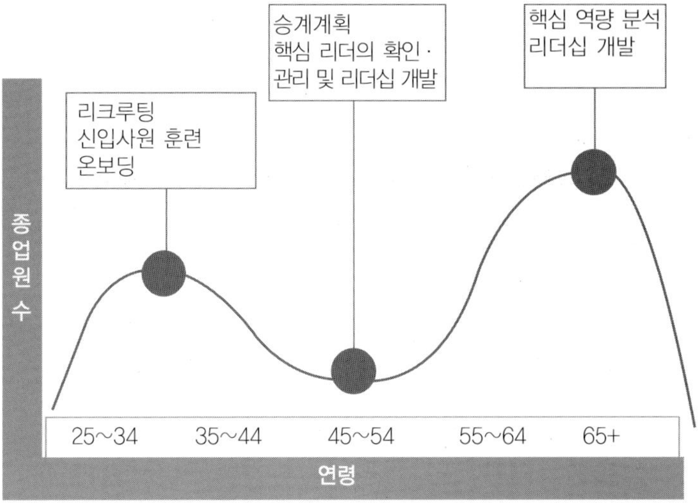

[그림 II-46] 조직 내 노동력 구성의 변화(Bersin, 2007)

공식은 새로운 문제를 낳고 있다. [그림 II-46]처럼 조직 내 노동력 구성에 양봉분포가 나타난다. 절대다수의 숙련된 고위직과 조직에 새로 유입되는 상당수의 젊은 세대가 주류를 이룬다.

때문에 중간관리층의 부족이 심각한 상황이다. 미국에서 이러한 노동력 구성의 변화가 가장 심각하게 나타나는 분야는 정부조직, 석유 및 가스 등의 에너지 산업, 통신과 제조업, 그리고 전기 · 수도 등의 기간산업 분야다(Bersin, 2007). 노동력 구성의 이러한 변화는 중간계층의 리더를 채용하고 교육하며 역량을 개발하여 차세대 리더 그룹으로 성장시키는 일을 어렵게 하고 있다.

또한 리더십과 경영개발 트랙, 학습설계 및 운영 트랙에서도 강조되고 있는 것처럼, 신세대의 가치관과 학습 스타일의 변화가 인재관리에 중요한 영향을 미치고 있다. 신세대들은 기대 이상으로 협력적인 태도를 지니고 있고, 환경 문제에 관심이 많으며, 네트워크화되어 있고, 각종 첨단 통신기기의 달인들이다. 핸드폰, 문자교환, 인터넷과 함께 살고 성장한 이들은 지속적인 성장 기회만이 아니라 네트워크 기회, 삶의 의미를 찾을 기회, 유연한 라이프 스타일을 누릴 수 있는 환경을 열망하고 있다. 이러한 기회와 환경을 제공하지 못하는 기업이 우수인재를 지속적으로 확보하기를 기대할 수는 없다. 때문에 직무와 역할, 그리고 책임의 구조가 변하고, 채용 프로그램이 달라져야 하며, 이들의 성취를 인정하고 보상하는 방식도 달라져야 한다. 당연히 훈련과 개발 기회의 제공과 그 방식도 변화해야 한다.

1. 인사에서 인재경영으로: 인재경영 통합모형

앞서 언급한 기업 내외의 환경 변화는 인재를 어떻게 채용하고 개발하며 지속적으로 보유할 것인지의 문제를 좁은 의미의 인사의 문제가 아닌 경영의 문제로 전환시키고 있다. 인재관리는 그 중요성의 차원이 달라지면서 더 이상 인사부서에만 맡겨둘 수 없는 조직의 경영 전략이 되었으며, 직원의 채용 단계에서부터 잠재력을 보유한 직원을 발굴하여 개발하고, 이들을 조직에 지속적으로 헌신하게 하는 통합적 관점이 필요하게 되었다. 인재경영(talent management)은 바로 이러한 고민에 대한 해결책으로 제시되어 경영 전략의 핵심으로 부상하고 있다. 조직의 인적자원개발 기능 역시 이러한 인재경영의 틀 속에 통합된다.

1) 차세대 리더를 키우는 것이 최우선순위 인재지속경영

기업의 지속가능경영(sustainable management)을 위해서는 인재의 지속경영이 필수적이다. 인재경영에 가장 큰 걸림돌이 되고 있는 시급한 문제는 다름 아닌 차세대 리더의 부족이다(Bersin, 2007). 리더십 파이프라인의 갭으로도 불리는 잠재 리더의 부족현상을 해소하기 위해 선진 기업들은 어떤 영역보다도 리더십 개발에 가장 많은 재원과 인력을 투입하고 있다. 기업에서 인적자원개발에 투자하는 총 재원의 30% 이상이 리더십 개발에 쓰이고 있고 교육훈련 영역에서도 가장 많은 비중을 차지하고 있다(ASTD, 2008;[9] Bersin, 2007).

리더십 파이프라인의 누수를 해결하기 위해 외부 인재를 영입하는 것은 임시방편일 뿐이다. 외부 영입 인재의 성공 확률이 30%도 채 안 되기에[10](Michaels et al., 2001) 조직 내에서 지속적으로 인재를 발굴하고 육성할 필요성은 더욱 커지고 있다.

포천 500대 기업의 평균수명이 40년에 불과하다(de Geus, 1997)[11]는 점은 조직의 장기적 성장을 위한 지속가능경영에 대한 관심을 증가시켰고, 지속가능경영의 인적기반인 지속가능 인재경영이 요청되고 있다. 인재경영의 성공 여부는 우수인재를 지속적으로 영입, 개발, 보유하는 일을 다른 기업보다 얼마나 더 빨리 잘할 수 있느냐에 달려 있다.

그동안 분절된 영역으로 운영되어 왔던 개발, 성과관리, 경력개발과 같은 인적자원개발 활동과 고용, 선발, 보상, 노사관리 등의 인적자원관리 활동, 즉 HR에 관한 제반 활동이 인재경영이라는 큰 우산 아래 통합되고 있다. 과거 연계성이 부족한 채로 이루어지던

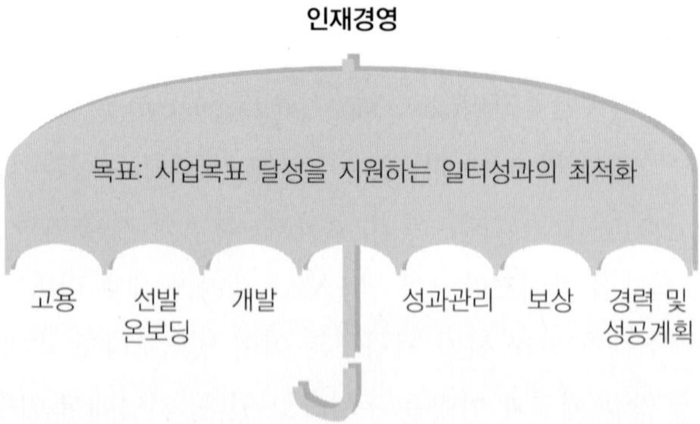

[그림 II-47] 인재경영의 통합적 접근(Robinson, 2008)

인사과정이 인재경영이라는 상위 차원의 개념으로 통합되고 있는 것이다. 인재의 선발, 보상, 보유, 성과 향상과 능력개발, 교육 제공, 학습 인프라 구축 등 HR에 관한 모든 활동이 인재경영의 우산 속으로 통합되고 있다.

2) 인재경영은 인재보유에서 시작

기업의 인재에 대한 관심은 경영 전략 패러다임의 변화에 따라 변천하였다. 1980년대에는 인재의 선발과 배치, 훈련 기능을 포괄하여 인사관리(personnel management)로 불렸으며, 1990년대 인적자원의 중요성과 관리 및 개발 전략의 중요성이 부각되면서 인적자원관리(human resource management)로 불리다가, 2000년 이후에는 인재경영(talent management)으로 변화되었다. 인재경영의 궁극적 목적은 조직의 목표 달성에 적합한 인재를 발견하고 선발하며, 이들이 자신의 능력을 발휘하여 성과 달성에 기여하도록 제반 여건을 지원해 주는 것이다. 이 과정에서 조직은 리더십, 학습, 경력개발 등의 툴을 활용하여 개개인의 역량을 최대화하도록 지원한다. 때문에 인재경영은 우수한 인재를 확보하고 그들이 지속적으로 성장하여 조직의 장기적 성과에 기여하도록 조직에 오래 남게 하는 보유 전략을 기본 틀로 한다. 떠나는 인재가 발생시키는 비용은 새로운 인재의 재교육비용과 성장지원비용을 넘어설 수밖에 없다. 업무공백과 신인재 적응과정의 보이지 않는 기회비용이 적지 않기 때문이다.

인재의 보유(talent retention)가 인재경영의 중심에 놓이게 된 것은 치열한 입사경쟁을 통과한 우수한 인재들과 회사로부터 경력개발 및 학습 기회 등의 혜택을 누리며 성장한 직원들이 조직을 떠나려 하기 때문이다. 갤럽의 조사에 의하면 55%의 직원이 업무에 몰입하지 않고, 타워스페린에 조사에 의하면 1/3의 직원들이 회사에 매우 강한 부정적 태도를 지니고 있으며, 미국인사관리협회의 조사에 의하면 미국 기업에서 일하는 83%의 임원과 관리자들이 경기가 좋아지면 새로운 직장을 찾고자 하고, 베인의 조사에 의하면 50%의 직원만이 조직에 충성하고 있으며, 리쿠르트 매거진(Recruit Magazine)에 의하면 신입사원의 1/3이 첫 출근하는 날 새로운 직장을 찾기 시작한다(Kaye & Jordan-Evans, 2005).

우수인재를 육성하고 유지하는 탁월한 사례로 꼽히는 월마트의 경우, '확보(getting) → 유지(keeping) → 육성(growing)'의 프로세스로 인사관리 업무를 수행하는 대다수의 기업들과는 달리 '유지 · 육성 · 확보'를 기본 프로세스로 규정하고 있다. 우수한 인재를 새롭게 선발하는 것보다 기존의 인재를 지속적으로 보유하는 것에 더 많은 역량을 집중하고 있는 것이다. 인재가 떠나지 않는

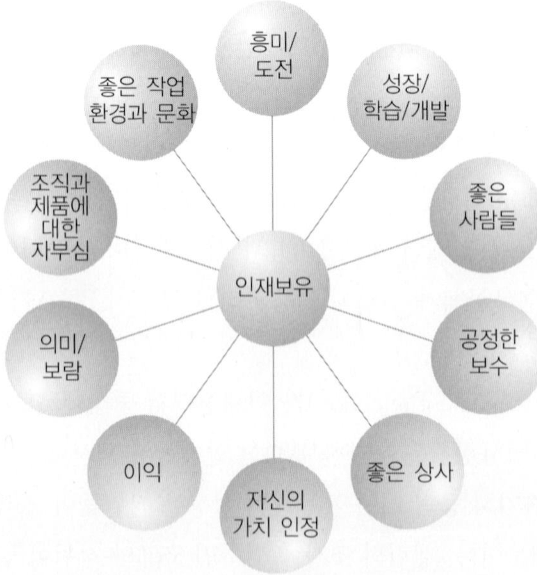

[그림 II-48] 10 stay factors(Kaye, 2008)

회사가 되어야 우수한 신입사원도 확보할 수 있기 때문이다.

조직이 인재를 지속적으로 보유하기 위해서는 다음과 같은 열 가지의 요소를 갖추어야 한다. 흔히 인재를 머무르게 하는 'stay factor'로 불리는 이러한 요소로는 흥미로운 일과 도전, 성장/학습 및 개발 기회, 좋은 사람들, 공정한 보수, 좋은 상사, 가치 인정, 이익, 의미 있는 일, 자부심, 좋은 환경과 문화 등이 꼽힌다.

기업현장에서 자신의 경력개발계획을 갖고 있는 경우가 52%, 미래의 직위 예측이 가능하다고 생각하는 경우가 50%, 직무적합도에 대해 자신의 상사가 관심을 가진다고 생각하는 경우가 38%, 자신의 능력에 비해 직무 수준이 낮다고 인식하는 경우가 77%에 달한다. 이러한 현실에서 인재를 지속적으로 보유하는 일이 인사

부서의 몇몇 전문가에 의해 달성될 수는 없다. 때문에 인재를 지속적으로 보유하는 일은 이제 인사담당자만의 업무가 아닌 모두의 일(everybody' s job)이며, 특히 현업관리자의 핵심 업무이어야 한다. 늘 떠날 생각을 하는 직원들을 조직에 남아 헌신하게 하는 데 가장 중요한 역할을 하는 것이 현업의 관리자다. 이에 따라 관리자의 직원보유 역량을 육성해야 할 필요성이 증대되고 있다.

구체적으로 무엇을 해야 할까? 인재보유를 위해 첫째, 온보딩 프로그램을 통한 신입사원 이직률 낮추기, 둘째, 팀 전체에 대한 온보딩 프로그램을 통해 관리자의 성과 창출을 지원하기, 셋째, 코칭을 통해 조직에 대한 헌신과 잠재력 끌어내기, 마지막으로 경력만족(career satisfaction)이 아닌 경력보람(career content) 개념을 도입하여 직원들의 마인드셋을 전환하는 방법이 소개되고 있다.

(1) 온보딩 프로그램을 통한 조기 인재 확보

온보딩(탑승수속) 프로그램은 직원동화 프로그램으로 신입사원 또는 신입임원 등 조직의 새로운 구성원이나 관리자들이 업무와 직책에 조기에 적응하여 성과를 창출할 수 있도록 지원하는 프로그램이다. 온보딩 프로그램은 몰입(engagement), 보유(retention) 그리고 성과(performance)의 세 가지 문제를 동시에 해결할 수 있는 효과적인 방법으로 인식되고 있다.

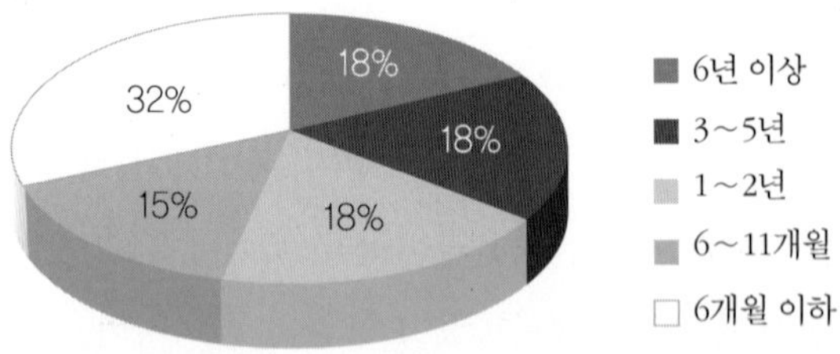

[그림 II-49] 직업을 찾고 있는 사람들이 현재 조직에 근무한 기간
(Sussman, 2005)

[그림 II-49]는 직업을 찾고 있는 사람들이 현재 자신의 직장에 근무한 기간을 나타내고 있다. 현 직장에서 11개월 이하 근무한 사람이 전체 응답자의 48%에 달한다. 이는 조직에서 심혈을 기울여 선발한 인재들이 불과 1년도 채우지 못하고 새로운 직장을 찾고 있다는 것을 의미한다.

HR 담당자와 관리자의 60%가 신입사원이 성과를 내기까지 너무 오랜 기간이 소요된다는 것을 큰 문제로 인식하고 있다. 더욱 문제가 되는 것은 성과를 내기도 전에 회사를 그만둔다는 것이다. 이러한 배경에는 세 가지 원인이 있는데, 상사 및 회사에 대한 신뢰의 결여, 업무 몰입의 감소, 원치 않는 업무에 배치되는 사례의 증가가 그것이다.

신입사원을 위한 온보딩 프로그램의 중요 요소는 다음과 같다. 첫째, 온보딩 프로그램에서는 개방된 의사소통을 통해 신뢰가 구축되어야 한다. 개방된 의사소통은 상하 간 자유로운 의사소통을 의미하며 업무성과에 대한 서로의 기대치나 개인적인 바람도 함께 논의된다. 뿐만 아니라 책임, 업무 흐름, 조직가치, 상호관계, 자율성과 동기부여, 팀워크 및 협조 등 업무와 관련된 모든 상황이 포함되며, 면대면 대화, 회의시간 준수 등과 같은 소소한 항목도 포함될 수 있다. 신뢰는 양방향 커뮤니케이션을 전제로 한다. 직원들 또한 자신들의 가치, 직무, 경력에 대한 느낌을 관리자와 공유해야 하고 관리자가 직원들에게 책임감을 가지도록 요구할 수 있다는 것을 명확히 해야 한다.

둘째, 온보딩 프로그램을 통해 신입사원의 네트워킹 역량을 높일 수 있어야 한다. 직무적응만이 아니라 네트워킹과 관련된 역량을 스스로 인식하고 향상시킬 수 있도록 도와주어야 한다. 신입사원이 도움이 필요할 때 누가 도움을 줄 수 있는지 명확하게 알고 있어야 한다.

(2) 관리자를 위한 온보딩 프로그램은 팀 전체를 대상으로 설계

성과를 창출하기까지 일반 사무직 신입사원은 8주, 전문영역 신입사원은 20주, 임원직 승진자는 26주가 걸린다고 한다. 임원으로 승진한 경우 성과를 내기까지 걸리는 26주라는 시간이 길기도 하지만, 성과가 나지 않을 경우 조직에 미칠 영향도 클 뿐 아니라 성과부진에 따른 책임감과 자괴감으로 조직을 떠나는 경우가 적지 않다. 실패한 리더나 성공한 리더 모두 현재까지 성공적인 경력을 쌓아 왔고 개인 역량이나 열정에서는 큰 차이가 없는 경우가 많다. 즉, 인재검증 시스템만으로는 리더의 성공을 보장할 수 없다.[12] 따라서 조직의 이러한 문제를 해결할 수 있는 것이 관리자를 위한 온보딩 프로그램이다. 코칭과 접목된 관리자 온보딩 프로그램이 도입되어 성과 창출을 가속화할 수 있도록 조직문화와 규범, 핵심 역할과 행동을 명확히 이해할 수 있도록 지원한다.

인재보유를 위해서는 궁극적으로 조직의 문화가 뒷받침되어야 한다. 인재를 아끼는 문화, 인재의 성장과 학습 기회를 끊임없이 제공하는 문화 등의 인프라가 갖추어지지 않고서는 인재의 지속적 보유는 구두선에 불과할 것이다. 여러 세션에서 인재보유문화가 강조되고 있는 것도 이 때문이다.

2. 인재경영의 DNA: 헌신

2005년 ASTD 이래 경력계획 및 인재경영 트랙에서 가장 빈번히 등장하고 있는 키워드 하나를 꼽으라면 '헌신(engagement)' 이다. 2007년과 2008년의 경우는 세션 발표 제목에 engagement란 키워드가 등장한 것이 각각 3개씩 될 정도로 헌신은 인재관리의 핵심 이슈이며, 코칭, 멘토링, 인재보유를 강조하는 다른 세션에서도 어김없이 강조되고 있다. 그만큼 기업에서는 근로자의 헌신이 중요하기도 하고, 베이비붐 세대가 은퇴하고 개성과 삶의 의미를 추구하는 신세대가 대거 유입됨으로써 헌신을 유도하기 어려운 시대가 되었음을 반증하기도 한다.

헌신이 새로운 개념은 아니며 동기, 열정, 몰입 등의 용어로도 불려 왔다. 헌신하는 사람과 그렇지 않은 사람의 성과는 20% 이상 차이가 있다(Ketter, 2008). 또한 36개 회사의 7,939개 사업 부서를 대상으로 실시한 조사에 의하면, 헌신은 고객만족, 생산성과 이윤 증대, 안전사고 및 이직률 감소 등의 효과가 있다(Saks, 2006).

이러한 헌신은 충분한 보상과 개발 기회 등을 통해 달성되는 '이성적인 헌신' 과 일, 상사, 조직에 대한 애정에서 기인하는 '정서적인 헌신' 으로 나뉘며, 경영성과에 미치는 영향 면에서 정서적인 헌신이 이성적인 헌신보다 4배의 효과가 있다(Ketter, 2008). 개인의 헌신을 이끌어 내기 위해서는 개개인들이 오용(misused), 과용(overused), 미활용(underused) 및 남용(abused)되는 느낌이 들지 않도록 하는 문화를 만드는 일이 무엇보다 중요하다(Kaye, 2006).

헌신은 환경, 자신, 리더, 직무라는 네 가지의 요소로 구성(Wildermuth, 2007)되며 의견(say), 머물기(stay), 노력하기(strive)의 세 가지 차원으로 나뉜다. 휴잇의 헌신모형으로도 불리는 이러한 세 가지 차원은 구성원들이 조직에 대해 어느 정도의 자부심을 갖고 있는지를 확인하고, 누가 가장 헌신하며 조직에 남는지, 그리고 마지막으로 어느 정도의 노력이 이루어지는지 서베이를 통해 확인한다. 앞의 두 가지는 기존의 조직만족도조사에서도 이미 다루었던 내용이나, 마지막 재량적 노력의 정도를 측정하는 요소가 추가되었다. 구성원의 헌신을 높이는 것은 관리자의 일방 책임이라는 인식이 지배적이나, 이는 근본적으로 잘못된 생각이며 헌신은 상사와 부하직원 양자 간의 지속적인 대화를 통해서만 달성될 수 있는 상호작용 과정이다.

3. 인재경영의 새로운 동력으로서의 학습과 개발

오늘날 기업에서 학습과 개발을 통한 성장은 개인과 조직의 동반 성장을 연결해 주는 가교 역할을 담당하고 있다. 자신의 잠재성과 미래를 개발시켜 주지 않는 조직에 머물 인재는 없으며, 자기성장의 비전이 별로 없다는 인식이 일단 자리 잡고 나면, 조직에 머물러 있다 해도 업무에 헌신하지 않고 조직의 자원을 사유화하는 데 더 많은 노력을 하게 된다. 인재의 보유와 헌신에 학습과 개발만큼 지속적이고 중요한 영향을 미치는 요인도 없다. 때문에 이제 조직은 근로자들의 절규에 가까운 'Develop Me or I'm History(나의 역량을 개발시켜 주지 않으면 나는 끝장이다).' (Kaye, 2006)라는 외침에 현재보다 훨씬 더 민감하게 반응하고 배려하는 세밀한 계획을 마련해야 한다.

과거 HRD 부서 중심으로 운영되어 오던 학습과 개발은 인재경영의 전 영역에 필요한 기본과정으로서의 역할을 수행할 것이 요청되고 있다. HRD 리더나 스태프는 종종 인사담당자보다 조직의 개발요구와 성과 문제를 더 잘 이해하고 있는 경우가 많으며, 조직의 전체 역량개발이라는 거시적 목표 수행과 더불어 이제는 개인 역량의 지속적 향상, 사업부서의 인재육성 지원이라는 역할도 담당하여 인재경영의 핵심 역할을 수행해야 한다. 기존의 성과관리가 인사고과에 머물지 않고, 현업의 관리자나 팀 리더가 부하직원들을 진단하고 코치하며 육성하고 팀의 성과 달성을 위해 팀 목표와 연계하는 등 학습과 개발이 성과관리와 연계되고 있는 것이다(Bersin, 2007).

4. 신인재관의 등장과 강점혁명

인재관리와 개발은 인재에 대해 어떤 철학과 관점을 견지하느냐에 따라 다른 접근을 취하게 된다. 인재의 성장과 교육 가능성에 대한 각기 다른 시각은 다른 교육 방법과 환경 제공으로 이어지며, 또한 다른 역량진단과 평가 방법을 활용하게 한다. 성과를 중시하고 경쟁이 보편화되어 있는 기업문화 속에서도 개개인의 존재가치와 잠재역량 그리고 양자의 실현 가능성을 어떻게 보느냐에 따라 어떤 인재, 어떤 대상에 관심과 에너지를 쏟아야 하는지가 달라진다.

최근 인재의 성장 시기와 도약에 관한 새로운 관점이 등장하고 있다. 타고난 재능이 쉽게 눈에 띄고 적절한 보상이 제공되어 지속적인 능력개발로 이어져서, 최고의 성과를 내는 인재가 있는가 하면, 소위 '뒤늦게 피는 꽃(late bloomer)'처럼 대기만성형 인재도 존재한다(Gladwell, 2008). 현 시점에서 고성과를 내고 있는 인재뿐 아니라 중장기적으로 고성과자로 성장할 가능성이 높은 유형의 인재에 주목하고 그 맹아를 소홀히 해서는 안 된다는 점이 강조되고 있다. 또한 개인의 약점을 진단·평가하고 이를 보충하는 보충형 교육에서 개인의 고유한 강점에 주목하고 이 강점을 더욱 강화시켜 최고의 성과를 낼 수 있도록 지원하는 강점 중심 인재관이 부상하고 있다.

1) 대기만성형 인재관

2008년 ASTD의 제너럴 세션에서 『티핑포인트(The Tipping Point)』와 『아웃라이어(Outliers: The Story of Success)』의 저자인 맬콤 글랫웰(Malcolm Gladwell)은 인재관에 대한 새로운 통찰을 제시하고 있다. 우리는 흔히 천재라고 하면 그 재능이 일찍이 눈에 띄어 자신의 천부적 재능을 세상에 조기에 알리는 사람들을 떠올린다. 예를 들어, 모차르트(Wolfgang Amadeus Mozart)는 불후의 명작으로 꼽히는 '피아노 콘체르토 9번'을 21세에 작곡했고, 엘리어트(Thomas Stearns Eliot)는 '앨프리드 프루프록의 연가'를 23세에 쓰는 등 어린 시절부터 천재성을 발휘한다. 이러한 사례들이 천부적 인재의 조기발견이라는 생각을 더욱 신봉하게 한다.

창의적 인재는 늘 조기에 피어나는 꽃인가에 의문을 가진 글랫웰은 시카고 대학교 경제학과 교수인 데이비드 갤런슨(David Galenson)의 통찰에 따라 인재의 유형을 '개념적 혁신자'와 '실험적 혁신자'로 구분한다. 그의 인재와 교육에 관한 생각은 2008년 말에 출간된 『아웃라이어』에 잘 집약되어 있다.

(1) 개념적 혁신자: 조기에 능력을 발휘하는 '천부적 인재'

'개념적 혁신자(conceptual innovator)'는 조기에 자신의 능력을 발휘하여 세상을 놀라게 하는 big idea로 자신의 분야를 새롭게 창조하는 천재적 재능을 지닌 인재를 말한다. 세기의 화가 파블로 피카소(Pablo Ruiz Picasso), 영화감독 알프레드 히치콕(Alfred Joseph Hitchcock) 같은 사람들이 그런 예다. 이런 인재들은 인생의 초중반부에 이미 자신의 능력을 발휘해 세계의 주목을 받는다.

스페인의 천재화가인 피카소는 14세부터 미술학교에 입학하여 미술공부를 시작하였고, 16세의 나이에 최초의 개인전을 열 정도로 어린 시절부터 출중했다. 그의 대표작 중 하나인 〈아비뇽의 처녀들〉은 26세에 완성되었다. 영국에서 태어나 '스릴러의 거장'이라 불리는 히치콕 역시 26세에 데뷔작을 냈고, 27세에 〈공갈〉이라는 영화로 세계 영화계의 주목을 받았다. 그 역시 인생 전반기에 세계 최고 영화감독의 반열에 올랐다.

(2) 실험적 혁신자: '대기만성형 인재'

'실험적 혁신자(experimental innovator)'는 수많은 실험과 시행착오를 통해 오랜 시간이 걸려 재능이 서서히 발현되고 육성되어 뒤늦게 탁월함을 보이는 인재를 말한다. 우리로 치면 대기만성형 인재들이다. 실험적 혁신자의 대표적인 예로 화가 폴 세잔(Paul Cezanne), 소설가 마크 트웨인(Mark Twain) 같은 인물을 들 수 있다.

폴 세잔의 경우 미술에 재능이 있었으나 아버지의 반대로 미술에 본격적으로 입문할 기회를 얻지 못하고 오랫동안 자신의 잠재성을 발현하지 못하다가, 아버지가 돌아가신 뒤 40대 후반에 본격적으로 화가의 길로 들어선다. 그의 대표작 〈목욕하는 사람들〉과 〈생트 빅트와르 산〉은 그의 인생 후반인 각각 66세와 48세에 완성된다. 경매가로 치자면 피카소의 20대 작품은 60대 작품의 4배의 가치가 있는 반면에, 세잔의 경우는 60대에 그린 작품이 젊은 시절 그린 작품의 15배가 넘는 가치로 거래된다.

'미국의 셰익스피어' 라 불리는 마크 트웨인은 어린 시절 가난한 집안 사정으로 글쓰기를 제대로 배울 수 없었고 생계유지를 위한 직업전선을 전전긍긍하였다. 그러다 49세가 되어서야 『허클베리 핀의 모험』을 쓰게 된다.

폴 세잔과 마크 트웨인의 사례에서 알 수 있듯이, 대기만성형 인재들은 인생의 전반기에 환경의 영향으로 자신의 잠재력을 발견하고 육성할 수 있는 기회를 얻지 못했기 때문에 그 위대함을 제때 발휘하지 못했으나, 인생의 후반기에 서서히 자신의 가능성을 찾고 잠재역량이 발현되어 개념적 혁신자 못지않은 전성기를 맞는다.

이들은 끊임없이 시행착오를 거쳐 무언가를 지속적으로 탐색하며, 완성된 작품을 내는 것보다 학습 자체가 더 중요하다고 굳게 믿는다. 실험적 혁신 인재는 전 생애를 통해 자신의 능력을 점진적으로 개발하며 작품의 질도 매우 느린 속도로 향상된다. 이들은 수많은 좌절로 점철된 삶을 살아가며, 재능을 꽃피우기까지 오랜 시간이 걸리는 완벽주의자들이다. 세잔은 프랑스 최대의 미술관인 오르세 미술관에 명작이라 평가받는 비평가 구스타프 제프로이(Gustave Geffroy)의 초상화를 남겼는데, 이는 3개월도 넘게 80가지 자세를 잡도록 요구하다가, 결국은 스스로 실패작이라 생각한 작품이었다. 작품 하나를 완성하기 위해 그렸다가 고치는 과정을 수도 없이 반복하는 것이다. 마크 트웨인 역시 『허클베리핀의 모험』을 수도 없이 수정해서 최종 완성하는 데 무려 10년이나 걸렸다.

이들의 성격적 결함, 집중력이나 열정의 부족이 성공에 오랜 시간이 걸린 이유는 아니었다. 재능이 늦게 피어난 이유는 자신의 경력 후반기가 될 때까지 단지 자신의 재능을 발현하지 못했기 때문이었다. 이들이 후반기에 꽃피운 창의성은 필연적으로 오랜 시간의 시행착오를 거쳐 뒤늦게 피어나는 그런 종류의 재능이었기 때문이다. 깊은 맛을 내는 와인처럼 오랜 숙성이 필요한 재능이 있는 것이다.

피카소와 알프레드 히치콕의 사례와 같은 '천부적 인재'와 폴 세잔이나 마크 트웨인 같은 '대기만성형 인재'가 조직의 인재개발에 주는 시사점은 무엇일까? 경영사상가이자 『뉴요커(The New Yorker)』지의 오랜 기고가인 글랫웰은 현대 조직의 리더와 관리자들이 직면하고 있는 가장 어려운 과제가 인재의 발굴과 육성이며, 인재가 기업의 미래를 좌우하므로 모든 유형의 조직에서 HR 부문이 가장 중요한 부서라고 강조하고 있다. 한 명의 인재가 소중한 시대에 세상 사람들뿐만 아니라 대부분의 기업은 조기에 눈에 띄는 인재에 주목하고 그들의 성취에 찬사를 보내는 데 익숙해져 있다. 그들에게 훨씬 더 많은 보상이 돌아가고 최고의 성장 기회가 집중된다. 더 많이 가진 자, 더 많이 교육받은 자에게 더 많은 이득과 더 좋은 교육 기회가 돌아가는 소위 '마태복음 효과(Matthew Effect)'[13)]가 작동하는 것이다.

우리는 후자의 대기만성형 인재에 주목하지 않고 이들의 성장을 기다려 주지 못하는 조급증 속에 살고 있다. 글렛웰은 이런 인재들의 성장과정을 배려하고 인내해 주며 도와주어야 한다고 강조한다. 대기만성형 인재가 적지 않다는 사실은 인재의 성장판을 지속적으로 자극하고 성장의 디딤돌을 다각도로 제공하는 환경과 그런 재능을 알아봐 주는 누군가의 역할이 중요하다는 점을 시사한다. 인재의 성장은 잠재력을 발휘하도록 자극하는 결정 경험과 성장 기회에 의해 좌우되며, 그러한 여건을 적정한 때에 갖느냐의 여부가 능력 발휘 시점의 차이를 가져온다.

그러므로 리더는 현재의 성과만으로 부하직원을 판단하거나 그의 능력을 단정짓는 조급함에서 벗어나야 하고, 직원 개개인이 가진 고유한 능력을 식별해 내는 안목을 지녀야 한다. 또한 인재들이 잠재력을 발휘하고 고성과를 창출할 수 있도록 지원적인 환경을 만들어 주고, 성과 중심의 평가보다는 잠재역량평가에 더 주목해야 한다.

2) 강점강화 관리를 통한 인재개발

2006년 ASTD 제너럴 세션에서 마커스 버킹엄(Marcus Buckingham)은 그의 저서인 『위대한 나의 발견 강점혁명(Now, Discover Your Strengths)』을 소개하며 "관리자들이 조직 구성원들에게 부족한 기술(skill)의 습득이나 태도의 변화를 모색하기보다, 개개인이 보유

표 II-13 조직의 강점강화 관리 현황(Buckingham, 2006)

구분	강점강화 관리	약점극복 관리
미국	41%	59%
영국	38%	62%
일본/중국	24%	76%

한 고유한 강점을 발견하고 이를 더욱 육성하면 조직의 생산성이 향상되고 고성과 조직으로 변할 수 있다." 고 역설하였다.

세계적인 조사기관인 갤럽에서 최근 64개국, 101개 기업에서 일하는 170만 명을 대상으로 '당신은 매일 직장에서 가장 잘하는 일을 할 수 있는 기회를 얻습니까?' 라는 질문을 던진 결과, '매우 그렇다' 고 대답한 사람은 20%에 불과했다. 또한 현실적으로 관리자들이 '강점을 강화시키고 발휘할 수 있는 관리' 를 하기보다는 '약점을 극복하고 수정하는 관리' 를 하고 있는 것으로 나타났다. 미국과 영국, 일본 및 중국의 연구결과에서도 관리자의 절반 이상이 약점 극복을 위한 개발과 관리에 집중하고 있는 것으로 드러났다.

또한 조직 구성원들은 관리자들로부터 성과평가를 받을 때, 40% 이상이 약점에 대한 이야기를 들었고, 25%는 자신의 강점에 대한 이야기를 들었으며, 35%는 아무런 이야기도 듣지 못했다고 하였다.

관리자는 부하직원의 역량개발과 성장을 위해 약점에 주목하기보다는 강점을 발견하여 적재적소에 배치하고, 그들이 자신의 강점을 바탕으로 더욱 성장하게 하여 높은 성과를 낼 수 있도록 지원해야 한다. 최고의 성과는 어느 경우에도 약점에서 나오지 않고 오로지 잘하는 영역, 강점을 통해 달성되기 때문이다. 독자 여러분은 다음의 두 가지 진술에서 어느 쪽을 더 신봉하는가?

1-1 모든 사람은 교육받으면 자신의 분야에서 유능해질 수 있다. ( )
1-2 모든 사람은 자신만의 독특한 재능을 갖고 있으며 그것은 결코 변하지 않는다. ( )

2-1 모든 사람의 성장 가능성은 그들의 가장 큰 약점에 있다. ( )
2-2 모든 사람의 가장 큰 성장 가능성은 그들이 가진 강점에 있다. ( )

버킹엄에 의하면 관리자들이 조직 구성원의 약점 개선에 집중하는 이유는 '약점은 개선이 가능한 부분' 이라는 인식이 뿌리깊이 박혀 있기 때문이라고 하였다. 그러나 이는 또 다른 기회의 손실이다. 약점을 극복하고 개선하는 것으로는 극단적인 상황을 예방할 수 있을 뿐, 비약적인 발전과 개선을 가능하게 할 수는 없기 때문이다. 긍정심리학의 대가인 셀리그먼은 어떤 사람이 우울증을 치료한다고 해서 행복해지는 것이 아니라 우울증이 없는 상태가 될 뿐이며, 행복해지기를 원한다면 보다 적극적으로 행복해질 수 있는 밝은 면을 찾아내서 증폭시켜야 한다고 강조하고 있다.

인간의 능력도 보완하면 일정 수준까지는 향상되지만 그렇게 향상된 역량으로 최고의 성과를 내고 치열한 경쟁의 세계에서 승부를 볼 수는 없는 일이다. 그러므로 리더는 구성원들로 하여금 자신의 강점을 발견하게 하고, 이를 더욱 발전시켜 활용할 수 있도록 도와주며, 이를 성과로 연결시키는 일에 몰두해야 한다.

기업의 인적자원관리와 개발에 널리 활용되고 있는 역량 중심 HRD는 개인이 지닌 약점을 진단하여 이를 보완하는 교육훈련 프로그램을 만들고 실행함으로써 성과를 향상시킬 수 있다는 '교정주의적 접근' 에 입각해 있다. 역량 중심 HRD가 교육의 요구를 파악하고 역량을 진단하는 데 탁월한 기여를 한 것도 사실이지만 단점이나 약점을 교정하고 보완해서 조직이나 개인이 원하는 성과를 달성하는 데에는 근본적인 한계가 있을 수밖에 없다.

그렇다면 약점을 어떻게 할 것인가? 약점은 관리의 대상이다. 약점의 노출로 인해 잘나가던 임원이 하루아침에 궤도이탈을 하는 사례를 우리는 종종 본다. 이를 방지하기 위해 약점은 강점을 무색하게 하는 일이 발생하지 않도록 관리되어야 한다. 적극적인 위임, 파트너십의 형성, 사전 예방, 대안의 수용 등과 같은 방법을 통해 약점은 충분히 관리될 수 있다.

3) 직무만족에서 경력충족으로의 변화[14)]

미국 스트레스 연구소(American Institute of Stress)에 의하면 미국 기업이 오랜 근무시간, 보수와 보상 인하, 인정의 부족과 형편없는 관리감독 등과 같이 근로자들이 늘 제기하는 동일한 문제를 해결하는 데 매년 300억 달러(39조 원) 이상을 지출하고 있다고 한다. 지난 30년간 HR 부서는 조직에 들어오는 신세대들이 앞선 세대와 똑같이 동일한 문제에 대해 불평하고 불만족해하는 것을 반복적으로 지켜보았다. 어떤 노력을 해도 이러한 문제가 해결될 기미는 보이지 않는다. 직무만족은 주어지면 주어질수록 더 기대되며 아무리 많은 재원을 들여도 완벽하게 충족시키는 것이 불가능하다. 기업이 제공하는 외적인 조건에 대해 근로자들이 완전히 만족한다는 것은 현재에도 미래에도 영원히 불가능한 일이기 때문이다.

새로운 관점이 도입되지 않고 이러한 딜레마를 벗어나기는 어려울 것이다. 세대가 거듭될수록 점점 더 높은 만족감을 요구하고, 이를 얻지 못하면 불평하고, 그것도 안 되면 회사를 그만두어 버리도록 사람들을 길들여 온 직무만족(job satisfaction) 패러다임이 유지되는 한 이러한 패턴은 반복될 수밖에 없다.

기업이 인재를 유입하고 지속적으로 보유하기 위해 주로 의존해 온 직무만족 관점은 오히려 지속적인 불평과 불만족을 동반하며 조직의 자원을 낭비하게 만든다. 지금까지 기업은 개인의 성공이나 충족감을 직무만족과 동일시함으로써 실제 사람들이 찾고자 하는 일의 의미, 자아실현이라는 인간본연으로부터 샘솟는 동기와 활력, 효과성의 원천을 경시해 왔다. 이제 직무만족 관점에서 벗어나 개인이 경력을 어떻게 인식하고 직무에 헌신하는지를 알려 주는 새로운 관점이 요청된다. 그것은 다름 아닌 '경력충족(career contentment)' 이란 개념이다.

전통적인 직무만족이란 기업이 인위적으로 제공하는 외적인 조건에 대한 구성원들의 인식이다. 때문에 개인의 기대를 충족시키기 위해 기업이 일단의 조치를 외적으로 취해야 한다. 이러한 조건은 고용주, 직무, 보스, 보수, 보상 등 개인이 통제할 수 없는 인위적으로 제공된 요소들이다. 그러나 외적으로 불만족스러운 직무조건에도 불구하고 어떤 사람들은 자신의 삶에 부여되었다고 생각하는 소명의식과 일의 의미를 찾을 수 있다는 생각으로 불만족스러울 수 있는 조건을 견디고 직장을 떠나지 않는 경우도 적지 않다.

'경력충족' 에서 충족에 해당하는 영어 단어 contentment의 어원은 contain과 enclosed로, '내부로부터(from within)' 라는 의미를 지니고 있다. 충족은 자신이 통제하지 못하는 또는 자신이 갖고 있지 못한 외부적인 요소에 좌우되지 않으며, 직무만족 여부에 관계

없이 자신의 사유 방식과 충족하고자 하는 의지론적 추론에 기반을 두는 마음의 상태다. 때로 직무만족 하면 연상되는 성취감이나 몰입의 경험도 사실 내적으로 경험하게 되는 경력충족에서 오는 것이다. 이런 경험을 회사가 강제할 수는 없으며, 지원적인 환경을 제공하고 개인이 그런 의미를 스스로 찾을 때만 가능한 일이다.

지금까지는 '자신이 좋아하는 일을 정말 열심히 하면 회사가 당신을 만족시켜 줄 것이다.' 라는 생각이 지배적이었다. 언뜻 보면 맞는 이야기지만, 이러한 사고는 어떤 회사도 원치 않는 문제를 지속적으로 만들어 낼 뿐이다. 인간의 마음은 늘 만족되기를 원하며 갖지 못한 것을 끊임없이 불평하게 되어 있기에, 결국 회사는 불평불만을 느끼고 만족하지 못하는 조건을 지속적으로 제공하고 있는 셈이다. 심지어 만족과 관련된 인간의 이러한 특성은 회사가 아무리 좋은 조건을 제공한다 해도 의도적으로 불평을 하게 만든다. 우는 아이에게 떡 하나라도 더 주는 방식으로 설계되고 운영되는 것이 현대 조직의 생리이기 때문이다. 많은 사람들이 이런 시스템 속에서 훈련되어 왔다.

스스로 일의 의미를 찾고 자신이 좋아하는 일을 하며 자신이 하는 일을 좋아하는 방법을 찾도록 훈련되어 있지 못한 오늘날의 직장인들이 경력충족이라는 새로운 패러다임으로 나아가려면 회사는 두 가지 과제를 해결해야 한다. 첫째, 개개인에게 내재된 자율적 성장욕구를 자극하여 자신의 소명을 찾아 경력을 관리하고 스스로 책임지는 존재로 변화시키는 것이다. 둘째, 회사가 자신을 만족시켜 주기를 기대하는 사고에서 벗어나 의도적으로 경력충족감을 통해 직무 스트레스나 불만족을 극복할 수 있는 방법을 찾도록 지원해 주는 것이다. 결국, 경력충족은 일의 의미, 일에 대한 우호적인 생각과 정서적인 통제를 통해 달성되기 때문에 일에 관한 새로운 패러다임을 요청한다.

5. 베이비붐 세대 은퇴에 따른 새로운 인재경영 전략

오늘날 기업의 일터에서는 세대교체의 바람이 거세게 불고 있다. 1960년대 산업화를 이끌고 경제성장의 주역으로 활동했던 베이비붐 세대의 은퇴가 시작된 것이다. 컴퓨터, 비디오, 독립심으로 대변되는 X세대는 이제 조직의 중견관리자로 성장하였고 새로운 비전을 제시할 위치에 올랐다. 인터넷 세대로 일컬어지는 Y세대 혹은 밀레니엄 세대는 대학을 떠나 산업현장에 진입하고 있다.

밀레니엄 세대는 기존 세대와 차이를 보인다. 인터넷과 모바일로 대변되는 이 세대는 글로벌 시대에 필요한 유연함으로 무장하고, 학습과 즐거움을 동시에 추구하며, 팀워크와 인터넷을 통한 학습을 중요한 도구로 인식하고 있다.

직업과 관련하여서도 밀레니엄 세대는 '공정'을 슬로건으로 삼고 있다. 이들은 영감을 불어넣어 주는 직업을 선호하며, 권력을 인정하고, 다양한 상황에 유연하게 대처한다. 그러나 이전 세대와 비교하면 이기적이고 자기중심적이다. 이러한 특성의 밀레니엄 세대가 조직에 대거 유입되고 있다. 이들 밀레니엄 세대는 세 가지 차원의 역량을 보유하고 있으며, 이 역량들은 서로 다른 접근법을 통해 조직에 필요한 역량으로 전환되어야 한다.

[그림 II-50]에서처럼 신세대들은 고유한 개성과 가치를 근간으로 한 지식과 능력, 그리고 자신만의 경험의 세계를 갖고 있다. 지

표 II-14 **직업에 대한 세대별 관점 차이(Ohai, 2008)**

구분	베이비붐 세대	X세대	밀레니엄 세대
직업윤리	성실, 열정	균형	영감
삶의 원천	합의, 여론	역량	힘(power)
권력에 대한 태도	사랑 혹은 증오	불굴	공손
강점	협동심	독립심	유연성
약점	고집	냉소	이기적, 자기중심적

식이 부족한 부분은 교육을 통해 육성하고, 종합적인 능력을 진단하고 지속적인 역량 향상을 위해 코칭을 제공하며, 경험의 세계를 넓히고 깊게 해주기 위해 멘토를 연결해 주어야 한다. 특히, 자신의 잠재력을 깨닫고 실현하여 스스로 성장할 수 있도록 강의 중심의 교육보다는 코칭이 효과적이다. 현재는 코칭 대상이 주로 관리자급 이상에 한정되어 있으나, 자율적 성장과 발전이 가장 필요한 세대는 신세대이며, 리더십이나 학습 스타일이 고착되어 변화 가능성이 점차 줄어드는 상위직보다 이들 신세대에 대한 코칭의 투자효과가 보다 높을 것이다.

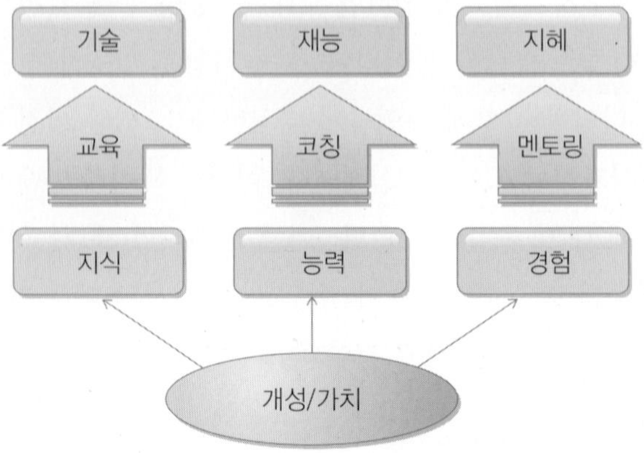

[그림 II-50] **신세대 육성 로드맵(Ohai, 2008)**

05
학습설계 및 운영
Designing and Delivering Leaning

학습설계 및 운영 트랙은 교육과정 개발 및 운영 전략 전반과 교육 및 학습의 효과를 높이기 위한 각종 기법을 포함한다. 사내강사들에게 유용한 강의 기법에서부터 교수설계자에게 필수적인 새로운 학습설계 원리들까지도 다루어지고 있어 학습전문가들에게 가장 인기 있는 트랙이다. 2004년까지는 '학습기법' '훈련의 기초' '훈련 및 관련 프로그램' 등의 명칭으로 운영되다가, 2005년부터 현재의 '학습설계 및 운영' 트랙으로 자리 잡았고, 항상 가장 많은 세션이 할당되고 있다.

최근 ASTD의 학습설계 및 운영 트랙에서 다루어진 내용을 살펴보면, 학습설계에 대한 다양한 대안 탐색과 함께 성과 향상, 전략적 파트너로서의 역할을 수행하는 구체적인 실천 전략 등이 강조되고 있음을 알 수 있다. 또한 기존의 전달 위주의 설계 및 운영에서 벗어나, 학습자의 참여와 학습의 효과성을 높이는 방법 등이 소개되고 있다.

또한 직무 활동을 통한 학습의 중요성이 커지면서 일터학습에 대한 새로운 관점과 접근이 늘고 있고, 이를 성과와 연계시킬 수 있는 전략이 부상하고 있다. 특히, 2005년부터 전통적인 T&D를 대체하는 개념으로 WLP를 도입하면서 공급자 중심의 전통을 넘어 학습자 중심의 HRD 패러다임이 확산되고 있다.

학습설계 및 운영 트랙의 최근 트렌드로 강의실에서 일터로 학습무대의 이동, 학습법칙의 적용을 통한 교육효과 극대화, 뇌친화적 감성 전달의 확산, 학습 운영의 성과 패러다임 강화, 그리고 세대별 학습자 특성을 반영한 학습체제 구축 등이 주목된다.

1. 학습무대의 이동: 강의실에서 일터로

학습무대의 이동은 공간의 확장이라는 의미 이외에도 학습의 목적과 설계, 지원 방식과 시스템 등 학습과 관련된 모든 시스템과 활동의 변화를 포함하며, 이를 계획하고 지원하는 HRD 담당자들의 역할 변화를 수반한다. 이때 일터(workplace)란 단순히 강의실을 벗어난 공간을 의미하는 것만이 아니라 학습과 성과가 발생하는 맥락을 구체화한 의미다. 또한 이러한 맥락에서 이루어지는 학습은 형식, 무형식 상황에서 일어나는 모든 개발과 학습 활동을 포함하게 된다.

1) 교육의 중심이 무형식 학습으로 이동

일터학습의 80% 이상이 무형식적으로 일어나는 반면, 대부분의 기업이 교육훈련예산의 80% 이상을 형식 교육과 훈련에 쏟아붓고 있다. 실제로 일어나는 일터학습의 유형을 분석해 보면, [그림 II-51]에서 확인할 수 있듯이 일터에서 이루어지는 OJT, 멘토링과 코칭 등 무형식 학습(informal learning)의 비중이 전통적 훈련 방식에 따른 훈련 프로그램 및 워크숍 등의 형식 교육을 압도하고 있다.

학습자는 언제나 강의실과 환경의 시공간적 제약을 넘어 학습하고 있으며 그렇게 할 수 있기를 기대한다. 일 자체가, 그리고 사람을 만나는 활동 자체가 학습의 장이자 학습 기회이기도 하다. 이러한 학습 활동은 형식 학습에 비해 구조화되어 있지 않고, 학습의 목적이나 결과 또한 명확히 기술되어 있지 않은 경우가 대부분이다. 그러나 학습자들은 무형식 학습을 통해 자신의 학습욕구를 확인하고, 어디서 어떻게 무엇을 배울지를 스스로 조절하는 학습원리를 구현하고 싶어 한다.

인간의 활동 속에 내재화된 학습의 편재성과 학습자의 자율성은 기업의 학습지원 체제에 새로운 도전을 제기하고 있다. 한 가지 문

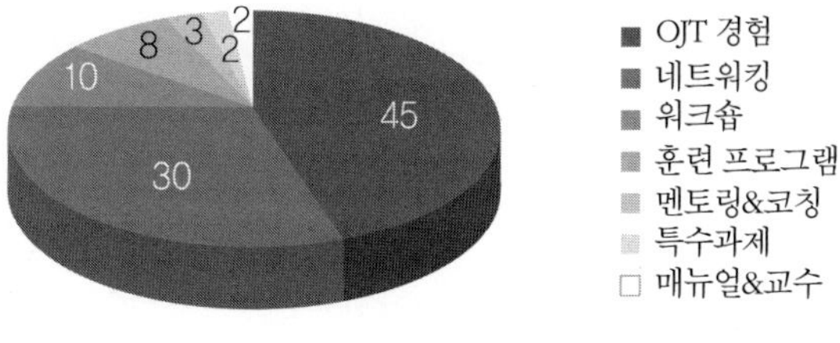

[그림 II-51] 형식 교육 vs. 무형식 교육[15)]

제는 모든 학습자가 학습의 편재성과 자율성을 자신의 직무와 삶 속에 구현할 준비를 마친 것은 아니라는 점이다. 학습을 여전히 의무로 느끼며 학습할 수 있는 시간과 여건, 그리고 마음의 준비에 너무 많은 에너지를 쓰고 있는 것이 많은 직장인들의 현실이다. 시간이 날 때마다 뭔가를 학습하기보다는 학습을 준비하는 데 허비하는 시간이 적지 않다.

일터의 무형식 학습을 지원하기 위해서는 기존의 기술 전수 및 훈련 중심의 학습모형에서 프로세스 지원 및 성과관리 전략으로의 전환이 필요하다. 이를 위해서는 학습지원에 필수적인 현업 관리자들의 피드백 기술도 향상되어야 한다. 피드백이 없다면 인간의 학습은 훨씬 더디게 일어나기 때문이다. 스스로 성찰하는 능력이 탁월한 소수를 제외하면 개인의 학습과 성장은 피드백의 산물이다. 개인적인 성찰 역량이 뛰어난 경우에, 피드백은 가속적인 효과를 발휘하게 된다.

무형식 학습에서는 누구나 가르치고 누구나 배우는 호혜적인 학습이 보편적으로 일어나며, 이러한 학습이 만개하는 장이 학습 커뮤니티다. 자율적으로 형성되어 조직의 풀뿌리같이 지속적으로 지식원을 만들어 주는 학습 커뮤니티를 보호하고 육성하며 지원해 주어야 한다. 고가의 프로그램 하나를 개발하는 것보다 자발적인 커뮤니티의 형성을 지원하는 것이 장기적으로 더 큰 효과가 있기 때문이다.

강의실 수업이 조직 지원 학습(organization-aided learning)이라면 무형식 학습은 개인 지원 학습(self-aided learning)이다. 전자는 실행하기가 쉽고 한꺼번에 많은 양의 지식을 전달할 수 있어 학습 초기의 효율성이 높은 장점이 있지만, 학습이 개인의 정신세계, 업무 습관과 대인관계 속에 체화되지 않고는 효과가 적다는 점에서 무형식 학습의 중요성은 더욱 커지고 있다.

2) 성과지원을 위한 통합적 학습[16)]

무형식 학습은 ASTD의 특정 트랙과 관계없이 여러 세션에서 그 중요성이 강조되고 있다. 리더십 개발의 80%는 무형식 직무학습을 통해 이루어진다거나, 지식경영과 학습조직의 성공 여부는 무형식 학습을 어떻게 지원하고 관리하느냐에 달려 있다는 주장들이 그러한 예다. 무형식 학습은 현장 직무기술의 급속한 변화에 뒤처지지 않고 학습한 기술을 신속히 전이하여 업무성과를 높일 수 있다는 점에서도 일과 학습을 연계할 수 있는 효율적인 접근으로 각광받고 있다. 이런 무형식 학습이 최근에는 교육훈련 전략의 일환으로 채택되고, 나아가 형식 교육과의 통합을 통해 성과와 연계하

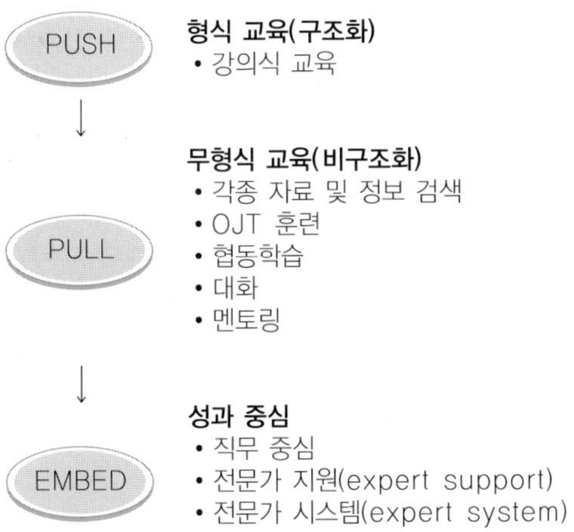

[그림 II-52] 기업 HRD에서의 학습 패러다임의 변화(Dublin, 2005)

는 차원으로 발전하고 있다.

[그림 II-52]와 같이 현재 기업 HRD에서의 학습 패러다임은 기존의 구조화된 형식 교육에서 무형식 교육과 학습으로의 전환, 나아가 성과지원을 목적으로 한 학습이라는 큰 변화의 흐름으로 발전하고 있다. 무형식 교육의 강조가 직무와 분리된 한두 번의 이벤트성 교육보다는 보다 장기적이고 종합적인 맞춤형 교육을 구현하기 위한 노력을 반영했다면, 이제는 학습을 성과와 긴밀하게 통합하려는 시도 역시 늘고 있다. 즉, 단순히 교육이 이루어지는 형식이나 장소의 확장을 넘어선, 성과라는 최종 목표를 가장 잘 달성하기 위한 학습 패러다임으로 나아가고 있는 것이다. 이를 위해서는 지속적인 피드백과 상호작용의 살아 숨쉬는 현장 속으로 통합된 학습이 일터의 성과 매커니즘과 연계되어야 한다.

학습자들이 학습을 가장 원하여 교육적 개입을 요하는 다섯 가지 순간(〈표 II-15〉)도 무형식 학습의 중요성을 일깨워 준다. 대부분의 조직에서는 점선 윗부분에 해당하는 첫 번째와 두 번째 단계에 집중하며 강의, 이러닝, 블랜디드 러닝 등의 학습에 대부분의 에너지와 비용을 투입한다. 그러나 실제로 약 80~90%에 해당하

표 II-15 교육적 개입을 요하는 다섯 가지 순간(Gottfredson & Mosher, 2006)

1. 학습을 처음 시작할 때
2. 더 배우고자 할 때

---

3. 기억하려 노력할 때
4. 변화가 시작될 때
5. 시행착오를 경험할 때

는 학습이 3, 4, 5번의 학습요구 및 순간과 관련하여 일어난다. 중요한 것은 이러한 학습요구는 대부분 일터에서, 무형식 학습의 형태로 발현된다는 점이다.

데이빗 슈메이커(D. Shoemaker)는 다섯 가지 순간을 형식 학습과 무형식 학습의 스펙트럼 위에 배열하였다. [그림 II-53]에서 선 위의 숫자들의 위치는 각 학습요구들을 가장 효과적으로 충족시켜 줄 수 있는 적절한 학습경험이 형식 학습과 무형식 학습 중 어느 쪽에 가까운지를 보여 준다.

예컨대, 학습이 맨 처음 일어날 때는 기존의 지식을 새로운 지식과 기술에 관련시키는 과정이 필요하며, 형식 교육의 참여가 효과적이다. 반면에 배운 것을 기억하고 적용하려는 학습전이의 상황에서는 직무, 적시학습 등과 관련한 성과 지원의 무형식 학습 기법이 적합하다.

이처럼 성과와 긴밀히 관련되어 있는 학습요구를 이해하고 적절한 지원을 제공하는 것은 조직의 몫이다. 위의 자료들이 제시하고 있는 바와 같이 학습 상황에 따라 공식적 혹은 비공식적인 개입요구가 발생하며, 조직은 이에 따라 적절한 지원을 제공해 학습을 촉진시킬 수 있다. 이때 형식 교육은 지식의 기초 토대를 마련하고, 무형식 교육은 성과 지원과 멘토링, 코칭 등을 통해 맥락적인 이해와 적용 및 학습전이를 지원한다. 학습 전문가들은 형식, 무형식

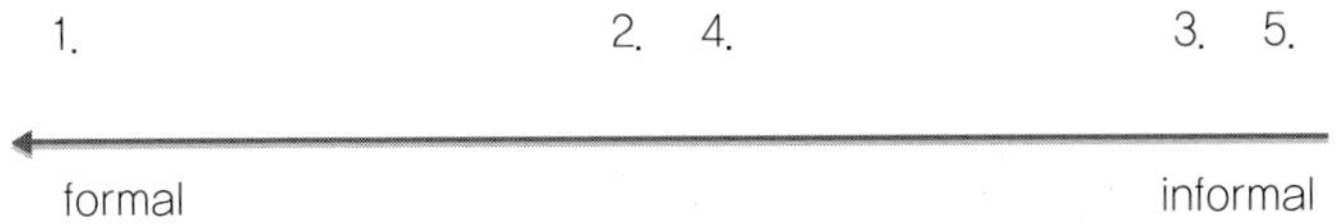

[그림 II-53] 형식 학습과 무형식 학습에서의 교육 개입(Shoemaker, 2008)

교육을 적절하게 혼합하여 적절한 때에 적합한 방식으로 제공해야 한다. 이 경우에도 무형식 학습이 형식 학습을 대체하는 것이 아니라 보완적인 관계를 지닌다. 형식 교육과 무형식 교육은 통합적으로 이루어져야 하고 '형식화된 무형식 교육'과 '무형식화되는 형식 교육'이라는 새로운 통합적 관점에 의해 학습체제가 관리되고 학습과정이 지원되어야 한다. 양자의 이러한 통합적 접근을 촉진하는 방안으로 다음을 들 수 있다(〈표 II-16〉 참조).

표 II-16 무형식 학습 프로세스를 위한 지원(Pearson, 2007)

1. 웹 2.0(위키, 블로그, 사회적 네트워킹 툴)의 이점을 활용하여 실천공동체를 창출하고 양성하라.
2. 코칭과 멘토링 관계를 형성하게 하고 지원하라: 코칭을 도입하여 자율적 성장, 자기주도적 학습을 지원하고, 멘토링을 통해 업무와 심리상의 지원관계가 조직 전체에 확산되도록 지원한다.
3. 직무 수행 중 무형식 학습을 위한 시간을 할애하라.
4. 일터에서 협력하여 학습할 수 있는 장소를 마련하라.
5. 활용도가 높은 FAQ와 지식 DB를 만들라.
6. 직원들이 함께 모여 학습할 수 있는 장소를 제공하라.
7. 비공식적 문의를 위한 안내 데스크를 설치하라.

2. 교육효과 극대화를 위한 학습법칙의 적용

교육 프로그램 설계와 학습 운영은 이제 획기적으로 발전하고 있는 학습과학의 새로운 연구결과들에 의해 재편성되고 있다. 새롭게 밝혀지거나 오랜 연구를 통해 확립된 학습법칙은 프로그램의 효과를 보장하는 지렛대 역할을 한다. 신학습법칙이 구현되지 못한 프로그램은 막대한 투자와 강사의 화려한 말솜씨가 있다 해도 그 효과를 담보하지 못한다.

1) 지식의 활용 및 보유법칙 적용

지식과 정보의 팽창은 학습 속도와 질의 근본적인 혁명을 요구한다. 매일 350만 곡의 노래가 iTunes를 통해 다운되고, 아마존닷컴에 4백만 권 이상의 책이 등록되며, 그보다 10배는 더 많은 북리뷰가 올라오고, 매일 6천만 개의 블로그 포스트가 생산되며, 위키피디아에 4백만 개가 넘는 새로운 사실이 업데이트되며, 천만 명이 넘는 사람들이 MySpace를 쓰고, 6백만 개의 동영상이 유투브에 올라오는 세상이다. 사람들은 하루에도 수십 통의 이메일을 받고, 이전보다 훨씬 더 짧은 시간 안에 더 많은 정보를 종합하여 의사결정을 해야 한다.

지구 전체에서 이런 정보의 해일이 밀려오고 있지만 이들을 흡수하고 소화할 시간은 줄어만 간다. 20세기 초인 1920년대에 비해 100년이 채 안 된 21세기 초 현대인의 평균 수면시간은 8.9시간에서 6.9시간으로 2시간이나 줄었다(Mosher, 2008). 이제는 시간이 없으니 모든 것이 빨라져야 한다.

이제 멀티태스킹은 기본이 된 지 오래이며 인터넷, 신문, TV, 라디오, 책, 논문, 채팅, 현장체험 등 점점 더 많은 소스로부터 정보를 습득하고 학습해야 한다. 우리가 1970년대의 베트남 전쟁과 2000년대의 이라크 전쟁을 접했던 방식에서도 정보 폭발의 시대가 어떻게 전개되는지 이해할 수 있다. 베트남 전쟁은 말 그대로 '저먼 곳에서 일어난 사건' 이었고, 많은 정보가 걸러진 채로 방송되었으며, 뉴스와 영화로 만들어져 간접적으로 전달되었다. 이에 반해 이라크 전쟁은 실시간으로 사람들에게 전해졌고, 때로는 맥락도 알 수 없는 원 화면과 음성들이 현장으로부터 직송되어 인터넷에 올라왔다. 이제 세계 곳곳의 정보가 하루 24시간 1년 365일 내내 우리의 곁에 있다.

정보와 지식의 해일 속에 사는 지식노동자들은 어떤 식으로 지식을 활용하고 업무를 처리할까? 카네기 멜론 대학교의 로버트 켈리 교수(Kelly, 2008)는 지식노동자가 자신의 업무를 수행하는 데 필요한 지식의 어느 정도를 기억하고 있는지에 관한 20여 년간의 연구결과를 발표하였다. 1980년대의 지식노동자가 75%를 기억하고 있다면, 1990년대는 15～20%, 2000년대는 8～10%의 지식만을 기억하고 있다고 한다.

지식의 기억량이 현저히 감소하는 이유는 정보과다에 시달리기 때문이다. 정보의 즉각적인 흡수와 체계적인 통합을 일상의 업무로 수행하는 지식노동자들의 급격한 증가는 학습에 새로운 도전을 제기하며 학습을 통해 얻게 되는 지식의 파지와 활용 문제에 대한 새로운 인식을 촉구한다. 값비싼 비용을 들여 구매한 교육내용을 얼마나 기억하게 하는가는 학습효과와 조직의 성과를 달성하게 하

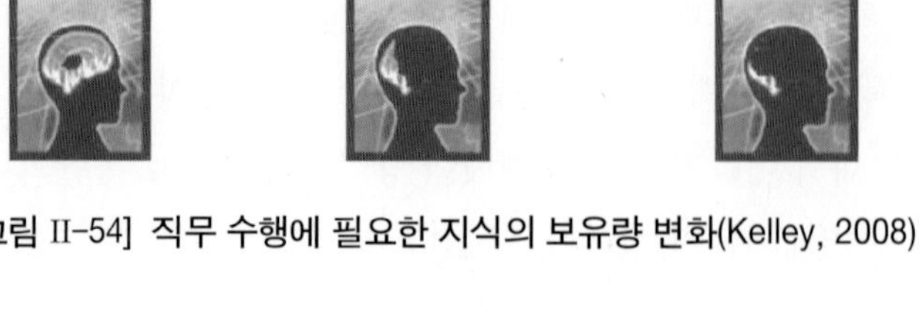

[그림 II-54] 직무 수행에 필요한 지식의 보유량 변화(Kelley, 2008)

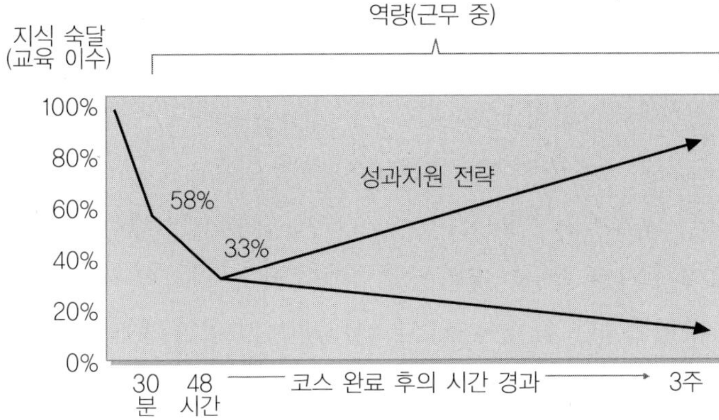

[그림 II-55] **지식보유 감소율**(Mosher, 2008)

는 기본 중의 기본이기 때문이다.

시간의 경과에 따라 학습자는 학습내용을 얼마나 기억할까? [그림 II-55]가 이를 보여 주고 있다. 교육 직후 교육을 통해 습득한 지식의 100%를 기억한다고 가정하면, 교육이 종료된 이후 30분이 경과하면 학습한 지식의 40% 이상을 잊어버리고, 이틀이 지나면 약 70%가 소멸된다. 3주가 지난 뒤에 지식은 학습자의 머릿속에 10%도 남아 있지 않게 된다. 3일이 경과되기 이전에 후속 조치가 없다면 기억의 소멸은 급격히 진행된다. 이 시점에 적절한 피드백과 지원 전략, 활용 기회를 제공하면 [그림 II-55]의 상향 곡선의 궤도를 따라 지식보유량은 회복된다.

2) 학습과학의 법칙에 따른 학습설계

학습 방법에 따라 기억되는 정도도 달라진다. 학습이 종료된 후

3일이 경과하면 자신이 직접 읽어 본 것(reading)의 10%를 기억하고, 들은 것(hearing)의 20%, 본 것(seeing)의 30%, 듣고 본 것(hearing & seeing)의 50%, 말해 본 것(saying)의 70%, 직접 해 본 것(doing)의 90%를 기억한다(Pike, 1989).

결국, 교육내용의 50% 이상을 기억하게 하려면 말하기(telling)와 보여 주기(showing) 방식을 결합해야 한다. 양자의 결합이 어떤 효과가 있는지를 더 구체적으로 나타내면 [그림 II-56]과 같다. 더 나아가 학습의 효과는 실행을 통해서 극대화된다. 말하기와 보여 주기를 통해 남을 가르치는 방법이 효과적인 학습도구란 점도 이러한 기억효과에서 확인될 수 있다. 또한 실행을 통한 학습(learning by doing)의 효과가 가장 크기에, 도전적 과제를 수행하고 실패를 통해 배울 수 있도록 해야 한다. GE(General Electronics)를 비롯한 선진 기업이 액션 러닝에 입각해 모든 교육 프로그램을 설계하는 것도 이러한 이유 때문이다.

2007년 레전드 시리즈(Legend Series) 기조강연자로 등장해 최고

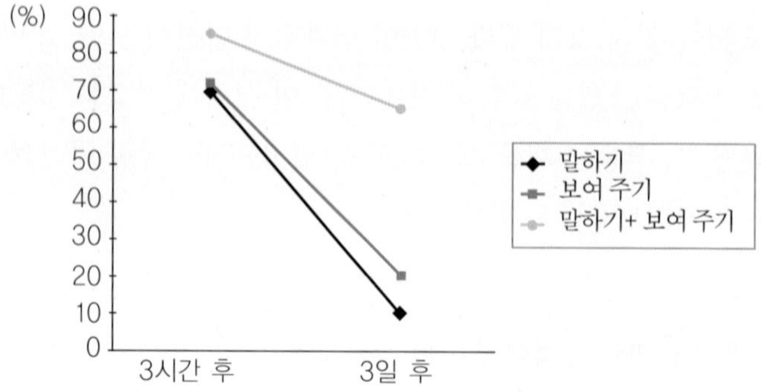

[그림 II-56] 교수 방법에 따른 정보회상률(Pike, 2006)

의 인기를 누렸던 루스 클락(Ruth Clark)은 자신의 연구결과를 집대성하여 이제는 일터학습이 불충분한 증거에서 벗어나 학습과학의 연구결과에 입각해서 설계되고 운영되어야 한다고 강조하고 있다. 연구결과의 핵심을 요약하면 다음과 같다.

면대면 학습과 이러닝 학습 중 어떤 것이 더욱 효과적일까? 교수설계 요소가 동일하면 학습결과에 차이가 없다. 이러한 결과는 학습을 지원하는 매체(media)도 중요하지만 학습에 영향을 미치는 교수 방법(method)이 더욱 중요하다는 사실을 알려 준다.

역량에 따른 기억량의 차이가 있는가? 이를 알아보기 위해 서양장기 고수와 초보자에게 장기의 위치를 누가 덜 잘 기억하는지 실험하였다. 일정한 규칙대로 진행 중인 장기판을 잠깐 보여 주었을 경우엔 고수가 더 많이 기억하였고, 뒤죽박죽으로 된 장기판을 잠깐 보여 주었을 경우엔 초보자가 더 많이 기억하였다. 고수는 상황에 대한 인식 패턴을 누적시켜 기억하고 필요할 때 이를 검색하여 기억하기 때문에 이러한 차이가 생긴다.

시각자료의 기억효과는 어떨까? 시각자료가 학습효과를 높이는지의 여부에 관해서는 첫째, 멀티미디어의 원리가 적용된다. 학습내용이 문자단어만으로 제시되는 것보다 시각자료가 함께 있는 경우가 더욱 효과적이다. 이는 시각자료와 문자단어가 이중으로 코딩되어 학습효과를 높이기 때문이다. 둘째, 적합성의 원리가 적용된다. 기본적인 내용만 있는 경우보다는 흥미를 유발하는 시각자료가 함께 있는 경우 학습효과가 더 크다. 그러나 관계없는 자료는 삭제시키는 것이 효과적이다. 일반적으로 시각자료는 학습효과를 높이지만 남용하지 않아야 하며, 여러 시각자료의 유형 중 내용의 조직화, 개념 간 관계를 보여 주는 관계형 자료, 그림 자체로 해석

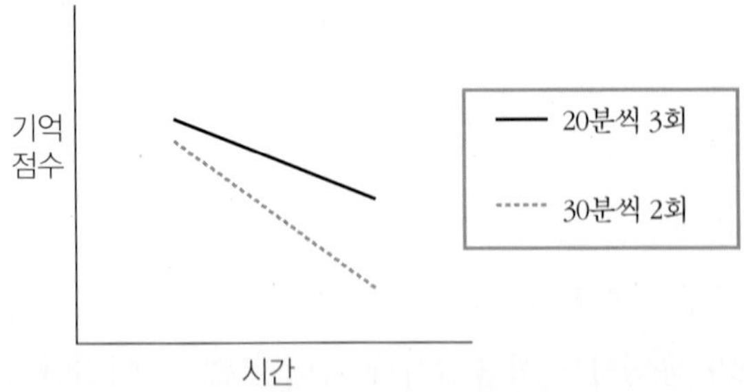

[그림 II-57] 연습분산의 원리(Clark, 2007)

과 설명의 효과가 있는 자료를 활용하는 것이 바람직하다.

학습의 전이는 학습내용이 기억되는 학습장면의 상황과 기억내용이 활용되는 맥락이 유사할 때 극대화된다. 연습 역시 현업의 상황과 유사할 때 효과가 높다. 연습 방법 또한 기억에 영향을 미치며 연습분산의 원리가 적용된다. 예를 들어, 20분씩 3회, 총 60분의 연습 기회를 주는 것과 30분씩 2회, 총 60분의 연습 기회를 주는 방법 중 어느 쪽이 기억효과가 높을까? 20분씩 3회로 나누어 더 많은 연습 기회를 주는 것이 효과적이다.

3) 조직의 학습신화 해부

기업의 학습에 관한 신화가 존재한다. 과학적 사실과 거리가 먼 잘못된 신념이 관행화되어 고정된 학습신화들이 진정한 학습효과의 실현을 가로막고 있는 것이다. 이스라엘릿(L. Israelite)은 자신의 저서인 『학습에 관한 거짓말(Lies about Learning)』(2006)을 통해 현재 기업현장에서 어떤 신화와 거짓이 통용되고 있는지를 해부하였다. 인지적 학습신화만이 아니라 기업의 학습체제 전반에 걸친 그의 통찰은 주목할 만하다. 그는 학습, 학습설계, 연수책임자(CLO: chief learning office), 이러닝, 학습공학 툴, 학습조직 등을 포함한 총 열한 가지 분야에 걸쳐 거짓과 진실을 대비해서 설명하고 있다.

신화 1: 학습자는 자신이 무엇을 모르는지 모른다. 그래서 하향식의 가이드가 필요하다.

현대의 직장인들은 자신의 학습요구와 경력개발의 방향을 점차 구체적으로 이해하고 있으며, 조직보다 빨리 시장의 요구에 대응하고 준비한다.

신화 2: 학습자는 자신이 알아야 할 것이 무엇인지 이미 알고 있기 때문에 훈련전문가가 나서서 방해해서는 안 된다.

신화 1이 사실이 아닐지라도 현대 경영과 직무환경은 매우 복잡하고 빠르게 변하기 때문에, 학습의 목표와 방향에 대해 조직이 개인의 판단과 결정에만 의존할 수는 없다. 개인의 성장과 경영 전략 실행 및 성과라는 조직의 목표를 동시에 달성하려면 HRD 전문가의 개입이 중요하다.

신화 3: 사람들이 신경쓰는 것은 학습의 결과이지, 학습 그 자체는 아니다.

삶과 일, 학습에 관한 근원적인 통찰이 내재된 교육내용과 그러한 내용을 흥미로운 방법으로 전달하면 학습자는 학습과정 그 자체도 즐긴다. 좋은 프로그램을 통한 학습은 깨달음의 과정이자 자기 변환의 과정이며 학습자들은 이러한 과정에 몰입한다.

신화 4: 학습자는 학습 이벤트 자체가 귀중한 경험이 될 것이라고 믿는다.

평생고용에 관한 사회적 계약이 무너지면서 학습자들은 특정 학습이 자신의 경력개발과 역량 강화를 위해 왜, 어떤 면에서 유익한 결과를 가져오는지 구체적으로 알고 싶어 하며 교육자는 이를 알려 주어야 할 의무가 있다.

신화 5: 교육에서 학습자의 연령 차이를 크게 고려할 필요가 없다.

Y세대에 해당하는 30대 이하의 학습자들은 베이비붐 세대와 X세대가 성장한 환경보다 무엇이든지 훨씬 빠르게 변하는 초고속 인터넷 시대에서 자라났다. 이들은 빠른 학습, 더 많은 의미와 재미를 추구하고 직접 참여하는 학습을 열망한다.

신화 6: 임원은 훈련과 학습의 가치를 제대로 이해하지 못하고 있다.

기업의 성과는 변화하는 경영환경에 얼마나 신속하게 대응하느냐에 달려 있기 때문에 대부분의 최고경영자와 임원들은 학습이 이러한 대응의 핵심 기제라고 인식하고 있다.

신화 7: 연수원장(CLO)의 역할은 다른 사업부서장의 기능만큼 중요하게 인식되고 있다.

대부분의 기업에서 CLO의 지위는 더 나은 성장을 위한 도약의 기제가 되지 못하고 있다. 잠깐 머물다 가는 곳이거나 은퇴를 준비하는 곳 정도로 여겨진다.

신화 8: 말은 쉽다. 리더십은 행동으로 보여 주어야 한다.

말도 일이다. 그것도 리더가 해야 하는 가장 중요한 일이다. 리더의 과업은 대화와 상호 교류를 통해 성과를 내는 것이다. 현대 조직의 모든 업무는 대화를 통해 이루어지기 때문에 대화 자체가 리더십이다.

신화 9: 리더는 조직의 학습을 촉진하기 위해 성공 사례에 초점을 맞추어야 한다.

성공 사례를 통해 많은 것을 배울 수 있다. 그러나 가장 오래 남는 학습은 실패 사례를 통해 일어난다. 중요한 일일수록 실패를 허용하지 않지만, 크고 작은 실수는 최고의 스승이며, 실패는 패러다임을 변화시키는 학습효과가 있는 경우가 많다.

신화 10: 연수원의 규모가 중요하다.

대부분의 현대 조직은 커질수록 좋다는 믿음으로 운영된다. 그러나 정말 필요한 것은 그들의 고객이 원하는 교육 서비스를 위해 고정비용을 줄이고 다양한 외부 자원을 동원할 수 있는 새로운 연수원 운영모형을 실현하는 것이다.

신화 11: 우리는 학습조직이 되고 싶다.

대부분의 HRD 담당자들이 학습조직이 무엇인지 진정한 의미를 이해하고 있지 못하며, 어떻게 자신의 조직을 학습조직으로 구현해야 하는지에 대해 진지하게 고민하지 않는다. 교육 프로그램 설계와 운영에 푹 빠져 있기 때문이다.

3. 세대 차이를 반영한 교수 및 학습 전략

조직 내 학습자의 세대 변화를 파악하고 이들의 특성을 이해하는 것은 성공적인 학습설계 및 운영에 필수적이다. 실제로 '노동력의 인적구성 변화가 향후 3~5년 내에 조직에 영향을 끼칠 것인가([그림 II-58] 참조)?' 에 대해 81%의 응답자가 상당한 영향을 미칠 것이라고 답하고 있다. 그러나 '조직 내 인적구성의 변화에 따른 학습요구사항의 변화가 어느 정도로 고려되고 있는가?' 에 관해서는 60%의 응답자가 거의 다루어지지 않거나 부분적 대응에 그치고 있다고 답하고 있다. 이것은 대부분의 기업이 기업 인력구성 변화에 대한 필요성은 인식하나, 대응 수준은 미흡하다는 것을 보여 준다.

교육운영 및 전달에서 세대와 관련된 핵심 이슈는 세대별 학습자의 특성에 따라 교육 프로그램의 계획, 전달, 마케팅이 달라져야

[그림 II-58] 향후 3~5년 내 조직의 인적구성 변화가 영향을 미칠 것인가 (Sherman, 2007)

한다는 점이다. 특히, 신세대가 어떤 교육 방식, 어떤 내용을 원하고 있는지, 어떻게 신세대의 학습동기를 자극하고 학습에 참여시킬 것인지, 다세대가 함께 교육받는 강의실에서는 어떤 방식의 교수와 학습, 상호작용이 바람직한지 등에 대한 해답이 있어야 한다.

1) 신세대 학습자를 위한 학습 전략

Y세대 혹은 밀레니엄 세대로 불리는 이들은 1981년 이후에 태어났으며, 향후 기업의 성패를 좌우할 핵심 인력이다. 베이비붐 세대에게 효과적이었던 강연 중심의 교육은 교육과정을 스스로 조절하기 원하고, 기성세대와는 다른 팀 활동 방식을 선호하는 신세대들에게 적합하지 않다. 학습이 일어나는 생물학적 과정이 변화한 것은 아니지만, 오늘날의 젊은 세대들이 지닌 학습 스타일, 학습행동 및 습관과 기대가 기성세대와는 다르기 때문이다.

기업 훈련은 이들의 특성과 학습욕구에 맞지 않는 전통적인 방법을 더이상 고수할 수 없다. 이들은 하루 24시간, 일주일 내내 인터넷에 연결되어 있고, 핸드폰, 블로그, 각종 네트워크과 즉각적인 메시징을 언제나 활용하며, 강연에서보다는 친구나 전문가로부터 더 많은 학습을 하고, 온라인 학습이건 오프라인 학습이건 필요한 정보와 도움을 언제 어디서나 원한다.

학습자로서의 Y세대는 기성세대와는 다른 특유의 강점과 학습 요구를 지니고 있다. Why(Y)세대, 멀티태스킹 세대로도 불리는

표 II-17 신세대의 다섯 가지 훈련요구(Cornetta-Brown, 2007)

속도 (pace)	• 학습자의 주의집중을 위해 속도감 있게 진행 • 시작과 동시에 역동적인 활동 부여 • 색다른 방식으로 정보를 제시 • 멀티미디어를 많이 이용
상호작용 (interaction)	• 학습자의 참여를 이끌어 내는 상호작용 중시 • 게임과 활동을 이용해 상호작용 증진 • 직접 보여 주고 말하기보다 학습자 스스로 하도록 유도 • 학습자의 발견학습을 위한 적절한 준비
링크 (link)	• 학습자가 학습에 의미를 부여하도록 할 것 • 신세대 문화에 대한 이해 필요 • 다양한 감각을 자극하여 학습을 촉진 • 학습자가 참여할 수 있도록 도움을 요청할 것
선택 (options)	• 비선형적 학습을 위하여 선택권을 부여 • 개인 · 그룹 활동의 여부, 토의시간, 학습자료의 형태, 강의 좌석 배치 등에 대해 학습자의 선택 폭을 넓힐 것 • 유연한 학습을 장려하고 온라인 접근 제공
재미 (fun)	• 강의 도입 부분: 강사의 설명을 듣기보다 학습자 스스로 해 볼 수 있도록 유도 • 교수자 스스로가 즐길 수 있는 강의하기 • 편안한 학습환경 제공 • 재미있는 주제와 테마를 활용하여 기억과 재미를 제고

이들은 정보혁명, 미디어에서의 폭력과 공포, 아동 중심의 가정과 자기 존중, 과중한 일상 스케줄, 스트레스와 멀티태스킹, 다양성의 트렌드 속에서 성장했다. 아직 30대 이하의 연령인 이들은 과거 세대보다 훨씬 빠르게 변화하는 세상에서 자라났으며, 첨단 테크놀로지의 사용을 생활의 일부로 받아들이며 성장했다.

인적자원개발 담당자들은 이제 '우리 회사는 이러한 세대를 육성하고 성장시킬 준비가 되어 있는가?'의 문제를 진지하게 고민해야 한다. 이들의 세대적 특성이 학습양식에 어떠한 영향을 미치며, 이들을 어떻게 교육시킬 것인가의 방안을 찾기 위해서는 우선 X세대와 대비되는 Y세대 학습자의 차이점에 주목해야 한다. 〈표 II-17〉에 신세대의 다섯 가지 훈련요구가 요약되어 있다.

2) 다세대 강의설계와 지식전이

신세대의 특성을 반영한 교육 및 학습 운영뿐만 아니라 기성세대와의 조화를 유지하는 방법도 학습설계 및 운영에 있어 중요한 이슈다. 여러 세대가 함께 학습하는 교육의 경우, 기업은 모든 연령대에 어필할 뿐 아니라 효과적으로 내용을 전달할 수 있도록 훈련 프로그램을 설계해야 한다. 〈표 II-18〉은 각 세대별 학습요구와 이에 부합하는 효과적인 학습 및 교수 전략을 설명하고 있다.

〈표 II-18〉에서 보는 바와 같이, 세대별로 선호하는 학습 방법이 다르다는 것은 획일적인 교수-학습 방법을 지양해야 한다는 것과 각 세대별 특성에 맞는 적절한 학습 방식의 선택과 제공이 효과적이라는 사실을 알려 준다. 학습설계 및 운영 트랙의 여러 세션에서 다양한 경험과 학습요구를 가진 세대들이 공존하는 강의실에 필요

표 II-18 **세대별 학습 비교(Howard, 2008; Lopker, 2008)**

세대	학습 스타일	학습 및 교수 전략
베이비붐 세대 (1946~1963)	lead me to information	• 교수 중심, 전문가 중심 • 상호작용, 그룹 학습 • 학습 후 적용에 연습시간 필요 • 책, 파워포인트, 핸드아웃에 익숙 • 가치 부여와 개인의 성장에 학습을 연계함
X세대 (1964~1980)	connect me to people	• 학습 방법보다 성과에 관심 • 경험 중심, 문제 중심 학습 • 스스로에게 학습통제권을 부여, 본인의 시장 가치와 연계 • 핵심 포인트 강조, 도전적 과제 제공 • 자신만의 학습환경을 조성하도록 하여 동기를 부여
밀레니엄 세대 (1981~현재)	connect me to everything	• 학습과 즐거움을 동시에 추구하는 에듀테인먼트 세대 • 실수를 통한 학습, 실패는 성공을 위한 과정 • 팀워크와 웹기반 기술 활용: 위키피디아, 구글, 아이팟 등 • 답이 명확하지 않은 문제, 발견을 통한 즐거움 제공 • 형식적 학습을 초월한 다양하고 즐겁고 몰입 가능한 학습 • 학습을 금전적 보상과 연계 • 상식에 약하며, 이에 대한 학습도 필요

한 다세대통용(multi-generational) 학습 개념의 필요성이 강조되고 있다. 일반적으로 모든 세대 학습자들의 흥미를 이끌어 낼 수 있는 교수 방식은 빠른 속도로 진행되는 감성에 호소하는 방식이다. 그러나 대부분의 교육 프로그램은 여전히 지식 전달 중심이며 선형

적인 방식이어서 속도감이 떨어진다.

[그림 II-59]는 세대별로 선호하는 학습 방법이 다르다는 사실을 구체적으로 보여 주고 있는데, 연령 차이가 커질수록 선호 방식도 상반된다. 50세 이상은 강의식 수업을 선호하는 데 반해, 30세 이하가 가장 기피하는 방식이 강의식이다. 대신 이들은 이러닝과 같은 기술 기반 학습을 압도적으로 선호한다. 그렇다고 세대별 선호하는 학습 방법이 성공적인 교육을 위한 단일요인은 아니며, 기성세대가 학습 활동에 저항적이거나 학습능력이 부족할 것이라는 가정 또한 선입견이라는 점을 밝히고 있는 연구들도 많다.

한편, 기업 내 세대 간 지식전이 또한 중요한 이슈 중의 하나다. 베이비붐 세대의 은퇴가 늘고 Y세대의 노동시장 진입이 증가하면 세대 간 지식과 스킬의 갭이 더욱 커지게 마련이다. 베이비붐 세대가 보유하고 있는 핵심 지식을 전수할 수 있는 효과적인 대처가 필요하다. 이러한 문제에 대처하기 위해 가장 많이 활용하는 방법은 멘토링(60%), 자료(46%), 강의(30%), 실천공동체(COP)(29%), 교육

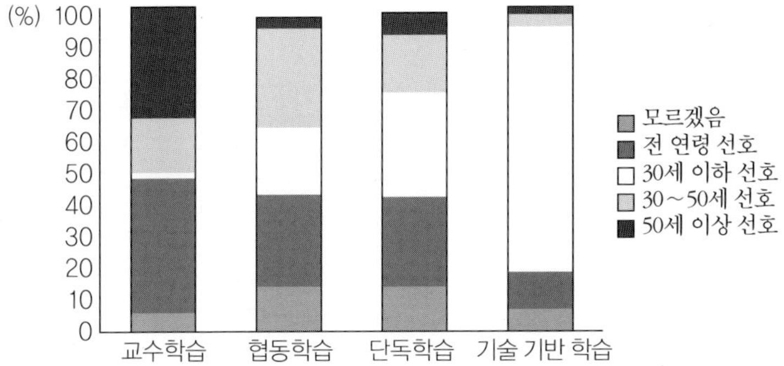

[그림 II-59] 세대별 선호하는 학습 방법(Lopker, 2008)

내용 반영(29%) 순이었다. 세대 간의 지식전이 노력은 모든 영역에서 이루어져야 하며 지식의 손실 위험도가 높은 직무와 직종은 특히 더 큰 노력이 필요하다.

세대 간의 차이를 이해하고 극복하려는 노력은 ASTD의 거의 모든 트랙에서 주요 이슈로 등장하고 있다. 특히, 학습설계 및 운영에 있어서 이러한 인구학적 변화를 예측 가능한 변인으로 파악하고 세대 간 조화 및 지식전이의 핵심적 역할을 수행하는 방안을 모색하려는 노력은 지속될 것으로 보인다.

4. 뇌친화적 접근을 활용한 감성적 전달

최근 학습설계 및 운영 트랙에 빈번하게 등장하는 주제가 재미있는 학습, 참여 중심의 교육을 구현하는 강의나 워크숍 진행 방식이다. 기존의 지식 전달 중심의 경직된 강의가 아니라 학습자의 사고와 탐구과정을 촉진하여 학습에 참여하고 몰입하게 하는 기법이 다양하게 소개되고 있다.

또한 학습을 이해하고 촉진하기 위해 뇌의 특성과 기능에 관해 소개하는 세션의 수가 눈에 띄게 증가하고 있다. 2006년 'Train the Trainer in Accelerated Learning Techniques' 세션에서는 인간의 뇌가 세 가지 층위로 분류된다는 폴 맥린(Paul McLean) 박사의 의견을 소개하고 있다.

이러한 유형의 연구결과는 인간의 뇌 활동과 기능을 고려한 교수 기법의 활용을 강조한다. 긍정적인 감정은 사고능력을 고양시켜 학습효과를 높인다. 때문에 학습에서의 재미, 창의, 동기부여가

표 II-19 **뇌의 삼위일체설(McLean, 1987)**

파충류 뇌(the reptilian brain)
• 본능적이며 반복적인 특성을 가진다 • 뇌의 가장 기본적인 부분이며 생존을 돕는다. • 호흡, 심장박동, 순환기, 수면, 배고픔 등 신체의 자율적 조절을 관장한다.
변연계(the limbic brain)
• 경험을 감정으로 변환시키는 역할을 담당한다. • 몸의 신체적 상태를 조절하며, 위협적인 감정이 감지되면 변연계에 경고를 보내게 된다. • 감정뿐 아니라 장기기억과도 연결되어 있다.
대뇌신피질(the neocortex)
• 생각하는 뇌로서 우리의 학습 센터다. 이 부분은 문제해결, 창조적 기능, 언어 등 많은 고차원의 기능에 필수적이다. 이곳에서 정보는 저장되고 프로세스화된다. • 사람들이 판단을 내리고 미래에 대해 계획하는 곳이다. • 우리의 사고, 주의집중과 쓰기, 그리기, 말하기를 돕는다. 한마디로 이는 우리를 인간답게 한다.

주목되면서 음악, 스토리텔링 등을 교육에 활용하는 사례가 증가하고 있다.

1) 유머와 재미의 활용

'감성은 뇌로 가는 가장 빠른 길(emotion is the fast lane to the brain)' 이라는 주장은 뇌과학연구에 기반한다. 일반적으로 좌뇌는 논리와 계획을, 우뇌는 감성과 느낌을 관장하는 것으로 알려져 있다. 그런 측면에서 전통적 교육 방식은 정보의 전달과 이해라는 논리적 기능에 주로 치중해 온 셈이다. 때문에 학습에 있어 뇌 전체의 기능과 원리를 적용하려는 접근은 그동안 상대적으로 관심이 적었던 우뇌의 역할인 감성적 전달 방식에 주목하고 있다(Tamblyn, 2005).

최근 학습에 뇌의 작동 원리를 적용하려는 시도가 활발하며, 이 같은 맥락에서 유머는 뇌 친화적 학습 전략으로 활용된다. 인간의 두뇌는 1분당 약 11,000개의 정보를 처리할 수 있지만, 실제로는 본인에게 가장 급하고 중요한 정보만을 기억한다. 이때 유머의 활용이 두뇌촉진적 환경을 조성해 주는 가교가 되기 때문에 학습현장에서 유머는 내용을 더욱 잘 기억하게 하는 촉진자의 역할을 한다. 또한 유머는 창의적인 사고를 촉진하며 학습자의 참여 또한 쉽게 유도한다. 다만 논란이 많은 주제를 사용하거나 단순히 웃기려는 데 목적을 두는 등의 부적절한 유머 사용은 피해야 한다. 피해야 할 유머 주제로는 ① 성(性)적 주제, ② 종교 관련 주제, ③ 정치 관련 주제가 대표적이다.

또한 신체적 움직임은 긴장을 완화시켜 학습을 촉진하고 뇌의 활동을 활발히 한다. 여기에서 중요한 것은 학습목표와 연결된 활동을 창조적으로 찾아내는 것이다. 몸의 움직임과 관련한 뇌 친화적 학습의 다섯 가지 원리는 편안함(safety), 풍요로움(nourishment), 감성적(emotional), 사회적(social), 정보(information) 등이며, 각각

표 II-20 활발한 활동이 학습에 미치는 영향(Tamblyn, 2005)

1. 새로운 학습에 대한 더 많은 에너지를 얻는다.
2. 사고를 명료화하고 세련되게 한다.
3. 정보를 장기기억에 저장한다.
4. 작업기억을 뚜렷하게 만든다.
5. 다중지능과 기억 시스템을 연관시킨다.

에는 '긴장을 풀면서' '움직이면서' '감정요소를 포함하면서' '상호작용하면서' 등의 활동 조건들이 수반된다.

2) 스토리텔링

운동선수들의 역경과 성공을 담은 아디다스 광고에 나오는 'Impossible is Nothing' 이라는 카피는 현대 사회가 서비스를 파는 시대가 아니라 스토리(story)를 파는 시대임을 실감케 한다. 스토리는 일종의 은유로써 상상력을 촉진할 뿐 아니라 다양한 해석의 여지를 남겨 학습 장면에서 널리 활용될 수 있다. 스토리는 논리적 설명보다는 감성적 설득을 통해 감동을 불러오고 학습효과를 높인다.

스토리텔링(storytelling)은 기억과 지식 보유를 촉진하고, 행동의 변화와 동기부여, 깊은 관계 형성을 가능케 하는 강력한 커뮤니케이션 방법으로 학습설계 및 운영 트랙에서 특히 강조되고 있다.

스토리텔링을 교육에 활용하는 방법은 다음과 같다. 첫째, 현실의 사건을 기반으로 한 실제 스토리를 활용한다. 학습자들은 꾸며낸 이야기와 진짜 이야기를 구분할 수 있다. 그러므로 믿음이 가고 신뢰할 수 있는 스토리를 제시해야 한다. 둘째, 스토리를 통해 핵심 내용을 전달한다. 스토리를 활용하지 않고 직접 말하는 방식을 피한다. 전문가가 단순히 쏟아내는 정보들을 기억하기란 쉽지 않다. 셋째, 연기자나 직무와 관련 없는 사람이 아니라 실제 인물이 실제의 이야기를 하도록 한다. 이는 기억회상을 용이하게 한다. 넷째, 구체적이고 흥미로운 세부 내용들로 스토리를 구성한다. 지루한 스토리일수록 잊어버리기 쉽다. 다섯째, 직원들의 목표, 경험과

표 II-21 **스토리텔링의 강점**(Stevenson & Pessemier, 2006)

1. 스토리는 좌뇌와 우뇌를 동시에 관여시킨다.
2. 스토리는 다양한 학습 스타일에 호소력을 지니고 있다.
3. 스토리는 나름의 독창성을 개발할 수 있는 기회를 부여한다.
4. 스토리는 즉각적인 신뢰를 형성할 수 있다.
5. 스토리는 사람들을 몰입시킨다.
6. 스토리는 공통의 관심사와 유대감을 촉발시킬 수 있다.
7. 스토리는 존경받는 전문가로서 입지를 굳힐 수 있게 해 준다.
8. 전략적 스토리텔링은 회사의 핵심 지식자산을 창조하고 공유할 수 있는 강력한 방법이다.

관련 있는 스토리를 이야기한다. 관련이 없다면 기억할 수 없다. 여섯째, 경험을 창출한다. 그리고 사람들로 하여금 의미를 되새기고 자신만의 스토리를 이야기하게 한다. 사람들은 단순히 누군가로부터 들은 것보다 그들이 경험한 것을 더욱 잘 기억한다. 일곱째, 스토리 속에 최소한 두 가지 이상 뜻밖의 사건을 포함시킨다. 의외성이 없다면 스토리는 평범함 속에 묻혀 버린다.

풍부한 경험적 지식을 표현함으로써 사회적, 정서적 공감대 형성을 불러일으킬 수 있는 스토리텔링 방식은 효과적인 학습전달 도구로 활용된다. 성공 사례 스토리, 즉 현장의 베스트 실천 사례를 스토리 형태로 가공 · 편집하여 공유하는 방식이 널리 활용되고 있다.

한 걸음 더 나아가 학습장면에서 이야기를 활용하는 독특한 방법인 이야기 연기법(story theater method) 또한 활용되고 있다(Stevenson & Pessemier, 2006). 이 방법을 통해 스토리를 정교화해서 전달하면 학습자는 적극적으로 학습에 참여하게 된다. 또한 '공감 경험' 을 하게 되어 정서적으로 깊이 있는 학습을 자극하고, 그

표 II-22 이야기 구조의 9단계(Stevenson & Pessemier, 2006)

① 배경을 설정한다.
② 등장인물을 소개한다.
③ 이야기를 시작한다.
④ 방해에 부딪힌다.
⑤ 방해를 극복한다.
⑥ 이야기를 맺는다.
⑦ 요점을 제시한다.
⑧ 질문한다.
⑨ 중요한 점을 다시 진술한다.

결과 핵심 사항을 장기기억 장치에 저장한다. 스토리 연기법은 전달할 내용을 설정하고, 교훈을 전하며, 결과물이나 서비스를 제공하는 선택, 기교, 이야기 실행의 세 가지 단계로 이루어진다.

스티븐슨과 페시머(Stevenson & Pessemier, 2006)는 이야기 구조의 9단계를 이용하여 이야기를 꾸미는 방법과 중요 국면을 연기함으로써 정서적인 공감을 끌어내는 방법을 소개하였다. 또한 적합한 국면을 활용하여 핵심 내용을 전달하는 방법을 상세히 소개하였다. 이때 스토리의 내용을 선정할 때 될 수 있으면 개인적이고 재미있거나 드라마틱한 내용으로 하고, 잠재적인 가르침을 담고 있으며, 곧 요점을 발견할 수 있는 명확한 내용으로 구성할 것 등이 권장된다.

5. 교수체제설계 기법의 한계와 대안

교수체제설계(ISD: instructional systems development) 기법은 분석된 교육요구를 토대로 학습목표를 설정하고 이를 효과적으로 달성하기 위해 프로그램을 개발하고 평가하는 체계적 과정이다. 학습자가 달성해야 할 최종 학습목표에 초점을 두며 이를 위해 각 요소들을 조직 및 배치하고 학습 경험을 계획할 수 있기 때문에 가장 대표적인 프로그램 개발 모형으로 군림해 왔다.

ISD 분야는 지난 10년간 구성된 이론모형이 30여 개, 개발된 ISD 모형만 100여 개, 관련 논문 500여 편, 관련 저서 400여 권, 관련 소프트웨어가 300여 개에 이를 정도로 성장하였다. 그러나 같은 기간 ISD를 활용해서 교육과정을 개발하거나 교육체계를 수립한 경험이 있는 교육담당자는 3%에 지나지 않는 것으로 조사되었다. 즉, 나머지 97%는 고참에게서 물려받은 노하우에 입각하거나 주먹구구식으로 교수설계를 진행한다고 한다.

ISD를 현장에서 활용하지 않는 이유는 다양하다. 많은 사람들은 ISD는 복잡하고 너무 많은 시간이 들고 속도가 늦어 사용하기를 기피한다. 이러한 ISD 모형에 대한 그간의 신화적 사고와 이를 대체하는 새로운 접근들이 소개되고 있다(Allen, 2007). 다음은 ISD에 대한 오해와 진실이다.

ISD에 대한 오해와 진실

1. 학습내용이 가장 중요하다. 이러한 사고로 인해 학습내용이 지나치게 강조되지만 학습자의 학습 활동과 경험 역시 중요하다.
2. 전문가는 훌륭한 내용 관련 전문가(SME: subject matter experts)다. 전문가는 내용을 너무 많이 알기 때문에 내용 전달 및 구성이 오히려 어려워질 수 있다. 전문가는 단지 주관적인 관점을 가진 전문가(subjective matter expert)일 뿐이다.
3. 분석을 먼저 하고 설계를 나중에 한다. 분석과 설계를 분리해서 수행하면 불필요한 정보를 생산하게 된다. 분석만능주의적 관점에서 벗어나야

한다.

4. 항상 학습목표를 서두에 분명하게 제시한다. 학습목표를 읽어 보는 사람은 거의 없다. 대부분의 학습목표가 학습 초반 학습자의 주의집중, 흥미, 관심을 유도하는 데 실패하고 있다.
5. 학습해야 할 지식과 스킬을 위계적으로 계열화한다. 학습내용의 이러한 계열화가 학습내용을 따분하게 하는 경우가 많다. 드라마의 1편이 전체 전개내용 중 가장 흥미로운 사건을 중심으로 시작하는 것처럼 계열화효과의 예외도 많다.
6. 즉각적인 피드백을 제공한다. 피드백을 너무 빨리 제공하면 사고할 시간을 빼앗게 된다. 사고기능의 퇴보를 가져올 수 있는 것이다.
7. 학습자의 실수를 최대한 방지한다. 학습자의 관점과 지식에 새로운 도전을 제공하지 못하면 새로운 사고도 없다. 또한 변화에 수반되는 일정한 위험이 없으면 학습효과도 적어질 수밖에 없다.
8. 일단 말한 다음 테스트한다(tell & test). 이렇게 하면 사고 기능의 활성화보다 단순 기억과 회상에 의존하게 되고 호기심을 억제하는 부작용이 생긴다.
9. 반복적 연습을 통해 가르치지 말라. 반복적 연습은 정교하고 강력하며 광범위한 영역에 다각적으로 적용 가능하다.

06
성과 개선

Performance Improvement

성과 개선(performance improvement)은 조직의 절차 및 과정을 효율적으로 개선하여 성과 향상을 추구하는 과정이다. 그동안 성과 개선은 스포츠를 비롯한 비즈니스 분야에 광범위하게 적용되었고, 개인성과(individual performance)만이 아니라 조직 전체의 성과(organizational performance)를 향상시키는 데 기여하였다.

HRD 분야에서 성과 개선에 주목하게 된 것은 1989년 맥레이건(McLagan)이 'HRD 실천모형'을 제시하면서부터다. 이 모형은 성과 개선이 HRD의 중요한 분야로 대두되도록 하는 계기를 제공하였다. 성과 창출을 목적으로 조직 구성원 '개인'을 대상으로 수행 및 성과를 관리하고 개선하는 분야는 수행공학(Human Performance Technology)으로 불려 왔다. 성과 개선은 이러한 개인 차원의 수행과 성과의 개선뿐만 아니라 직무과정 및 조직 전체의 수행을 개선하는 영역까지를 포함하는 다차원적 시스템 관점을 지향한다.

최근 ASTD의 성과 개선 트랙에서는 성과 컨설턴트로서 HRD 담당자의 역할이 더욱 강조되고 있고, 개인 차원 성과개선모형의 정교화와 더불어 조직 전체의 성과를 향상시키는 데 활용할 수 있는 조직 차원 성과개선모형들이 소개되고 있다.

성과 개선에 접근하는 성과 컨설팅의 방향도 더욱 다원화되었다. 성과 개선에 기반을 둔 역량계발이 강조됨에 따라 성과개선모형과 역량모형을 연계하려는 시도가 등장하고 있다. 또한 성과 개선은 조직문화와 밀접하게 관련되어 있기 때문에, 조직문화의 분석을 통한 성과 개선이 강조되고 있다. 이와 더불어 성과 향상을 위한 팀빌딩 방안 역시 주목되고 있다.

1. HRD 담당자는 성과 개선 전문가

성과 개선 트랙의 성과(performance)는 ASTD 가치사슬모형의 한 축을 형성하는 가장 중요한 키워드이며 PI 트랙은 다양한 성과 개선 도구들의 경연장이다. 선진 기업들과 컨설팅 회사, 개인 연구자들이 성과 개선 시스템을 어떻게 구축할 것인지에 대해 끊임없이 고민하며 새로운 모형을 개발하였다.

[그림 II-60]에서 보는 것처럼 HRD 담당자가 갖추어야 할 가장 중요한 역량은 성과 개선 영역의 역량이다. 교육 및 훈련의 목적도 성과 개선이며 교육 및 훈련 이외의 인터벤션을 통해서도 성과를 향상시킬 수 있어야 한다. 성과의 개선이 개인 차원을 넘어서면 조직의 변화로 이어질 수밖에 없기에 조직 차원의 성과 개선이 더욱

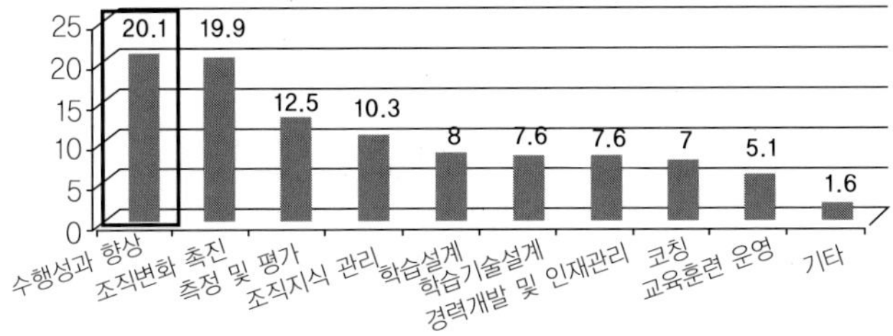

[그림 II-60] 향후 HRD 담당자에게 중요한 역량

자료: 한국능률협회(2008). 제64회 KMA-ASTD 2008 한국대표단 디브리핑 자료집.

중요해지고 있는 것이다.

HRD 담당자는 앞으로 성과 컨설턴트의 역할을 수행하며, 조직에 적합한 성과 개선 시스템을 어떻게 구축할 것인지에 대해 고민해야 한다. 성과 컨설턴트(HP technologists, performance consultants)는 수행상의 격차에 대한 체계적인 분석을 실시하며 비용 대비 효

훈련 중심(traditional focus)	성과 중심(performance focus)
• 학습(learn)요구에 초점: 지식 및 지식의 습득이 목적 • 사건 중심(event oriented) • 수동적 접근방식(교육요구에의 대응) • 단일 해결책(훈련프로그램) 선호 편향 • 고객(client) 파트너십과 독립적으로 작업 • 해결책 및 이벤트의 질을 통한 효과성 측정	• 수행(Do)요구에 초점: 지식 및 스킬의 습득은 목적을 위한 수단 • 과정 중심(process oriented) • 능동적 수동적 접근(수행문제에 대한 주도적 탐색) • 해결책에 대한 균형적 입장: 교육적, 교육외적 해결책에 대한 탐색 • 고객과의 파트너십에 기반한 주도성 • 성과 변화 및 조직 영향에의 기여도로 효과성 측정

[그림 II-61] 성과 중심 관점으로의 변화

자료: 한국능률협회(2007). 제63회 KMA-ASTD 2007 한국대표단 디브리핑 자료집.

율적이고 효과적인 해결 방안을 도출하는 사람을 말한다.

HRD 전문가들에게 성과 중심의 접근 방식이 요구되는 것은 과거 훈련 중심의 접근 방식이 가지는 한계에서 비롯되었다. 성과 중심 관점과 훈련 중심 관점의 차이가 [그림 II-61]에 설명되어 있다. HRD의 핵심 영역이었던 훈련 및 개발(T&D) 프로그램들은 조직 전체의 문제점을 해결하고 성과를 달성하는 데 한계가 있었으며, '훈련을 위한 훈련' 이라는 비판을 받아 왔다. 조직의 전체 성과와 유리된 채 이벤트성으로 운영되거나 그 효과를 알 수 없는 경우들이 많았다.

교육과 훈련이 조직의 성과에 영향을 미치려면 조직의 성과 문제와 요구분석이 교육훈련 이외의 영역에서도 이루어져야 한다. 조직의 휴먼 시스템 내에서 수행 문제가 발생하는 원인은 무한하나, 이를 크게 분류해 보면 세 가지로 유형화된다. 첫째, 지식의 부족에서 생기는 수행 문제, 둘째, 동기의 부족에서 생기는 수행 문제, 셋째, 환경의 문제에서 생기는 수행 문제다. 환경이란 직무 수행에 필요한 사무자동화 기기부터 문화에 이르기까지 근무환경 전체를 의미한다.

이 중 교육과 훈련으로 해결될 수 있는 수행 문제는 대체로 지식의 부족에 기인한 경우가 많다. 교육과 훈련은 동기에 의한 수행 문제 해결에 극히 부분적인 영향을 미칠 뿐이다. 이런 이유로 동기와 환경으로 발생하는 수행 문제는 교육과 훈련 이외의 인터벤션에 의해 해결되어야 한다.

성과란 한 시스템 내에서 일하는 사람에 의해서 생산되는 가치 있는 결과를 의미하며, 수행공학이란 '인간의 수행성과를 향상시키기 위한 일련의 통합된 체제적 접근' 을 의미한다. 무엇을 조직과

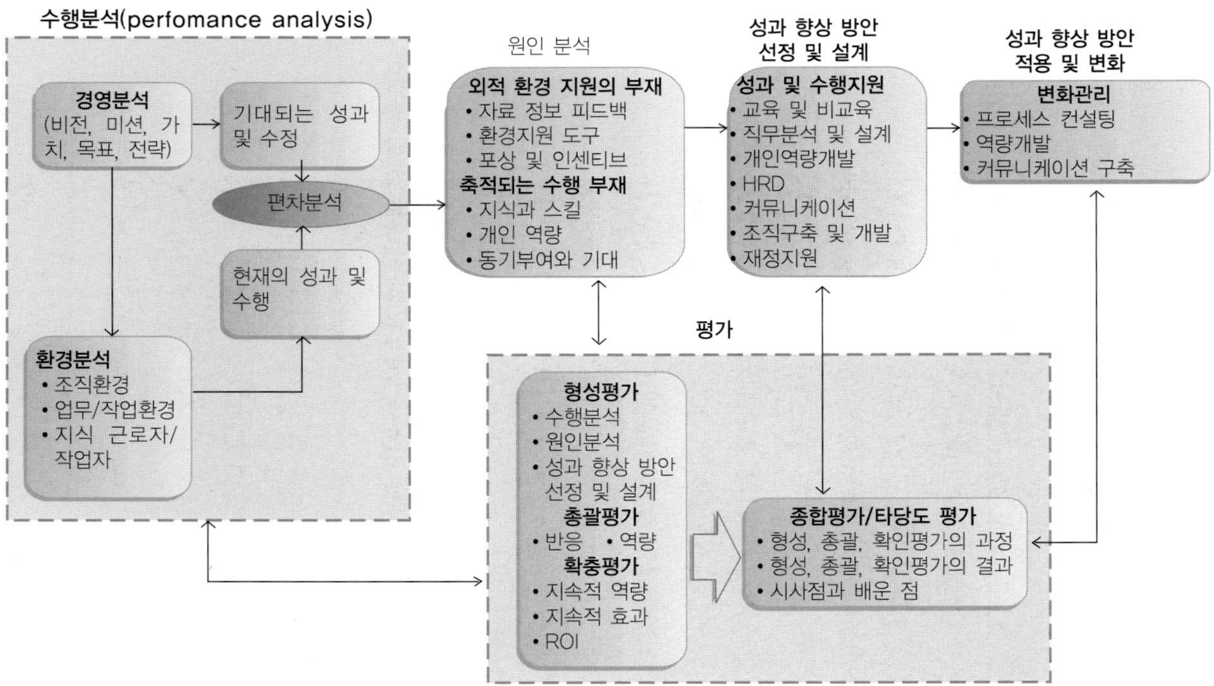

[그림 II-62] 수행공학모형(Van Tiem, Moseley, & Dessinger, 2004)

표 II-23 수행공학의 4대 원칙(Addison, 2004)

1. 결과에 집중하라.
2. 시스템 관점을 견지하라.
3. 조직의 가치와 목적을 통일하라.
4. 파트너십을 형성하여 협력적으로 진행하라.

개인의 성과로 규정할 것인가 역시 중요한 과제이며, 이는 조직의 비전과 목표에 따라 달라진다.

[그림 II-62]는 수행 문제를 분석하는 전형적인 절차모형이다. 성과개선 트랙에서 발표되는 사례들이 이 모형을 활용하는 경우가 많았다. ASTD에서는 HRD 담당자들이 조직에서 성과 개선을 성공적으로 도입하기 위해서는 네 가지의 원칙을 준수해야 한다고 강조한다(〈표 II-23〉 참조). 이는 앞서 제시한 HRD 담당자가 갖추어야 하는 역량인 성과향상 능력, 조직 변화 및 촉진 능력과 밀접하게 관련되어 있다.

HRD 전문가에게 요청되는 역할은 중요한 전환점에 놓여 있다. 훈련을 통해 수행성과를 향상시키는 것뿐 아니라 조직 전체와 개인의 성과 개선 체제를 구축하여 성과 중심의 HRD를 조직 내에 구현하는 역할을 수행해야 한다. 성과 컨설턴트로의 역할 변신은 HRD 담당자에게 조직의 전략적 파트너라는 입지를 제공하는 출발점이 될 것이다.

2. 성과 컨설팅 분석모형

성과 컨설팅이란 고객과 컨설턴트가 파트너가 되어 사업목표의 달성과 문제해결을 통해 최적의 수행결과를 성취하는 과정이다. 성과 개선 트랙에는 다양한 성과 컨설팅 모형과 도구가 소개되어 왔다. 과거에는 분석적 · 도구적 관점을 취하고 있는 데 반해, 최근에는 이러한 도구들이 성과 컨설팅을 보다 실천적으로 구현하고, 경영부문과의 지속적인 파트너십을 형성할 수 있는 방향으로 변화하고 있다.

성과 컨설팅은 [그림 II-63]과 같이 위계적으로 존재하는 네 가지 핵심 요구분석을 토대로 체계적으로 수행되어야 한다. 비즈니스 요구는 조직 전체(단위, 부서, 조직)를 위한 경영 전략과 같은 목표에 의해 생긴다. 성과요구는 특정 직무나 역할을 수행하는 사람들의 행동의 요구로부터 출발하며, 직무환경요구는 조직 내 작업 과정, 정보, 인센티브 등에 대한 요구와 관련된다. 능력요구는 기술, 지식, 태도와 같은 성공적인 수행에 필요한 능력에 대한 요구들을

[그림 II-63] 성과 컨설팅의 핵심 원리: 요구의 위계(Robinson, 2008)

표 II-24 요구(needs)의 성격에 따른 접근 방식(Robinson, 2008)

수준	대상	특징	예시
개인 직무 수준 (transactional)	개인	• 정보의 제공 또는 코칭을 통한 지원 • 즉각적인 효과를 기대함	• "내 부하 매니저를 위한 리더십 개발 프로그램에 대한 당신의 제안은?" • "내 부하직원 중 한 사람과 겪는 대화 문제를 해결할 만한 좋은 방법이 있습니까?"
전술 수준 (tactical)	집단	• 해결 방안의 설계와 전달 중심 • 실행에 상당한 자원(시간, 인력, 재정)이 요구됨 • 조직의 전략적 실행으로 통합되어 실행되거나 또는 독립적으로 실행	• "고객지원부서에 근무하는 직원들의 고객응대기술을 육성하고 싶습니다. 어떤 프로그램이 있습니까?" • "관리자들에게 부하직원의 역량 갭을 진단하고 확인하는 기술이 개발되어야 합니다. 어떤 훈련을 추천하시겠습니까?"
전략 수준 (strategic)	조직 전체	• 다수 또는 단일의 사업 요구에 직결되어 경영성과 향상에 기여함 • 일정 기간 동안 문제 진단 중심이어서 해결책 제시는 최후에 이루어짐 (solution-neutral) • 시행기간의 장기화(약 5년 정도) • 학습 및 개발 이외의 전략 등 다양한 해결 방안을 요구함	• "우리 사업의 대표 상품은 지난 3년 동안 시장경쟁력을 잃어 왔습니다. 우리 전략은 빠르게 새로운 상품을 개발하는 것입니다. 구성원 모두가 이러한 목표 달성에 헌신할 수 있도록 동참하였으면 좋겠습니다."

말한다.

요구분석의 내용과 접근도 요구의 위계에 따라 달라진다. 사업요구(business needs)와 수행요구(performance needs)는 결과를 중심으로 분석하므로 전략적 성격을 띠고, 환경요구(work environment needs)와 능력요구(capability needs)는 원인과 해결책을 찾는 일에 초점이 맞추어지므로 전술적 성격을 띤다.

요구의 성격에 따라 접근하는 방법도 다르다. 〈표 II-24〉에서 보는 것처럼 요구의 성격은 세 가지로 구분된다. 개인 직무 수준에서 접근하는 방식은 조직 구성원 개인에게 초점이 맞추어져 있으며, 해결책으로 정보나 프로그램을 제공한다. 전술적 수준에서 접근하는 방식은 팀이나 부서와 같은 집단을 대상으로, 실행에 필요한 시간, 인력, 재정적 자원을 요구하거나, 개인 직무 수준보다 다양한 해결방안의 설계 및 전달을 통해 접근한다. 마지막으로, 전략적 수준은 그 대상이 조직 전체에 해당하며, 해결 방안은 주로 장기적인 문제들이고, 조직 전체의 사업 목적과 직접적으로 연계되는 방안을 요구하며, 상호 교류적 수준이나 전술적 수준보다 좀 더 광범위하고 다양한 해결방안으로 접근하는 것이 특징이다. 성과 컨설팅은 바로 마지막의 전략적 결과를 성취하기 위해 수행되는 과정이다.

이상의 요구 위계와 성격 규명과 관련하여 성과 컨설팅에서 많이 활용되는 방법이 [그림 II-64]의 GAPS 모형이다.

G단계(Go for the SHOULD)는 목표설정 단계로, 달성해야 할 경영목표 또는 이상적인 현업 직무행위 등 바람직한 경영상태와 수행상태의 요구를 규명할 질문을 던진다.

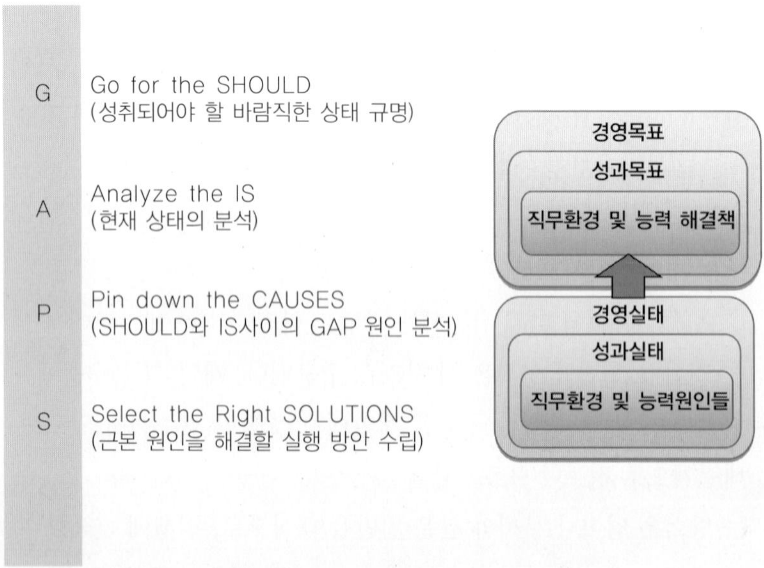

[그림 II-64] GAPS 모형(Robinson, 2007)

표 II-25 G단계의 질문 예시(Robinson, 2008)

최적의 경영상태 규명	최적의 수행상태 규명
• 최종 생산물은 무엇이어야 하는가? • 올해 이 지역의 판매목표는 무엇인가? • 수용할 만한 폐기율 기준은 무엇인가?	• 직원들이 고객의 불만을 처리할 때 어떻게 해야 하는가? • 최고의 영업담당자를 생각해 보라. 그가 영업을 성공적으로 마무리짓기 위해 무엇을 하는지 설명해 보라. • 어떤 기술자가 생산 라인에서 발생한 문제를 해결하기 위해 사용하는 절차는? • 고객만족 담당자는 고객과의 약속사항에 대한 후속 조치를 위해 무엇을 해야 하는가? • 고객은 전화통화 중 담당자가 어떻게 응대할 때 친절하다고 생각하는가?

표 II-26 A단계의 질문 예시(Robinson, 2008)

현 경영상태 규명	현 수행상태 규명
• 현재 생산율은 얼마인가? • 이 지역의 현재의 판매실적은 어느 수준인가? • 현재의 폐기율 수준은 얼마인가?	• 고객만족 담당자는 대개 어떻게 고객 불만사항을 처리하고 있는가? • 현재 영업담당자는 영업을 마무리할 때 무엇을 하는가? • 현재의 기술자들은 생산 문제를 해결할 때 어떻게 하고 있는가?

A단계(Analyze the IS)는 현재의 상태를 분석하는 단계로, 비즈니스의 현 상태를 분석하고 현업 직무행위의 현황을 분석한다. 따라서 질문은 현재의 경영상태, 수행상태 규명을 위한 질문들로 구성된다.

표 II-27 P단계의 질문 예시(Robinson, 2008)

현 경영상태 규명	현 수행상태 규명
• 현 실적이 목표에 미달된 이유는 무엇인가? • 어떤 요인들이 판매목표 달성을 어렵게 만드는가? • 왜 폐기율이 증가하고 있는가?	• 고객만족 담당자의 현 업무수행 상태와 바람직한 상태 간의 차이는 무엇 때문에 발생하는가? • 현 영업담당자는 왜 영업을 성공적으로 마무리짓지 못하는가? • 기술담당자가 수행하는 현재의 고장처리 방법과 바람직한 절차 간의 차이는 무엇인가?

P단계는 원인분석 단계로 G단계와 A단계의 차이가 발생한 원인을 탐색하기 위해 작업환경 또는 개인의 능력을 분석한다.

표 II-28 S단계의 질문 예시(Robinson, 2008)

현 경영상태 규명	현 수행상태 규명
경영목표 및 과정에 문제를 일으키는 근본원인에 대한 해결책을 찾아라.	직무수행상의 격차를 발생시키는 근본원인에 대한 해결책을 제시하라.

S단계(Select the Right SOLUTIONS)는 근본원인에 적합한 해결책을 선택하여 작업환경을 개선하거나 개인의 능력을 향상시키는 것을 목적으로 하는 실행 방안을 수립하는 단계다.

3. 성과 컨설팅 2.0 시대

1990년대부터 성과 컨설팅이 활용되어 왔지만, 최근 들어 성과 컨설팅은 한 단계 업그레이드되고 있다. 과거와 새로운 성과 컨설팅의 공통점과 차이점, 그리고 이를 토대로 미래 방향이 제시되고 있다.

1) 성과 컨설팅의 과거와 현재의 공통점

1990년대와 2000년대의 성과 컨설팅의 공통점은 세 가지로 요약된다(Robinson, 2008). 첫째, 해결책 중심이 아니라 결과에 초점이 맞추어져 있다. 예를 들면, 학습은 문제해결을 위한 하나의 해결책일 뿐, 학습 자체가 결과는 아니다. 성과 컨설팅의 결과는 바로 학습을 통해 수행의 변화가 일어난 상태를 말한다. 조직의 개편도 마찬가지다. 조직을 개편하는 것은 해결책일 뿐이고 그 결과는 조직관리의 효율성 증가이며 궁극적으로는 조직의 성과 향상이다. 따라서 성과 컨설턴트들은 해결책과 결과의 개념을 명확히 구분해서 이해하고, 해결책을 통해 달성될 최종 결과에 대한 이미지를 구체적으로 개념화하고 측정할 수 있어야 한다.

둘째, 성과 컨설팅은 과거나 현재에도 총체적인 시스템 관점을 견지하고 있다. 총체적인 시스템 관점이란 성과 개선에 영향을 미칠 수 있는 다양한 요소들을 복합적으로 고려하는 것이다. 과거 훈련과 개발(T&D)이 조직의 문제를 해결하지 못하는 경우가 종종 있었던 것은 개별적인 훈련 및 개발 프로그램들이 총체적인 시스템 관점을 견지하지 못했기 때문이다. 조직은 내부뿐만 아니라 외부의 복잡 다양한 요소들의 영향을 받는다. 성과 컨설팅은 다양한 요소들 간의 복잡성 속에서 총체적 시스템 관점을 통해 근본원인과 해결방안을 체계적으로 도출하는 방법이다.

셋째, 성과 컨설팅은 결과지향적이다. 성과 컨설팅의 가장 중요한 전제조건이 바로 결과이기 때문이다. 성과 컨설팅의 과정은 결과를 완수하기 위한 절차로 구성되어 있으며, 크게 수행 변화를 위한 준비 단계와 수행 변화를 실행하는 단계로 나뉜다. 성과 컨설팅은 분석, 설계, 실행, 평가의 모든 단계에서 결과지향적인 성격이 두드러진다.

2) 성과 컨설팅의 과거와 현재의 차이점

그렇다면 성과 컨설팅의 달라진 점은 무엇일까? 10년 전에 비해 성과 컨설팅의 모습은 파트너십의 깊이와 수준, 적극적인 기회의 확인, 진단 방법 면에서 다양한 테크놀로지를 활용한다는 점에서 변화하였다. 성과 컨설팅 2.0의 시대가 도래한 것이다.

첫째, 성과 컨설팅 파트너십의 깊이와 수준에서의 변화란 일회성이 아닌 현장과의 지속적인 파트너십을 형성하는 방향으로의 변화를 의미한다. 1990년대에는 프로젝트 단위의 일회성 파트너십이 지배적이었다면, 현재는 고객과의 지속적인 파트너십 관계를 형성하는 방향으로 성과 컨설팅의 깊이와 수준이 변화하였다.

둘째, 기회를 확인하는 관점에서 현재지향적 성격이 아닌 미래지향적 성격으로 변화하고 있다. 고객으로부터 나오는 반응을 중심으로 접근하는 것이 아니라, 적극적으로 관련된 자료를 제공하고, 타당한 근거를 제시하며, 문제를 논의하는 장을 마련하도록 변화하였다. 과거에는 파트너의 업무환경 및 역량상의 문제해결을 통해 경영성과요구를 해결해 주는 현재지향적 대처 중심이었다면, 최근에는 미래의 경영가치를 창출하기 위해 현재의 경영성과 요구를 규명하고 경영의 미래와 관련된 조직의 요구를 적극적으로 탐색하는 방향으로 변화하고 있다. 이러한 변화는 성과 컨설턴트들이 더 많은 기회를 확인하고, 더 지속적이며 더 깊은 수준의 파트너십 관계를 형성할 수 있게 해준다.

마지막으로, 과거와 다르게 진단 단계에서의 테크놀로지 활용이 다양화, 보편화되고 있다. 진단 단계는 성과 컨설팅의 핵심이라고 할 만큼 모든 단계의 성공 여부 결정에 중요한 역할을 한다. 진단 단계에서는 해결중립적인 분석이 이루어져야 하며, 다음과 같은 물음에 대한 답을 찾아야 한다.

- 구체적인 업무에 종사하는 사람들의 요구는 무엇인가? 사업결과가 성취되기 위해 사람들이 해야 하는 일은 무엇인가?

• 특정 역할과 직무에 종사하는 사람들의 최근 성과는 무엇인가? 각 성과요구들은 분명한가? 요구에 부응하지 못한 것은 무엇인가?

전통적인 성과 컨설팅은 대부분 서면 서베이와 면담 기록에 의존했기 때문에 시간이 많이 들고 노동집약적이었다. 이러한 진단의 노동집약성은 체계적이고 종합적인 진단의 수행에 큰 걸림돌이 되었다. 그러나 최근 들어 정보통신기술과 데이터 처리기술이 발전함에 따라 온라인 검색, 이메일 설문, 질적 데이터를 수집하는 소프트웨어, 반응 패드 기술 등이 광범위하게 활용되고 있다. 이제 진단은 기술집약적 진단으로 발전하여 진단의 신속성과 체계성을 동시에 확보하고 있다.

3) 성과 컨설팅의 미래

앞서 살펴본 성과 컨설팅의 과거와 현재를 토대로 성과 컨설팅의 변화 추세를 짐작해 볼 수 있다. 성과 컨설팅은 그 수준과 깊이 면에서 좀 더 지속적이고 적극적이며 효율적으로 변화하고 있다.

성과 컨설팅의 대가인 로빈슨(Robinson, 2008)은 성과 컨설팅의 과거, 현재를 되짚어 보며 2008년 이후의 성과 컨설팅의 트렌드를 다음과 같이 예측하고 있다. 첫째, 성과 컨설팅의 기회 및 요구가 증가할 것이다. 최고경영자들이 성과 컨설팅과 HR의 중요성을 강조하고 있다. 2006년 엑센츄어의 고성과조직연구에서는 65% 이상의 관리자가 HR이 조직의 성장과 깊은 관련이 있다고 응답하였으며, 조직 내에서 중요한 비즈니스 활용 영역의 Top 3에 드는 것으로 인식하고 있다.

둘째, 개인업무(transactional) 및 전술적(tactical) 수준을 넘어선 전략적 성과 컨설팅에 자원과 기회가 집중될 것이다. 지금까지의 성과 컨설팅은 개인업무 수준 향상, 전술적인 접근에 치중하였지만, 앞으로는 그 비중이 줄어들 것이다. 이러한 영역들은 지속적으로 아웃소싱될 것이며 조직 내부자들은 전략적 성과 컨설팅에 집중하게 될 것이다.

셋째, HRD 기능은 '인재관리(talent management)'의 큰 우산 속으로 통합될 것이다. 인재관리의 목표는 사업의 목표를 지원하는 일터성과를 최적화시키는 데 있다. 이를 위해서 채용, 보상, 계발, 경력승계계획, 성과관리 등은 하나의 인재관리의 영역으로 통합되어 공유된 목적하에서 수행될 것이다. 성과 컨설팅은 이러한 기능과 규칙을 넘나들며 통합하는 역할을 수행하는 과정으로 변화하게 될 것이다.

성과 컨설팅의 미래는 양적으로, 질적으로 그 수준이 높아질 뿐만 아니라 보다 전문적인 영역으로 그 입지를 확고히 해 나갈 것이라 전망된다. 따라서 HRD 전문가는 성과 컨설턴트로서의 업무 역량을 개발하여 조직의 전략적 파트너로서의 성장을 꾀해야 할 것이다.

4. 성과 개선을 위한 효율적인 팀 빌딩 방안

조직의 성과에 밀접한 영향을 미치는 팀의 기능이 강화되면 개인의 성과뿐만 아니라 조직의 성과를 향상시켜 보다 큰 시너지를

표 II-29 성과 개선을 보여 주는 팀의 공통점(Guttman, 2008)

1. 고성과 리더의 역할이 중요하다.
2. 팀의 성공에 몰입하는 집단 중심의 구성원들로 이루어져 있다.
3. 집단규칙 및 프로토콜이 효율적으로 운영된다.
4. 성과 개선을 위해 지속적으로 팀을 관리한다.
5. 팀 중심의 성과관리 시스템이 구축되어 있다.

창출할 수 있기 때문에 최근 성과 개선을 위한 효율적인 방안으로 팀 빌딩에 주목하고 있다.

탁월한 성과 개선을 보여 주는 팀은 다섯 가지 공통적인 특징을 지닌다(〈표 II-29〉 참조).

1) 고성과 리더의 역할

변화하는 조직을 성공적으로 이끌기 위해서는 리더의 역할이 무엇보다 중요하다. 조직의 구조가 위계적 구조에서 수평적 구조로 변하면서 조직 변화에 유연하게 대응하기 위한 리더의 역할이 더욱 강조되고 있다. 무엇보다 리더는 이전보다 더 강력하고 새로운 비전을 제시할 수 있어야 한다. 새로운 비전은 액자 속에 죽어 있는 상태에서 벗어나 조직 구성원들과 철저하게 공유되어야 한다. 조직 또는 팀 비전의 공유는 개인 비전과의 일치 정도에 따라 성과에 미치는 정도가 달라진다. 공유된 비전은 개인의 노력과 헌신을 이끌어 내 개인과 팀 인적자원개발을 극대화한다. 리더는 공유된 비전을 토대로 팀 내의 세부적인 문제까지도 공유하고 진단하여 팀의 성장을 이끄는 역할을 해야 한다.

고성과 창출 리더는 팀의 성과 창출을 위해 필요한 요소, 행동 규칙, 책무성을 고려해야 한다. 고성과 창출 리더가 혁신적인 팀을 만드는 방법은 다음 다섯 가지 요소를 고려해야 가능하다(〈표 II-30〉 참조).

표 II-30 혁신적인 팀의 5대 요소(Guttman, 2008)

1. 사업 전략
2. 팀의 목표와 우선순위
3. 구성원의 역할과 책임
4. 팀의 규칙과 약속
5. 사업 관계 및 상호 기대

고성과 창출 리더가 지켜야 할 행동규칙으로 다음 세 가지가 있다. 첫째, 피드백을 제공하거나 받을 때 유연하게 행동하는가? 둘째, 솔로몬 신드롬(흑백논리에 의한 판단)에 의한 의사결정을 하지는 않는가? 셋째, 구성원들에게 책임을 다하는가?

고성과 창출 리더뿐만 아니라 조직의 리더십 체계도 다음과 같이 정렬될 때 그 효과는 더욱 향상된다. 과거 조직에서는 리더 개인에 의해서 조직의 중요한 의사결정이 이루어졌지만, 이제 고성과 창출이 가능한 조직을 구축하기 위해서는 리더뿐만 아니라 조직 구성원 모두가 리더로서의 자질과 역할을 담당할 수 있도록 책무성을 높이는 방안이 필수적이다. [그림 II-65]의 책무성 사다리는 조직의 체계적인 책무성을 5단계로 구분하고 있다.

[그림 II-65] 책무성 사다리(Guttman, 2008)

2) 성과목표의 수준 향상과 관리

팀의 지속적인 성과 창출을 위해서는 두 가지 영역의 개선이 필요하다. 먼저, 팀의 목표를 지속적으로 높이고 이러한 목표 설정으로 인해 생기는 수행 문제 해결을 철저히 연계해야 한다. 팀의 목표 달성은 팀 차원의 수행 문제를 해결하지 않고서는 이루어질 수 없다. 때문에 팀 전체의 수행 문제를 진단하고 이를 해결하는 과정과 조직의 목표를 연계해야 한다.

다음으로, 조직의 목표 달성 정도와 팀 차원의 수행 문제 해결의 정도를 지속적으로 모니터링하고 평가해야 한다. 관리되지 않은 목표와 수행 문제는 우연에 의해 문제가 해결되고 성과가 향상되기를 기대하는 것과 동일하기 때문이다. 측정 · 진단되지 않고 관리될 수 있는 것은 조직 내에 존재하지 않는다. 팀 리더의 책무에 조직 구성원의 역량과 발전 가능성, 수행 문제를 지속적으로 모니터링하고 진단하는 일이 최우선적으로 강조되는 것도 이러한 이유 때문이다.

팀의 성과관리 시스템이 효율적으로 운영되기 위해서는 세 가지 원칙을 준수해야 한다. 첫째, 개인과 팀의 목표가 공유되도록 한 뒤 양자의 균형을 조절한다. 개인이 추구하는 목표와 팀의 목표가 공유되지 못하면 조화를 달성하는 것 자체가 불가능하다. 둘째, 고성과자의 행동지표에 기반을 두어 팀의 성과를 관리한다. 팀의 성과 창출과 관련하여 모범이 되는 우수한 구성원의 행동을 지표화하여 평가하고, 이를 팀 전체에 적용하여 팀 구성원들에게 일정한 긴장을 유지시킨다. 셋째, 팀 중심의 보상 방안을 개발한다. 개인 중심의 보상 방안은 개인의 역량을 증진시킬 수 있으나, 팀의 조직력을 무너뜨릴 우려가 있다. 팀 중심의 프로젝트 운영 방식이 보편화되어 있는 현대 조직에서는 개인 보상 방안뿐만 아니라 팀 중심의 보상 방안을 개발하여 협동심과 조직력을 증진시켜야 한다.

5. 성과개선모형과 훈련 및 역량모형과의 결합

성과 개선은 해결책 중심이 아니라 결과 중심이다. 성과 없는 개선은 무용지물이라는 것이 성과 개선의 기본철학이다. 최근 과거의 수행공학모형이 훈련 및 역량모형과 연계되면서 얼라인먼트가 강조되고 있는 것도 이런 성과 개선의 기본철학을 현장에 구현하기 위해서다.

〈표 II-31〉의 얼라인먼트 모형은 다섯 가지 핵심 요소로 이루어진 성과 개선의 과정을 설명해 준다. 무엇보다 성과 중심의 얼라인

표 II-31 얼라인먼트 모형의 5가지 핵심요소(Stone, 2008)

정렬사항	설명
요구 (needs)	요구는 현재와 미래의 실행 간 예상되는 차이와 그 원인을 밝히기 위한 근원적인 요소다. 구성원들의 수행 문제와 관련된 요구들을 확인한다.
설계(design)	결과, 실행, 수행의 준비도, 훈련과 수행설계 및 측정을 통해 근본적인 문제를 해결하도록 설계한다.
개발 및 전달 (development & delivery)	수행 문제 해결 방안은 수행자들의 능력, 자신감, 관습의 탈피, 학습동기 및 의욕, 지정된 지식, 기술, 행동의 수용 등을 촉진하는 과정으로서의 개발 및 전달과정을 포함한다.
실행(execution)	실행은 위 3요소의 적합성에 따라 영향을 받으며, 최고경영층의 지원과 구성원들의 주도적인 참여를 통해 극대화된 효과를 얻게 된다.
결과(outcome)	결과는 요구분석을 통해 달성하고자 했던 최종 상태로서 목표 달성도의 측정으로 구체화된다.

먼트 모형은 조직이 기대하는 성과를 창출하기 위해 훈련과 수행 문제 해결방안을 연계하고 있다. 기존의 모형에서는 결과 및 실행과 관련된 부분인 성과에만 집중하는 경향이 있었으나, 결과에 영향을 미치는 과정을 통제하지 않으면 높은 성과가 보장되지 않는다는 점이 확인되면서 과정에서 어떤 일이 일어나는지, 무엇이 중요한 영향을 미치는지를 집중해서 탐색한다. 그 결과, 구성원들의 수행준비도 수준이 성과 개선 방안의 성패를 좌우한다는 점이 확인되고 있다. 해결책을 받아들이고 활용할 수 있는지 여부가 얼라인먼트 모형에서 강조되고 있다. 따라서 성과(performance) 단계와 준비(readiness) 단계가 연계된 성과개선모형이 활용되고 있다.

조직에서 핵심역량모형을 구축하는 이유는 주어진 일을 수행하

표 II-32 **성과와 준비도의 연계(Stone, 2008)**

	요소	세부 내용
성과 (performance)	사업성과	조직 또는 사업이 추구하는 결과를 확인한다.
	계획된 실행	해야 할 것과 하지 말아야 할 것을 구분하고, 개인 또는 팀의 수행이 사업 비즈니스에 미칠 영향을 고려한다.
준비도 (readiness)	수행준비도	계획된 업무의 수행에 필요한 개인 또는 팀의 역량, 자신감, 의욕 등을 확인하고, 이러한 요소들이 오래된 관습의 극복이나 경영성과에 미칠 영향을 진단한다.
	선호도	해결책의 전달 방법과 설계에 대한 구성원 혹은 고객의 선호도를 확인한다(예: 선호 · 비선호 기대사항, 선호 학습 스타일, 선호 전달 방법 등).

는 방법을 명확히 제시하는 데 기여할 뿐만 아니라 핵심 성과를 관리하고 개발하는 데 필요한 ① 구성원 성과 리뷰, ② 채용과 선발, ③ 훈련 프로그램, ④ 코칭과 규율, ⑤ 승진과 보상, ⑥ 승계계획/핵심 인재 보유, ⑦ 진단 및 평가 기준, ⑧ 조직문화/미션 등의 요소에 긍정적인 영향을 미치기 때문이다.

조직의 성과를 향상시키기 위해서는 핵심역량모형과 성과 개선에서 강조되는 얼라인먼트를 결합하는 방법이 활용된다. 발레로(Valero) 사의 사례는 핵심역량모형을 적용하여 조직의 효율적인 정렬과 통합을 구축한 성공 사례로 꼽힌다. 발레로 사는 에너지 회사로 타사와의 합병 후 핵심 역량의 구축을 통해 어떻게 성과를 향상시킬지 고민해 왔다. 조직 M&A 과정에서 조직 간 발생하는 핵심 역량의 차이를 조정하고, 이를 조직의 성과 개선을 위한 핵심 역량으로 최적화하는 과정을 사례에서 잘 보여 주고 있다.

발레로(Valelo) 사의 핵심역량모형 구축 사례

2008 ASTD에서는 성과개선모형에 핵심 역량을 적용한 발레로(Valero) 사의 사례가 소개되었다. 발레로 사는 에너지 회사로, 타 회사와의 성공적인 M&A를 위해 핵심 역량을 만들고, 성과 개선 방안에 대해서 고민해 왔다. 발레로 사 교육의 특징은 다섯 가지 핵심 역량 교육과 네 가지 관리 역량 교육이 조직 구성원의 훈련 프로그램에 통합되어 제공된다는 점이다. 그리고 이러한 핵심 역량 교육은 경영목표와 연계 및 통합되어 큰 효과를 거두었다.

발레로 사의 핵심역량모형은 다음과 같은 점들에 주목하게 한다. 첫째, 조직과 글로벌 환경에 최적화된 리더십 모형을 창출한다. 둘째, 조직 중심의 가치를 고수하는 것보다 가치의 다양성을 인정하고 조직 구성원들의 개별화된 가치를 존중한다. 셋째, 과감하게 리드하고, 문제를 해결하고, 방향을 제시한다. 개혁에 대한 저항과 순응적인 조직문화는 개혁의 대상이며 적극적으로 해결되어야 한다. 넷째, 필요한 시점에 맞추어 행동요건과 정의들을 지속적으로 재수정한다. 마지막으로, 경영환경의 변화에 맞추어 핵심 역량을 지속적으로 수정 · 추가하고 경영목표와 연계한다.

자료: Karger(2008).

6. 성과 개선을 위한 조직문화 분석

에드거 셰인(Edger Schein)은 "효과적인 조직을 만드는 방법은 공통의 목표, 공통의 언어, 공통의 문제해결 과정을 혁신하여 다른 하위 문화들을 섭렵하는 문제와 깊이 관련되어 있다."고 함으로써 조직의 효과성과 조직문화의 밀접한 관련성에 주목하였다. 조직의 성과를 향상시키고자 하는 성과 컨설턴트라면 조직문화의 이해는 필수적이다. 좋은 해결책이라도 그것을 수용할 수 있는 문화인지 아닌지를 판가름하는 것은 성과 개선을 지향하는 조직문화의 조건에서 매우 중요하다.

조직문화는 〈표 II-33〉과 같은 여섯 가지 기본요소로 구성되어 있다.

표 II-33 조직문화의 여섯 가지 기본요소(Willmore, 2008)

1. 가치
2. 명시화되지 않는 상호작용과 관습 및 전통
3. 특수한 용어들
4. 권력관계
5. 상징물
6. 업무 스타일

조직문화의 요소들은 모두 조직의 성과와 관련되어 있으며, 성과 컨설턴트는 다음과 같은 방법을 활용하여 조직문화를 분석할 수 있어야 한다. 성과 컨설턴트들이 조직문화를 분석할 경우 외형적 사실 이면의 조직규칙과 오랜 관행을 확인하는 것이 중요하다. 아울러 전체 문화에 내재된 하위문화들도 분석해야 한다.

첫째, 조직의 보상 및 처벌체계 분석은 조직의 문화를 드러내는 가장 효과적인 방법이다. 조직에서 가장 중시하는 가치가 무엇인지는 어떤 가치가 가장 중요하게 보상되고 있는지를 분석하면 알 수 있다. 최고경영층부터 관리직에 이르기까지 어떤 행동과 역량을 가장 우선적으로 보상해 주고 있는지를 분석하는 작업이 필요

표 II-34 조직문화의 일곱 가지 분석 기법(Willmore, 2008)

1. 조직의 보상 및 처벌체계 분석
2. 열 가지 잠재규칙 규명
3. 조직에서 공유된 스토리 규명 및 수집
4. 조직문화를 가장 잘 보여 주는 핵심 사건 및 이벤트
5. 조직의 멘탈모형 규명
6. 실패한 변화 해결책 분석
7. 새로운 조직 구성원의 조직문화 통합 방법

하다. 다음으로, 인사고과나 역량평가를 위해 측정되고 관리되고 있는 분야가 무엇인지를 분석하여 양자가 연계되고 있는지를 규명해야 한다. 뿐만 아니라 어떤 행동이 처벌되고 배제되는지를 분석함으로써 조직문화 속에 내재된 금기사항을 드러내고, 이 중 조직이 구성원들에게 기대하는 행동과 배치되는 것이 있는지 확인해야 한다.

둘째, 열 가지 잠재규칙 규명은 공식적으로 언급되지 않는 숨은 규칙들을 규명하는 작업이다. 먼저 일터를 잘 기술한다고 생각하는 단어 열 가지를 사람들에게 조사해서 선정한다. 예를 들면, 엔지니어에게 의견제안의 우선권을 준다든지, 회사의 위기상황이라도 품질관리는 철저히 해야 한다든지, 모든 구성원이 업무 실행 전에 의견을 공유해야 한다든지 등의 규칙들이다. 구성원들에게 설문조사나 포커스 그룹 인터뷰를 실시할 수도 있다. 그중 '열심히 일하기, 진실만 말하기, 조직 구성원 간 상호 존중하기' 등 너무 진부하거나 이상적인 규칙들은 배제한다.

셋째, 조직에서 공유된 스토리를 규명하거나 수집하는 방법이다. 스토리 속에는 문제상황, 등장인물, 구성, 전개과정 등이 포함

되어 있어야 한다. 스토리는 조직문화를 반영하는 한 부분이며, 규명된 스토리와 그 변화과정을 추적하면 문화 속에 숨겨진 메시지를 드러낼 수 있다.

넷째, 조직문화를 가장 잘 보여 주는 핵심 사건이나 이벤트를 분석하는 방법(critical incident technique)이 있다. 조직이 위기에 처했을 때의 실행조치나 대응방안 등에는 조직문화의 실체가 드러난다. 설문조사를 통해서는 이러한 핵심 사건을 찾을 수 없다. 1982년 타이레놀 복용으로 사망사고가 일어난 뒤 5천만 달러(약 65억 원)라는 어마어마한 돈을 들여 시중에 유통된 모든 타이레놀을 회수한 존슨 앤 존슨(Johnson & Johuson) 사의 타이레놀 사건은 기업의 위기상황에서 CEO가 어떤 가치를 지향하며 어떤 조직문화를 지향하고 있는지를 잘 드러내주는 핵심 사건의 좋은 예다.

다섯째, 조직문화를 분석하는 또 다른 방법이 조직 구성원들의 정신모형(mental model) 분석이다. 인간의 행동은 자신의 정신모형에서 나온다. 각 개인이 지니고 있는 근본적인 가치관, 신념, 기업과 경영에 대한 사고, 전략, 마인드 셋 등이 통합되어 있는 정신모형 분석을 통해 구성원들의 행태를 지배하는 근원을 밝힐 수 있다. 개인만이 아니라 팀의 정신모형 분석을 통해 팀의 성과를 향상시키는 데도 활용할 수 있다.

여섯째, 실패 사례 분석을 통해서 조직문화를 분석할 수 있다. 실패 사례의 진행 과정은 어떠했고 어떤 사람들이 관여해서 왜 실패했는지를 분석해 보면 조직을 구성하는 사람들 간의 상호작용, 이면의 가치 등이 드러난다. 성공 사례보다 실패 사례가 조직의 문화를 이해하는 데 더 중요한 정보를 제공한다. 실패 사례의 분석에서 주의할 점은 실패에 대한 책망이나 속죄양이 발생하지 않도록 해야 한다는 점이다.

마지막으로, 조직 구성원들의 동화과정 분석이다. 구성원들의 동화과정을 구체적으로 분석함으로써 조직문화의 특징과 성격을 규명할 수 있다. 동화과정은 새로운 구성원이 진입하는 데 거쳐야 하는 관례와 그 과정으로의 입문과 종료 사이에 발생하는 특징적인 일화들로 구성된다. 신고식, 신입딱지 떼기 등의 분석을 통해 회사나 부서에 신규로 진입하는 사람들이 어떻게 동화되며 관리되는지를 규명한다. 기존 구성원이 신입사원을 응대하는 방법, 신입사원들에게 요구되는 역할, 인식, 가치 등을 조사하는 것이 그 예다.

이상에서 살펴본 최근 ASTD에서 나타난 성과 개선의 변화는 전략적 HRD로의 발전에 중요한 시사점을 제공한다. 무엇보다도 성과 개선은 조직 구성원 개인과 조직 전체의 성과 창출이라는 총체적 시스템 관점으로 발전하고 있다. 특히 보다 구체화되고 개선된 성과개선모형과 도구들이 새롭게 개발되고 있고, 훈련과의 연계, 역량모형과의 연계가 이루어지고 있다.

HRD 전문가는 기존의 훈련 · 개발의 영역에서 보다 전략적인 조직성과 창출 방안 및 조직 문제에 대해서 다양한 내적 · 외적 환경 요소들을 종합적으로 고려할 수 있는 능력을 길러야 할 것이며, 특히 성과 개선에는 조직문화, 팀 빌딩과 같은 HRD와 관련된 조직의 장기적인 과제들을 효율적으로 개선함과 동시에 성과와 연계시키는 체계적인 방안이 필수적이다.

07
측정 · 평가 및 투자수익률

Measurement, Evaluation, & ROI

기업이 교육과 훈련에 투자하는 가장 큰 이유는 투자를 통해 개인과 조직의 역량을 향상시킬 수 있고 이러한 역량 향상이 조직의 성과로 이어진다는 믿음 때문이다. 교육과 훈련이 '하면 좋은 것(nice to do)' 정도로 치부된다면, 교육을 통해 개인이나 조직에게 구체적으로 무엇이 달라지는지를 확인하기 위한 측정과 평가의 가치는 미약할 것이다. 이 트랙의 명칭에서 측정은 현상을 수치화(number)하는 것이고 평가는 그런 수치에 의미를 부여해 가치(value)를 분류하는 과정이다. 다음의 몇 가지 연구에서 제시되고 있는 수치들은 교육 프로그램의 성과를 측정하고 평가하는 일이 왜 중요한지를 보여 준다.

1. 미국 및 유럽 회사의 55%가 수행 문제를 지니고 있다(Csoka, 1994).
2. 1975년 형식 학습의 현업활용도는 15%였다. 30년 뒤 2005년에도 여전히 15%이다(Kirkpatrick, 2008c).
3. 미국 기업교육에 투자된 비용의 90%가 스킬 전이 면에서 효과가 없다(Baldwin & Ford, 1988).
4. 학습을 직무 수행에 전이하는 학습자는 별로 없다(Tannebaum & Yukl, 1992).
5. 기대하는 성과에 대한 훈련의 고유한 효과는 10~30%이다(Stolovitch, 2000).

그렇다면 교육 프로그램을 평가하는 구체적인 이유는 무엇일까? 그것은 세 가지로 요약된다(Kirkpatrick, 2008a). 첫째, 개별 프로그램의 존속 여부를 결정하기 위해서다. 프로그램의 효과성을 판단할 수 있는 구체적인 정보를 생산해야 향후 해당 프로그램을 계속 운영할 것인지, 용도폐기할 것인지 결정할 수 있다.

둘째, 프로그램의 개선점을 찾기 위해서다. 첫 번째의 존속 여부 평가를 통과한 프로그램은 어떻게 개선할지의 정보가 필요하다. 학습자, 프로그램 자체, 근무환경 등 다양한 요인으로 인해 일어나는 교육효과성의 잠식이 어느 정도, 어떻게, 왜 일어나는지 확인해서 문제점을 개선하는 것이다. 지속적인 개선만이 지속적인 성과를 낼 수 있다. 이런 점에서 보면 교육 프로그램의 평가는 주로 개별 프로그램의 효과를 측정하는 것이 주된 목표다.

셋째, HRD 부문의 존재 이유를 정당화하기 위해서다. 프로그램 평가는 훈련의 효과를 극대화하기 위해 훈련이 전략과 어느 정도로 연계되어 있는지를 확인하고, 훈련의 가치를 어떻게 보여 줄 것인가에 대한 답을 찾기 위한 과정이다. 넓은 의미로 보면 평가의 목적은 개별 프로그램 차원을 넘어 HRD 부문 전체가 경영성과에 얼마나 기여하고 있는지를 총체적으로 보여 주는 것이다. 개별 프로그램의 평가 점수를 종합한 수치가 경영성과에 얼마나 기여했는지를 보여 주지는 못한다. 따라서 개별 프로그램을 넘어선 매크로 시스템 차원의 HRD 평가가 필요하다. 매크로 평가는 성과표(scorecard)와 평가를 연계하는 트렌드로 나타나고 있다. 경영 전략으로서의 학습에서 설명한 WLP 성과표가 그 일례다.

HRD 평가에서 제기되는 가장 중요한 두 가지 과제는 첫째, 2수준의 학습을 3수준의 행동으로 어떻게 효과적으로 전이되게 하느냐와, 둘째, 이를 어떻게 효과적으로 측정하여 경영진과 현장 관리자들에게 교육의 가치를 보여 주느냐의 문제다. 특히, HRD 전문가의 약 80%가 훈련과 개발이 평가를 통해 보여 줄 수 있는 것보다 조직에 더 많이 기여하고 있다고 인식하고 있다는 점에서 후자는 더욱 중요한 문제다.

현장의 프로그램 평가가 안고 있는 두 가지의 실질적인 문제에 대한 고뇌는 교육훈련 프로그램이 경영성과에 얼마나 기여하는 지를 어떻게 보여 줄 것인가에 대한 고민으로 이어져, 상당수의 기업으로 하여금 투자비용 대비 수익의 정도를 분석하는 투자수익률(ROI: return on investment) 평가를 도입하게 하였다. ASTD에서는 필립스의 ROI모형을 적용한 사례가 해마다 두 세션 이상씩 발표되고 있다(2004년 2개 세션, 2005년 4개 세션, 2006년 2개 세션, 2007년 5개 세션, 2008년 3개 세션).

최근에는 ROI 기법이 프로그램의 효과성평가 결과 나타나는 금전적 수익을 수치로 제시한 이후에 무엇을 어떻게 해야 하는지에 대한 구체적인 처방을 제시하지 못한다는 한계에 직면하면서 ROI의 대안적 접근을 모색하는 사례도 소개되고 있다.

지난 5년간 ASTD의 트렌드에서 가장 광범위하게 활용되는 평가 틀은 여전히 커크패트릭(Donald Kirkpatrick)과 필립스(Jack Phillips)의 모형이다. 그러나 평가의 기본인 1수준, 2수준 평가 자료는 자료 생산량에 비해 활용도가 낮다는 문제가 있어 프로그램 개선에 유용한 정보를 생산하는 평가 방법을 활용해야 한다는 점이 강조되고 있다. 특히, 교육이 현장의 성과 향상에 얼마나 기여하는지에 대한 관심이 증대하면서 3수준 이후의 평가가 강조되고 있고, 이를 정교화한 방법인 성공사례기법(SCM: success case method)이 등장하여 확산되고 있다.

1. 커크패트릭의 4수준 평가모형과 그 이후

1960년대 이래 50여 년간 커크패트릭의 4수준 평가모형은 기업의 교육 프로그램 평가를 지배해 왔으며, 지난 5년간 ASTD의 측정 · 평가 및 투자수익률 트랙에서도 여전히 그 위세를 떨치고 있다. ASTD의 벤치마킹 포럼(Benchmarking Forum) 조사에 따르면, 미국 기업교육 프로그램의 91%가 1수준 평가를 활용하고 있고, 54%가 2수준 평가를, 23%가 3수준 평가를, 그리고 8%가 4수준 평가를 적용하고 있다(Sloman, 2008). 한 가지 변화는 각 수준의 세부적인 실천 기법이 발전하고 있다는 점과 필립스의 ROI 모형이 확산되고 있다는 사실이다.

커크패트릭은 자신의 박사학위논문에서 4수준 모형을 고안한 이후, 1959년 *Training and Development* 지에 게재한 논문인 「훈련 프로그램 평가를 위한 기술(Techniques for Evaluating Training Programs)」을 통해 훈련평가를 위한 4수준 모형을 소개했다. 이 모형의 1수준(반응)에서는 학습자의 훈련 프로그램에 대한 만족도를 평가한다. 2수준(학습)에서는 지식, 기술, 태도 및 행동 습득의 정도를, 3수준(행동)에서는 현업에서의 행동 변화 정도를, 4수준(결과)에서는 학습자에 의한 경영성과 향상 정도를 평가한다. 커크패트릭 모형은 프로그램 평가의 세계적인 표준으로 받아들여지게 되었다.

이후 필립스는 커크패트릭 모형의 4단계를 경영성과 기여도와 ROI로 분리하여 5단계 모형으로 발전시키고, ROI 기법을 정교화하여 현장에서 활용할 수 있는 절차모형을 개발하였다. 필립스가 커트패트릭과의 대담에서 "당신 때문에 내가 평생 동안 할 일이 생겨 고맙다."는 말을 할 정도로 커크패트릭의 유산은 기업교육 프로그램 평가에 깊고 넓은 영향을 미쳤다. 커크패트릭과 필립스의 평

커크패트릭 모형		필립스 모형
반응	1수준	학습자 만족도
학습	2수준	학습성취도
행동	3수준	현업활용도
결과	4수준	경영성과 기여도
	5수준	투자수익률

[그림 II-66] 커크패트릭과 필립스 평가모형의 비교

가모형을 각 수준별로 비교하여 제시하면 [그림 II-66]과 같다.

평가에서 한 가지 주목해야 할 점은 대부분의 사람들이 교육 프로그램 평가가 1수준에서 시작해 4수준, 5수준을 향해 나아가는 것으로 생각한다는 사실이다. 물론 데이터의 수집은 1수준에서부터 시작한다. 그러나 효과적인 평가 프로그램을 구성하기 위해서는 4수준인 성과에서 시작해야 한다. 끝이 시작인 것이다(The end is the beginning)(Kirkpatrick, 2008b). 완전한 평가모형은 4수준에서 시작해 1수준으로 내려온다. 프로그램의 시작점에서 프로그램을 통해 어떤 결과를 기대하는지를 구체적으로 파악하는 것으로부터 평가는 시작된다.

2. 요구분석과 평가의 체계적 연계

경영 전략은 평가를 결정하고, 평가는 전략을 실행에 옮기는 도구다(Kirkpatrick, 2008b). 경영 전략은 수행목표로 전환되고, 수행목표는 다시 교육요구로 전환되어 전략, 목표, 교육요구가 평가의 대상이자 기준이 된다. 이러한 전략과 평가의 연계 구조는 교육 프로그램의 평가계획이 분석(analysis) 단계부터 이루어져야 함을 시사한다.

궁극적으로 요구분석과 평가는 동일 단계로 취급되어야 한다. 요구와 평가는 동전의 앞뒷면과 같기 때문에, 평가는 초기의 요구분석 단계부터 계획되어야 하고, 요구의 내용이 평가의 기준에 반영되어야 한다. 교육 프로그램의 설계 단계에서 해당 프로그램에 대한 요구가 사업성과의 향상인지, 지식 혹은 기술의 습득인지, 아

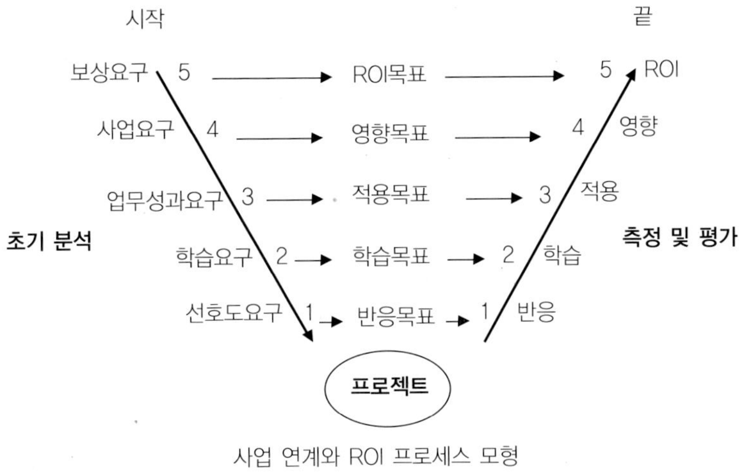

[그림 II-67] 요구분석, 프로그램 목표 및 평가의 연계 구조(Phillips, 2008)

니면 만족도의 향상인지에 따라 평가의 내용이 결과, 행동, 학습 혹은 반응으로 결정된다. 요구분석과 평가의 순환모형을 도식화하면 [그림 II-67]과 같다.

요구분석에서 요구의 다섯 가지 수준은 측정 · 평가의 각 수준에 대응된다. 1수준의 반응평가는 프로그램의 선호도에 대한 요구를 기초로 해야 하고, 2수준의 학습평가는 학습자의 학습에 대한 요구를 기초로 실시된다. 3수준의 현업 적용 단계는 업무성과에 관한 요구와 관련이 있고, 4수준의 경영성과에 대한 영향은 사업에서의 요구와 연관되며, 5수준의 ROI는 교육 프로그램이 조직에 가져오는 이익에 관한 초기 요구와 관련된다. 이와 같이 각 단계에 걸쳐 요구평가, 프로그램의 목표 그리고 평가 활동이 상호 간에 긴밀하게 연계되어 있다.

3. 1, 2수준 평가의 적합한 활용과 효과적인 평가자료 분석

프로그램 평가에서 교육 및 훈련 프로그램의 가치를 보여 주는 방법은 인과적 관계를 증명(proof)하는 방법과 설득력 있는 논리적 근거(evidence)를 제시하는 방법으로 나누어 생각해 볼 수 있다. 전자는 인과적 관계의 입증이 목적이고, 후자는 논리적 근거를 제시함으로써 이해관계자, 특히 교육투자자를 설득하는 것이 목적이다. 기업 HRD 현장에서의 평가는 입증이 아닌 논리적 설득에 초점을 두고 있다. 논문을 쓰기 위해 평가하는 것은 아니기 때문이다.

평가의 기능과 방법을 현장지향적으로 이해하면 정확한 검사(precise measure)보다는 합당한 검사(reasonable measure)를 개발하는 데 초점을 맞추게 된다. 그러므로 100% 객관적인 데이터가 아니더라도 의사결정을 내릴 수 있는 정도면 충분하고, 완벽한 데이터를 생산하기 위해 너무 많은 비용과 시간을 투자하는 것은 바람직하지 않다는 점에서 평가의 실용도가 강조되고 있다. 교육 및 훈련 프로그램을 평가하는 방법이 갖추어야 할 4대 기준 역시 신뢰성, 타당성, 단순성 그리고 실용성인 점을 고려하면 단순성과 실용성은 평가모형의 가치를 판단하는 중요한 기준임을 알 수 있다.

1, 2수준 데이터를 효과적으로 활용하는 방법과 평가 데이터를 과학적으로 생산하고 처리하는 방법은 평가의 실용성이 아무리 강조되고 평가의 목적이 증명에서 설득 근거의 생산으로 진화해도 여전히 중요한 문제다.

1) 1수준 평가의 효과적 활용

커크패트릭과 필립스 평가모형의 1단계는 학습자의 훈련에 대한 반응 혹은 만족도를 평가하는 단계다. 반응 혹은 만족도 평가의 항목을 통해 실제 학습이 일어났는지 여부를 평가할 수는 없으나, 이 단계의 평가결과는 교수자와 교육담당자에게 학습자 및 조직의 요구에 부합하는 과정으로 개선하거나 보완하는 데 활용할 수 있는 중요한 정보를 제공한다.

교육 프로그램에서 학습자의 반응을 평가한 결과를 활용하는 이유는 [그림 II-68]과 같다. 그림에서 교수자의 유형이나 사람들 간의 상호작용이 학습자의 반응을 가장 잘 예측할 수 있는 변인임을 알 수 있다. 아울러 반응은 동기와 자기효능감의 변화를 예측할 수

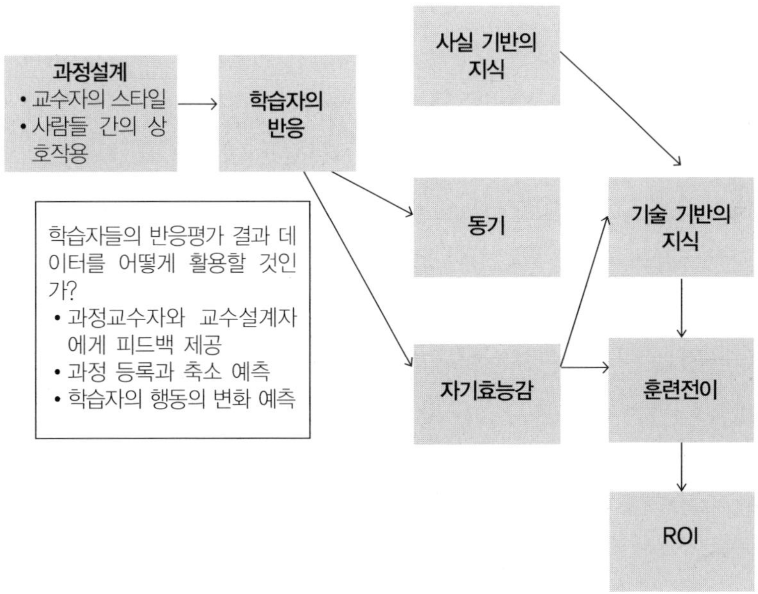

[그림 II-68] 프로그램 평가에서 학습자 반응의 역할(Sitzmann, 2008)

있고, 자기효능감은 기술에 기반을 둔 지식과 훈련전이의 예측변인이 된다. 결과적으로 이 변인들은 ROI에 영향을 주게 된다(Sitzmann, Brown, Casper, Ely, & Zimmerman, 2008).

기업의 훈련개발에 투자되는 예산 중 평가에 배당되는 예산은 3~5% 정도다. 적은 비용이 아닌 재원을 투자하여 만족도평가를 하지만 여전히 몇 가지 문제점이 존재한다(Phillips, 2008).

먼저, 해석이 어렵거나 결과가 의심스러운 자료, 실효성이 없는 자료를 수집하는 문제점이다. 학습 개선에 도움이 되는 요소들이 저평가되거나 개선이 필요한 요소들이 고평가되기도 한다. 1단계 평가의 핵심 목적은 무엇인가를 입증(prove)하는 것이 아니라 학습 프로그램을 개선(improve)하는 것이다. 1단계 평가결과가 얼마나 유용한지에 관한 질문에 대한 대답을 들어 보면 매우 유용하지 않다는 의견이 지배적이다. 만족도평가는 거의 모든 기업에서 실시하고 있지만 프로그램 개선을 위해서는 거의 활용되고 있지 않다는 문제점이 있다. 따라서 커크패트릭이나 필립스의 모형을 토대로 교육 프로그램에 대한 반응이나 만족도를 평가할 때, 활용되지 않는 불필요한 정보는 생산하지 말아야 한다.

커크패트릭이나 필립스의 모형을 활용할 때 비용과 시간을 절약하면서 충분히 논리적이며 합당한 자료를 토대로 평가를 실시해야 한다는 점은 자명한 사실이다. 필립스는 1단계 평가에서 유효한 결과를 산출하기 위한 요령을 다음과 같이 여섯 가지로 제시하고 있다(Phillips, 2008).

1. 적절하다면 질적인 질문과 양적인 질문을 짝지어서 함께 질문하라.
2. 리커트(Likert) 척도를 사용하여 양적인 자료를 수집할 때 일정한 간격으로 숫자를 배열하고 양 끝에만 말로 응답 척도의 의미를 표시하라.
3. 응답 척도는 홀수만 표시한다(예: 1, 3, 5, 7, 9, 11).
4. 낮은 숫자는 아래쪽 또는 왼쪽, 높은 숫자는 위쪽 또는 오른쪽에 배치한다.
5. 문항은 연속성을 묻거나 진술문 형태로 기재한다.
6. 학습내용이나 제공 자료가 학습자에게 얼마나 적절했는지, 학습자의 직무와 얼마나 관련성이 있는지에 대해 평가하는 항목을 적어도 한 문항 이상 넣는다.

커크패트릭은 다음의 여섯 가지 지침을 참고하여 1단계 반응평가를 실시할 것을 권하고 있다(Kirkpatrick, 2008b).

1. 평가자가 진정으로 알기를 원하는 정보가 무엇인지 결정하라.
2. 반응을 양화할 수 있는 형식으로 제작하라.
3. 서술형 피드백을 독려하라.
4. 그 자리에서 모든 설문지를 회수하라.
5. 받아들일 수 있는 기준을 개발하라.
6. 이 기준을 계속되는 반응평가에 활용하라.

커크패트릭이나 필립스의 평가모형을 활용하여 교육 프로그램을 평가하는 데 있어서 여러 가지 제약사항이나 한계가 존재함에도 불구하고, 평가를 위해서는 모든 단계의 평가 데이터를 수집해야 한다. 왜냐하면 각 단계의 평가결과를 통해 단계 간의 연계성을 파악할 수 있기 때문이다. 즉, 상위 단계의 문제점을 하위 단계에서 파악할 수 있다. 예를 들어, 3단계의 현업활용도가 저조하면 그 원인은 학습 부실, 강의내용 부실, 강사 부실, 활용 근무환경 지원 부족 등으로 다양하게 분석할 수 있는데, 1단계 만족도평가에서 강사 만족도가 낮으면 3단계 평가결과가 낮은 원인이 교육 프로그램의 설계 및 전달에 있었다고 추정할 수 있는 근거가 되기 때문이다.

2) 2수준 지식평가의 정교화

기업 HRD에 역량접근이 광범위하게 도입되면서 역량진단 또한 널리 보급되고 있다. 역량의 하위요소를 세분화하고 이에 대한 상급자나 부하직원의 인식을 통해 개인의 역량을 평가하거나, 평가센터(assessment center)와 같이 체계적이고 전문적인 관찰을 통한 역량평가가 널리 활용되고 있다. 문제는 기술발전과 경영환경의 급격한 변화는 역량의 안정성을 흔들고 있다는 점이다. 과거부터 현재까지 최고 성과를 보인 고성과자에 기초해 만들어지는 역량 리스트가 미래의 어느 시점까지 유효할 것인가? 특히, 직무교육 분야의 경우 몇 안 되는 역량 리스트로 급변하는 지식과 기술의 발전에 완벽하게 대응할 수도 없다. 세분화, 전문화가 급속히 진행되고 있는 다양한 직무 분야의 경우는 역량평가보다 오히려 지식평가가 더 적합할 수 있다. 따라서 교육 프로그램의 평가에서도 지식평가의 중요성과 방법이 새롭게 조망되고 있다.

조직 구성원의 지식을 측정 · 평가하는 것은 늘 중요한 문제였으나, 특히 최근 들어 타당한 지식평가의 개발이 강조되고 있다. 측정 · 평가 트랙에서는 지식기반 검사 설계, 문항 출제, 사전검사의 모범 사례 적용, 문항분석 기법을 활용한 검사 문항의 오류 진단과 수정 방법이 꾸준히 다루어지고 있다.

그렇다면, 지식을 평가하는 것이 왜 중요한가? 첫째, 훈련기간 동안 학습을 촉진하고, 둘째, 학습자들의 지식과 기술의 축적 정도를 측정하며, 셋째, 직무 상황에 적용할 수 있는 지식과 기술을 개발할 수 있고, 넷째, 시간이 지난 후에도 지식, 기술을 유지하고 있는지 확인할 수 있으며, 다섯째, 관리자들이 학습을 지원할 수 있도록 하고, 여섯째, 훈련 방법을 개발함에 있어 훈련담당자에게 피드백을 제공할 수 있고, 일곱째, 계속적인 학습 분위기를 장려하고 학습에 대한 책임감을 갖게 하기 때문이다.

지식평가가 갖는 전략적 의의도 되새겨 보아야 한다. 경영목표와 이를 달성할 수 있게 하는 역량을 도출하고 이러한 역량의 육성이 교육목표로 설정된다. 이렇게 명확히 정의된 교육목표는 학습목표로 세분화되고, 학습목표 달성 정도를 어떻게 측정할 것인가가 평가에 영향을 주게 되고, 학습내용은 평가의 내용이 되며, 평가결과는 다시 교육 프로그램의 개선에 활용된다. 결국, 훈련 프로그램과 평가결과는 직무성과로 이어지고, 이를 통해 경영목표가 달성된다.

이에 따라 효과적인 평가를 개발하는 과정과 방법이 더욱 중요해진다. 효과적인 평가를 개발하기 위해서는 다음의 여섯 가지 단계를 거쳐야 한다. 첫 번째 단계는 평가목표를 숙지하는 것이다. 평가가 왜 이루어져야 하고 어떤 결과가 측정될 것인가에 대한 명확한 이미지가 그려져야 한다. 조직의 평가 전략과 목표에 대한 사전 논의가 필요하다.

두 번째 단계는 평가의 청사진을 마련하는 것이다. 이것은 출제자가 준비해야 할 평가에 대한 계획서인데, 여기에는 두 가지 요소가 있다. 하나는 평가의 대상이 되는 주제 영역이고, 다른 하나는 측정될 지식과 기술의 수준이다.

세 번째 단계는 평가에 활용될 문항의 유형을 선정하는 것이다. 이 단계에서는 지식과 기술을 정확히 측정하기 위한 가장 좋은 유형이 무엇인가에 관해 고민을 해야 한다. 개념을 이해하였는지 여부를 평가하거나 개념을 적용하는 능력 혹은 한정된 문제를 해결하는 능력을 볼 때에는 선다형 문항으로 하는 것이 바람직하다. 그러나 복잡한 문제를 해결하는 능력이나 다양한 개념을 통합하는 능력, 복잡한 해결책을 평가할 수 있는 능력을 측정하고자 할 때에는 단답형이나 서술형, 상황판단검사 등의 주관식 문항으로 제작하는 것이 바람직하다(Ahluwalia, 2007).

네 번째 단계는 문항의 초안을 작성하는 것이고, 다섯 번째는 문항을 검토하고 예비조사를 실시하는 단계다. 문항검토를 위해서는 평가될 내용에 정통한 지식을 갖고 있고, 질 높은 평가를 위한 심리측정의 원리를 잘 알고 있는 사람이 적합하다. 끝으로, 평가문항의 적합성 판단을 위해 문항분석을 실시한다.

3) 평가자료의 효과적 생산과 활용

프로그램 평가의 기초가 되는 자료를 수집하는 방법은 〈표 II-35〉와 같이 설문을 실시하는 것에서부터 핵심성과지표(KPI: key performance indicator)를 활용하는 것까지 다양하다. 그러나 평가의 수준에 따라 적용할 수 있는 방법은 상이하다. 프로그램 평가를 위해 경성자료(hard data)와 연성자료(soft data)를 모두 수집해야 한다.

표 II-35 **평가자료 수집 방법(Kirkpatrick, 2006)**

방법	평가 수준			
	1 반응	2 학습	3 행동	4 결과
설문지/질문지	●	●	●	●
인터뷰	●	●	●	●
포커스 그룹	●	●	●	●
지식검사		●		
업무 검토		●	●	
구조화된 관찰		●	●	
액션 플래닝		●	●	●
HR/사업보고서				●
성과지표(KPI)				●

표 II-36 **자료의 유형**

경성자료	연성자료
• 산출량: 판매량, 신규계좌 개설건수 등 • 품질: 사고건수, 고객불만 등 • 비용: 예산변동, 운영비용, 판매비용 등 • 시간: 초과근로시간, 회의시간 등	• 작업습관: 결근율, 지각률 등 • 작업 분위기: 직원불만, 직무만족, 지원이직 등 • 고객 서비스: 고객불만, 고객만족, 고객유지 등 • 직원능력 개발: 승진횟수, 임금인상 횟수 등 • 태도 변화: 직원 로열티 등 • 주도성: 업무의 성공적 완성, 실행된 제안건수

연성자료는 질적인 자료로서 행동, 개념, 생각, 의견, 결론, 선호도 등을 표현하는 말들이 이에 해당한다. 연성자료를 수집하는 방법은 주로 인터뷰, 설문지의 의견진술 부분, 포커스 그룹의 토의 기록, 그리고 관찰 등이 있다. 반면, 경성자료는 성적, 분기별 실적, 리커트 척도 점수 같은 양적인 수치들이다. 이를 좀 더 자세히 살펴보면 〈표 II-36〉과 같다.

프로그램의 성패 여부를 평가하기 위한 자료를 수집할 때의 문제점은 바로 연성자료를 직접적으로 수치화가 가능한 경성자료로 전환하는 데 있다. 연성자료를 경성자료로 전환하기 위한 절차 및 주의사항은 다음과 같다(Hake, 2004).

1. 이 자료가 필요한 이유를 밝혀야 한다.
2. 자료를 분류하는 작업은 팀을 이루어 하는 것이 좋다.
3. 질문과 답변을 모두 면밀하게 검토해야 한다.
4. 주요 의견이나 개념을 밝혀야 한다.
5. 말로 표현된 수치, 빈도 혹은 '항상' '절대' 혹은 '반드시' 등의 단어들에 대하여 사람들이 어떻게 느끼는지 판단해야 한다.
6. 주제를 파악해야 한다.
7. 파악된 주제에 이름을 붙여야 한다.
8. 붙여진 이름과 주제를 바탕으로 표를 작성한다.
9. 자료를 수치로 전환하기 위하여 표시한다.
10. 자료에 가중치를 두고 순위를 매긴다.

평가자료를 수집하는 방법은 인터뷰, 설문조사, 관찰, 문헌 분석 등 여러 가지 유형이 있다. 인터뷰는 개별 혹은 그룹으로 진행된다. 개별 인터뷰에는 개방형 인터뷰, 구조화된 인터뷰, 핵심 사건 면접, 그리고 소시오그램(sociogram) 등의 형태가 있고, 그룹 인터뷰에는 포커스 그룹과 명목 그룹이 있다.

신뢰롭고 타당한 측정 · 평가를 위해서는 이러한 다양한 방법을 통하여 프로그램 전반에 관한 많은 의견을 수합해야 한다. 아울러 경성자료는 기초통계와 추리통계 등의 방법을 활용하여 결과를 산출하고 활용해야 한다.

4. 교육투자수익률 분석

ASTD에서 발표된 다양한 측정 · 평가 기법, 그리고 ROI 실천 사례는 선진 기업일수록 평가를 중시한다는 점과 이들 중 상당수가 ROI 기법을 활용해 교육효과를 측정하고 있다는 것을 보여 준다. 그럼에도 불구하고 약 70～80%의 기업이 ROI 평가의 도입을 원하고 있으나, 실제 시행하는 경우는 15～20% 수준에 불과하다 (Phillips, 2007).

지난 5년간 ROI에 대한 관심은 최고조에 이르렀다. 이는 지난 20년간 ROI 기법이 정교화되었고, ROI를 주제로 그 효과를 보여 주는 연구가 연간 수천 건씩 발표되고 있으며, 100여 개의 사례연구가 출간되었고, ROI 자격증 소지자만 미국 내 4,000명 이상인 사실에서도 잘 나타나고 있다. 필립스의 *The Human Resource Scorecard: Measuring the Return on Investment*를 비롯하여

표 II-37 ROI 평가를 실시하는 이유(Phillips, 2007)

소극적 입장	적극적 입장
• 개별 프로그램의 기여도 제시 • 교육예산의 정당화 논리 제공 • 개선 또는 폐기할 필요가 있는 비효율적인 프로그램의 확인	• 학습과 조직요구(needs)의 연계 • 임원층의 신뢰 획득 • 프로젝트에 대한 지지 확보 • 설계 및 실행과정의 개선 • 다른 곳에도 적용될 수 있는 성공 사례 확인 • 전략적 파트너 자리 확보 • 평가결과는 개선과 교육훈련에 대한 예산을 확보하는 데 활용됨

20권 이상의 관련저서가 출간되었고, 전 세계 44개국, 수백 개의 조직에서 ROI를 시행하고 있다.

이를 통해 알 수 있듯이, ROI는 적지 않은 선진 기업에서 교육훈련의 효과성을 검증하기 위해 활용되고 있다. ROI 평가를 실시하는 구체적인 이유는 〈표 II-37〉과 같다.

ROI의 평가는 [그림 II-69]와 같이 진행된다. 평가계획 단계는 교육 프로그램의 구체적인 목표를 바탕으로 세부적인 평가 계획을 수립하는 단계다. 이를 바탕으로 자료수집 단계에서는 프로그램이 진행되는 동안 1단계의 학습자 만족도와 2단계의 학습 성취도 자료를 수집하고, 3단계와 4단계의 자료는 프로그램이 시행된 후에 자료를 수집한다. 자료분석 단계는 프로그램에 직접적으로 기인한 경영성과의 향상 정도를 분석하기 위한 단계를 거쳐 교육 프로그램이 기여한 경영성과 부분의 자료를 금전적 가치로 환산하여 이를 소요된 비용과 비교한다. 이후 프로그램의 비용 일람표를 작성하여 ROI 공식 중의 분모가 되는 부분을 산출한다.

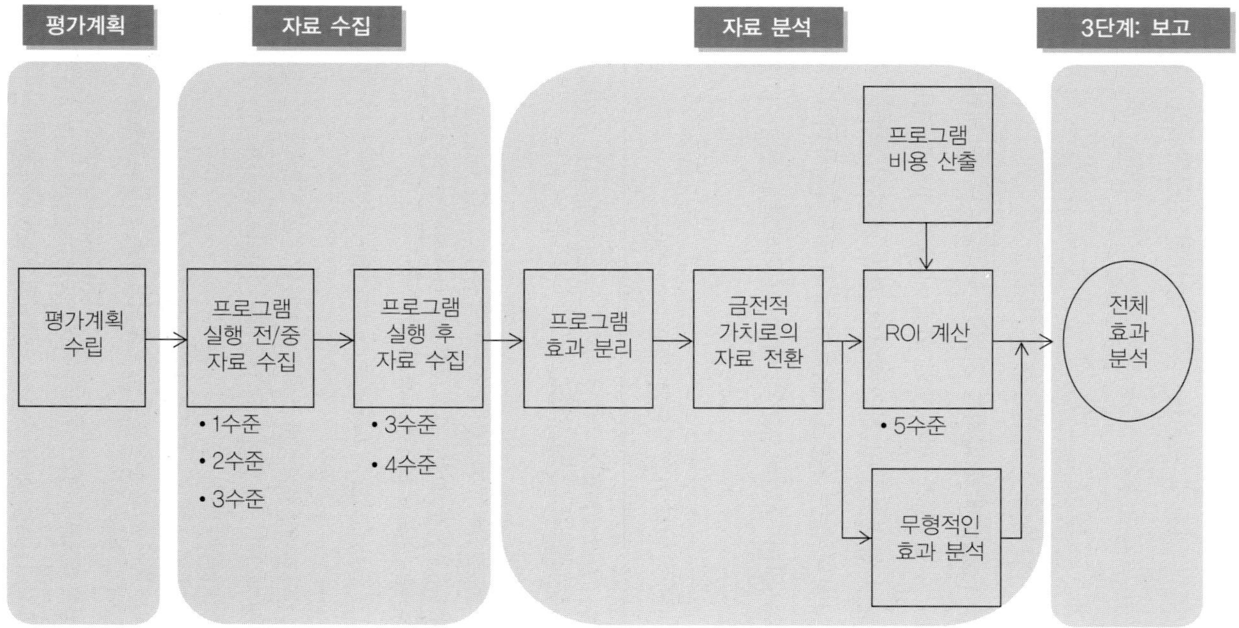

[그림 II-69] ROI 분석과정(Phillips, 2008)

그리고 5단계에 해당하는 이익과 비용으로 산출되는 ROI를 계산하고, 조직 전체에 미치는 영향, 향상된 직무만족도, 조직몰입도, 증진된 팀워크 등의 효과 등도 금전적인 수치로 환산한다. 마지막 단계는 교육 프로그램을 통해서 얻은 성과를 문서화하고 이를 관련된 사람들에게 보고하는 것이다.

ROI 평가를 위해 수집되는 자료는 3수준 이후 단계에만 한정되지 않는다. 1, 2수준인 만족도와 학습에 관한 자료까지도 수집하는 이유는 앞서 설명했듯이 현업에서의 행동 변화인 3수준 이상의 효과로 이어지지 않는 원인을 분석하기 위해서다. 하위 수준의 데이터 없이는 원인 규명이 불가능하기 때문이다. 〈표 II-38〉과 같이

표 II-38 ROI의 열두 가지 실행원리(Phillips, 2007)

1. 3수준 이상의 평가를 실시할 때에는 1, 2수준의 데이터도 수집하라.
2. 3수준 이상의 평가를 계획할 때에는 1, 2수준의 평가가 반드시 종합적일 필요는 없다.
3. 데이터를 수집하고 분석할 때에는 가장 신뢰할 만한 자료만을 활용하라.
4. 데이터를 분석할 때에는 가장 보수적인 계산 방법을 활용하라.
5. 프로그램의 효과를 분리할 때에는 적어도 한 가지 이상의 방법을 활용하라.
6. 개선된 결과에 대한 자료가 없을 경우, 개선이 거의 일어나지 않았다고 유추하라.
7. 추정치의 잠재오차에 대하여 개선된 결과에 대한 추정치를 조정하라.
8. ROI를 계산하는 데 있어서 극단에 있는 데이터와 근거가 없는 주장은 가급적 활용하지 말라.
9. 단기 처방에 대한 ROI 분석에서는 첫 해의 연간 이익만을 계산하라.
10. ROI를 계산할 때에는 솔루션, 프로젝트 혹은 프로그램에 들어간 모든 비용을 포함시켜라.
11. 무형적인 가치에 대한 측정은 금전적 가치로 환산할 수 없는 것을 말한다.
12. ROI 분석방법론에 대하여 주요 이해관계자들과 의사소통하라.

필립스에 의해 강조되고 있는 ROI의 열두 가지 실행원리에서도 이 원칙은 첫 번째로 강조되고 있다.

〈표 II-38〉의 ROI 실행 단계 중에서 특히 자료분석 단계의 프로그램 효과 분리는 ROI의 성패를 좌우하는 가장 중요한 단계다. 교육 고유의 효과를 얼마나 엄밀하게 분리할 수 있느냐가 ROI를 통해 도출되는 수치의 신뢰도를 결정하기 때문이다. 교육효과 분리 단계에서는 교육훈련 프로그램에 직접적으로 기인한 경영성과 향상 정도를 분석하는데, 이때 효과 분리를 위한 방법을 2~3개 함께 사용해야 효과 분리 결과에 대한 신뢰도와 정확성을 높일 수 있다.

프로그램 효과 분리에 활용되는 몇 가지 방법을 활용빈도가 높은 순서대로 나열하면 다음과 같다(괄호 안의 수치는 활용빈도를 나타냄).

1. 참가자에 의한 추정(55%)
2. 관리자의 효과 추정(37%)
3. 통제집단 활용(32%)
4. 추세선 분석 기법(29%)
5. 전문가 및 기존 연구 정보에 의한 추정(13%)
6. 경영자의 효과 추정(11%)
7. 고객 정보에 의한 추정(11%)
8. 기타 예측 방법(5%)

이 중 교육 프로그램의 효과를 분리하기 위한 가장 정확한 방법이라고 평가받고 있는 통제집단 활용 방법과 프로그램의 효과 분리를 간편하고 적은 비용으로 실시하면서 프로세스의 정확도와 신뢰도를 향상시킬 있는 방안인 추세선 분석 기법을 살펴보면 다음과 같다.

먼저, 통제집단 활용 방법은 교육 프로그램에 참가한 실험집단과 참가하지 않은 통제집단을 비교하는 것으로 교육 프로그램의 효과를 분리하기 위한 가장 정확한 방법이다. 실험집단과 통제집단은 가능한 한 동질성을 지녀야 하고, 각 집단의 참여자들을 무작위로 선정해야 한다. 두 집단에게 동일한 환경적 조건을 제공할 수 있어야, 두 집단 간의 업무 수행상의 성과 차이가 교육 프로그램으로부터 발생되었다고 볼 수 있다. 프로그램 실시 이후에 두 집단의 업무 수행을 평가하고 업무 수행의 차이를 비교한다.

이 방법은 프로그램 효과 분리를 가장 정확하게 할 수 있다는 장점이 있다. 그러나 실제 기업현장에서 실험집단과 통제집단 간의 동질성을 유지하기 어렵다는 점, 실험집단과 통제집단 간의 정보 전달로 인한 정보의 오염이 발생한다는 점, 집단별 환경이 서로 다르면 통제집단을 적용하기 어렵다는 점 등이 단점이다.

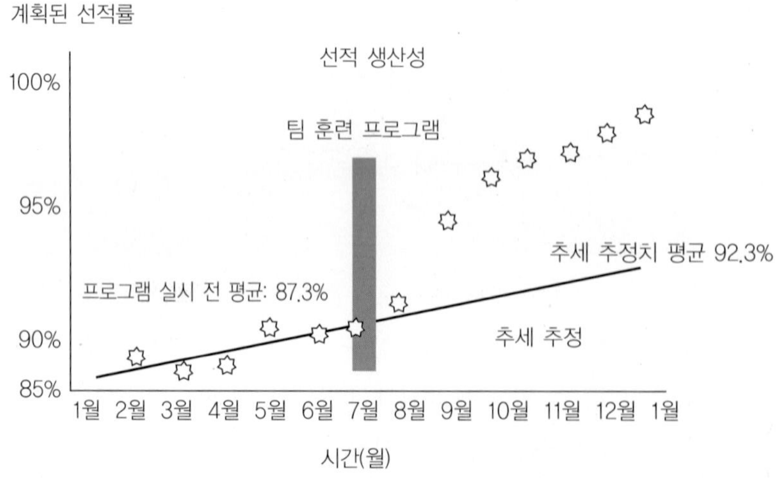

[그림 II-70] **추세선 분석 1(Phillips, 2008)**

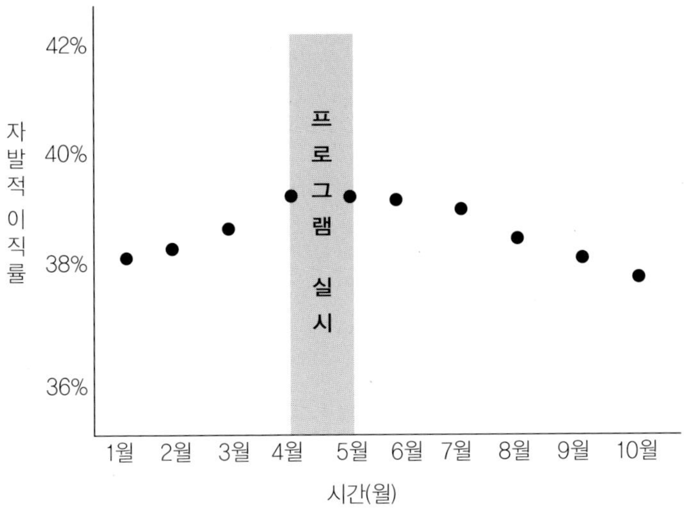

[그림 II-71] 추세선 분석 2(Phillips, 2008)

프로그램 효과를 효과적으로 분리할 수 있는 또 다른 방법이 추세선 분석이다. 이는 [그림 II-70], [그림 II-71]과 같이 이전의 업무성과를 기초로 미래의 경향인 추세를 예측하는 방법이다. 교육 후 당초 예측한 추세보다 더 높은 업무성과가 나타나면 교육 프로그램의 효과로 간주한다.

이전의 업무성과를 바탕으로 앞으로의 추세를 예측하는 방법과 교육 프로그램 실시 후 추세와 실제 업무성과를 비교하는 방법이 활용된다. 추세선 분석은 간편하고 비용이 적게 들며, 효과를 빠르게 분석할 수 있다는 장점이 있다. 그러나 경우에 따라 부정확할 수 있다는 단점도 있다. 프로그램에 영향을 주는 변수는 프로그램 시행 전후에 동일하게 남아 있다. 추세선 분석에서는 훈련이 시작되고 자료가 수집되는 시기에는 새로운 변수가 진입하지 않는다고

$$\text{ROI} = \frac{\text{순수한 프로그램(프로젝트) 이윤}}{\text{프로그램(프로젝트) 비용}} \times 100$$

〈예〉

프로그램(프로젝트) 비용: 23억
프로그램(프로젝트) (첫 해) 이익: 43억

$$\text{ROI} = \frac{\text{43억}-\text{23억}}{\text{23억}} \times 100 = 0.87 \times 100 = 87\%$$

[그림 II-72] ROI 계산법

가정한다. 그러나 교육 프로그램 실시 전후에 경영환경의 급격한 변화가 있거나 실적이나 성과에 영향을 미치는 변수가 개입되면 추세선 분석의 실효성은 떨어진다. 따라서 경영환경이 안정적인 경우 추세선 분석이 효과적이다. 이러한 방법을 통한 효과 분리가 완료되면 ROI는 [그림 II-72]와 같이 계산된다.

결국, 개별 프로그램을 평가할 때 ROI 평가를 실시한다는 것은 모든 단계의 평가를 통합해서 데이터를 생산하고 피드백한다는 의미다. 그만큼 평가의 비용이 증가하게 된다. 때문에 개별 프로그램에 대해 ROI 평가를 실시할 것인지의 여부는 조직 전체 교육 프로그램 중 각 수준별 평가대상을 어느 정도로 선정할 것이냐의 결정이 내려진 뒤 이루어져야 한다. 당연히 ROI 평가 대상이 되는 프로그램은 경영성과에 미칠 영향에 대한 기대 수준이 높고 비용이 많이 드는 프로그램이어야 한다. 필립스는 각 수준별로 전체 프로그램 중 평가대상으로 선정할 비율을 [그림 II-73]과 같이 제안하고 있다.

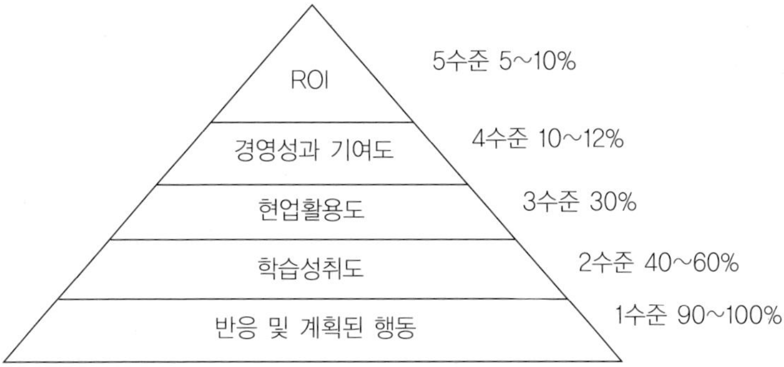

[그림 II-73] 수준별 평가대상 프로그램의 비율(Phillips, 2007)

HRD 부문의 존재 이유를 ROI 평가에서만 찾는 것은 무리한 접근이나, 전략적인 중요성을 갖는 프로그램의 ROI를 보여 주지 못하는 것도 문제다. HRD 전문가들의 미션은 HRD 부문이 경영성과에 얼마만큼 기여하는지를 신뢰로운 데이터로 보여 주는 것이다. HRD 전문가들은 최고위층을 설득할 수 있는 타당한 증거를 생산하고 더 많은 투자 의사결정을 이끌어 낼 수 있어야 한다. 이를 가능하게 하는 필수적인 툴이 측정 · 평가인 것이다. 교육훈련 프로그램의 결과에 대한 경영성과 중심의 평가(result-based evaluation)가 강조되면서, 이러한 결과가 가져오는 의구심을 해소하기 위해 누구도 부인할 수 없는 믿을 만한 수치를 생산하기 위한 노력이 한층 강조되고 있다. 특히, 커크패트릭이나 필립스의 평가모형에서 3단계 이상의 사례가 많아지고 집중적으로 강조되는 것도 이 때문이다.

개별 프로그램의 금전적 · 비금전적 성과를 보여 주는 ROI 평가를 시행하는 기업이 많아지고 있는 것은 사실이나, 여전히 ROI 시행에 필요한 시간과 경비, 프로그램의 존폐 여부나 개선점을 실질적으로 도출하는 데에 따른 결과 활용의 제약점이 있다. 때문에 교육훈련 그리고 개발의 결과로 나타난 개인 및 조직의 역량 향상 정도를 측정하기 위한 다양한 방법론이 등장하고 있다. 이러한 시도 중의 하나가 기대수익률 분석이다.

5. 기대수익률 평가: ROI를 넘어

교육과 훈련의 경영성과 기여도를 측정할 때 금전적 가치로의 환산을 목표로 하는 ROI와는 달리, 학습의 가치를 결과에 대한 기대 수준을 기준으로 평가하는 방법이 기대수익률(ROE: return on expectation) 분석이다. 4수준 평가모형을 창시한 도널드 커크패트릭의 가업을 이어받은 그의 아들 짐 커크패트릭 역시 경영성과평가에서 중요한 것은 ROI가 아니라 ROE라고 강조하고 있다(Kirkpatrick & Hashman, 2007).

ROE는 관리자들에게 교육의 결과로서 경영성과에 직접적으로 영향을 주는 학습의 가치가 무엇인지를 확인하기 위한 대안적 방법으로 등장하였다. 이는 교육의 결과에 대한 기대치를 확인하고 기대된 이득이 실현된 정도를 평가하는 방법이다.

[그림 II-74]와 같이 평가의 범위와 대상을 규정하는 네 가지 접근 방법이 있다. 첫째, 학습에 초점을 둔 평가다. 이는 교육의 효율성과 효과성에 중점을 둔 평가다. 둘째, ROE 평가다. 이는 학습에 투자한 데 대한 기대된 이익이 실현된 정도를 평가하는 데 중점을 둔다. ROE에 관한 근본적인 질문은 '이해관계자들이 교육이나 훈

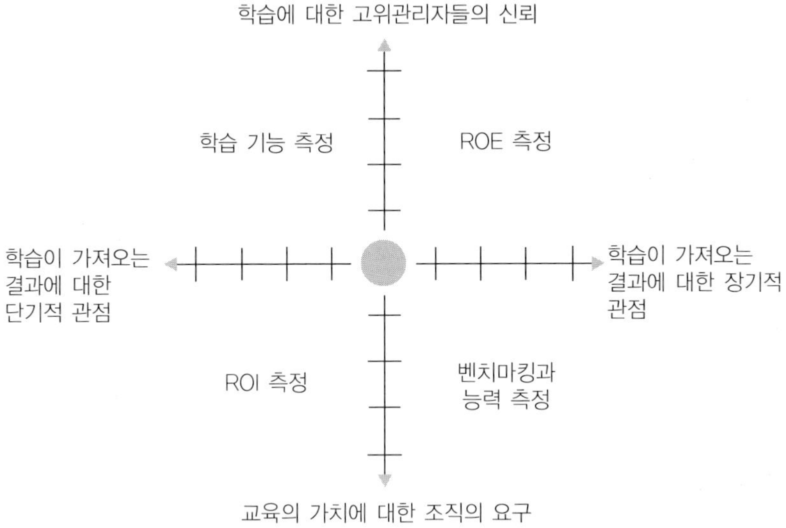

[그림 II-74] 학습가치평가모형(Sloman, 2008)

련에 대하여 갖는 기본적인 기대는 무엇인가?' '그러한 기대사항이 변하였는가?' '학습의 결과로 발생한 변화에는 무엇이 있는가?' '이해관계자들의 기대를 얼마나 충족시켰는가?' 로 요약된다. 셋째, 앞서 설명한 ROI 평가로 교육과 훈련으로부터 얻은 이익을 투자한 비용과 비교하는 평가다. 넷째, 벤치마킹과 능력평가로, HR 프로세스와 성과를 내외부 기준과 비교하여 평가하는 데 중점을 둔다.

ROE 평가의 예를 들어 보면 다음과 같다. 1~3수준 각각의 기대 수준인 목표치를 정하고, 실제 결과를 평가한 뒤, 그 차이를 확인하는 것이다. 또한 이전 차수 프로그램과의 비교를 통해 실제 결과가 어느 정도 향상되고 있는지를 비교 · 분석한다. 수준별로 기대수익률 분석만을 하는 것이 아니라, 이 외의 주요 지표를 추출하여 이에 대한 기대 수준과 실제 성과 또한 비교한다.

표 II-39 기대수익률 분석의 예(Kirkpatrick, 2008c)

평가 기준	실제 결과	기대 수준(목표)	전차수 평가와의 비교
1수준: 만족도	93%	90%	+
교육목표를 달성한 프로그램의 비율	80%	95%	-
2수준: 학습성취 점수	90%	95%	0
전문 코치 수준의 자격이 인정되는 리더의 비율	60%	65%	0
3수준: 행동 변화	35%	50%	-

6. 3수준 성공사례기법평가로 경영층 설득

교육에 참여하여 학습한 내용은 현업에 얼마나 적용될까? 학습전이에 관한 문제는 현장 HRD의 오랜 도전과제다. 부하직원을 교육보내고 현업의 리더들이 진정으로 알기 원하는 것은 부하직원의 행동변화, 그리고 그를 통한 업무성과의 향상이다.

그러나 버신(Bersin, 2006)의 조사에 따르면, 리더들이 알기를 원하는 것과 측정되는 것 사이에는 큰 갭이 존재한다. 76%의 리더들이 업무성과에 관련된 교육의 효과에 대해 알기를 원했으나 단지 14%만 측정되었고, 72%가 비즈니스 성과에 대한 교육의 효과를 알기를 원했으나 단지 8~10%만 측정되었다. 또한 43%가 투자에 대한 이익을 원했으나 단지 3~5%만 측정되었다.

이러한 수치들은 교육훈련 프로그램 평가에서 타당한 학습전이 평가 시스템이 마련될 필요성을 보여 준다. 교육훈련 프로그램 평가의 실제에서는 교육과 훈련의 최종 결과 분포를 대체로 예측할

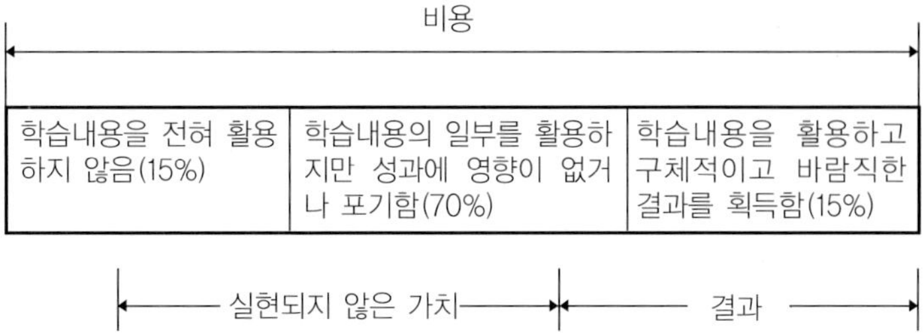

[그림 II-75] 훈련 프로그램 결과의 실제(Brinkerhoff, 2008)

수 있다. 교육 프로그램의 효과와 전이에 관한 최근의 연구에 따르면, [그림 II-75]와 같이 학습내용을 전혀 활용하지 않는 비율이 15%, 학습내용을 일부 활용하지만 성과 향상에 영향이 없거나 포기하는 비율이 70%, 학습내용을 활용하고 구체적이고 바람직한 결과를 얻는다는 비율이 15%로 나타난다(Brinkerhoff, 2008). 이 중 학습내용을 활용하는 비율은 가시적인 수익으로 나타나지만 나머지 85%는 이해관계자들에게 지각되지 않은 가치로 남는다.

평가를 시행하는 데 있어서 잊지 말아야 할 점은 첫째, '평균의 지배(tyranny of mean)' 현상이다. 평가에서는 늘 상위와 하위 극단의 점수가 있기 마련이고 그런 평가를 한 나름의 이유가 있음에도 불구하고 최종 평가결과는 모든 사람의 평가점수를 교육생 숫자로 나눈 평균으로 제시된다. 이런 평가 방법은 최상위, 최하위의 평가점수를 상쇄시켜 평균으로 회귀된 점수만을 보여 주게 된다. 극단적인 점수의 의미가 희석된 평균점수는 훈련의 실제 효과를 확인할 수 없게 만든다.

두 번째 주목할 점은 교육이나 훈련의 고유 효과를 보여 주기 어렵다는 점이다. 훈련 이외의 다른 요인이 교육 및 훈련의 효과를 확인하기 어렵게 만든다. 훈련의 효과가 있는 경우든 없는 경우든 종종 훈련 이외의 다른 요인이 훈련내용보다 더 많은 부분을 설명하는 경우가 있다.

이상의 문제를 고려할 때 교육 및 훈련 프로그램을 평가할 때 고려해야 하는 몇 가지 실천적인 지침이 필요하다.

1. 평균의 지배에서 벗어나라.
2. 실현되지 않는 가치를 계산하라.
3. 훈련 이외의 다른 요인을 확인하라.

다음으로 교육훈련이 실패한 원인을 분석한다. 〈표 II-40〉과 같이 교육과 훈련이 실패한 원인 중에서 경영층의 관심이 부족한 경우, 참여의 이유가 불분명한 경우, 준비가 부족한 경우, 학습요구가 결여되거나 이미 아는 내용인 경우 등 준비 부족이 이유가 되는 경우가 40% 정도다. 한편, 학습의 실패, 학습요구는 있으나 교수

표 II-40 교육훈련 실패의 원인 분석

	준비 부족	학습과정	활용환경
학습 실패의 원인	• 고위층의 관심 부족 • 불분명한 참여 이유 • 준비 부족 • 요구 결여, 이미 아는 내용	• 학습실패 • 학습요구는 있으나 교수실패 • 교수설계나 자료의 문제 • FT 실패	• 상사의 지원 결여 • 활용 기회의 결여 • 동료지원의 부족 • 활용 유인책 부족 • 피드백 및 코칭 부족
비율 추정	40% 이상	20% 이하	40% 이상

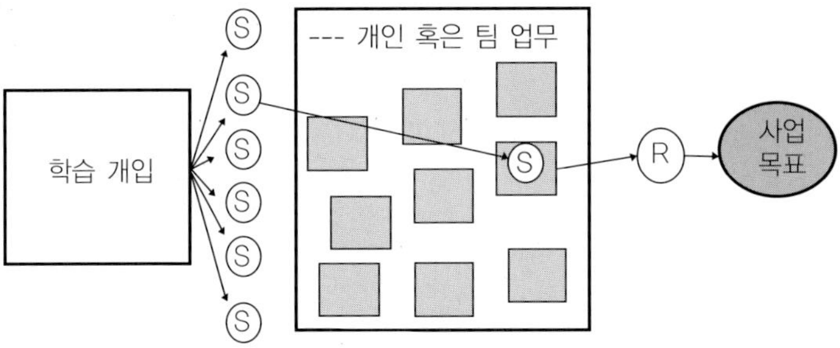

[그림 II-76] 훈련효과의 해부

자가 실패한 경우, 교수설계나 자료에 문제가 있는 경우 등 학습 과정상의 문제가 20% 미만이다. 끝으로, 상사의 지원이 결여된 경우, 활용 기회가 결여된 경우, 동료의 지원이 부족한 경우, 훈련내용의 활용 유인책이 부족한 경우, 피드백 또는 코칭이 부족한 경우 등 활용환경으로 인한 원인이 40% 이상을 차지한다(Brinkerhoff, 2008).

실제 교육훈련의 효과가 나타나는 메커니즘을 분석해 보면 [그림 II-76]과 같다. 그림은 훈련의 효과, 즉 훈련이 어떻게 경영성과 향상에 기여하는지를 분석적으로 보여 주고 있다. 훈련 프로그램에 참여해서 학습한 기술(S: skill)이 경영목표에 기여하는 결과(R: result)로 이어지는 것은 특정 직무나 일반적인 직무를 수행하는 데 필요한 기술요소와 일치할 때다.

지금까지 살펴본 훈련 실패의 원인 분석에 의하면, 훈련 실패의 상당부분이 활용환경에서 기인한다. 기업의 HRD가 발전하면서 교육 프로그램의 질적 수준이 지속적으로 향상되어 프로그램 자체의 결함이 감소하고 있다. 때문에 프로그램 자체의 평가에 초점이 맞추어진 기존 평가 방법의 한계를 극복하고 현업 활용과 관련된 문제를 개선하고 프로그램의 효과를 높이는 방법으로 성공사례기법(SCM: success case method)이 도입되어 활용되는 사례가 증가하고 있다.

SCM은 1996년 미국 웨스턴미시간대학교의 로버트 브린커호프(Robert Brikerhoff) 교수에 의해 개발되어, 미국의 선진 기업에 적용된 후 어떤 평가 방법보다 경영층에 설득력이 있는 정보를 제공하는 방법으로 인정받고 있다. ASTD에서는 2005년 처음 소개되었고, 2008년에는 4개의 적용 사례가 발표될 정도로 급속도로 확산되고 있다.

SCM은 교육 종료 후 탁월한 현업 적용이나 직무성과 향상을 보인 소수정예의 참가자를 집중적으로 평가하는 방법이다. 특출한 소수에 집중하는 이유는 교육성과가 뛰어난 상위 20% 정도가 보이는 성취가 교육 프로그램의 정당성을 부여한다고 보기 때문이다. 참가자 전원의 교육효과를 평균적으로 확인하는 것은 앞서 언급한 것처럼 교육효과의 진정한 의미를 희석시키기 때문에 활용하지 않는다. 따라서 뛰어난 학습자의 성취가 어떠하며 성과를 달성하는 데 의미 있는 영향을 미친 요인이 무엇인가를 규명하는 것이 중요하다. 이러한 SCM은 5단계의 절차에 따라 시행된다.

첫 번째 단계에서는 평가계획을 수립한다. 두 번째 단계에서는 설문지를 통해 교육 종료 후 탁월하게 현업 적용과 경영성과를 낸 학습자를 발굴하여 5~7개가 넘지 않는 단순한 설문을 실시한다. 이 설문을 통해 가장 성공적인 사례와 가장 성공적이지 못한 사례를 반드시 기명으로 확인한다. 세 번째 단계에서는 성공 사례와 실패 사례의 대상자를 인터뷰한다. 네 번째 단계에서는 자료를 분석하고 결과를 도출한다. 다섯 번째 단계에서는 보고서를 작성한다.

SCM은 교육의 성공 스토리를 짧지만 풍부한 실례로 자료화함으로써 새로운 교육이 얼마나 가치 있고 유용한 결과를 내고 있으며, 그 결과가 경영성과를 얼마나 향상시키고 있는지를 보여 준다. 항상 궁극적인 결과에 초점을 맞추는 경영층에게는 현실감 있는 사례 분석과 원인 설명이 평균에 기반을 둔 통계자료보다 더 신뢰로울 수 있다.

7. 리더십 프로그램 평가는 SCM과 ROI에 집중

Business Week 지의 2007년 조사에 따르면, 미국에서 경영자 리더십 교육에 매년 약 12조 달러가 지출되는 것으로 추정되고 있다. 급변하는 글로벌 경영환경으로 인해 변화와 혁신을 지속적으로 추진해야 하는 기업들에게 있어서 리더십 개발은 선택의 문제가 아니라 전략적 필수조건으로 인식되고 있다. 기업의 가치와 이익을 실현하는 일이 유능한 리더를 발굴하고 육성하는 데 달려 있기 때문이다. 장기적인 관점에서 후계자를 양성하는 승계계획과 계층별 리더십 개발 프로그램의 운영, 회사의 가치와 부합하는 리더십 모형을 개발하고 이에 기초한 리더십 역량 개발 프로그램을 지속적으로 실시하지 않고서는 기업이 원하는 인재는 늘 부족하기 마련이다.

ASTD 9개 트랙 중에서 차지하는 리더십 세션의 비율이 15%에 이를 정도로 리더십 개발은 HRD에 있어서 최대 관심사 중의 하나다. 이러한 관심과 비례해 리더십 개발만큼 중요한 것이 리더십 개발 프로그램의 평가다. 최근 5년 동안 측정 · 평가 트랙에서는 리더십 개발 프로그램의 효과성 평가와 ROI 사례의 발표가 늘고 있다. 이를 연도별로 살펴보면 다음과 같다.

2005년에는 차터 대학교(Charter University)의 차터 커뮤니케이션(Charter Communications)의 리더십 개발 프로그램에 대한 ROI 평가 사례가 소개되었다(Schmidt & Miller, 2005). 이 평가의 목적은 행동계획과 프로그램 목표의 달성 여부, 스킬과 리더십 행동의 적용 여부, 추가적인 도구, 훈련 혹은 지원의 필요 여부, 사업성과에 대한 기여도, ROI 등이었다. 이를 위하여 305명(프로그램 참가자의 89%에 해당함)의 리더들을 대상으로 다섯 차례에 걸친 온라인 평가 화상회의를 개최하여 166건의 온라인 평가 응답을 수합하였다. 이를 토대로 ROI 평가모형의 3단계부터 5단계까지의 데이터를 수집하였고, 최종 40건의 ROI에 관한 응답을 수집하였다.

2005년의 또 다른 사례로 미국 연방정부 직원들을 대상으로 한 리더십 프로그램의 ROI 평가를 들 수 있다(Willis, 2005). 미국에서 리더십이 국가적인 차원에서 주목되는 이유는 크게 두 가지로 요약된다. 하나는 전반적으로 리더들의 행동과 그들의 윤리의식에 대하여 자신감을 잃은 상태라는 반성이 있고, 또 하나는 미국 연방정부의 각 부문 리더들의 65%가 향후 5년 이내에 퇴직하기 때문이다.

이 사례에서는 3년 동안 운영되어 온 리더십 프로그램을 필립스의 ROI 모형을 기준으로 평가하였다. 이 평가에서는 리더십 평가모형을 구축하여 5단계 평가도구를 마련하였고, 평가도구를 개발하고 타당화하는 과정을 거쳐, 평가대상을 표집하고 데이터를 수집하고 분석하는 과정을 거쳤다.

5단계 평가결과 리더십 개발 프로그램에 대한 긍정적인 평가를 얻었고, 응답자의 22%가 지식이 증가하였고, 39~66%가 리더십 스킬을 현업에 적용하였다고 보고하였다. 아울러 응답자의 38~63%가 리더십 기술의 적용을 통해 조직의 사업성과에 긍정적인 영향을 주었다고 응답하였으며, 202%의 투자 대비 수익이 보고되었다.

2007년에는 SCM으로 리더십 프로그램 평가를 실시한 시스코(Cisco) 사의 사례가 소개되었다. 시스코 사의 신임 리더 과정(emerging leadership program)은 총 3단계로 구성된 13주 과정의 리더십 개발 프로그램이다. 이 프로그램은 초급관리자를 육성하기 위한 것으로서 전문 코치로부터 세 시간 동안 개별 코칭을 받는 과정이 포함된다. 리더십을 통해 사업성과를 달성하고, 실제 업무를 통해 리더십을 개발하며, 팀워크를 형성하는 것을 주 목적으로 하고 있다.

시스코 사에서는 리더의 리더십 행동을 [그림 II-77]과 같이 세 가지로 구분하였다. 마인드는 리더의 역할에 관련되어, 리더가 자

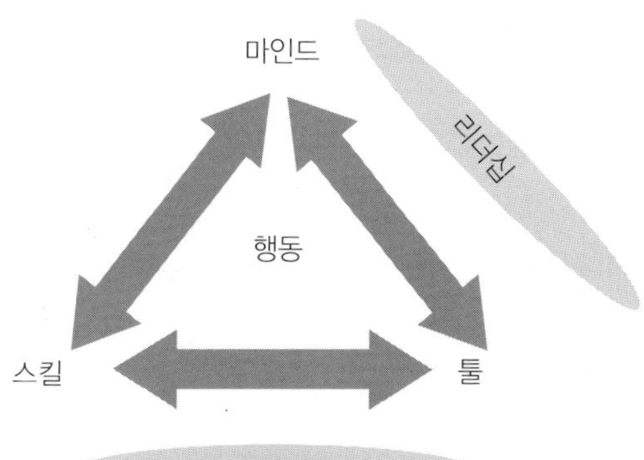

[그림 II-77] 리더십 행동을 보는 세 가지 관점
(Cavallaro, Keating, & Mooney, 2007)

신의 역할을 수행하기 위한 마인드를 변화시키는 것을 의미한다. 스킬은 리더십을 발휘하는 데 있어서 직면하는 결정적인 도전에 대응하기 위하여 기술을 개발하고 강화하는 것을 말한다. 툴은 훈련을 제공하는 입장에서 리더가 스킬을 적용할 수 있도록 도구를 제공하는 것을 뜻한다.

시스코 사는 [그림 II-78]과 같이 차세대 리더 육성 프로그램을 3단계로 구조화하였다. 6주 동안의 준비 및 진단 단계에서는 반성과 성찰을 위주로 진행되고, 1주간의 워크숍에서는 합숙의 형태로 진행되며, 6주 동안의 적용 단계에서 성과를 평가한다. 이 프로그램은 SCM에 의하여 평가되었다.

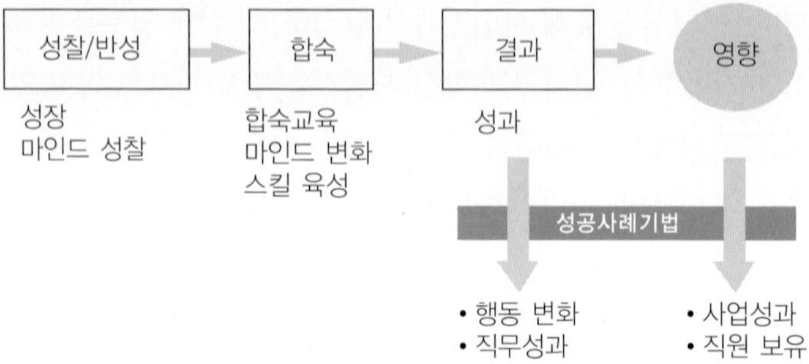

[그림 II-78] 시스코 사의 프로그램통합평가모형

2008년에는 미국 애틀란타 주 Children's Healthcare의 리더십 프로그램 평가 사례가 소개되었다(Mohl, 2008). 이 사례 역시 SCM을 활용하였는데, 개인, 시스템, 재정, 및 운영의 4개 영역에 대하여 평가를 시행하였다. 리더십 프로그램에 지속적으로 투자할 수 있는 근거를 제시하고, 고위직 임원들의 신뢰를 얻고, 적용 영역과 유형, 및 영향력의 정도를 파악하며, 참여자를 지속적으로 모집하며 향상된 정도를 파악하는 것을 목적으로 하였다.

이상의 사례들을 종합적으로 살펴보면 리더십 개발 프로그램 평가 방법은 ROI와 SCM에 집중되고 있음을 알 수 있다. 가장 많은 재원과 인력이 투입되는 프로그램이 리더십이기에 ROI를 실시할 의미가 있고, 프로그램의 실질적인 개선을 위해 경영성과로 이어지는 가장 중요한 단계인 3수준 평가를 위해 SCM이 활용되고 있는 것이다.

8. 개별 프로그램 평가를 넘어 매크로 평가 기법 도입

ASTD 평가에서 주목해야 할 또 하나의 트렌드는 개별 프로그램 평가를 넘어 HRD 부문 전체의 효과성과 효율성을 평가하는 매크로 시스템 평가다. 특히, 성과표와의 결합이 중요한 흐름이다. '01 경영 전략으로서의 학습' 트랙에서 소개된 WLP 성과표가 대표적이다. WLP 성과표는 교육훈련이 재무, 운영, 고객 그리고 혁신의 네 가지 목표를 달성하는 데 얼마나 긍정적인 영향을 주었는지를 평가하는 틀이다. 따라서 WLP 성과표는 각 수준별로 교육훈련 프로그램이 얼마나 효과적인가를 제시하는 커크패트릭이나 필립스의 모형과는 달리, 액션 플래닝(action planning) 등의 방법으로 조직, 프로세스 그리고 수행자 전반에 걸쳐 정렬을 이루는 것을 목표로 한다.

성과의 3수준에서의 정렬(alignment)

조직

- 경영 및 성과 영향 측정은 이해관계자에 의해 정의된다.
- 요구와 현재 상태의 차이는 플래닝 프로세스를 촉구한다.
- 근무성과와 가능한 결과 사이에 연관을 세워라.
- 성과에 영향을 미칠 수 있는 환경요소를 파악하라.
- 지속적인 개선계획을 위한 방법을 분명히 하라.

프로세스

- 플래닝 프로세스는 그것을 사용하고 지원하길 원하는 사람들과 의논되어야 한다.
- 연결 프로세스는 학습전이와 성과행동에 필요한 환경적 지원을 파악한다.
- 촉진자를 선택하는 프로세스는 AP 코치들이 AP 과정을 가르칠 만한 능력이 있는지를 확실히 해야 한다.
- 교육 디자인 프로세스는 개발, 검토, 계획의 완성에 충분한 시간을 투자해야 한다.

수행자

- 참여자에게 계획을 개발, 검토, 완성할 수 있는 충분한 시간과 자원을 제공한다.
- 참여자에게 성과 개선 자료가 어떻게 사용될 것인지 알려 주어라.
- 기술개발과 실체 세계, 근무에서의 과업에 학습이 전이되도록 촉진하라.
- 계획된 행동에 있을지도 모르는 환경적 장애물을 파악하고 대비하도록 하라.

[그림 II-79] 조직, 프로세스 및 수행자 간 정렬

벨룩스 사의 성공사례분석법

벨룩스(VELUX) 사는 1941년 설립된 덴마크 기업으로서 주거환경에 관련된 글로벌 조직이다. 약 9,500명의 임직원으로 구성되어 있고, 전 세계 약 10개국에 걸쳐 제품을 생산하고 있다.

- **STRETCH 프로그램**

벨룩스 사는 STRETCH라는 프로그램을 운영하고 있는데, 이는 사업성

과를 유지 및 향상시키고, 비교우위를 유지하며, 고위관리직을 위한 내부 발탁 시스템이다. 고위관리직 후보를 크게 핵심 직원, 인재, 탈락자, 낙제생의 네 집단으로 구분하고, 이 중 인재집단을 STRETCH 후보군으로 한다. STRETCH는 약 2년에 걸쳐 운영되는데, 1단계 경영의 기초, 2단계 생산 및 성과관리, 3단계 사업변환 모듈의 세 단계를 각각 5일간의 워크숍을 거쳐 최종적으로 벨룩스 사의 최고경영진에게 발표하는 것으로 마감된다.

• STRETCH 프로그램의 SCM

STRETCH 프로그램의 평가과정은 먼저 1단계가 시작하기 전 관리자들과의 사전 워크숍, SCM에 대한 스터디, 관리자 및 참여자, 그리고 면담자로 구성한다. 1단계 경영의 기초과정이 종료되면 SCM의 첫 번째 모듈이 가동되는데, 이때 참석자들을 대상으로 설문조사 및 면담을 진행한다. 2단계 생산 및 성과관리를 마치면 다시 한 번 설문조사와 면담을 SCM의 두 번째 모듈로 실시한다. 3단계 사업변환 모듈을 마치고 최고경영진을 대상으로 한 프로젝트 발표가 끝나면 SCM의 세 번째 SCM을 실시하는데, 참석자와 관리자를 대상으로 설문조사와 면담을 진행한다. 이를 통해 STRETCH 프로그램이 개별참석자에게 어떠한 영향을 주었는지에 대한 프로파일을 구성할 수 있고, 관리 스타일이 어떻게 변하였는가에 대하여 본인과 관리자의 의견을 비교 · 분석할 수 있다.

요컨대, 벨룩스 사는 SCM을 실시함으로써 STRETCH 프로그램의 가치를 최고경영진에게 증명할 수 있었고, 학습성과를 증명하고 이것을 향상시킬 수 있는 기회가 되었다. SCM은 STRETCH의 과정을 훈련이라는 이벤트가 아니라 전체적인 과정으로 조망할 수 있게 해 주었고, 학습을 사업성과와 연계시켜 주었다. 또한 SCM을 통해 이해관계자를 평가과정에 참여시킬 수 있었고, 면담과정에서 학습한 내용을 어떻게 활용했는지에 관해 질문함으로써 그 내용을 실제로 실천할 수 있게 되었다. 그 밖에 학습을 가능하게 하는 요인과 저해하는 요인을 파악할 수 있었으며, 성과를 향상시키는 방안에 대한 논의과정에 이해관계자를 참여시키는 계기를 마련할 수 있었다. 결론적으로 벨룩스 사는 SCM을 HR, 라인 관리자, 그리고 최고경영진 간의 파트너십을 지지해 주는 유용한 도구로 평가하고 있다.

08 자기계발 및 전문성 계발

Personal and Professional Development

2002년 ASTD에서 처음으로 등장한 자기계발 및 전문성 계발(Personal & Professional Development)[17] 트랙은 지난 5년간 발표 세션 수가 지속적으로 늘어나고 있다. 이 트랙은 크게 자기계발의 원리와 전문성 향상에 관한 내용으로 나뉜다.

전자의 보편적인 자기계발 원리들은 개인 생존의 안전판이자 성공의 지렛대 역할을 하면서 그 내용이 보다 충실해지고 발표 세션 수 또한 증가하는 추세다. 이 트랙의 세션은 2004년 19개에서 2008년에는 32개로 늘어났다.

후자의 경우 HRD 전문가에게 적용되는 영역별 전문성은 2004년 ASTD 역량모형에서 제시되었고, 이 외에도 프로그램 개발과정에서 생기는 저작권 문제와 해결방안, 프로젝트 관리기술, 컨설팅 기술, 개인경력 탐색 등 현업에서 자신의 업무나 커리어와 직접 관련되는 내용이 주류를 이룬다.

조직 내에서의 자기계발 및 전문성 계발은 개인의 발전이 조직의 성장에 기여한다는 철학에 입각해 있다. 개인의 학습과 성장이 이루어지면 그에 따라 조직의 성과도 향상된다는 입장은 학습 중심 HRD 패러다임에 뿌리를 두고 있다. 과거 개인의 노동가치를 효과적으로 활용하기 위한 관점에서 도입된 훈련 및 개발의 패러다임이 현재는 개인의 가치와 일의 의미, 학습과 성장의 자율성, 창의와 혁신요구가 최대한 발산되고 충족되며 존중되는 시대를 맞아 개인과 조직의 동반 성장 패러다임으로 진화하고, 더 나아가 개인 우선 관점으로까지 발전하고 있다. 조직 HRD에서 개인적 관점이 지배할 수는 없으나, 개인의 학습과 성장요구, 경력개발요구를 충족시켜 주지 못하는 조직이 지속적으로 성과를 창출하고 우수인재를 보유할 가능성도 매우 적다.

때문에 단기적인 관점에서 장기적인 관점으로, 효율주의나 성과만능주의에서 가치와 의미존중의 관점으로의 전환이 일어나면서 과거 소홀히 다루어졌던 일과 삶의 관계, 자기성장을 바라보는 새로운 관점들이 등장하고 있다. 이 트랙에서 일과 삶의 균형, 일과 삶의 의미에 대한 통찰, 효과적인 업무관리 및 시간관리, 인맥관리, 그리고 스트레스 관리 및 의사소통 기법 등이 자주 등장하는 것도 그 때문이다. 이 분야들을 중심으로 자기계발 및 전문성 계발 트랙의 주요 동향을 살펴보면 다음과 같다.

첫째, 일과 삶의 균형(WLB: work-life balance)에 대한 인식이 양적 개념의 균형(balance)에서 질적 개념의 조화(harmony)로 변하고 있다.

둘째, 삶과 일의 의미에 대한 새로운 통찰은 일이 주는 충만감과 가장 효과적인 잠재역량 개발 도구로서의 일의 역할을 새롭게 규정하게 한다.

셋째, 효과적인 업무관리를 위한 21세기형 스케줄 관리 기법들이 다양하게 소개되고 있다.

넷째, 조직과 삶에서 성공적인 성취를 위해 새로운 인맥관리 스킬들이 소개되고 있다.

다섯째, 스트레스 관리가 조직의 성과와 직결되기 때문에 이를 극복하기 위한 다양한 스트레스 관리 기법들이 등장하고 있다.

여섯째, 자신의 의사를 효과적으로 전달하고 영향을 미칠 수 있는 다양한 의사소통 기법들이 소개되고 있다.

1. 일과 삶의 균형 패러다임 변화

일과 삶의 균형(WLB: work-life balance)은 기업이나 조직에서 인재의 확보와 유지, 지속적인 생산성 향상에 중요한 영향을 미친다. 양자의 균형이 깨지면 조직에 대한 헌신, 직무몰입 등이 불가능하기 때문에 최근 많은 기업들이 다양한 WLB 프로그램[18)]을 도입하여 운영하고 있다.

WLB 프로그램을 효과적으로 운영하고 있는 기업으로 미국의 비즈니스 솔루션 공급 IT 업체인 SAS를 들 수 있다. 최고경영자(CEO)인 짐 굿나잇(Jim Goodnight)은 "직원을 대우하는 만큼 그 직원은 회사에 기여한다."라는 경영철학을 표방하여 WLB 전담 부서를 신설하고 탄력근무제, 사내탁아시설 지원, 학습센터 운영, 건강관리 프로그램, 각종 운동시설을 설치하는 등 개인생활의 유연한 관리가 가능하도록 하였다. 또한 직원들의 직장 내 삶의 질을 향상시키기 위한 각종 사원복지 프로그램을 운영하고 있다.

이러한 프로그램을 통해 SAS는 창사 이래 33년간 매출액이 지속적으로 향상되었고, 30%가 넘는 시장점유율을 기록하면서 이 분야 세계 1위 기업의 자리를 굳건히 지키고 있다. 또한 사원들의 높은 만족도로 인해 이직률은 업계 평균에 비해 훨씬 낮은 4%대로 줄었고 고객의 만족도도 증가하였다. 그리고 『포천(fortune)』 지가 선정하는 '세계에서 가장 일하기 좋은 기업' 에 11년 연속 선정되는 한편, '일하는 엄마를 위한 최고의 직장' 에도 여러 차례 뽑혔다.

이처럼 효과적인 WLB 프로그램 운영은 우수한 인재의 확보와 유지에 영향을 미치고 나아가 기업의 생산성 향상에도 기여한다. 그러나 WLB를 지원하는 각종 제도의 이러한 장점에도 불구하고 그동안 많은 조직이나 기업에서 일과 삶의 균형 문제는 관심 밖의 일이었다.

과거 1980년대 초까지만 해도 일과 삶의 관계를 바라보는 관점은 갈등의 관점이 지배적이었다. 일과 삶을 갈등(conflict)이란 관점에서 보면 일과 삶 각각은 어느 하나를 줄이거나 희생해야만 자신의 위치를 확보할 수 있게 된다. 개인이 처해 있는 가정환경, 부부관계, 자녀와 자녀 이외의 부양가족 등과 같은 삶의 주요 요소들은 노동시간을 빼앗아 감으로써 일의 대척점에 있었고, 과로와 스트레스는 건강한 가정생활을 파괴하여 개인의 소외감과 삶의 의미 상실을 불러일으키는 주범이었다.

뿐만 아니라 개인들도 조직의 이러한 강요에 익숙해 있었고 그렇게 사회화되었다. 이 시대의 주요 노동력이었던 베이비붐 세대 근로자들은 '일 중심의 사고방식' 에 젖어 있었기에 일이 모든 것의 최상위 우선순위를 차지했고, 가족과의 생활과 여가 활동은 삶의 부수적인 활동으로 인식되었다. 이런 상황에서 자본주의 기업 조직에 개인의 사정을 고려해 주는 자애를 기대하는 것은 무리였다. 조직은 공공연히 개인에게 가정생활을 포기하라는 보이지 않는 손을 휘둘러 희생을 강요했고, 못 견디면 떠나라는 식의 횡포까지 부렸다. 이런 식으로 일과 삶은 트레이드 오프 관계를 벗어날 수 없었다.

이후 일과 삶의 관계에 대한 인식과 양자의 관계에 대한 기업의 처방은 균형(balance)의 관점으로 진화한다. 대개는 선진 기업을 중심으로 경직된 업무운영을 개선하고 개인의 상황을 배려해 주는 탄력근무시간제, 사내탁아소 등의 정책이 도입되었다. 한 가지 의문점은 일과 삶이 균형을 이룬다는 것이 무엇을 의미하느냐다. 균형이란 용어는 대개 양적 균형을 전제한다. 그렇다고 일과 삶의 비중이 50:50이 되어야 균형을 이룬다고 해석할 수는 없다. 그럼에도 균형이란 용어는 물리적 균형의 의미를 내포하고 있다.

1990년대 후반부터 급격히 진행된 지식기반사회로의 진보는 개인이 보유한 아이디어와 인적자본 중심으로 개인의 가치평가 공식을 바꾸었고, 조직의 지속가능경영에 개인의 삶의 의미를 존중하고 지원해 주는 인간존중경영의 중요성을 새삼 강조하게 만들었다. 일과 삶에 대한 관계는 이제 물리적 균형이 아닌 주관적 인지를 바탕으로 한 선택으로 진화하여 균형이라기보다는 조화(harmony)라는 개념으로 이해된다. 어떤 사람은 일과 삶의 비중이 40:60일 때, 어떤 사람은 60:40일 때 적절하다고 판단할 수 있다. 어느 상태로 조화되느냐는 개인의 선택의 문제로 전환된 것이다. 결국, 일과 삶의 관계는 개인의 주관적 판단과 결정에 따른 질적 개념으로 변한다. 이러한 일과 삶의 조화가 궁극적으로 개인의 삶의 질을 높이고 조직의 경쟁력도 높여, 결국엔 조직의 목표를 달성하는 데 기여하는 것으로 받아들여지게 되었으며 일과 삶의 조화(WLH: work-life harmony) 패러다임이 탄생하였다.

'일과 삶의 조화'는 2007년 ASTD에서 처음 등장하여 폭발적인 인기를 끈 세션이었으며, 이후 2008년에도 동일한 내용이 소개되었다(Dunphy, 2008). 이하에서는 던피 박사의 발표내용을 중심으로 소개한다. 일과 삶의 조화를 생각할 때 거론되는 가장 중요한 세 가지 영역이 있다. 첫째, 대인관계(network), 둘째, 커리어와 일, 그리고 셋째, 건강과 여가의 3대 영역이다. 여기서 핵심은 개인의 주관적 판단과 결정에 의해 각 영역들의 비율이 결정된다는 점이다. 이를 통해 궁극적으로 개인 차원의 삶의 질을 높이고 조직의 경쟁력도 높여, 결국엔 조직의 목표를 달성하는 데 기여할 수 있다.

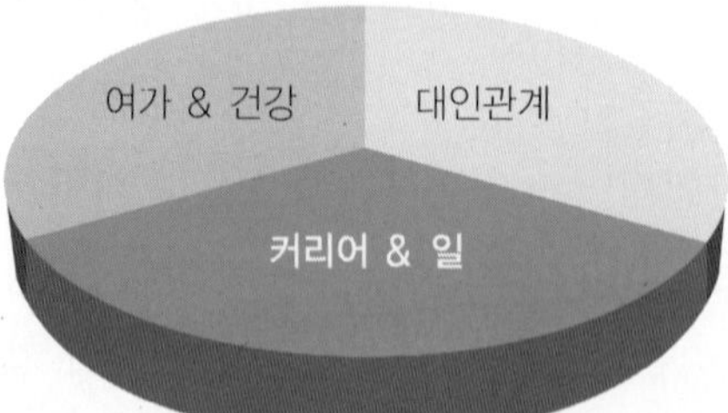

[그림 II-80] 일과 삶의 조화 영역(Dunphy, 2007, 2008)

일과 삶의 조화를 위해 전략적으로 관리되어야 할 세 가지는 태도, 신체, 헌신이다. 첫째, '태도(attitude)의 최적화'다. 인간의 사고는 프로그래밍화된 바이오컴퓨터(bio-computer)와 같다. 인간의 사고가 전달되는 경로를 보면 사고(thoughts)가 감정(feeling)에 영향을 미치고 감정(feeling)은 다시 행동(action)으로 이어진다. 이것은 역방향으로도 일어나 행동이 사고에 영향을 미친다.

인간의 사고와 행동을 매개하는 연결고리가 감정이라는 점에 주목해야 한다. 인간의 사고는 동기화되지 않고 행동으로 이어질 수 없다. 또한 사고와 행동 간의 관계에서 역방향에도 주목해야 한다. 특정 행동을 하다 보면 특정한 의식이 생겨나기도 하기 때문이다. 질서의식의 중요성을 인식하지 못한 채 은행이나 공공기관에서 번호표를 받고 자기 순서를 기다리다 보면 질서의식이 왜 필요한지 깨닫게 된다. 행동이 사고를 규정하기도 하는 것이다. 조직 내 인간의 행동이 지니는 이러한 행동주의적 속성은 흔히 관찰된다. 고성과자의 행동 패턴을 따라하다 보면 성과에 결정적인 영향을 미치는 근본가정과 신념, 가치 등을 뒤늦게 깨닫기도 한다.

이러한 생각을 좀 더 확장하면, 시스템 변화를 통해 개인의 행동을 변화시킬 수 있다는 사실에 주목하게 된다. 바람직한 행동특성

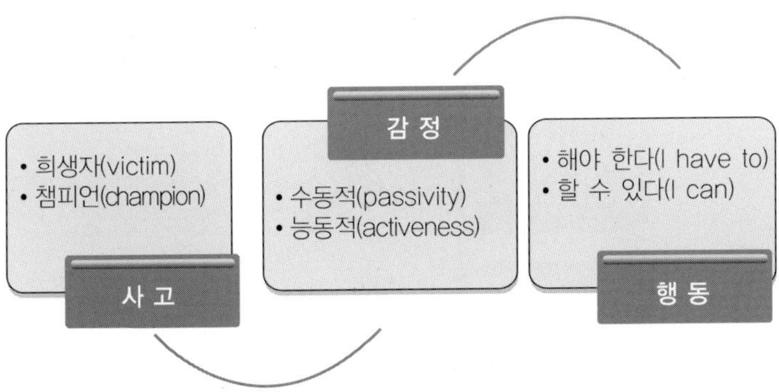

[그림 II-81] 인간사고의 전달 경로와 챔피언 및 희생자 사고
(Dunphy, 2008)

을 촉발하는 시스템을 마련하는 일은 의식개혁에 우선한다. 특히, 인간의 행동과 직결되는 휴먼 시스템의 설계를 통해 개인의 성장과 학습을 촉진해야 한다.

이러한 관점에서 행동이 변화하기 위해서는 사고(thoughts)의 전환이 필요하다. 주로 수동적, 소극적인 용어로 표현되는 피해자 사고(victim thoughts)에서 능동적, 적극적 용어로 드러나는 챔피언 사고(champion thoughts)로 전환해야 한다. 'I have to' 'I should' 'You made me' 등의 피해자사고를 'I can' 'I will' 'I want to' 'I choose to' 등으로 바꾸는 사고전환훈련을 통해 챔피언 사고로 전환될 수 있다.

둘째, '신체의 최적화(optimizing your biochemical machine)' 다. 일과 삶의 조화를 이루기 위해서는 생화화적 기계인 신체를 건강하고 에너지 넘치게 최적화해야 한다. 가장 좋은 컨디션과 건강을 유지할 때 최상의 성과를 낼 수 있다. 최상의 건강과 에너지를 유지하기 위해서는 [그림 II-82]와 같이 건강과 에너지의 4대 필수조건

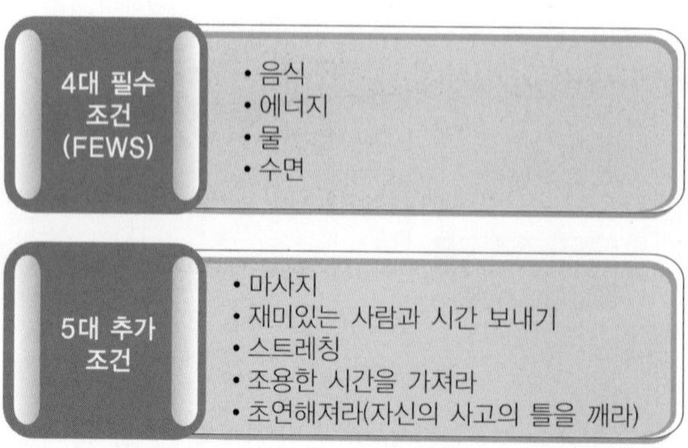

[그림 II-82] 최상의 건강과 에너지를 위한의 4대 필수조건 및 5대 추가조건 (Dunphy, 2008)

(FEWS)과 5대 추가조건을 관리해야 한다.

셋째, '헌신(commitment)관리의 최적화' 다. 우리는 늘 시간이 부족하기 때문에 시간관리를 꼭 해야 한다는 고정관념을 가지고 있다. 그러나 문제는 시간에 있는 것이 아니라 헌신을 하느냐에 달려 있다. 즉, 시간을 관리하는 것이 아니라 헌신을 관리해야 한다. 시간관리는 헌신을 관리하면 그에 따라 자연스레 일어나는 현상일 뿐이다. 이러한 헌신을 최적화하기 위해서는 어떤 일을 시작하기 전에 반드시 세 가지 질문을 스스로에게 던져야 한다. '이 일로부터 나는 무엇을 얻게 되는가?' '이 일을 하기 위해 내가 치러야 할 대가는 무엇인가?' '나는 이 일을 원하는가?' 에 대한 명확한 대답이 가능할 때 헌신 관리의 최적화가 이루어진다.

2. 일과 삶의 의미에 대한 새로운 통찰

현대사회에서 일의 의미는 진화하고 있다. 인간본연의 심오한 욕구를 충족시키려는 노력이 일의 의미가 진화하는 근원이다. 사람을 일의 핵심에 놓는 사고는 결국 인간의 잠재성을 일깨우고 인간됨을 촉진하는 새로운 일모형으로 발전하게 된다. 그리고 미래의 복잡한 문제를 해결하기 위해서는 '새로운 사고' 만으로는 부족하며 아예 새로운 유형의 인간이 필요하다(DiVecchio, 2008). 한마디로 일의 진화와 사람의 진화가 동시에 이루어져야 하는 것이다.

그런데 왜 어떤 사람은 복잡하고 도전적인 일을 나보다 쉽게 처리하는 것처럼 보이며, 또 다른 사람들은 나보다 더 쉽게 환경 변화에 적응하고 유연하게 대처하는가? 일에 관한 많은 문제들이 우리 자신의 사고에서 유래하는 경우가 많다. 자신의 사고가 긍정적이고 변화에 유연하며 수용적이면 삶과 일에서 발생하는 여러 가지 문제들을 대처하는 방식도 그렇게 된다. 그렇지 않은 경우 새로운 환경, 새로운 문제는 늘 도전이자 갈등을 일으키는 원천이 된다. 결국, 문제를 극복하기 위한 새로운 해법은 삶과 의미에 관한 새로운 통찰에서 시작되어야 한다. 이제 새로운 사고방식은 책임 있는 삶과 행동을 위한 필요조건이 되었다. 낡은 가치와 신념, 분절화된 사고, 자기중심적 사고를 고수하면 앞으로도 계속 구태의연한 목표와 행동에 집착하게 될 것이다(달라이라마; DiVecchio, 2008 재인용).

자기계발 및 전문성 계발 트랙에서는 삶과 일의 의미에 관한 새로운 통찰을 일깨우고 이러한 통찰을 바탕으로 삶과 일 모두를 통해 충만감을 얻고 자신의 잠재역량을 최대로 발휘함으로써 새로운 질적 도약을 준비하는 데 도움이 되는 내용이 다루어지고 있다. 2005년 빅터 프랭클(Viktor Frankl)의 『사고의 감옥: 의미 있게 산다는 것(Prisoners of Our Thoughts)』이란 저술을 토대로 많은 사람들의 공감을 불러일으키는 내용의 발표가 있었다. 여기서는 의미중심 철학과 사상을 바탕으로 '어떻게 일하고 어떻게 살아갈 것인가?' 에 대한 일곱 가지 방향이 제시되었다.

패트리샤 디베치오(Patricia DiVecchio, 2008)는 일과 삶의 의미에 대한 새로운 통찰에 기반한 일곱 가지 혁신도구와 회사에서 이를 활용하는 방안을 〈표 II-42〉와 같이 제시하고 있다.

표 II-41 삶의 일곱 가지 방향

1. 우리는 삶의 자세를 선택할 자유가 있다.
2. 의미를 찾고자 하는 의지를 발견하라.
3. 매순간 삶의 의미를 깨달아라.
4. 자신에게 불리한 일을 하지 말라.
5. 거리를 두고 자신을 바라보라.
6. 관심의 초점을 다른 곳으로 돌려라.
7. 자신을 넘어서라.

표 II-42 일과 삶의 관점 변화를 위한 일곱 가지 혁신도구

일곱 가지 혁신도구	근무환경에서의 결과	인간욕구의 충족	업무현장에서의 실행
1. 구시대적이며 제한적 일에 대한 신념과 행동 인지	지속적 학습과 과거 초월	자기인지 및 성장	시사점을 중심으로 모든 프로젝트 검토
2. 보다 더 유목적적인 일 확인 및 진화	인간의 잠재성 인정 및 활용	유의미한 일	고유한 기여도에 초점을 맞춘 성과평가
3. 강력한 내면세계 육성	자기관리 지지	향상된 자아존중	코칭이나 멘토링 실행
4. 변화와 진화에 대한 내적 저항 확인 및 극복	상위 수준 위험 감수	자기확신	내/외적 성공요인 분석
5. 진화적 사고와 존재양식 활성화	자아창출	자아충족	차이를 격려하고 보상하는 근무환경 창출
6. 자아에 대한 멘탈 모형 혁신 및 확장	혁신	자아실현	최고 수준의 역량을 발휘하여 업무수행
7. 소망하는 미래 키우기	미래의 선택에 기초한 행동	타인의 자아실현 지원	

앞에서 강조했듯이 일과 삶에 열정적인 태도를 갖기 위해서는 일과 삶의 의미에 대한 새로운 통찰이 필요하다. 타인의 판단과 인식이 아닌 자신의 의미 부여가 가장 중요한 기준이다. 예를 들면, 우편배달부가 '단순히 우편물을 배달한다' 고 생각하지 않고 '사람들을 서로 연결시켜 주는 일을 한다' 고 의미를 부여한다면 자신의 일과 삶 자체를 달리 해석하는 것이다.

일과 생활에서 태도의 선택을 통해 대처 방식을 선택할 수 있다. 태도의 선택은 인간만이 누리는 권리일 뿐 아니라 자유로운 존재 방식의 하나다. 이러한 태도의 선택은 나는 무엇을 하고 있는가? 왜 그것을 하고 있는가? 삶은 어떤 의미가 있는가? 지금 하는 일은 어떤 의미가 있는가? 등에 대한 지속적인 의문을 제기하고 의미를 찾게 해 준다. 긍정적 경험으로 초점을 돌림으로써 시련 속에서도 의미를 찾을 수 있다. 결국, 삶과 일의 의미에 대한 새로운 통찰은 일과 삶의 충만감을 높이고 자신의 잠재역량을 최대한 발휘할 수 있게 해 준다. 이처럼 삶과 일의 의미에 대한 새로운 통찰이 이 트랙의 주요한 트렌드로 부상하고 있다.

3. 21세기형 업무관리 및 시간관리 기법의 활용

경영환경의 급격한 변화로 업무는 점점 더 복잡해지고 처리해야 할 정보의 양은 폭증하고 있다. 이러한 변화는 일하는 문화와 방식의 변화까지 요구하고 있다. 일의 양적 증가는 업무 처리의 신속화와 효율화를 요구하며 이러한 변화는 일과 삶의 조화에도 큰 영향을 미친다.

2006년 기준 미국의 노동생산성을 100이라 할 때 우리나라 근로자의 노동생산성은 경제협력개발기구(OECD) 회원국 평균(75)에도 현저히 못 미치는 41이다. 미국 근로자에 비하면 똑같은 물건을 만드는 데 2배 이상의 노동을 해도 따라가지 못한다는 이야기다. G7 선진국 평균이 89, 가까운 일본이 71로 그 격차가 매우 크며 체코와 헝가리도 우리나라보다 높은 노동생산성을 보이고 있다. 일 처리 방식이 근본적으로 바뀌지 않고서는 노동생산성이 획기적으로 향상되기 어렵다.

ASTD에서는 일의 생산성을 높이고 삶의 질을 제고하는 데에도 기여하는 '21세기형 업무관리 방법' 이 소개되고 있다.

1) 효과적인 스케줄 관리를 통한 업무관리

효과적인 스케줄 관리를 위해 시간관리는 필수적이다. 시간관리가 원할하게 이루어지지 않으면 일과 삶의 불균형이 초래된다. 일에 더 큰 비중을 두고 시간을 많이 사용한다면 가족과의 시간, 여가, 자기계발 등과 같이 삶에 필요한 시간은 그만큼 부족하게 되기 때문이다. 이렇듯 부적절한 시간관리는 일과 삶의 불균형, 부조화로 이어진다.

2005년 마이크로소프트(Microsoft) 사에서 200개국 38,000여 명을 대상으로 노동시간과 관련해 실시한 온라인 설문조사 결과에 의하면, 미국인들의 주당 평균 노동시간인 45시간 중 16시간은 비생산적인 업무, 4시간은 비효율적인 회의에 낭비되고 있는 것으로 조사되었다. 노동생산성이 우리의 두 배 가까운 미국 근로자들조차도 효율적인 일 처리와 관리에 이런 문제가 있다는 것은 놀라운 사실이다.

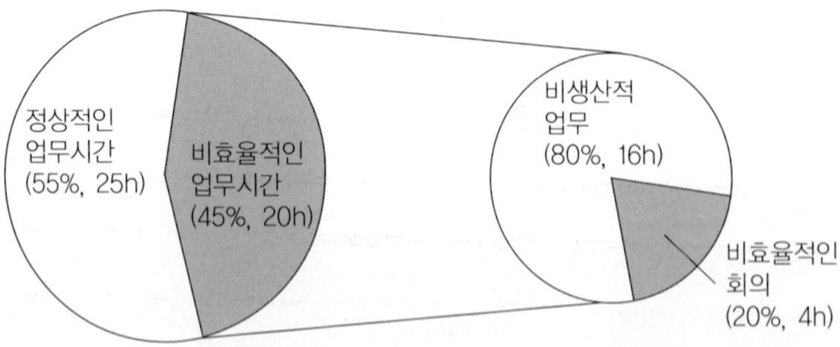

[그림 II-83] 주간 평균 업무시간 비교(Reynolds, 2008)

또한 설문조사 응답자의 약 33%만이 믿을 만한 스케줄 관리 도구와 기술을 사용하고 있으며, 나머지 67%는 비효율적인 스케줄 관리로 인해 일과 삶의 조화를 이루지 못하고 있다고 응답했다. 이 설문결과에 의하면, 미국에서 업무생산성을 위협하는 요소는 일을 미루는 습관(42%), 팀 간 의사소통의 부족(39%), 그리고 비효율적인 회의(34%) 순으로 나타났다.

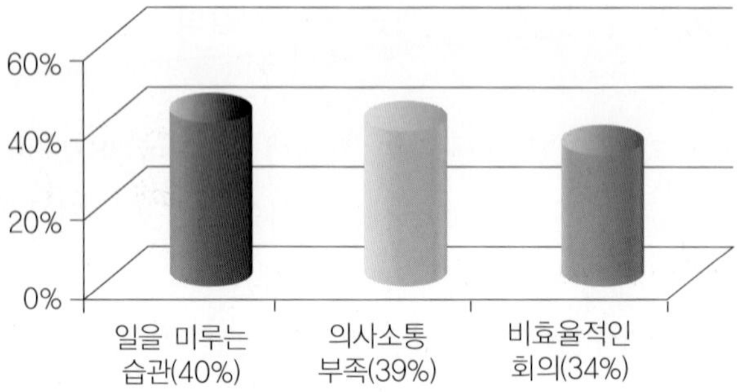

[그림 II-84] 업무생산성 저해 요소(Reynolds, 2008)

과거 10년 동안 '바쁜 관리자의 행동'에 관한 연구를 통해 밝혀진 사실도 흥미롭다. 관리자의 약 90%가 그들의 시간을 비효율적인 행위에 낭비하고 있고, 단지 10%의 관리자만이 시간을 효율적이고 목적에 맞게 사용하고 있었다(Reynolds, 2008). 중요하거나 급하지 않는 업무에 대해 '나는 그 일을 내일 할 거야.' '나는 당신에게 그 일을 다음 주에 지시하겠네.' '그건 내가 해야 하는 일의 리스트에 있어.' 등으로 말하는 것은 많은 사람들에게 익숙하다. 그런데 이런 '나중에(later)' 습관이 업무처리 속도를 늦추고 성과를 낮춘다. 이런 습성이 강한 사람들은 업무에 대한 책임감을 피하는 태도를 보이기도 한다. 이러한 '나중에' 습관은 스케줄 관리가 제대로 이루어지지 않는 사람들에게 흔히 나타난다.

효과적인 스케줄 관리(Reynolds, 2008)를 위해서는 첫째, 가장 적합한 업무처리시간을 달력을 이용해 관리한다. 매일 하루를 마무리할 때, 다음 날 업무의 처리기한과 시간을 정한다. 하루를 완벽하게 마무리하고 내일의 계획을 철저하게 정하는 방식의 하루 관리에 익숙해지면 자신의 의도에 부합하는 시간관리가 가능해진다. 스케줄링을 위해서 자신이 주기적으로 확인할 수 있는 다이어리 또는 마이크로소프트 아웃룩, PDA 등을 이용하면 효과적이다.

둘째, 요즈음 많이 사용하고 있는 사내 인트라넷이나 인터넷을 활용하여 스케줄을 관리한다. 자신의 스케줄을 직장의 동료나 상사들에게 이메일을 통해 알려서 불필요하게 시간을 낭비하는 것을 최소화해야 한다.

마지막으로, 회의시간을 효과적으로 관리한다. 회의를 효과적으로 진행하고 관리하기 위해서는 다음과 같은 원칙의 준수가 필요하다.

표 II-43 **효과적인 회의진행 원칙**

1. 회의시간을 1시간에서 45분으로 단축하라.
2. 안건이 여러 가지일 경우 회의 간격을 최소한 15분 이상으로 배분하라.
3. 회의 안건이 없는 무의미한 회의는 하지 말라.
4. 시작과 끝나는 시간을 준수하라.
5. 회의에 늦게 참가한 사람을 위해 다시 시작하거나 리뷰하지 말라.
6. 회의의 중요한 안건이나 내용에 대해서 종합 · 정리하라.
7. 하루에 4시간 이상의 회의를 하지 말라.

2) 효과적인 업무부담 관리: 'No' 라고 말하기

과중한 업무부담에 관한 설문조사 결과, 응답자의 50% 이상이 많은 업무시간과 양으로 인해 스트레스를 받고 있고, 약 68%가 업무를 매우 신속히 처리하도록 강요받으며, 80% 이상은 비효율적인 시스템으로 인해 매우 비효율적으로 일을 처리해야 한다고 응답했다.

또한 응답자의 50% 이상은 하루에 12시간 이상을 일과 관련된 행동과 생각을 하고 있으며, 약 55%는 점심시간을 15분 또는 그

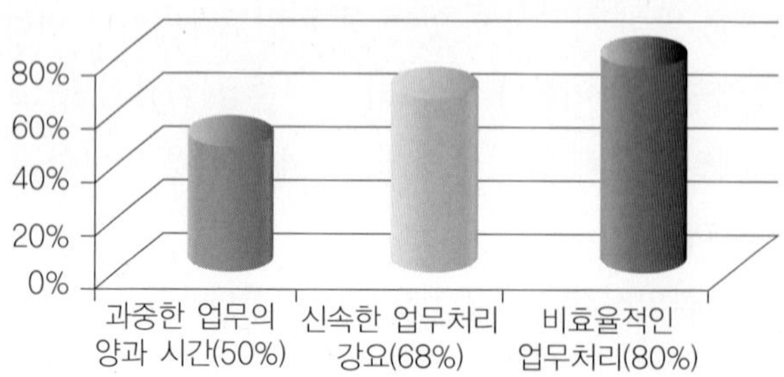

[그림 II-85] **과중한 업무부담의 원인**(Reynolds, 2008)

이하로 사용한다고 응답했다. 과중한 업무부담은 근로자들의 체력 소진, 업무 과실의 증가, 더 나아가 질병 등을 유발함으로써 결과적으로 생산성을 저해하는 주요한 요인이 된다(Barton, 2008).

대부분의 노동자는 과중한 업무량에도 불구하고 자신에게 맞는 적절한 업무량을 설정하지 못한다. 왜 자신에게 적절한 업무량을 설정하지 못하는가? 근로자 개인에게 그러한 권한이 주어지지 않는 것이 가장 큰 문제지만, 권한이 주어진다 해도 문제는 여전히 남는다. 이유는 인사고과, 승진, 보상 등 모든 것이 경쟁적 시스템으로 움직이는 구조하에서 자신의 능력을 과시하려 하기도 하고, 다른 사람에게 도움이 되기를 원하기도 하고, 다른 사람들보다 뒤처지는 것을 원치 않으며, 더 나아가 남을 앞서고 싶은 심리적 요인들이 복합적으로 작용하기 때문이다. 그러나 그 무엇보다도 조직의 불안전한 업무 시스템에서 오는 업무배분의 비효율성이 가장 큰 문제다.

많은 근로자들은 상사로부터 동료들과 업무를 배분하는 데 직·간접적인 압력을 받는다. 업무의 과중을 줄이는 한 가지 방법은 요구에 대한 적극적이고 지혜로운 거절이다. ASTD(2008)에서는 효과적으로 거절하는 다섯 가지 방법이 소개되고 있다(Barton, 2008). 첫째, '샌드위치 접근(sandwich approach)' 이다. 이는 상대방의 요구를 긍정적인 태도와 적극적인 의사로 거절하는 방법이다. 즉, 동조적인 태도로 상대방의 요구를 거절하고 다음 기회에 참여할 수 있다는 가능성을 전달한다.

> "나는 이 프로젝트에 매우 흥미를 가지고 있습니다. 그러나 이것을 하기 위한 충분한 시간이 없습니다. 만약 다른 기회가 오면 그때

저를 불러 주십시오."

둘째, '협상을 통한 거절(negotiated no)'이다. 프로젝트의 완료 시일이나 범위에 대해서 요구자와 협상하는 방법이다. 현재의 상황에서는 할 수 없다는 의사를 표시하고 어떠한 조건(사람, 자원 등)들이 충족되면 할 수 있다는 협상적 거절 방법이다.

"만약 당신이 나에게 어떠한 지원을 해 준다면 이 프로젝트를 수행할 수 있습니다."

셋째, '현재시점 거절(not now no)'이다. 일이나 프로젝트의 시기를 지연시키는 방법이다.

"나는 중요한 프로젝트에 지금 참여하고 있습니다. 그래서 지금 당장 도울 수가 없습니다. 나중에 참여할 수 있을까요?"

넷째, '지원적 거절(the supportive no)'이다. 요구자를 위해 자원이나 도움을 제공하는 것이다.

"미안합니다. 나는 지금 당신이 원하는 것을 할 수가 없습니다. 그러나 당신을 지원해 줄 수 있는 누군가를 찾는 데 도울 수 있도록 노력하겠습니다."

다섯째, '창의적 제안을 통한 거절(creative solution no)'이다. 새로운 창의적 해결책을 제안하는 방법이다.

"미안하지만, 나는 지금 당신이 부탁한 것을 할 수 없습니다. 그렇지만 문제를 해결하기 위해 더 좋은 방법이 있는지 함께 찾아볼까요?"

4. 네트워킹을 통한 인맥관리

현대사회의 직장인들은 평생 동안 수많은 관계를 맺는다. 이해관계자와 사회적 네트워크의 증가는 우리가 맺어야 할 관계의 수를 기하급수적으로 증가시키고 있어 이와 관련된 관계 맺기의 기술이 어느 때보다도 중요해졌다. 성공한 사람들의 공통적 특징 중 하나는 NQ[19)](Network quotient, 공존지수)가 높다는 것이다. NQ란 새로운 네트워크 사회에서 우리 모두가 함께 잘살기 위해 갖추어야 할 공존의 능력을 의미한다. NQ가 높다는 것은 다른 사람들과의 소통능력이 뛰어나다는 것을 뜻한다. 이런 사람들은 고급정보와 기회를 얻을 수 있는 광범위하면서도 깊이 있는 인맥을 보유하게 된다.

성공적인 인맥관리를 위해서는 준비 전략과 분명한 초점과 브랜딩으로 무장한 후 '의미 있는 관계'를 만들 수 있는 실천 전략이 중요하다(Kendall, 2008). 히로타(Hirota, 2008)는 네트워크를 구조화하고 확장시키는 방법인 4단계 프로페셔널 네트워킹 마스터 기법을 제안하였다.

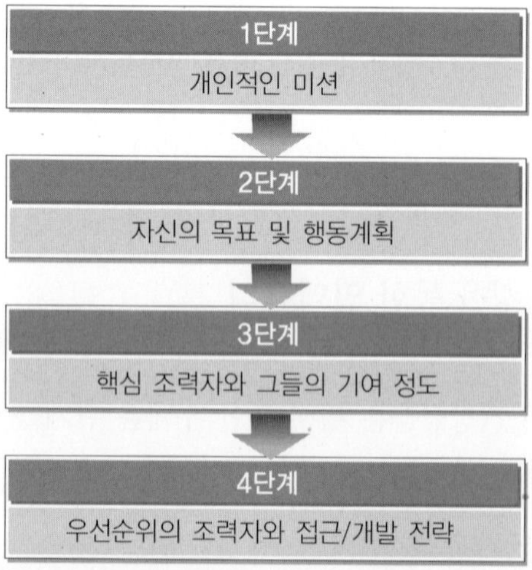

[그림 II-86] 4단계 프로페셔널 네트워킹 마스터 기법
(Hirota, 2008)

1단계는 성공적인 네트워킹을 위해서 자신에게 주어진 미션이 무엇인지를 분명히 아는 것이다. 미션은 개인의 가치(열망, 동기, 우선순위 등)를 표현할 수 있는 것이어야 한다. 자신의 미션이 확인되면 2단계에서 목표와 실행계획을 마련한다. 목표는 S.M.A.R.T.(specific, measurable, achievable, relevant/realistic & time-bound)하게 수립하고 'what, how, when, where, how much(만약 비용이 발생한다면)'의 기준으로 세분화해서 설정한다. 이 단계가 완료되면 3단계에서 미션과 목표를 달성할 수 있는 조력자를 확인한다. 마지막 4단계에서는 최우선순위의 조력자를 확인하고 최적의 개발 전략을 수립한다.

5. 효과적인 스트레스 관리

스트레스는 일과 삶의 조화만이 아니라 개인 및 조직의 성과에 직접적인 영향을 미친다. 직무 스트레스는 '어떤 개인의 능력과 직무욕구 간의 부적합, 즉 어떤 가능한 개인의 욕구와 실제 직무환경에서 제공되고 있는 욕구만족의 불일치' 로 정의된다. 이러한 불일치는 기업에서 직원들로 하여금 일과 삶의 불균형을 초래하는 원인이 되며, 업무생산성 및 근무의욕 저하 등의 부작용을 초래하기도 한다. 또한 스트레스가 만성화되면 개인과 조직의 성과에 심각한 부정적인 영향을 미치기도 한다.

한국직무스트레스학회가 발표한 2001년 국가별 스트레스 보유율 조사연구에 의하면, 우리나라 직장인들의 스트레스 보유율은 95%로 미국 40%, 일본 61%와 비교가 되지 않을 정도로 월등히 높다. 강도 높은 스트레스 속에서의 삶이 우리의 자화상이다.

적정한 수준의 스트레스는 긴장의 유지를 통해 생산성을 향상시킬 수 있으나, 문제는 과도한 스트레스이며 이는 다음과 같은 부작용을 낳는다.

첫째, 과도한 직무 스트레스는 조직의 성과를 감소시키고 이직률을 증가시킨다. 또한 중장기적으로 기업의 생산성을 저하시킨다. 적절한 긴장감은 성과에 대한 도전의식을 자극하여 창의적인 아이디어와 성과 향상에 기여한다. 그러나 스트레스의 수준이 적정하지 못하면 직무의욕과 에너지 수준을 떨어뜨려 생산성도 낮아진다. 이제 스트레스는 회사의 관리항목에 추가되어야 한다. 직원들의 스트레스 관리가 업무몰입도와 생산성을 향상시키기 때문이

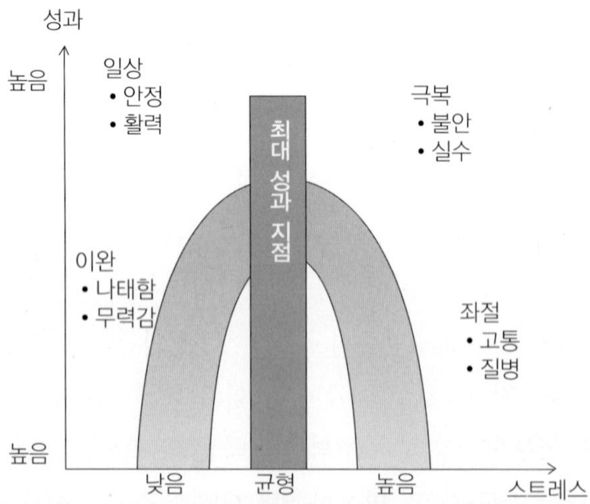

[그림 II-87] 스트레스 수준과 성과와의 관계(직장인스트레스연구소, 2007)

다. 미국 항공기 제조업체인 맥도널 더글러스의 경우 스트레스 관리 프로그램을 도입한 뒤 이직률이 35% 감소하고 생산성이 14% 향상되었다고 한다. 또한 3M은 사내 상담실을 이용한 구성원의 80%가 성과가 향상되었다고 한다(박지원, 2007).

둘째, 과도한 직무 스트레스는 개인의 건강을 악화시킨다. ASTD (2008)의 조사결과에 의하면, 병원을 찾는 직장인들이 앓고 있는 질병 중 75~90%는 스트레스와 관련이 있다. 스트레스로 인해 심장병, 위궤양, 고혈압, 당뇨병 등 성인병이 생기고, 우울증으로 발전하기도 한다. 미국의 경우 스트레스와 관련된 질병으로 1년에 1인당 약 602달러를 지출하고 있고, 예상치 못한 장기결근자로 인해 미국 전체가 치러야 하는 비용이 매년 약 350만 달러다. 그리고 미국 기업은 1년에 약 3,000억 달러가 넘는 비용을 스트레스와 관련된 비용(산재손실비용 포함)으로 지출하고 있다.

이제 직무 스트레스가 초래하는 부작용에 대한 경각심이 필요하며 관리되지 않은 스트레스는 개인과 조직의 성장 및 성과에 매우 부정적인 영향을 미친다는 점에 주목해야 한다. 때문에 자기계발 및 전문성 계발 트랙에서는 매년 직무 스트레스가 일과 삶에 미치는 영향에 대해 분석하고 다양한 스트레스 관리기법들이 등장하고 있다.

개인이 자신의 중심을 잃으면 스트레스를 성공적으로 관리할 수 없다(Crum, 2008). 대부분의 사람들은 바쁜 직장생활로 인해 스트레스를 관리할 만큼 시간이 많지 않으며 스트레스 관리 비용도 없다고 인식한다. 그러므로 시시각각 발생하는 충돌을 기회로, 스트레스를 활력으로 변형시킬 수 있는 방법이 필요하다. 생활에서 일어나는 일들에 대한 반응을 조절(control)하고, 자신보다 더 중요한 가족이나 친구, 믿음 또는 봉사와 같은 일에 책임의식(commitment)을 가지며, 스트레스 요인을 기회로 보아 다음에 다시 스트레스에 직면할 때 똑같은 실수를 범할 수 있는 방해요소를 제거(challenge)해야 한다는 것이다(Crum, 2006). 〈표 II-44〉에서는 스트레스를 성공적으로 관리하기 위한 다양한 방법들을 제시하고 있다.

표 II-44 스트레스 관리법

1. 규칙적인 생활과 건전한 생활 리듬 유지
2. 적절한 취미생활, 오락, 스포츠
3. 원만한 인격으로 보다 적극적인 대인관계 유지
4. 주인의식을 갖고 즐겁게 충실하려는 노력과 습관 갖기
5. 필요한 경우에는 정신과 의사와의 상담 및 지도

6. 의사소통 역량은 자기계발 및 전문성 계발의 기본

최근 자기계발 및 전문성 계발 트랙에서 가장 빈번하게 등장하는 내용 중 하나가 의사소통이다. 자기계발이나 전문성 계발 측면에서 의사소통은 필수적인 기술이기 때문이다. 2005년 1개였던 세션이 2006년 3개, 2007년 4개, 2008년 2개로 늘고 있다. 주로 '비즈니스 커뮤니케이션' 과 관련된 기법들에 초점이 맞춰져 있다.

의사소통은 사람 간 의사나 감정의 소통 등을 의미한다. 조직이나 기업에서 효과적인 의사소통은 스스로가 경쟁력을 가질 수 있는 가장 강력한 도구다. 프레젠테이션, 회의 참여, 상사나 동료 및 부하와의 명확하고 신속한 의사소통은 정보의 원활한 공유를 통해 갈등을 줄이고 팀워크를 향상시켜 목표 달성에 기여한다.

1) 명확한 의사전달을 위한 기법

의사소통의 가장 큰 목적은 의사전달이다. 명확한 의사전달은 타인을 감화시키고 부서 간 의사소통을 원활하게 할 수 있을 뿐 아니라 정보공유를 촉진한다. 명확한 메시지를 전달하기 위해서는 언제 의사소통을 해야 하고, 일상적인 메시지와 매우 민감한 메시지를 어떻게 전달해야 하는지를 아는 것이 중요하다.

*Successful Meetings Magazine*이 선정한 21세기 최고 연사 21명 중 한 사람인 부어(Booher, 2006)는 임원들에게 필요한 열 가지 효과적인 의사소통의 조건(Ten Cs)을 소개했다. 이는 명확한 메시지를 전달하고자 하는 사람, 신뢰도를 높이고자 하는 사람, 그리

고 보다 강한 개인적 혹은 공적 유대관계를 형성하고자 하는 사람을 위한 지침을 제공하며 무엇을, 언제 의사소통해야 하고, 일상적인 메시지와 매우 민감한 메시지를 어떻게 전달해야 하는지에 관한 중요한 메시지를 담고 있다. 열 가지 전략은 전달하려는 메시지의 정확성, 완벽성, 그리고 현재 직무와 관련된 현실적인 문제와 메시지의 목적 등에 관한 내용을 다루고 있다.

표 II-45 효과적인 의사소통의 열 가지 조건

Correct(정확한), **C**omplete(완전한), **C**urrent(최신의) **C**lear(분명한), purposely un**C**lear(의도적으로 불분명한) **C**onsistent(일관된), **C**redible(믿을 만한), **C**oncern(관심 있는) **C**ompetence(자신 있는), **C**ircular(소통되는)

2) 상대방을 설득시키기 위한 의사소통기법

의사소통의 또 다른 중요한 목적은 상대방을 설득하는 것이다. 이해관계자들에게 자신의 제안을 이해시키고, 지원을 이끌어 내며 상사의 결재를 받고, 중요한 일에 다른 사람들을 참여시키는 과정은 모두 설득을 통해 일어난다.

조직이나 기업에서 수직, 수평적 의사소통을 통해 상대방을 설득하고 영향을 미칠 수 있는 기법이 소개되고 있다(Mason, 2006). 첫째, 상대방을 설득하기 위해 가장 중요한 것은 상대에게 신뢰감을 주는 것이다. 신뢰감을 주기 위해서는 역량, 성격, 활력의 세 가지 조건이 갖추어져야 한다.

둘째, 상대방에게 효과적으로 메시지를 전달하기 위해서는 상대에게 집중해야 한다. 상대방이 원하는 것, 요구와 우선순위, 그리고 목표가 무엇인지 정확하게 파악해야 한다. 이 과정을 통해 메시지를 전달하기 위한 직·간접적인 접근법을 선택한다.

셋째, 자신의 아이디어나 제안으로 상대방을 설득시켜 실행에 옮기기 위해서는 다음의 5단계의 과정을 거쳐야 한다. 원하는 메시지를 상대방에게 정확하게 전달함으로써 결국 자신의 아이디어나 의사를 관철시킬 수 있다.

이 외에도 '춤과 의사소통의 관계'(Chaudhuri, 2006)를 통해 상대방과의 조화가 어떻게 이루어지고 어떻게 의사소통 기술의 범주를

신뢰감 주기

- 역량(competence)
  - 박식한, 노련한, 안정된, 견문이 넓은
- 성격 (character)
  - 공정한, 사려 깊은, 일관된, 닮은
- 활력 (dynamism)
  - 긍정적인, 자기주장이 확실한, 열정적인, 적극적인

상대방에게 메시지 전달하기

- 상대방 분석하기
  - 요구, 소망, 우선순위, 목표
- 상대방에게 집중하기
- 상대방의 역할과 책임
- 직접 혹은 간접적 접근 선택하기

상대방의 행동을 이끌어 내는 5단계

- 1단계(주의집중): 전달하려는 메시지가 팀이나 상대방에게 중요한 것인지를 인식시키기
- 2단계(요구): '나에게 무슨 의미가 있는지' 의 관점에서 메시지를 내면화하기
- 3단계(만족): 만족할 만한 해결책, 대안, 제안들을 가지고 있다는 것을 보여 주기
- 4단계(시각화): 생각이나 제안을 모형으로 시각화하여 이해를 도모하기
- 5단계(행동): 특정한 책임이나 행동을 요구하기

증가시킬 수 있을 것인지 등에 관한 의사소통모형과 기법들이 소개되기도 하였다. 의사소통은 조직에서 일이 이루어지는 모든 과정에 존재하는 기본활동이므로 다각도에서 조명되고 있다.

제 III 부

ASTD 동향 10계명

지난 60여 년간 HRD를 통해 기업의 경쟁력을 향상시키기 위한 글로벌 네트워크의 허브 역할을 해 온 ASTD의 인적자원개발 트렌드를 종합적으로 살펴보았다. HRD는 개인과 조직의 학습력과 실행력을 향상시키는 과정이다. 학습력은 곧 변화대응력이며 실행력은 성과창출 능력이다. 학습력과 실행력이 지속적으로 향상될 때 기업의 경쟁력이 향상된다.

'HRD란 개인과 조직의 학습력과 실행력을 향상시키는 과정'
학습력 = 변화대응력 ≒ 실행력 = 성과
= 기업경쟁력

학습력이 실행력으로 나타나기 위해서는 학습이 현장에 전이되어야 하며 학습과 일의 통합이 이루어져야 한다. 이 두 가지가 가능하기 위해서는 여러 가지 선행조건이 갖추어져야 한다. 위에서 학습력이 실행력과 '비슷하지만 동일하지는 않은 것(≒)'으로 표현된 것도 그 때문이다. 현장의 HRD에서는 양자 간의 단절현상이 빈번히 발생한다. HRD 담당자의 과업은 단절이 일어나는 조건을 찾고 해결하여 조직의 내적 운영 시스템과 경영에 정착되도록 하는 것이다.

이하에서는 ASTD HRD 동향의 종합적인 분석을 토대로 HRD에 주는 열 가지 시사점을 살펴보기로 한다.

1. 기업 HRD에 철학이 있어야 한다

지난 5년간 ASTD에서 발표된 941개의 세션에서의 수많은 사례와 연구결과에서 확인할 수 있었던 가장 중요한 점은 이들 각각의 다른 목소리와 강조점의 이면에 흐르는 기업 HRD의 철학이 존재한다는 사실이다. 'HRD의 존재이유와 목적은 무엇인가?' '학습의 가치는 무엇인가?' '학습의 가치를 어떻게 구현하는가?' '학습의 가치는 성과와 어떻게 연계되는가?' '학습의 가치를 어떻게 보여 주어야 하는가?' '리더의 학습과 개발은 어떻게 이루어져야 하는가?' 등의 이슈는 경영 전략으로서의 학습, 성과개선, 리더십과 관리자 개발, 측정 및 평가의 전 영역에 걸쳐 일관되게 HRD의 근본을 묻고 그에 대한 답을 찾으려는 노력이었다. HRD 철학은 교과서 속의 죽어 있는 지식이 아니라 기업현장의 HRD를 인도하여 개인과 기업의 성장에 의미 있는 방향을 제시하는 희망의 불빛 같은 것이다.

HRD 철학의 규명과 조직의 철학을 찾기 위한 노력은 우선 '우리 회사의 HRD란 무엇인가?' 라는 질문으로부터 시작해야 한다. 철학은 남이 만들어 주는 것이 아니라 스스로 찾는 것이기 때문이다. '우리 회사 HRD의 존재가치는 무엇인가?' '우리 회사의 HRD가 지향하는 궁극적인 목적은 무엇인가?' '우리 회사 HRD의 진정한 고객은 누구인가?' 등에 관한 질문을 던지고 그 답을 찾아야 한다. 이는 곧 HRD의 비전과 미션이 무엇인가의 질문으로 이어지며 그 답을 찾는 과정 자체가 HRD 철학의 시작이다.

이러한 철학을 정립하는 데는 HRD 요구의 근원, HRD 문제의 원인, 수준, 그리고 해결책을 구조화하는 관점이 필요하다. 다음은 그 예시다.

- HRD 요구의 근원: 존재의 요구인가 실행의 요구인가?
- HRD 문제의 원인: 시스템의 문제인가 사람의 문제인가?
- HRD 문제의 수준: 전략적인가 전술적인가?
- HRD 해결책의 초점: 조직(회사) 중심인가 개인 중심인가?

2. 학습은 관리 대상이자 자율 영역이다

조직에서 계획하고 지원하는 학습은 궁극적으로 성과로 이어지는 것을 전제로 한다. 기업은 성과로 이어지지 않는 학습을 지원해야 하는가? 이 문제에 대한 답을 하려면 어떤 학습이 성과로 이어지고 어떤 학습은 성과로 이어지지 않는가를 명확히 구분할 수 있어야 한다. 그러나 새롭게 습득되는 지식, 기술 및 역량의 체화과정이 지니는 학습의 '개인성'과 성인들의 삶과 일, 그리고 사람과 사람 사이의 상호작용을 통해 일어나는 학습의 '사회성'이라는 학습의 본질적 특성은 이러한 경계 구분을 불가능하게 한다. 성과를 목표로 학습 프로그램을 설계하지만 늘 목표와 결과 사이의 갭이 존재하는 것은 학습의 두 가지 속성인 개인성과 사회성을 관리하고 통제하는 것이 불가능하기 때문이다. 그렇기에 성과지향 학습은 관리대상이지만, 그렇지 않은 나머지의 학습 영역은 무한대로 열려 있는 개인 자율의 영역이다.

기업의 미래 가치 창출은 조직에서 계획하고 관리하는 학습 영역뿐 아니라 자율의 영역에서 일어나는 학습에 달려 있다. 학습의 모든 부분을 엄격히 관리하고 통제하는 조직은 끊임없는 환경 변화에 대한 적응력과 창조력을 잃게 될 것이다. 24시간, 일주일, 365일 학습의 전선을 형성하며 전 세계를 넘나드는 신세대들이 학습과 업무에 몰입하고 조직에 헌신하게 만드는 가장 중요한 여건은 학습에 대한 관리와 통제가 아니라 권한위임과 자율이다.

그럼에도 불구하고 관리와 자율의 패러독스는 학습에도 적용된다. 업무가 주어지고 관리와 통제를 편하게 느끼는 사람들과 자율을 악용하는 사람들이 있는 한 관리와 자율의 패러독스는 사라지지 않을 것이다. 따라서 패러독스의 해결자가 필요하다. HRD 담당자는 학습관리와 자율의 세계에 존재할 수밖에 없는 갈등의 정도를 줄여 가는 갈등조정자의 역할을 수행해야 한다.

3. 강점혁명, 긍정혁명에 기반을 둔 인재육성과 조직개발 패러다임에 주목하라

전통적인 HRD가 역량 진단과 부족한 역량의 집중적인 보완에 초점을 맞추는 '결핍주의모형' 에 입각해 있었다면, 강점혁명으로 대변되는 새로이 부상하는 HRD의 관점은 '강점강화, 약점관리' 패러다임이다. 갤럽의 연구에 따르면, '약점을 극복하고 수정하는 관리' 보다는 '강점을 강화시키고 발휘하도록 하는 관리' 를 수행하는 관리자가 증가하고 있다(Buckingham, 2001). 약점을 극복하여 최고의 성과를 창출하고 비약적인 발전을 꾀하기는 쉽지 않기 때문에, 리더는 조직 구성원들이 자신의 강점을 발견하고, 이를 발현시켜 활용할 수 있도록 도와주고, 이를 성과로 연결시킬 수 있어야 한다. 개개인의 약점은 강화대상이라기보다는 치명적인 문제를 일으키지 않는 선에서 관리되어야 할 대상인 것이다.

뿐만 아니라 조직이 문제를 안고 있다는 전제 하에 컨설턴트가 개입하여 그 문제를 발견하고 해결책을 찾아 조직에 적용하는 방식의 조직개발에서 벗어나, 조직의 핵심 역량을 중심으로 조직 운영의 방향을 설정하고 미래 가치를 창출하는 긍정적 조직혁신의 관점이 부상하고 있다. 문제 정의, 원인 분석 및 실천계획 개발이라는 전통적인 조직개발모형에서 벗어나, 강점을 발견하고 새로운 미래를 설계하는, 소위 '강점 기반 조직개발(AI: appreciative inquiry)' 이라 불리는 새로운 조직개발 패러다임이 각광받고 있다.

4. 현업 HRD의 활성화가 필요하다

이상적인 HRD 시스템은 어떤 모습일까? 기업의 연수원을 중심으로 이루어지고 있는 HRD는 현업에서 광범위하고 임의적으로 일어나는 HRD에 비하면 빙산의 일각에 불과하다. 고성과 HRD 시스템과 학습 시스템을 구축하기 위해 가장 중요한 요소로 부각되고 있는 것이 현업 리더들의 역할이다. 부하직원들과의 업무관계 속에서 개인적인 교감을 통해 교육 및 학습 관계를 지속적으로 맺을 수밖에 없는 현업의 리더들이야말로 진정한 HRD 담당자다. 따라서 이들에게 HRD의 툴을 제공해야 한다. 이들이 바쁜 업무로 인해 HRD 역할을 게을리 한다고 나무랄 일도 아니다. 원래 그런 것이다. 그런 현장 리더의 생각과 행동을 변화시키는 것이 HRD 담당자의 몫이다.

특히, 교육 전과 후 현업관리자들의 역할이 매우 중요하다. 교육이 현장의 변화와 성과의 향상을 가능하게 하려면 관리자들의 적극적인 관심과 개입이 필수적이다. 상사의 관심과 지원이 없이는 새로운 지식과 기술을 활용할 기회를 얻기 어려우며 현장에서 활용되지 않는 학습내용은 곧 소멸되기 마련이다. 더욱이 현장관리자와 리더들이 업무를 완수하는 역할 외에 코치, 멘토, 학습촉진자, 교육자, 경력개발자 등과 같이 부하직원의 성장과 개발을 촉진하는 역할을 수행하지 않는 한 고성과를 내는 학습 시스템은 구축될 수 없다.

교육이 실패하는 원인으로 사전준비 미흡이 40% 이하, 교육 그 자체의 문제가 20%, 교육내용의 활용을 지원하는 환경의 미흡이 40% 이상을 차지하고 있다는 사실에 비추어 볼 때 현장 HRD의 역할이 어느 때보다도 중요해지고 있다. HRD 기술의 발전으로 교육 프로그램의 질이 상당히 개선되고 있어 교육 자체의 문제가 줄고 있기 때문에 관리자의 역할이 더욱 주목되고 있다.

5. 리더 육성이 인재보유, 관리 및 개발을 통합하는 인재경영의 핵심이다

리더십 개발은 교육훈련의 영역에서 인재를 보유하고 관리하는 전략적 도구로 전환되고 있다. 미국 기업 종업원의 71%가 자신의 업무에 몰입하지 않게 되는 첫 번째 이유로 리더십 결함을 지적하고 있듯이, 리더십 개발은 조직의 에너지원으로 인식되어야 한다. 뿐만 아니라 리더의 HR 기능(관리와 개발) 및 역할이 어느 때보다 중요하므로 우수인재의 확보, 유지 및 관리는 리더의 책무여야 하고, 리더가 부하직원들의 스승과도 같은 역할을 할 수 있도록 코칭이나 멘토링 역량을 향상시켜야 한다. 글로벌 인재의 채용, 성과관리, 리더 육성체계라는 큰 틀 속에서 리더 육성이 이루어져야 효과적인 리더십 개발은 물론 인재의 지속적인 관리가 가능해진다.

뿐만 아니라 리더 육성 방법에 변화가 일고 있다. 리더십 개발의 70%는 경험과 할당된 과제를 통해 이루어지고, 20%는 다른 사람과의 상호작용과 모니터링의 결과이며, 단지 10%만이 훈련과 공식적인 교육을 통해 이루어진다. 따라서 리더 육성 방법의 다양화가 필요하다. 1세대 교육 방법이 사례와 이론을 중심으로 한 강의였다면, 2세대 교육 방법은 상황을 인위적으로 만들어 학습이 일어나도록 유도하였다. 이에 반해 3세대 교육 방법은 일이나 관계를 통한 경험을 학습 소재로 하고 학습자의 성찰을 통해 성장이 일어나도록 지원해야 한다.

6. 세대의 변화와 차이를 고려한 HRD를 실행해야 한다

베이비붐 세대, X세대 및 밀레니엄 세대로 불리는 Y세대는 각기 다른 가치관, 일에 대한 인식, 리더십 및 학습 스타일을 보인다. 베이비붐 세대는 동의에 의한 리더십을 선호하고, X세대는 능력 중심의 리더십을 선호하며, Y세대는 성취 중심 리더십을 선호한다. 따라서 동기를 부여하는 방식도 베이비붐 세대의 경우 경험과 공헌에 대한 인정, X세대는 유연한 업무 참여, 학습과 개발 기회의 제공, 그리고 Y세대는 일에서 의미를 찾도록 지원하는 활동 등 각 세대의 특성에 맞추어야 효과를 거둘 수 있다.

학습 스타일의 경우 베이비붐 세대는 정보와의 연결, X세대는 사람과의 연결, 그리고 Y세대는 세상 모든 것과의 연결을 원한다. 베이비붐 세대는 강의 중심, 책이나 핸드아웃에 익숙해 있고, X세대는 경험 중심, 문제 중심 학습에 익숙하며, Y세대는 학습과 즐거움을 동시에 추구하는 성향을 보이므로 각 세대가 지니는 고유한 특성에 맞추어 학습 방법과 전략이 설계되어야 한다.

7. 학습무대의 이동: 실제 상황 활용과 무형식 학습이 중요하다

학습효과 면에서 일터에서 이루어지는 무형식 학습과 전통적 강의실에서 이루어지는 형식 학습의 효과가 80:20이라는 사실은 강의실에서 일터로의 학습무대 이동을 예고한다. 따라서 조직 차원에서 무형식 학습을 어떻게 효과적으로 지원할 것인가가 최대의 관심사가 되었고, 형식 학습과의 통합을 통해 성과를 연계하는 방안도 제안되고 있다. 강의식, 설명식 교육 방법에서 탈피하여 학습자가 주도적으로 참여하는 다양한 교육 방법을 활용해야 한다. 이를 위해 전문배우를 활용한 시뮬레이션 기법이나 시나리오 사례가 도입되고, 뇌과학연구의 성과를 활용한 뇌친화적인 교육 방법, 창의성 촉진 기법 등이 활용되기도 한다.

조직 내 성인학습의 80%가 무형식 학습을 통해서 일어나고 있음에도 불구하고 조직 차원의 관심과 지원, 재원 투자는 90% 이상이 형식학습에 집중되어 있다. 형식 학습과 무형식 학습에 대한 조직 지원의 정도는 학습이 일어나는 원천과 효과성 측면에서 재조정되어야 한다.

또한 리더십 교육과 같이 일반역량을 향상시키는 교육의 경우 팔로우업이 없으면 교육효과는 시간이 지남에 따라 기억감퇴와 전이 결핍으로 급격하게 소멸된다. 따라서 교육 프로그램 기획 단계에서 팔로우업 과정을 별도로 만들어야 한다. 가장 많은 재원과 인력이 투입되는 리더십 개발은 팔로우업이 없을 경우 교육효과가 유지되는 기간이 한 달을 넘기기 어렵다.

8. 매크로 HRD 시스템 평가가 필요하다

HRD 활동의 효과성을 평가하기 위해서는 개별 프로그램 차원의 미시적인 평가에서 벗어나 기업의 HRD 시스템 전체를 체계적으로 관리할 수 있는 평가도구를 활용해야 한다. 그 일례가 WLP 성과표다. 이는 재무, 운영, 고객, 혁신으로 구성된 균형성과표(balanced scorecard) 중 혁신부문을 사람, 과정, 시스템으로 세분화하여 정렬(alignment), 효과성(effectiveness), 효율성(efficiency) 및 지속 가능성(sustainability)이라는 네 개의 지표로 나누어 학습성과를 관리하게 해준다. 이러한 도구들은 개별교육 프로그램의 효과성을 보여주는 평가 방식에서 벗어나 거시적인 HRD 시스템 평가와 관리를 가능하게 한다.

9. 성공사례기법을 중심으로 3수준 평가를 실시한다

훈련 및 교육 프로그램이 얼마나 효과적이었는지 평가하기 위하여 효율적이면서 효과적인 평가기법을 활용해야 한다는 점이 강조되고 있다. 프로그램에 대한 만족도평가는 거의 모든 기업에서 실시하고 있지만 프로그램 개선을 위해서는 거의 활용되지 않고 있다. 평가기법 중에서 적용 가능성이 낮은 정보를 생산하거나, 평가과정이 지나치게 복잡하여 효율성이 낮은 평가기법을 활용하기보다는 경영성과와의 연계를 확인할 수 있는 평가를 도입해야 한다.

이러한 맥락에서 3수준 평가의 중요성이 강조되고 있다. 특히, 성공사례기법이 광범위하게 확산되고 있다. 2006년 이래 ASTD 대회에서 성공사례기법의 적용 사례가 지속적으로 증가하면서 교육 프로그램 평가의 중요한 대세를 형성하고 있다. 리더십 개발 프로그램의 효과성평가에도 성공사례기법이 적용되고 있다. 이는 교육 프로그램 설계와 전달의 효과성이 향상되면서 교육 실패의 원인이 교육 프로그램 자체보다는 현업관리자의 무관심과 지원 부족에 있는 경우가 많기 때문이기도 하다.

10. HRD 담당자는 휴먼 시스템의 무한한 가능성을 신봉하는 긍정주의자여야 한다

인적자원개발은 사람의 변화를 지향하는 업(業)이다. 변화를 업으로 삼는 사람에게 가장 중요한 역량은 인간의 성장 가능성에 대한 믿음이다. 현실화된 가능성만이 아닌 개개인이 지닌 잠재적 가능성을 신뢰할 때만이 지속적인 변화와 성장을 가능하게 하는 새로운 아이디어를 고민하고 조직에 구현하기 위해 진력하게 된다. 강점혁명 및 긍정혁명과 대기만성형 인재가 주목되고, 코칭이 리더십과 조직개발의 중요한 도구로 광범위하게 활용되는 것도 휴먼 시스템에 대한 철학과 신념이 변하고 있기 때문이다.

인간의 변화 가능성에 대한 무한한 신뢰를 갖지 못한 사람이 최고의 HRD 전문가가 되는 것은 기대하기 어려운 일이다. 무엇이든 냉소적이고 부정적인 관점에서 바라보는 사람이 다른 사람의 변화를 위한 학습과 성장동력을 창안할 수는 없으며, 주어지는 일을 그저 열심히 따라하는 수준을 벗어나기 어렵다. 사람의 변화를 위한 일을 방해하는 적군은 외부에 있는 것이 아니라 우리 내부와 자신 안에 있는 경우가 많으며, 그 적군이 바로 자기 자신이 아닌지 의심해 보아야 한다.

> 어떤 비관주의자도 우주의 별들이 간직한 비밀을 발견하지 못하고, 미지의 세계로 항해하지 못하며, 인간 영혼의 지평에 새로운 관점을 창조하지 못한다.
>
> -헬렌 켈러(Helen Keller)-

더 나아가 HRD 담당자에게는 휴먼 시스템에 대한 깊은 이해가 필수적이다. 조직은 결국 사람으로 구성된 시스템이며 개인 차원을 넘어선 다차원적인 시스템으로 존재한다. 시스템의 변화를 꾀하는 이유는 개개인에게 자율적인 선택과 권한을 부여했을 때 자기혁신과 변화가 일어나지 않는 사각지대가 발생하기 때문이다. 결국, 시스템 변화를 위한 인터벤션은 한편으로는 인간의 자율 변화 능력에 대한 불신의 발로다. 시스템이 개인의 행동을 지배하기에, 우수한 인재도 나쁜 시스템에 놓이면 좋은 성과를 창출하지 못한다. HRD 담당자들은 조직 내에서 살아 숨쉬는 사람과 시스템의 역학관계를 이해하고 양자를 동시에 변화시킬 수 있는 역량으로 무장해야 할 것이다.

지난 5년간 ASTD의 941개 세션에서 발표된 방대한 내용은 인재육성을 넘어 인재혁신 시대를 예고하고 있다. 테크놀로지, 세계화, 경쟁과 협력으로 대변되는 21세기 경영환경의 특징은 기업의 장기적인 성장과 혁신을 가능하게 하는 최고급 HRD 정보의 지속적인 생산과 활용을 요청하고 있고, 조직 성장의 DNA인 인재육성을 핵심 경영 전략으로 삼을 것을 요구하고 있다.

HRD와 기업의 경쟁력은 타 조직의 성공 사례를 단순히 모방함으로써 얻을 수 있는 것이 아니다. 피터스와 워터먼(Peters & Waterman, 2004)은 『초우량기업의 조건(In Search of Excellence)』이라는 저서를 통해 베스트 프랙티스와 벤치마킹이란 개념을 유행시켰다. 아이러니하게도, 그가 선정한 초우량기업의 대부분이 얼마 가지 못해 몰락의 길을 걸었다. 이를 계기로 베스트 프랙티스라는 개념 자체에 대한 회의가 일어나기 시작했다. 특정 조직의 경영시스템 자체가 지속적으로 성과를 결정하는 것이 아니라 환경과의 적합성을 얼마나 유지하느냐가 관건이라는 것이다. 조직 내부의 여건, 시장환경과의 관계 등이 중요한 변수다. 피터스 자신도 영원한 베스트 프랙티스는 존재하지 않는다고 말하고 있으며, 그가 말하는 베스트 프랙티스의 조건도 시대에 따라 다르다. 즉, 2000년대 초우량기업의 조건은 1980년대와는 판이하게 다르다.

더욱이 벤치마킹을 하고 유행을 따라가서 남을 앞설 수는 없다. 뒤처지지 않기 위해 남을 배우는 패러다임과 고유의 브랜드를 창출해 시장을 선도하는 패러다임은 수준이 다른 것이다. 우리 회사가 어느 수준인지 면밀히 검토하고 무엇을 해야 하는지 고심해야 할 것이다. 회사의 문화와 역사를 반영한 자생적인 모형 개발이 필요하고, 이를 위하여 HRD 현장의 특수성을 과학적으로 분석하여 적용할 수 있는 고유 모형을 찾아야 한다. 개별조직의 고유하고 특수한 상황하에서 성공할 수 있는 HRD 실천 사례를 발굴하고 이를 모형화할 때 비로소 선진 기업의 HRD 동향을 분석하는 의미를 찾을 수 있을 것이다. 이제부터라도 HRD 담당자들, 그리고 최고경영층은 베스트 프랙티스의 벤치마킹에 열을 올리거나 남의 회사 따라가기에 조바심을 내지 말아야 한다. HRD 담당자들은 우리 회사 HRD의 가치와 HRD 문화의 창조자이자 설계자가 되어야 한다.

나아가 조직의 고유한 HRD 브랜드를 만들어, 일회성 행사나 단발성 프로그램 중심의 운영이 아니라 지속적인 개선의 철학을 구현할 수 있는 우리 조직만의 베스트 프랙티스를 만들어 내야 할 것이다. 이를 위해서는 HRD 프로그램의 품질 개선을 위한 데이터를 장기적으로 축적하고 데이터베이스화하여 HRD 인프라를 견고하게 구축하는 일이 무엇보다 중요하다.

미주

• 서문

1) Bersin, J. (2008). *The high-impact learning organization*. Bersin & Associates. 미국 공교육 전체에 투입되는 66조원(2007)의 1.18배에 해당.

• 제I부

1) 이하 학술대회와 ASTD를 편의상 맥락에 따라 혼용함.
2) 이 내용은 2005년(TU318)부터 2008년(M319)까지 4년 연속 Building Business Acumen이란 제목으로 발표됨.
3) 국내에서 활용되고 있는 트랙별 숫자가 기관과 발표자마다 달라 ASTD 사무국에 요청하여 트랙별 세션 수를 확인하였다.

• 제II부

1) 퀄컴의 연수원장인 타말 엘켈레스의 2008년 TU204. Leading the Learning Function 참조. 그녀의 발표는 Elkeles, T., & Phillips, J. J. (2006). *Chief Learning Officer: Driving Value within a Changing Organization Through Learning and Development*에 기초함.
2) learning service란 용어는 Bersin & Assoiciate에서 쓰기 시작했고 2007년 ASTD M315 Building the High-Impact Learning Organization에서 소개됨.

3) Really Works! TU115 발표자료.

4) ITAP International(www. itapintl.com)의 글로벌 리더십개발 자료 참고.

5) 미 의회는 1988년 인디언 부족들의 경제수준을 끌어 올리는 방안으로 인디언 보호구역 내 도박장 개설을 허가하는 법안을 통과시켰다. 그 결과 현재 약 400여 개의 인디언 카지노가 운영 중에 있으며, '모히간 선' 은 그중 하나다.

6) 자료: 김승기의 변화관리(www.changemanagement.co.kr)

7) *The War for Talent* by Ed Michaels; Helen Handfield-Jones, Beth Axelrod.

8) Economist(2006, October). *Everybody is doing it.*

9) ASTD Industry Report 2008.

10) 미국 기업의 CEO 외부 영입은 2004년 34%, 2005년 40%, 2006년 15%, 2007년 10% 내외로 점차 줄어들고 있는 추세다(Spencer & Stuart, 2007). 2000년대 초반 한국기업의 CEO 외부영입은 6%로, 미국기업보다 내부육성을 통해 CEO 승진사례가 많음. 자료 삼성경제연구소(2001). 전환기 CEO의 역할과 경쟁력.

11) de Geus, A (1997). *The Living Company: Habits for Survival in a Turbulent Environment.* 일본과 유럽 기업의 경우는 13년에 불과하다. 노용진(2007). 100년 기업의 성공토대, 리더십파이프라인. LGERI.

12) 일간경기(2009.2.23), 온보딩 프로그램, 신임리더의 실패 줄인다.

13) 마태복음 25장 29절의 "무릇 있는 자는 받아 충족하게 되고 없는 자는 그 있는 것까지 빼앗기리라" 라는 구절에서 유래해 사회경제적 빈익빈 부익부 현상, 학습격차의 지속적 확대 현상 등을 설명할 때 널리 인용됨.

14) 이 부분은 Garton, J (2008). Recognizing career contentment M106의 자료를 요약했음.

15) KPMG, Consulting and Informal Learning-the other 80% by Jay Cross, Internet Time Group.

16) Shoemaker, D. (2008). *Formal vs. Informal Learning: Is Course Dead?* 의 내용을 토대로 정리.

17) 2007년, 자기계발 및 전문성 계발 트랙의 명칭은 Personal & Professional Effectiveness에서 Personal & Professional Development로 변경되었음.

18) WLB 프로그램: 일과 삶과의 균형을 맞추기 위하여 설계된 제도를 'WLB 프로그램' 이라고 한다. '가족 친화적인 제도(family-friendly policy)' 라고 평가되며, 근무형태 다양화, 가족대상 프로그램, 개인 신상 지원 등으로 구분됨.

19) 공존지수(NQ: network quotient): 공존지수란 함께 사는 사람들과의 관계를

얼마나 잘 운영할 수 있는가 하는 능력을 재는 지수다. 공존지수가 높을수록 사회에서 다른 사람과 소통하기 쉽고, 소통으로 얻은 것을 자원으로 삼아 더 성공하기 쉽다.

참고문헌

박지원(2007). 위기의 직장인, 이렇게 관리하자. LG주간경제, 931, 8-14.

윤언철(2007). 외부인재 영입이 실패하는 다섯 가지 이유. CEO Report. LG 주간경제. 938호.

ACCELERATE, Inc. (2007). *Leading change*. ASTD Las Vegas Chapter.

Addison, R. M. (2004). Performance architecture: Aligning the work, worker and workplace. SU306, *ASTD 2004 International Conference and Exposition*. Washington, DC: ASTD.

Ahluwalia, N. T. (2007). Test writing: 1-2-3 go!. W317, *ASTD 2007 International Conference and Exposition*. Atlanta, GA: ASTD.

Allen, M. W. (2007). Forget everything you know about instructional design and do something. M202, *ASTD 2007 International Conference and Exposition*. Atlanta, GA: ASTD.

Arena, C. (2006). *The high-purpose company: The truly responsible (and highly profitable) firms that are changing business now.* NY: Collins Business.

ASTD. (2008). *Tapping the potential of informal learning.* Washington, DC: ASTD Press.

Bahl, S. (2007). Global focus Europe. SU305, *ASTD 2007 International Conference and Exposition.* Atlanta, GA: ASTD.

Ball, D. (2008). The training's NOT the thing: Getting business results from training. TU117, *ASTD 2008 International Conference and Exposition.* San Diego, CA: ASTD.

Barnes, B. K., & Soken, N. (2008). Managing innovation: A journey toward organizational change. U212, *ASTD 2008 International Conference and Exposition.* San Diego, CA: ASTD.

Barton, K. (2008). "No": The most effective word for nanaging your workload. TU222, *ASTD 2008 International Conference and Exposition.* San Diego, CA: ASTD.

Becker, B., Huselid, M. A., & Ulrich, D. (2001). *The HR scorecard: Linking people, strategy, and performance.* Boston, MA: Harvard Business School Press.

Beinert, A., & Moran, J. (2008). Merging two cultures: Tribal traditions and casino operations. SU304, *ASTD 2008 International Conference and Exposition.* San Diego, CA: ASTD.

Bersin, J. (2004). *Training investment model: How do you decide where to invest your training dollars?.* Oakland, CA: Bersin & Associates.

Bersin, J. (2007). *Enterprise learning and talent management 2007: Trends, areas of focus and predictions for 2007.* Oakland, CA: Bersin & Associates.

Bersin, J. (2008a). *High impact learning organization.* Oakland, CA:

Bersin & Associates.

Bersin, J. (2008b). *High impact talent management: State of the market and executive overview.* Oakland, CA: Bersin & Associates.

Biech, E. (2007). *Thriving through change: A leader's guide to change mastery.* Washington, DC: ASTD Press.

Biech, E. (2008). Change is good: 10 tactics to make it so. SU203, *ASTD 2008 International Conference and Exposition.* San Diego, CA: ASTD.

Blanchard, K., Tompkins, C., Lacinak, T., Ballard, J., & Blanchard, K. (2005). *Whale done!: The power of positive relationships.* NY: Free Press.

Booher, D. (2006). Ten strategies for communicating in the C-suite. SU212, *ASTD 2006 International Conference and Exposition.* Dallas, TX: ASTD.

Brinkerhoff, R. O. (2008). Training impact evaluation that senior managers believe and use. TU320, *ASTD 2008 International Conference and Exposition.* San Diego, CA: ASTD.

Buckingham, M. (2006). Strenghs revolution. SU102, *ASTD 2006 International Conference and Exposition.* Dallas, TX: ASTD.

Cavallaro, L., Keating, P., & Mooney, T. (2007). The business impact of leadership development. TU315, *ASTD 2007 International Conference and Exposition.* Atlanta, GA: ASTD.

Center for Creative Leadership. (2007). *Leadership myths and paradoxes.* Center for Creative Leadership.

Charan, R. (2001). *What the CEO wants you to know: How your company really works.* NY: Crown Business.

Chaudhuri, J. R. (2006). Relating dance to communication: Lessons from the argentine tango. W304, *ASTD 2006 International Conference and Exposition*. Dallas, TX: ASTD.

Clark, R. (2007). Beyond fads, fables, & folklore: Is it time for an evidence-based approach to workforce learning?. SU200, *ASTD 2007 International Conference and Exposition*. Atlanta, GA: ASTD.

Clark, R., & Mayer, R. E. (2003). *E-learning and the science of instruction*. San Francisco, CA: Pfeiffer.

Clark, R., Nguyen, F., & Sweller, J. (2006). *Efficiency in learning: Evidence-based guidelines to manage cognitive load*. San Francisco, CA: Pfeiffer.

Clay, C. (2007). Storytelling strategies for learning transfer. W207, *ASTD 2007 International Conference and Exposition*. Atlanta, GA: ASTD.

Collins, J. (2001). *Good to great*. New York, NY: Harper Collins.

Colteryahn, K., & Davis, P. (2004). Eight trends you need to know now. *T+D*, 58(1), 28-36.

Coove, T. (2008). Understanding and managing the four generations in todays' workplace. W317, *ASTD 2008 International Conference and Exposition*. San Diego, CA: ASTD.

Cornetta-Brown, M. (2007). Are you ready to train the emerging generations?. W306, *ASTD 2007 International Conference and Exposition*. Atlanta, GA: ASTD.

Criswell, C., & Martin, A. (2007). *10 trends: A study of senior executives views on the future*. Greens Boro, NC: Center for Creative Leadership.

Crum, T. (2004). A journey to center: Turn a life of work into a work of art. W408, *ASTD 2004 International Conference and Exposition*.

Washington, DC: ASTD.

Crum, T. (2006). Three deep breaths: Skills for peak performance and vitality. M307, *ASTD 2006 International Conference and Exposition*. Dallas, TX: ASTD.

Crum, T. (2008). Living a centered life: Tools for living and working in stressful environments. M324, *ASTD 2008 International Conference and Exposition*. San Diego, CA: ASTD.

Damasio, A (2003). *Looking for Spinoza: Joy, sorrow, and the feeling brain*. NY: Mariner Books.

David, B., & Gary, C. (2006). Recipe for cultural change: One bite at a time. SU311, *ASTD 2006 International Conference and Exposition*. Dallas, TX: ASTD.

Davis, P., Naughton, J., & Rothwell, W. (2004). New roles and new competencies for the profession. *T+D, 58*(4), 26-36.

DiVecchio, P. (2008). Evolution is the next work revolution: Are you prepared?. W220, *ASTD 2008 International Conference and Exposition*. San Diego, CA: ASTD.

Dublin. L (2005). E-learning e-volution: Keeping your e-learning strategy in-sync with organizations needs, M120, *ASTD 2005 International Conference and Exposition*. Orlando, FL: ASTD.

Duck, J. D. (1993). Managing change: The art of balancing. *Harvard Business Review, 71*(6), 109-118.

Dunphy, M. (2008). Optimizing your work-life balance. SU102, *ASTD 2008 International Conference and Exposition*. San Diego, CA: ASTD.

Edgelow, C. (2008). T&D's role in guiding change. W212, *ASTD 2008 International Conference and Exposition*. San Diego, CA: ASTD.

Egger, P. (2007). Global focus europe. SU305, *ASTD 2007 International Conference and Exposition*. Atlanta, GA: ASTD.

Eichinger, R. (2006). Ten things we know about leaders. *Proceedings of the Annual Conference of Human Resource Planning Society*. Tucson, AZ.

Elkeles, T. (2007). *Lead to succeed in learning*. Paper presented at the 2007 CLO Symposium. Retrieved from http://unjobs.org/authors/tamar-elkeles.

Elkeles, T. (2008). Leading the learning function. TU204, *ASTD 2008 International Conference and Exposition*. San Diego, CA: ASTD.

Elkeles, T., & Phillips, J. J. (2006). *Chief learning officer: Driving value within a changing organization through learning and development*. Oxford: Butterworth-Heinemann.

Fisher-Yoshida, B., & Geller, K. D. (2007). The transnational leader. TU211, *ASTD 2007 International Conference and Exposition*. Atlanta, GA: ASTD.

Garton, J. (2008). Recognizing career contentment. M106, *ASTD 2008 International Conference and Exposition*. San Diego, CA: ASTD.

Gillert, A., & Noort., R. (2007). An actor-perspective on change. M311, *ASTD 2007 International Conference and Exposition*. Atlanta, GA: ASTD.

Gillert, A., & Pillen, P. (2008). Facilitating change-dare to get personal!. SU213, *ASTD 2008 International Conference and Exposition*. San Diego, CA: ASTD.

Gladwell, (2008). Late bloomers. *New Yorker*. http://www.gladwell.com/2008/2008_10_20_a_latebloomers.html.

Glass, A. (2006). Boomers, gen X, and millenniams: Managing the generations. TU206, *ASTD 2006 International Conference and Exposition*. Dallas, TX: ASTD.

Goldsmith, M., & Reiter, M. (2007). *What got you here won' t get you there: How successful people become even more successful*. NY: Hyperion Press.

Goldsmith, M., Govindarajan, V., Kaye, B., & Vicere, A. A. (2002). *The many facets of leadership*. NJ: FT Press.

Googins, B. K., Mirvis, P. H., & Rochlin. S. A. (2007). *Beyond good company: Next generation corporate citizenship*. NY: Palgrave Macmillan.

Gottfredson, C., & Mosher, B. (2006). *Performance support 101 to the future: The journey beyond competency*.

Guttman, H. M. (2008). Great teams: What does it take-and how can HR contribute?. SU111, *ASTD 2008 International Conference and Exposition*. San Diego, CA: ASTD.

Hake, J. (2004). How to evaluate "soft" and "hard" data. W108, *ASTD 2008 International Conference and Exposition*. Washington, DC: ASTD.

Hammett, P. (2007). *Unbalanced influnece: Recognizing and resolving the impact of myth and paradox in executive performance*. Palo Alto, CA: Davies-Black.

Hirota, N. (2008). Mastering professional networking: Turning relationships into lifelong assets. SU323, *ASTD 2008 International Conference and Exposition*. San Diego, CA: ASTD.

Howard, A., & Wellins, R. S. (2008). *Trend research report: Global leadership forecast 2008-2009*. DDI, Inc.

Howard. C. (2008). *Learning on demand: Harnessing the power of enterprise knowledge*. Oakland, CA: Bersin & Associates.

Huselid, M. A., Becker, B. E., & Beatty, R. W. (2005). *The workforce scorecard: Managing human capital to execute strategy*. Boston, MA: Harvard Business School Press.

Jay, C. (2006). *Informal learning: Rediscovering the natural pathways that inspire innovation and performance*. San Francisco, CA: Preiffer.

Kagan, S. (2008). Use your noggin: Science to make your presentations brain-friendly. TU109, *ASTD 2008 International Conference and Exposition*. San Diego, CA: ASTD.

Kanter, R. M. (1999). From spare change to real change: The social sector as beta site for Business innovation. *Harvard Business Review*, 77(3), 122-132.

Kaplan, R. S., & Norton, D. P. (1996). *The balanced scorecard: Translating strategy into action*. Boston, MA: Harvard Business School Press.

Karger, T. (2008). You have core competency model, now what? TU122, *ASTD 2008 International Conference and Exposition*. San Diego, CA: ASTD.

Katz, J. H., & Miller, F. A. (2008). Raising the bar on culture change: Taking a giant leap through inclusion. M315, *ASTD 2008 International Conference and Exposition*. San Diego, CA: ASTD.

Kaye, B. & Jordan, S. (2005). Managers win the next talent war: Love' em or Lose' em. TU115, *ASTD 2005 International Conference and Exposition*. Orlando, FL: ASTD.

Kaye, B. (2006). The leader' s role in growing other leaders. TU300, *ASTD 2006 International Conference and Exposition*. Dallas, TX:

ASTD.

Kaye, B. (2008). The development dialogue: The critical link to engagement and retention. M201, *ASTD 2008 International Conference and Exposition*. San Diego, CA: ASTD.

Kaye, B., & Jordan-Evans, S. (2005). *Love' em or lose' em: Getting good people to stay*. San Francisco, CA: Berrett-Koehler.

Kelley, R. (2008), Longitudinal study with knowledge workers. W311, *ASTD 2008 International Conference and Exposition*. San Diego, CA: ASTD.

Kendall, P. (2008). Networking is about making great connections. CM202, *ASTD 2008 International Conference and Exposition*. San Diego, CA: ASTD.

Ketter, P. (2008a). The big deal about employee engagement. *T+D*, *45*(2), 11-16.

Ketter, P. (2008b). What' s the big deal: about employee engagement. *T+D*, *62*(1), 44-49.

Kirkpatrick, D. L. (2008a). Evaluating training programs: The four levels. TU102, *ASTD 2008 International Conference and Exposition*. San Diego, CA: ASTD.

Kirkpatrick, D. L. (2008b). Implementing Kirkpatrick' s four levels. TU101, *ASTD 2008 International Conference and Exposition*. San Diego, CA: ASTD.

Kirkpatrick, J. (2006). Demonstrating training value: Aligning Kirkpatrick' s four levels with balanced scorecards. M216, W205, *ASTD 2006 International Conference and Exposition*. Dallas, TX: ASTD.

Kirkpatrick, J. (2008c). *Demonstrating the value of training through a compelling chain of evidence*. Aisa HR Summit.

Kirkpatrick, J., & Hashman, J. (2007). Demonstrating training value through compelling evidence. TU216, *ASTD 2007 International Conference and Exposition*. Atlanta, GA: ASTD.

Klein, J. (1963), *Working with groups: The social psychology of discussion and decision*. London: Hutchinson.

Knapp, A. C., & Hafoka, R. G. (2008). Learning well by doing good: Community involvement based action learning. SU115, *ASTD 2008 International Conference and Exposition*. San Diego, CA: ASTD.

Kotter, J. (1990). *A force for change: How leadership differs from management*. NY: Free Press.

Kotter, J. (1996). *Leading change*. Boston, CA: Harvard Business School Press.

Kowalski, S. (2008). Leveraging team innovation to achieve organizational change. TU315, *ASTD 2008 International Conference and Exposition*. San Diego, CA: ASTD.

Kudla, S. (2008). Welcome to the revolution: An HPI implementation case study. M118, *ASTD 2008 International Conference and Exposition*. San Diego, CA: ASTD.

Laughlin, C., & Bahl, L. (2008). Training is NOT the thing: Getting business results from training. TU117, *ASTD 2008 International Conference and Exposition*. San Diego, CA: ASTD.

Lewin, K. (1951). *Field theory in social science: Selected theoretical papers*. NY: Harper.

Lopker, G. (2008). Designing leadership development to bridge the generation gap: Pitfalls and practical lessons. TU312, *ASTD 2008*

International Conference and Exposition. San Diego, CA: ASTD.

Maldonado, L. L., & Miguel, S. M. C. (2007). Facilitating change during mergers. TU112, *ASTD 2007 International Conference and Exposition*. Atlanta, GA: ASTD.

Mark, G. (2005). *Meet the life hackers*. New York Times Magazine.

Marshak, R. J. (2008). The covert barriers to organizational change. TU113, *ASTD 2008 International Conference and Exposition*. San Diego, CA: ASTD.

Martin, A. (2005). *The changing nature of leadership*. Greens Boro, NC: Center for Creative Leadership.

Martin, A. (2006). New map of leadership: Global trends impacting leaders and leaders development. SU314, *ASTD 2006 International Conference and Exposition*. Dallas, TX: ASTD.

Martin, E. S. (2002). Success rates for different types of organizational change. *Performance Improvement, 41*.

Mason, S. (2006). Communicating up, down, and across the organization: Influencing stakeholders to gain support. W113, *ASTD 2006 International Conference and Exposition*. Dallas, TX: ASTD.

Mathis & Nielsen(2008). Unique leadership for your unique organization. M115, *ASTD 2008 International Conference and Exposition*. San Diego, CA: ASTD.

McLagan, P. A. (1989). Models for HRD practice. *Training & Development Journal, 43*(9), 49-59.

McLean, P. D. (1987). *The triune brain, encyclopedia of neuroscience*. Boston, MA: Birkhauser.

Michaels, C. F., Withagen, R., Jacobs, D. M., Zaal, F. T. J. M., & Bongers, R. M. (2001). Information, perception, and action: A reply to commentators. *Ecological Psychology, 13*(3), 227-244.

Mintzberg, H. (2004). *Developing managers not MBAs.* NY: Financial Times/Prentice Hall.

Mohl, L. (2008). Providing the business impact of leadership development at Children's Healthcare of Atlanta. TU104, *ASTD 2008 International Conference and Exposition.* San Diego, CA: ASTD.

Momsen, B., & Schwenger, J. (2008). A structured approach to leadership development: Case study of Chevron's leadership program. *ASTD 2008 International Conference and Exposition.* San Diego, CA: ASTD.

Mosher, B. (2008). Informal learning: Are we missing a HUGE opportunity?. W311, *ASTD 2008 International Conference and Exposition.* San Diego, CA: ASTD.

Nangle, M. & Tolchinsky, P. (2004). Virgin atlantic airways: Creating learning communities to accelerate change. W213, *ASTD 2004 International Conference and Exposition.* Washington, DC: ASTD.

Nelson, B. (2004). Developing a culture of recognition. W205, *ASTD 2004 International Conference and Exposition.* Washington, DC: ASTD.

Nielsen, J., & Bianco, V. (2008). Unique leadership for your unique organization. M115, *ASTD 2008 International Conference and Exposition.* San Diego, CA: ASTD.

Ohai, T. (2008). Generation next: Developing the next generation of sales performers. TU 105, *ASTD 2008 International Conference and Exposition*. San Diego, CA: ASTD.

Otto, K. (2008). Evolutionary management: Learning from nature and evolution for organization development. M212, *ASTD 2008 International Conference and Exposition*. San Diego, CA: ASTD.

Paese, M., & Wellins, R. S. (2007). *From leaders in transition: Stepping up, not off*. DDI, Inc.

Pattakos, A. (2005). *Prisoners of our thoughts: Viktor Frankl's principles at work*. San Francisco, CA: Berrett-Koehler.

Pearson, R. (2007). The case for integrating informal methods into your training strategy. SU209, *ASTD 2007 International Conference and Exposition*. Atlanta, GA: ASTD.

Peters, T. J., & Waterman, R. H. (2004). *In search of excellence: Lessons from America's best-run companies*. New York, NY: Collins Business.

Peterson, B. (2004). *CEO of Appollo Consulting Group*. Columbia University.

Phillips, J. J. (2007). Measuring ROI: Progress, trends, and outlook. M316, *ASTD 2007 International Conference and Exposition*. Atlanta, GA: ASTD.

Phillips, J. J. (2008). Show the impact of learning and development: Techniques to isolate the effects of program. M303, *ASTD 2008 International Conference and Exposition*. San Diego, CA: ASTD.

Phillips, J. J., Stone, R. D., & Phillips, P. P. (2001). *The human resource scorecard measuring the return on investment*. 이성 외 공역 (2003). HR 성공전략ROI. 서울: 학지사.

Phillips, K. (2008). Developing valid level 1 evaluation form. SU217, *ASTD 2008 International Conference and Exposition*. San Diego,

CA: ASTD.

Pike, B. (2006). High-impact training; In ways to design, deliver, and transfer training faster, better, easier. TU201, *ASTD 2006 International Conference and Exposition*. Dallas, TX:ASTD.

Pike, R. W. (1989). *Creative training techniques handbook: Tips, tactics, and how-to's for delivering effective training*. Minneapolis, MN: Lakewood Books.

Pitera, J. (2004). Delivering results during times of change. TU307, *ASTD 2004 International Conference and Exposition*. Washington, DC: ASTD.

Powley, E. H., Fry, R. E., Berrett, F. J., & Bright, D. S. (2004). Dialogic democracy meets command and control: Transformation through the appreciative inquiry summit. *Academy of Management Executive, 18*(3), 67-80.

Reynolds, M. (2008). Beyond time management. SU123, *ASTD 2008 International Conference and Exposition*. San Diego, CA: ASTD.

Rivera, R. (2008). WLP scorecard: Why learning matters. SU305, *ASTD 2008 International Conference and Exposition*. San Diego, CA: ASTD.

Robinson, D. G. (2008). Performance consulting 2.0: What's the same and what's different?. M202, *ASTD 2008 International Conference and Exposition*. San Diego, CA: ASTD.

Robinson, J. (2007). Taking performance consulting to the next level: The strategic partner role. SU317, *ASTD 2007 International Conference and Exposition*. Atlanta, GA: ASTD.

Rothwell, W. J., Sanders, E. S., & Soper, J. G. (1999). *ASTD model for workplace learning and performance*. Alexandria, VA: American

Society for Training and Development.

Rowe, K. (2007). Wake me when it' s Over: Keeping generation Y engaged in the classroom. *ASTD 2007 International Conference and Exposition.* Atlanta, GA: ASTD.

Rush. J., Bershin. J., Lauber R., Whitney. S., & Ferraro. C. M. (2007). Building the high-impact learning organization. M315, *ASTD 2007 International Conference and Exposition.* Atlanta, GA: ASTD.

Russell, J. L. (2004). Strategies for strengthening employee capacities for surviving organizational change. SU211, *ASTD 2004 International Conference and Exposition.* Washington, DC: ASTD.

Russell, N. S. (2007). Laying golden eggs: Developing a winning culture. SU310, *ASTD 2007 International Conference and Exposition.* Atlanta, GA: ASTD.

Saks, A. M. (2006). Antecedents and consequences of employee engagement. *Journal of Managerial Psychology, 21*(7), 600-619.

Saks, A. M. (2006). Antecedents and consequences of employee engagement. *Journal of Managerial Psychology, 21*(7), 600-619.

Salopek, J. J. (2008). Keeping it real. *T+D, 62*(8), 42-45.

Schmidt, L., & Miller, J. (2005). The leadership scorecard: What' s the ROI of leadership development?. TU203, *ASTD 2005 International Conference and Exposition.* Orlando, FL: ASTD.

Senghaas, D. (2004). *The civilization of conflict: Constructive pacifism as a guiding notion for conflict transformation.* Berghof Research Center for Constructive Conflict Management.

Shank, R. C. (2005). *Lessons in learning, e-learning, and training: Perspectives and guidance for the enlightened trainer.* San Francisco, CA: Pfeiffer.

Sherman, A. (2007). Bridging the skill gap. M214, *ASTD 2007 International Conference and Exposition*. Atlanta, GA: ASTD.

Shoemaker, D. (2008). Formal vs informal learning: Is the course dead?. *ASTD 2008 International Conference and Exposition*. San Diego, CA: ASTD.

Sidle, C. C. (2005). *The leadership wheel: Five steps for achieving individual and organizational greatness*. NY: Palgrave Macmillan.

Siegal, W., & Marcus, E. (2008). Resistance to change: Capturing its energy for sucess!. SU114, *ASTD 2008 International Conference and Exposition*. San Diego, CA: ASTD.

Sitzmann, T. (2008). A meta-analysis of the meaning of trainee reactions data. TU119, *ASTD 2008 International Conference and Exposition*. San Diego, CA: ASTD.

Sitzmann, T., Brown, K. G., Casper, W. J., Ely, K., & Zimmerman, R. D. (2008). A review and meta-analysis of the nomological network of trainee reactions. *Journal of Applied Psychology, 93*(2), 280-295.

Sloman, M. (2008). The value of learning. M120, *ASTD 2008 International Conference and Exposition*. San Diego, CA: ASTD.

Smith, M. E. (2002). Success rates for different types of organizational change. *Performance Improvement, 41*(1), 26-35.

Stanleigh, M. (2007). From crisis to control: The strategic change management process, M112, *ASTD 2007 International Conference and Exposition*. Atlanta, GA: ASTD.

Steve, C. (2004). Getting Personal in the Workplace. *The Gallup Management Journal*, June 10.

Stevenson, D., & Pessemier, M. (2006). The story theater method: Using emotional triggers to enhance learning. TU307, *ASTD 2006 International Conference and Exposition*. Dallas, TX: ASTD.

Stone, R. D. (2008). Realigning our processes to focus on and achieve performance results. TU220, *ASTD 2008 International Conference and Exposition*. San Diego, CA: ASTD.

Sugrue, B., O'Driscoll, T., & Blair, D. (2005). What in the world is WLP?. *T+D, 59*(1), 51-52.

Sussman, D. (2005). Getting up to speed. *T+D, 59*(12), 49-51.

Swanson, R. A., & HoltonⅢ, E. F. (2001). *Foundations of human resource development*. San Francisco, CA: Berrett-Koehler.

Tamblyn, D. (2005). Laugh and learn: How to use humor to boost training results. SU317, *ASTD 2005 International Conference and Exposition*. Orlando, FL: ASTD.

Tasker, J. (2004). Engagement equals productivity. *Personnel Today, 10*(5), 8-9.

Thiagarajan, S. (2007). Faster, cheaper, better: Alternative approaches to instructional design. M300, *ASTD 2007 International Conference and Exposition*. Atlanta, GA: ASTD.

Thompson, C. (2005). Meet the life hackers. *New York Times*, October 16.

Tobin, D. (2006). Leading into the future: A global study of leadership. SU414, *ASTD 2006 International Conference and Exposition*. Dallas, TX: ASTD.

Trolley, E. A., & Adelsberg, D. V. (2000). Running training like a business: A look ahead. In M. C. Anderson & J. J. Phillips (2000). *Building learning capability through outsourcing*. Washington, DC: ASTD.

Ulrich, D. (1997). *Human resource champions*. Cambridge, MA: Harvard Business School Press.

Van Tiem, D. M., Moseley, J. L., Dessinger, J. C. (2004). *Fundamentals of performance technology: A guide to improving people, process, and performance*. ISPI.

Vance, D. (2007). Manage learning without apology: An economist' s perspective. M203, *ASTD 2007 International Conference and Exposition*. Atlanta, GA: ASTD.

Wellins, R., & Howard, A. (2008). Taking your leadership pipeline global: What really works!. TU115, *ASTD 2008 International Conference and Exposition*. San Diego, CA: ASTD.

Whitney, D., Trosten-Bloom, A., & Cooperridcer, D. (2003). *The power of appreciative inquiry: A practical guide to positive change*. San Francisco, CA: Berrett-Koehler.

Wildermuth, C. (2007). A perfect match: Decoding employee engagement. SU306, *ASTD 2007 International Conference and Exposition*. Atlanta, GA: ASTD.

Wildermuth, C. (2007). Decoding employee engagement. SU306, *ASTD 2007 International Conference and Exposition*. Atlanta, GA: ASTD.

Willis, K. M. (2005). Leadership training: Return-on-investment in the federal workforce. TU305, *ASTD 2005 International Conference and Exposition*. Orlando, FL: ASTD.

Willmore, J. (2008). Organizational culture for performance consultants. M323, *ASTD 2008 International Conference and Exposition*. San Diego, CA: ASTD.

Yoshida, B. F. & Geller, K. D. (2007). The transnational leader. TU211,

ASTD 2007 International Conference and Exposition. Atlanta, GA: ASTD.

Zemke, R., Raines, C., & Filipczak, B. (1999). *Generation at work: Managing the clash of veterans, boomers, xers, a nexters in your workplace*. NY: Amacom.

부 록

부록 1_ 2004～2008 트랙별 발표 세션 목록

부록 2_ 한국의 ASTD 참가 역사

부록 1 2004～2008 트랙별 발표 세션 목록

경영 전략으로서의 학습(Learning as a Business Strategy)

연도	Session ID	Session 명	발표자
2004	Workshop F	Creating a High Impact, Adaptable Organization: How to Use Proven Business and Performance Tools and Models to Reduce Costs, Increase Customer Satisfaction, and Reduce Time to Market	Rich Ragan, William (Bill) Wilson
2004	Workshop 3	Building Strategic Learning Capability: An Integrated, OD Approach	Anthony DiBella
2004	SU214	Business Results Using Seven Integrated Interventions and Play Dough	Linda Bush, Lou Russell
2004	SU205	From Training to Learning: From Learning to Performance	Adrian Morgan, Martyn Sloman
2004	SU213	Using Ongoing Large Group Meetings to Move the Business Forward	Jesse Stoner, Nancy Maher
2004	SU312	Changing Your Role From Training Department to Strategic Business Partners	Felicia Alley English
2004	SU313	Improving Business Results Through an Aligned Workforce	Catherine Rezak, Constance Bentley
2004	SU304	View From the CLO: Adding Value to the Organization	Jack Phillips, Tamar Elkeles
2004	SU409	View from the CLO: The Future of the Profession…. Dialogues for Transforming the Industry	Ed Cohen, Frank Anderson, Jr., Jim Haudan, Pat Crull Rebecca Ray
2004	M102	EBIT, Duh! How' s Your Business Buzzword IQ?	Clare Novak
2004	M105	Enabling Commitment to Low-Cost Culture and Financial Acumen at Southwest Airlines	Jamie Bierchen, Julie Terrill-Gonzales
2004	M114	View from the CLO: Gaining Bottom-Line Value via Talent Development	Crystal Schaffer, Steven Smith
2004	M204	Become a Strategy Hero by Helping Employees Focus and Execute	Bill Bennett
2004	M207	High Performance Learning Organizations: The Future of Corporate Universities	Jeanne Meister, Thomas Kraack
2004	M205	One Size Does Not Fit All: Enterprise Learning Governance	Grant Ricketts
2004	M209	Quick! Communicate Your Value!	Theresa Seagraves
2004	M219	The Critical Link	Dennis Gay

2004	M311	Outsourcing the Training Function	Dan Miller, Dave Letts, Douglas Harward, Ed Trolley, Thomas Kraack, Tom Starr
2004	TU214	A Strategic Approach to Organizational Learning	Dave Whittington, Tammy Dewar
2004	TU205	Critical Success Factors in Implementing an Integrated Learning System in Europe	Yvon Dalat
2004	TU213	The Innovation Edge: Training That Creates the Future	Ruth Ann Hattori
2004	TU219	View from the CLO: Learning Outsourcing: Trends and Future Directions	Gillian Scholes, Jack Tootson, Jeanne Meister, Suellen Roth
2004	TU315	A Seat at the Table	Kevin Oakes
2004	TU305	The Dark Side of Success: Business and Emotional Complexities of Growth	Fredrick Simon
2004	TU318	Using Experience to Enhance Workplace Learning	Barry Sheckley, Phyllis Snyder
2004	TU316	View From The CLO: Partnering For Organizational Success Today And Predictions For The Future	Ed Betof, Kimberly Janson, Maude Divittis, Richard Chang, Steven Smith
2004	TU411	Online Learning Communities That Work	Diane Hessan
2004	TU518	Is HRD in a Right State? Some Research Findings	Randhir Auluck-Cooper
2004	TU509	View the Business Partnership Decision From Both Sides	Marilyn Corrigan, Renee Williams, Ross Hammond, Sally Sparhawk
2004	W103	Extending Your Learning Architecture: Training Customers, Suppliers, and Partners	Jason Fish
2004	W113	Transforming Training from Overhead Function to Competitive Advantage	Karen Barley
2004	W203	Beyond Numbers: The Personal Side of Becoming a Business Partner	Suzanne Saxe
2004	TH105	Marketing US Training Products &Services Overseas: US Department of Commerce Assistance	Shabana Kazi
2005	WORKSHOP A	Creating Your Business-Driven Training and Development Strategic Plan	Ray Svenson
2005	SU 319	A Lasting Outsourcing Relationship - The Dow Chemical Company &Delta College Corporate Services	Pam Burgess

2005	M 211	A Maturity Model for Strategic Learning Reinvention	Karen Barley
2005	TU 318	Building Business Acumen Across All Levels Of Your Staff	Jennifer Haase-Morris, Kimberly McAdams
2005	Workshop 2	Connecting Human Performance Interventions to Business Goals and Metrics	Robert Brinkerhoff
2005	M 216	Crucial Financial Skills for Training Managers: From EBIT-Duh? to EBIT-AH	Gary Steinkohl
2005	W 116	Driving Shareholder Value with Enterprise Learning Initiatives	Josh Haims, Bill Pelster
2005	W 209	From Building to Buying to On Demand	Adam Miller, Jamal Watkins
2005	Workshop 4	Fundamentals of Finance and Accounting for Training Managers	Gary Steinkohl
2005	SU 413	GLBT Issues in the Workplace: A Dialogue on GLBT Diversity	Martin Finkle, JD Schramm, Amy Zuckerman
2005	W 311	Going Global With the International Language of Business at Alcon	Dick Kubow, A.J. Hiltenbrand
2005	TU 110	Helping People Learn: Individual Learning as a Competitive Weapon	Lois Webster, Martyn Sloman
2005	Workshop 5	How To Be the Business Survivor!	Joanne Osmond, Claudia Pannell
2005	M 112	HR and Finance: A Strategic Business Partnership at Transitions Optical	Catherine Rezak, Rory Coll, Marge Kane-Klingbergs
2005	TH 207	Independent Means - Control internal knowledge and minimize dependency on external expertise	Ajay Pangarkar, Teresa Kirkwood
2005	W 301	Informal Learning: Are We Missing a Huge Training Opportunity?	Robert Mosher
2005	W109	Is Your Training Department a High-Performance Learning Organization?	Jeanne Meister, Thomas Kraack
2005	W 101	Leaders as Teachers: Building Organizational Capability at Becton Dickinson and Company	Ed Betof
2005	M 102	Legends Series: Strategic Business Partner: How to Earn a Seat at the Table : Legends Series	Dana Robinson, James Robinson
2005	M 101	Making Learning a Strategic Business in Your Organization	Corey Jack

2005	TU 312	Managing Knowledge Through an Internal Instructorship Program: A Latin American Case	Neusa Hirota, Jose Antonio Silva
2005	TU 114	Preemptive Learning Organizations	Jim Caprara
2005	W 118	Strategic Sourcing Customer Education	Learning Solutions Company
2005	TU 319	Strategically Sourcing the Training Function	Doug Harward
2005	SU 210	The Fourth Revolution	Jonathon Levy
2005	W 114	The Role of Online Higher Education in Corporate Learning: ASTD/Capella Research Study	Brenda Sugrue, Chuck Trierweiler
2005	M 204	Using Data to Drive the Strategic Intervention	Sam Arenivar
2005	SU 201	View from the CLO: The Dialogue Continues: Transforming the Industry and Corporate America	Ed Cohen, Rebecca Ray, James Haudan
2005	TU 201	View from the CLO: Twelve-Step Program to Guaranteeing Strategic Alignment	Ed Cohen
2006	SU211	Use System Thinking to Develop a Strategic IQ Audit	Stephen Haines
2006	SU312	Business Survival With or Without a Business Plan	Joanne Osmond
2006	SU412	Conquer the Mountain: Design Project Forecasting and Capacity Planning Models	Karen Hart, Catherine Lombardozzi
2006	M103	Corporate Universities Aren' t Easy: Cleaning Up After You' ve Stepped Into It	David Letts
2006	M113	Build Business Acumen	Kevin Cope
2006	M114	The Profitability Puzzle: 10 Key Factors for Running a Profitable Department	Laura Bernstein
2006	M213	Managing Vendors and Consultants: How to Make the Most of Your Investment	Debbie Friedman
2006	M214	Top Management Support Predicts Training Success	Richard Whiteley, Scott Blanchard
2006	M315	The Changing Role of the Trainer	Lois Webster, Martyn Sloman
2006	W219	Managed Learning Services: A Presidential Roundtable	Doug Harward
2006	W311	Success with SMEs: Save Money, Build Competencies, Enhance Credibility SMEs	Carol Schumacher, Ann Hutchinson
2006	W111	Get Them Talking: Linking the Balance Scorecard With Learning Strategy	Ajay Pangarkar
2006	TU221	View From CLO: Closing the Gap	Ed Cohen, J. Haudan, P. Nelson

2006	TU302	Creating the Profession: A Dialogue About Our Future	Howard Prager, R. Hicks, D. Jennings, R. Bailey
2006	W211	Create Sales Academies in Multinational Companies	Antonio Rubio, Santiago Cano
2007	SU215	Communities of Practice as Learning and KM Strategy	Eric Sauve
2007	SU313	Implementing Strategy and Managing Corporate Performance: Linking Strategy With Learning	Charlotte Mokoena
2007	SU314	The Changing World of the Trainer	Martyn Sloman
2007	SU414	How to Sell T&D in Latin American Countries	Joao Vilhena, Luiz COSTACURTA, Elizabeth Amaral
2007	SU415	Shaping a Skills-Based Curriculum Across Diverse Departments	Jay Lambert, Tony Brown
2007	M104	Business Solutions: An Employer's Guide to the Workforce Investment System	Evelyn Issa, Jennifer McNelly
2007	M115	Effectively Managing Multicultural Talent	Dianne Hofner Saphiere, Geetha Rajagopal
2007	M116	Reinventing the Training Function	Bill Ott
2007	M203	Manage Learning Without Apology: An Economist' s Perspective	David Vance, David Vance
2007	M214	Bridging the Skills Gap	Amy Sherman, Jeannette Harmon, Susan Valentine, Vine Serritella
2007	M314	Transforming Training into the World' s Largest Corporate University	Matt Milbrodt
2007	M315	Building the High-Impact Learning Organization	James Rush, Josh Bersin, Rob Lauber, Shelley Whitney
2007	TU104	How to Access and Influence Public Sector Training Dollars	C. Michael Ferraro
2007	TU115	Innovative Strategies for Marketing Your Training	Susan Benjamin
2007	W315	Get More! Spend Less! Successful Training Partnerships!	Derek Hann, Lisa Zoba
2007	TU202	Building Business Acumen: What the CEO Wants You to Know	Kevin Cope
2007	W220	Achieving Simplicity from Complexity in Learning Leadership	Neville Pritchard

2007	TU307	Creating Ally Relationships with Senior Executives	Robert VeVerka
2007	TU314	Beyond Certification: A Dialogue about the Future of Our Profession	Dave Jennings, Howard Prager, Rick Hicks SPHR, Rita Bailey
2007	W104	Hot! Hot! Hot! Sizzling Community College Workforce Programs	Helen Parker, Sunil Chand, Vera Lewis-Jasper
2007	W106	Author Session: Lies About Learning	Charlene Zeiberg, Larry Israelite Ph.D, Melinda Jackson
2007	W213	Learning with Impact	Finn Hauen, Susan Bahl
2007	W211	Service Initiatives: Making A Difference	Kimo Kippen
2008	SU106	Will ISO Flatten the Training World?	Doug Lynch
2008	SU117	Tapping into Partnerships to Strengthen Tuition Assistance Programs	Mary Caro, Sylvia Hamilton
2008	SU118	Delivering Effective Strategic Diversity Management Education	Wendy Willow Wark
2008	SU216	Managing the Training Requirements Labyrinth from Sources To Learners	Allen White, Melissa Bassett
2008	SU305	WLP Scorecard: Why Learning Matters	Ray Rivera
2008	SU306	Building a Partnership with the Public Workforce System	C. Michael Ferraro
2008	SU318	Operational Excellence That Supports World-Class Training	Karen Barley, Vikram Bector
2008	SU319	Practical Negotiating Skills for the Training Manager	Steven Myers, Thomas Gosselin
2008	TU318	Collaboration is VITAL: How (and Why) to Build a Network	Rebecca Bodrero MS, MBA
2008	M118	Welcome to the Revolution: An HPI Implementation Case Study	Szymon Kudla
2008	M124	ASTD Research: An Overview of the State of the Industry and Other Recent Studies	Andrew Paradise, Jennifer Homer, Mike Czarnowsky
2008	M204	People Development: Implementing a Business-Aligned Strategy in Ireland	Bernie Burke
2008	W205	Executive Development: Findings From ASTD &BAH' s Recent Study	Andrew Paradise, Brenda Worthen, Mike Czarnowsky
2008	M217	Learning in the Extended Enterprise: The MasterCard Way	Ann Schulte, David Somers

2008	M318	Nuts and Bolts: Building a High-Impact Learning Organization	Cheri Alexander, Frederick Goh, Gwen Callas-Miller, Josh Bersin
2008	M319	Building Business Acumen: What the CEO Wants You to Know	Kevin Cope
2008	TU117	The Training' s NOT the Thing: Getting Business Results from Training	Carolyn Laughlin, Lisa Bell
2008	TU204	Leading the Learning Function	Tamar Elkeles
2008	TU216	Lean Learning: How to Adapt the Successful Lean Concept to Learning	Finn van Hauen, Susan Bahl
2008	TU217	Turkcell Academy' s Journey from Training Department to Corporate University: Why We Do What We Do	Feyzan Sayali
2008	W216	Capturing Knowledge: Know What You Know, Know What You Don' t	Nyla Reed

리더십 및 관리자 개발(Leadership and Management Development)

연도	Session ID	Session 명	발표자
2004	Workshop 1	A Powerful Tool for Leaders: Making Reflection an Everyday Action	Jennifer Whitcomb, Kathy Johnson
2004	Workshop 6	Driving Performance: Practical Coaching &Mentoring Skills	Sunny Stout Rostron
2004	Workshop 11	The Inner Leadership Journey	Frederick Miller, Judith Katz
2004	Workshop 12	The Leader	Susanne Cook-Greuter, Alain Gauthier
2004	SU201	Connecting Organizational Transformation and the Maturity Level of Executive Leaders	Susanne Cook-Greuter, Alain Gauthier
2004	SU301	Developing Versatile Leadership: A Two-Sided Model and a Cutting-Edge Tool	Robert Kaiser, Robert Kaplan
2004	SU401	The Fully Engaged Organization	Jim Loehr
2004	M101	Rising Above the "Sticky Floor": Overcoming Career Derailers	Rebecca Shambaugh
2004	M221	Build an Effective 'SEE-Level' in Your Organization	James Concelman
2004	M222	Developing Managers, Not MBAs: Further Exploration	Henry Mintzberg
2004	M212	Human Dynamics of Crisis Leadership	Britta Stromeyer, Ray Leki
2004	M201	Leading With Wisdom: Pillars, Principles, and Practices	Thomas Rice
2004	M313	Leadership Qualities for the Next Century	Joel Barker

2004	M301	Making the Transition From Conventional Leadership to "Leaderful" Practice	Joe Raelin
2004	TU201	Connected Leadership: Transforming the Delivery of Public Services	Ewart Wooldridge
2004	TU212	Next Generation Consultancy: Managing the Unconscious System Dynamics in Organizations	Egbert Kinds
2004	TU202	The Black, White, and Gray of Business Ethics Training	Carlo di Florio, Debra Eshelman, Jay Krames, Karen Vander Linde
2004	TU218	What Do Great Leaders Think and Do: The Secrets to Effective Leadership	Kenneth Blanchard
2004	TU314	Helping Successful Leaders Get Even Better!	Marshall Goldsmith
2004	TU301	Raising the Pace and Quality of Learning in Teams	David Clutterbuck
2004	TU319	Spotlight on Leaders: The Key to Employee Retention	Dick Finnegan, Craig Taylor
2004	TU420	Leadership Dilemmas in a Democratic Society	Georgie Bishop, Christine Williams
2004	W106	Developing Extraordinary Leaders at the Intenal Revenue Service	James Trinka
2004	W214	Leadership Miracles at the Southeast White House, Washington, D.C.	Sammie Morrison, Scott Dimock
2004	W305	Employee Ownership + Accountability = Competitive Advantage: Precor Drives Organizational Change	Lynn Takaki
2004	W314	Global Leadership Development: The Story of SCHOTT	Guido Betz
2004	W316	Leadership Miracles Occurred on "USS Benfold"	D. Michael Abrashoff, Scheduling &Logistics
2004	W310	Leverage the Best: Coaching Magnificence in Leaders	S. Blanchard, K. Blanchard, M. Homan, Scheduling &Logistics
2004	W311	Managing Generation Y	Carolyn Martin
2004	W313	The Search for Meaning Today: Crafting an Archetypal Story for Your Organization	Andreas Salcher
2004	W401	Linking Management Development and Organizational Improvement	B. Kim Barnes, Elizabeth Elliot, Ellie Schindelman
2004	W413	Promoting the Exchange of Knowledge in Organizations	Mark Salisbury

2004	W418	The Leader' s New Role: Creating the Climate for Leadership Miracles to Occur at All Levels	D. Michael Abrashoff, S. Dimock, K. Harper, S. Morrison
2005	W 117	Inspirational Leadership: Involving Senior Leaders in Developing the Next Generation	Kim Barnes, Jack Harris II, MD
2005	Workshop 6	Intelligent Disobedience: The Difference Between Good and Great Leaders	Bob McGannon
2005	W 302	Leading on the Creative Edge	Roger Firestien
2005	TU 115	Managers Win the Next Talent War: Love 'Em or Lose 'Em	Sharon Jordan-Evans, Beverly Kaye
2005	SU 313	Managing Collaborations With India and Indians	Zareen Araoz, Farokh Lam
2005	TU 311	Professional Ethics: A Preventive Maintenance Approach	Christopher Bauer
2005	SU 411	Space-Age Knowledge Transfer: Storytelling Through ASK Magazine	Denise Lee, Jessica Simmons
2005	TU 217	The Five Levels of Leadership	John Maxwell
2005	W 310	The Leadership Gap: Developing Leaders for Competitive Advantage	David Weiss, Vince Molinaro
2005	M 217	The Navy's Revolution in Training: Transforming Human Resource Development and Management	Terry Halvorsen
2005	W 203	The Next Wave: Blended Techniques to Develop Emerging Leaders	Barbara Blonz, Cynthia Clay, Bridget Piper
2005	SU 405	The Power of Rituals to Transform People and Organizations	Jim Loehr
2005	SU 219	Translating Diversity Competence on a Global Basis	Kay Iwata
2005	WORKSHOP C	Value-Driven Leadership: The Key to a Motivated Workforce	Egbert Kinds, Yvon Kinds-Hoendervoogt
2005	M 111	Values-Based Generational Shifts	Louis Patler
2005	TH 206	Whale Done! The Power of Positive Relationships	Chuck Tompkins, Thad Lacinak, Cathy Huett
2005	W 221	Why Empowerment Failed	Ken Blanchard, Susan Fowler
2005	SU 412	Working With Projections During the Coaching Process	Kate Regan
2005	W 117	Inspirational Leadership: Involving Senior Leaders in Developing the Next Generation	Kim Barnes, Jack Harris II, MD
2005	Workshop 6	Intelligent Disobedience: The Difference Between Good and Great Leaders	Bob McGannon

2005	W 302	Leading on the Creative Edge	Roger Firestien
2005	TU 115	Managers Win the Next Talent War: Love 'Em or Lose 'Em	Sharon Jordan-Evans, Beverly Kaye
2005	SU 313	Managing Collaborations With India and Indians	Zareen Araoz, Farokh Lam
2005	TU 311	Professional Ethics: A Preventive Maintenance Approach	Christopher Bauer
2005	SU 411	Space-Age Knowledge Transfer: Storytelling Through ASK Magazine	Denise Lee, Jessica Simmons
2005	TU 217	The Five Levels of Leadership	John Maxwell
2005	W 310	The Leadership Gap: Developing Leaders for Competitive Advantage	David Weiss, Vince Molinaro
2005	M 217	The Navy's Revolution in Training: Transforming Human Resource Development and Management	Terry Halvorsen
2005	W 203	The Next Wave: Blended Techniques to Develop Emerging Leaders	Barbara Blonz, Cynthia Clay, Bridget Piper
2005	SU 405	The Power of Rituals to Transform People and Organizations	Jim Loehr
2005	SU 219	Translating Diversity Competence on a Global Basis	Kay Iwata
2005	WORKSHOP C	Value-Driven Leadership: The Key to a Motivated Workforce	Egbert Kinds, Yvon Kinds-Hoendervoogt
2005	M 111	Values-Based Generational Shifts	Louis Patler
2005	TH 206	Whale Done! The Power of Positive Relationships	Chuck Tompkins, Thad Lacinak, Cathy Huett
2005	W 221	Why Empowerment Failed	Ken Blanchard, Susan Fowler
2005	SU 412	Working With Projections During the Coaching Process	Kate Regan
2006	SU213	The FuturePerfect Organization: Leadership for the 21st Century	William Guillory
2006	SU302	Taking Diversity to the Next Level: Implications for Leadership Development	R. Roosevelt Thomas
2006	SU313	Leadership Development by Leaders: Aligning Collaboration for Success	Carol Friday
2006	SU314	A New Map of Leadership: Global Trends Impacting Leaders and Leadership Development	Andre Martin
2006	SU400	The Speed of Trust: 13 Behaviors of Trusted Leaders	Stephen M. R. Covey

2006	SU405	Leadership and All that Jazz?Improvisation and Ensemble Principles for Teams	Gary Muszynski
2006	SU413	Leadership Agility: Master Competency for Anticipating and Initiating Change	William Joiner, Stephen Josephs
2006	SU414	Leading Into the Future: A Global Study of Leadership	Daniel Tobin
2006	M115	Leadership in Tomorrow' s Global Organization: 10 Questions Keeping You Up at Night	Rich Wellins, David Tessmann-Keys
2006	M201	Leading at a Higher Level	Ken Blanchard
2006	M306	Direct Leadership: Put Your Leaders to Work, But First Teach Them The Trade	Karin Zastrow
2006	M316	Business as an Ethical Endeavor	Andy Freire
2006	M319	Transform Your Leadership Pipeline With an Internal Coaching Program	David Rock
2006	TU114	Leadership Development for Complex Challenges	Jennifer Martineau
2006	TU213	Critical Thinking: Improving Decision-Making Performance	David Hunter
2006	W212	Beyond Rule Following: Challenging Status Quo in Leadership Integrity Training	David Fitzgerald, Cristina Wildermuth
2006	W312	Weaving Diversity and Inclusion Into Your Leadership Development Program	Myrna Marofsky
2007	SU203	Leadership Without Borders	Ed Cohen
2007	SU213	A PEAK into Leadership Development at Regence	Julie Milner, Karen Shepherd
2007	SU214	Practicing Assignment Success	Barbara Stankowski, Thelma Phillips
2007	SU311	Why 360-Degree Feedback Doesn' t Work: What to Do About It	Kenneth Nowack
2007	SU312	Leveraging Organizational Culture and Leadership Development	Dave Colaizzi, Laura Rowan
2007	SU413	Giving Managers EQ Tools to Teach and Improve Teamwork	Adele Lynn
2007	M106	High-Leverage Innovative Leadership	Greg Swartz, Julie Thorpe
2007	M113	The Future of Leadership Development from the Masters	Bill Byham, Jack Zenger, Jonathan Halls Mr, Ken Blanchard
2007	M114	Intelligent Leadership: Aligning Brains, Emotions, and Behavior	Brett Richards
2007	M211	Leadership Lessons From India' s Software Companies	K. Jayshankar
2007	M212	The Next Big Thing: Key Management Trends for 2008, 2009, and 2010	Marjorie Blanchard
2007	M313	Gallup Leadership: Data-Driven Discoveries, Strategies, and Revolutions	Vandana Allman

2007	TU106	10 Steps to Becoming a Successful Manager	Lisa Haneberg
2007	TU113	Developing Leaders Around the World: Localizing Your Global Initiative	Jim Concelman, Jim Concelman
2007	TU114	Getting Results from Action Learning	Lewisa Anciano, Mark Frein
2007	TU211	Preparing Leaders for Global Leadership: Eight Practices for Transnational Leaders	Beth Fisher-Yoshida Ph.D., Kathy Geller
2007	TU212	Ensuring Leadership Success	Ferril Onyett, Marian Anderson
2007	TU313	The Path to the Executive Suite: Developing and Advancing Leaders with E-Learning	Deb Sibilsky, John Gutowski
2007	W114	Strong Story, Strong Leadership	Mary Jo Burfeind, Craig Wortmann
2007	W202	Carnival Cruise Lines College of Management	Eileen Tighe, CTC CTC, Juan Trueba
2008	SU100	What Got You Here Won't Get You There: Helping Successful Leaders Get Even Better	Marshall Goldsmith Ph.D.
2008	SU115	Learning Well by Doing Good: Community Involvement-Based Action Learning	Anne Knapp Ph.D, Ruth Hafoka
2008	SU116	A Transformational Journey from Gettysburg	Steven Wiley
2008	SU204	Preparing Full Life Cycle Leaders the Satyam Way	Ed Cohen
2008	SU214	How to Accelerate Your Managers' Learning	Antigoni Mallen, Kurt Hine
2008	SU215	A Structured Approach to Leadership Development: Case Study of Chevron's Leadership Program	Beverly Momsen, John Schwenger
2008	SU302	Casual Monday: Meeting the Demands of the New Talent Market	Bob Lewis, Pat Schnee
2008	SU316	Putting Out the Welcome Mat: New Leader Assimilation and Coaching	Don Allen Ph.D., Frances Weber
2008	SU317	International Development Programs: New Issues, New Approaches	Alfredo Castro
2008	M101	Community: The Structure of Belonging	Peter Block
2008	M115	Unique Leadership for Your Unique Organization	Julie Nielsen, Virginia Bianco
2008	M214	Maximizing Performance by Creating an Innovative Workplace Culture	Jonathan Halls
2008	M309	Using Improve Techniques to Teach Managers Recognition Skills	Alexander Lamb, Cindy Ventrice
2008	M316	Accelerating the Transfer and Application of Learning	Andrew Jefferson, Cal Wick
2008	TU115	Taking Your Leadership Pipeline Global: What Really Works!	Ann Howard Ph.D., Rich Wellins Ph.D.
2008	TU116	The Power of Peer Mentoring: Tools for Learning in the Connected Organization	Aly McNicoll, Wendy Baker

2008	TU214	Are You a New Leader? Learn to Act Like One!	Mary Jo Huard
2008	TU215	Using Multirater Assessments to Measure Emotional Intelligence and Leadership Behaviors in Middle Managers	Benjamin Palmer, Denise Sawyer-Johnson
2008	TU316	Leadership, Disney Style	Lisa Spahn
2008	TU317	Developing Managers to Enhance Employee Engagement	Charlotte Mokoena
2008	W317	Successfully Understanding and Managing the Four Generations in Today' s Workplace	Tony Cocove
2008	W209	Training "Power Hours": An Informal Approach to Management and Leadership Training	Lisa Haneberg
2008	W214	Creating a Multi-Dimensional Managerial Development Concept and Model in Maccabi Health	Dorit Eppler, Tali Avigdor
2008	W215	Building Resilient Leadership: A Model of Client and Vendor Collaboration	Dean Becker, Suri Surinder
2008	W217	Intercultural Intelligence®: The Key Component for Successful Global Virtual Teams	Paolo Nagari
2008	W304	Changing the Landscape: Executive Development at MasterCa	Rebecca Ray
2008	W316	Developing Business Acumen in Leaders and Managers	Ted Prince

조직 변화 촉진(Facilitating Organizational Change)

연도	Session ID	Session 명	발표자
2004	SU207	Crucial Conversations as a Lever in Driving Organizational Change	Joseph Grenny
2004	SU211	Developing Employee Resilience and Capacity for Surviving Organizational Change	Jeffrey Russell
2004	SU204	Working in Multicultural Environments	Alfredo Castro
2004	SU307	Breaking News: Reuters Builds a Global Training Outfit	Catherine Mattiske
2004	SU410	The Business Dynamics for Strategic HR Partnerships	Steve Constantin, Susan Silvano
2004	M107	The Speed of Trust	Stephen M. R. Covey
2004	M216	Community: A Powerful Asset in the Workplace	Clifton Taulbert
2004	M309	Alignment as a Competency For Business Performance	Eric Jackson, Steve Rosenthal

2004	TU215	Changing the Operating System of Your Organization's HR Practice : From Job Based to Competency Based	David Dubois, William Rothwell
2004	TU216	Organizational Creativity, Disney Style	Joel Strack
2004	TU307	Delivering Results During Times of Change	Joanne Pitera
2004	TU419	From Downturn To Upturn : Capitalizing On Passion To "Re-Energize" Workforce Performance	Richard Chang
2004	TU404	Retreats That Work: Designing and Leading Retreats That Really Get Results	Merianne Liteman, Sheila Campbell
2004	W105	The Mind of a Professional : Action Frameworks for the Learning and Performance Practitioner	Pat McLagan
2004	W111	Transforming the Business of the Air Force	Joanne Zabaldo, Sandra Meckley
2004	W205	Developing a Culture of Recognition	Bob Nelson, Dean Spitzer
2004	W213	Virgin Atlantic Airways: Creating Learning Communities to Accelerate Change	Moira Nangle, Paul Tolchinsky
2004	W201	Weasels in the Woodpile: The Hidden Reasons Employees Disengage	Leigh Branham
2004	W217	Where Training Fits: How HP Saved $1B With The Adaptive Enterprise Strategy	Brian Brouillette, Jim Malanson
2004	W410	The Why and How of Driving Culture Change at GM	Greg Hagy, Nancy Bennett
2004	TH205	Culture and Ethos: Crux of Fundamental Change at NSA	Rebecca Pille
2005	Workshop 9	Linking Organizational Culture to the Bottom Line	Dan Denison, William Neale
2005	TU 108	A Theatrical Approach to Organizational Change: Creating the Performance Ensemble	Cathy Salit, Maureen Kelly
2005	SU 404	Assessing and Aligning an Ethical Climate: Lived vs. Espoused Values	K.T. Connor
2005	W 414	Beyond Race, Age, and Gender: The Business Case for Diversity	Tony Cocove
2005	M 116	Building Collaboration in #!*%#&*! Environments	James Tamm
2005	TU 204	Building Knowledge Communities at NASA: The APPL Knowledge Sharing Initiative	Jennifer Drueen, Denise Lee, Therese Salmon
2005	W 102	Change Leadership for Organization Culture Transformation	John McGuire
2005	M 313	Creating the Hospital of the Future: The Role of Learning and Leadership Training	Kathryn Wall

2005	W 106	Creativity and Strategic Thinking: Essential Competitive Competencies	Ann Herrmann-Nehdi
2005	TU 416	Driving Large-Scale Organizational Change: From Disaster to Flawless Execution	Shideh Sedgh Bina
2005	TU 403	El Forum Ibero Americano de T&D: Get Connected To The Best Practices	Juan Carlos Balderas, Marcus Baumgartner, Alfredo de Castro, Filipe Carrera, Ines Olivares
2005	M 209	High-Performing Global Virtual Teams: 10 Leadership Principles	Terence Brake
2005	TU 208	How to Capture and Implement Extraordinary Numbers of Useful Employee Ideas	Alan Robinson
2005	TH 209	Insights Into Practical Global Workforce Development Strategies	Steve Wilders, Aleishia Wilders
2005	SU 416	IODA Forum: Perceive and Prevent Holistic Health Risks in the Work Place	Sandra Wolf, Claudia Nebel, Lance Cope, Pat Novack, Ulla Nagle, Silvia Flachowsky
2005	SU 306	Leading Enterprise-Wide Change: Superior Results Through Strategic and Systems Thinking	Gail Aller-Stead, Stephen Haines, James McKinlay
2005	M 304	Legend Series: Extreme Learning for Extreme Times: Key Learning Decisions We Must Make	Elliot Masie
2005	TU 206	Legends Series: Integrated Development	Jac Fitz-enz
2005	W 207	Leveraging E-Learning to Increase Change Capability Across Scotiabank Group	Blaine Drover, Milana Todoroff, John Brisbin
2005	TH 205	Maintaining and Enhancing Corporate Culture in a Global Company	Robert Velasco
2005	W 217	Moving at the Speed of Change: Six Ways to Transform Your Organizational Culture	Kathryn Young
2005	Workshop 10	Organizational Creativity, Disney Style	Joel Strack, Lisa Spahn
2005	M 110	Passing the Baton: Strategies for Generational Shifts in Leadership	Corey Jamison, Frederick Miller
2005	SU 307	Rewire Your Head: New Thinking for Navigating the 21st Century	Mike McAllum
2005	TU 415	Six Misconceptions About Growing Sales	Brad Federman
2005	W 113	Snooze-Free Legal Learning for NonLawyers	Peggy Cretella, Susan Schoenfeld

2005	SU 202	The Human Brain Is Not Designed to Think. What Can We Do About It?	Edward De Bono
2005	TU 310	The Toyota Way: How Corporate Values Drive Success	Stan Miller, John Golding
2005	M 315	Training and Professional Development's Role in Leading Constant Change	Chris Edgelow
2006	SU210	Rigorous Candor: HR's Next Imperative	James Bolton
2006	SU310	Intercultural Project Management	Gail Heidenhain, Ralf Friedrich
2006	SU311	Recipe for Cultural Change: One Bite at a Time	David Brewster, Gary Calwell
2006	SU411	If the World Is Getting Flatter, Shouldn't We Stop Giving Our Learners the Runaround?	Greg Brower, Jonathan Kessler
2006	M314	Create an Accountable Workforce: Teach Leaders to Manage Human Performance	Marcey Uday-Riley, Cindy Walker
2006	TU101	Stories@Work: Nothing Changes Until The Story Changes	Mette Norgaard
2006	TU111	Inclusion: The Key to Successful Organization Transformation	Frederick Miller, Judith Katz
2006	TU112	People, Profits, and Fun: Converting Culture to Cash	Rita Bailey, Scott Cawood
2006	TU210	Virtual Team Skills and Team Learning	Dave Whittington, Tammy Dewar
2006	W109	Organizational Archetypes and Change	Chris Edgelow
2006	W110	Aligning for Growth: HR and Training Meet the Challenge at Pitney Bowes	Larry Israelite, Connie Bentley
2006	W209	Strategies for Training Lean and Six-Sigma Methodology	Tonya Perpich
2006	W210	Virtual Team Skills and Learning	Dave Whittington, Tammy Dewar
2006	SU201	The Speed of Trust: 13 Behaviors of Trusted Leaders	Stephen M. R. Covey
2006	SU202	Taking Diversity to the Next Level: Implications for Leadership Development	R. Roosevelt Thomas
2007	SU212	Inquiry and Feedback: Using Action Learning for Transformational Change	Diane Dunton
2007	SU310	Laying Golden Eggs: Developing a Winning Culture	Nan Russell
2007	SU402	10 Tips, Tools, and Tactics to Teach Change Management	Elaine Biech
2007	SU411	From Crisis To Control: The Strategic Change Management Process	Michael Stanleigh
2007	SU412	Engaging Your Workforce in Change Processes by Values Management	Egbert Kinds
2007	M210	The New World Ahead: Meeting the Challenge with Strategic Learning	Rebecca Ray
2007	M311	An Actor-Perspective on Change	Arne Gillert, Robert van Noort

2007	M312	When It Comes to Change, Is Training the Answer?	Chris Edgelow, Cindy Butterfield
2007	TU112	Facilitating Change During Mergers	Antonio Rubio, Liliana León Maldonado, Santiago Cano
2007	TU210	Six Proven Ways to Build a Change-Ready Organization and Workforce	Bruce Fern
2007	TU301	Blanchard on Leadership and Creating High Performing Organizations	Ken Blanchard
2007	W110	Motorola and Six Sigma	Eileen Li
2007	W210	Learnings from Africa on Organizational Change Processes	Frank Kretzschmar, Kirsten M. Poulsen
2007	W312	CEO Persuasion and Issue Selling: Understanding Decision-Making to Get Buy-In	Barbara Eversole
2008	SU104	Connecting Learning and Employee Engagement at Caterpillar: A New Frontier in Organizational Learning	Fred Goh
2008	SU113	Getting People on Board for Change	Curt Garbett
2008	SU114	Resistance to Change: Capturing Its Energy for Success!	Eric Marcus, Wes Siegal Ph.D.
2008	SU203	Change Is Good: 10 Tactics to Make It So	Elaine Biech
2008	SU212	Managing Innovation: A Journey toward Organizational Change	B. Kim Barnes M.ed., Nelson Soken Ph.D.
2008	SU213	Facilitating Change ? Dare to Get Personal!	Arne Gillert, Pepijn Pillen
2008	SU304	Merging Two Cultures: Tribal Traditions and Casino Operations	Ann Beinert, Jerry Moran
2008	SU314	Powership: A New Approach to Followership	HO SUK LEE
2008	SU315	Leveraging Team Innovation to Achieve Organizational Change	Steven Kowalski Ph.D.
2008	M113	The Covert Barriers to Organizational Change	Robert J. Marshak
2008	W315	Shared Governance: Decision Making from the Point of Service Outward	Jeff Johnson, Lisa Goren, Marlis Miller
2008	M212	Evolutionary Management: Learning from Nature and Evolution for Organizational Development	Klaus Otto
2008	M213	Telefónica University: The Changing Tool	Juan Rovira
2008	M315	Raising the Bar on Culture Change: Taking a Giant Leap to Inclusion	Frederick Miller, Judith Katz

2008	TU101	Putting Your Know-How Into Action	Ken Blanchard
2008	TU114	Influencer: The Power to Change Anything	Joseph Grenny
2008	TU212	From Regulated Market to Free Market: How to Retain 11 Million Customers	Juan Ruiz del Portal, Macarena De la Puerta Domecq
2008	TU213	Don't Swallow the Elephant Whole: A Competency Integration Case Study	Holly Cockrell, Lynne Daley
2008	W213	Developing a Learning Culture for High Performance	Evgeny Dotsenko, Sergey Gremushkin
2008	W212	T &D's Role in Guiding Change	Chris Edgelow
2008	W113	Putting Teeth into Change Leadership: What Every Changing Organization Must Do	Nicole Mills, Pete Pande
2008	W114	Blockages to Organizational Change in China	Mark Pixley
2008	W204	Hardwiring Healthcare Excellence: The Journey Begins with World-Class Leaders	Colleen Thornburgh, Nadine Wethington

경력계획 및 인재관리(Careers Planning and Talent Management)

연도	Session ID	Session 명	발표자
2004	Workshop 9	Second Innocence: Renewing the Work Journey in Mid-Life	John Izzo
2004	SU212	Love It, Don't Leave It: A Message That Matters	Sharon Jordan-Evans Beverly Kaye
2004	SU303	Best Practices for Maintaining a Motivated Workforce	Mike Little, Mike Slette, Thomas Suchevits, Cindy Ventrice
2004	SU316	Getting to the Top in Training: Lessons From 100 Senior Professionals	Jill Mussman, Darren Short
2004	M104	Bullet Proof Your Career: Strategies to Flex Into the Future	Marilee Robertson
2004	M215	View from the CLO: Lessons of Success from Big Little Company CLOs	Rick Daly, David Erekson, Gary Steinkohl, Rebecca Turner
2004	TU204	Move Over Career: It' s All About the Work	Angela Hills, Bonnie Wenk
2004	TU317	Beyond the Podium: New Roles for Workforce Learning Professionals	Allison Rossett
2004	TU304	Creating Effective Individual Development Plans for Top Performers	Jerusalem Howard, Mary MacDonald, Debra Schwartzfarb

2004	TU415	Creative Diversity Training Techniques	Jim Smith, Jr
2004	TU401	Developing a Sustainable Mentoring System	Julia Helander
2004	TU412	Information Engineering: When Training Won't Solve the Problem	John Bowie
2004	W112	Organizational Politics: Positive Strategies for Turbulent Times	Ronnie Kurchner-Hawkins, Rima Miller
2004	W101	The 16th Minute: Creating a Personal Brand	Doug Caldwell
2004	W212	The Career Development Framework: Guidelines for Success	Emily King
2004	W312	The Business of Your Passion	Sharon Wingron
2004	TH101	Certification: Expectations and Realizations	Janet Cherry
2005	SU 203	ASTD' s Mapping the Future Competency Model: Building Competencies for Learning and Performance Staff	Jennifer Naughton, William Rothwell
2005	TU 307	Baby Boomerangers: Myths and Realities of the Future Workforce	Maureen Sullivan
2005	M 109	Being Phenomenal: Using Professional Development Plans to Promote Individual Growth	Robert Berger
2005	W 103	Career Check: Mapping Your Career through ASTD Certification	Janet Cherry, Rick Hicks
2005	TU 103	Career Vitality	Tony Lee
2005	M 320	Case Study: Envision Financial's Corporate University	Carol Hama
2005	TU 414	Connecting to Champions: Properly Selling Diversity Initiatives Internally	Tim Mulvaney, Marc Levine
2005	TU 205	Creating Engagement: The Mutual Contribution to Growth	Daisuke Kawaguchi, Yasuhiro Yoshizawa, Emi Hotta
2005	M 303	El Forum Ibero Americano de T&D: Get Connected To The Best Practices	Alfredo de Castro, Cristina Wildermuth
2005	W 220	Extreme Makeover--Applying Performance Management to Your Organization	Joe Riddle, Pete Smith
2005	SU 317	Laugh and Learn: How to Use Humor to Boost Training Results	Doni Tamblyn
2005	SU 305	Promoting "Intelligent Careers" in the Knowledge-Based Economy	Kirsten M. Poulsen, Michael Arthur
2005	W 204	Retention Culture: If You Build It, They Will Stay	Craig Taylor, Richard Finnegan

2005	TU 412	Seven Brain Basics to Increase Performance in the Millennium of the Mind	André Vermeulen
2005	M 205	The Nuts and Bolts of ASTD Certification	Jennifer Naughton, Nancy Thomas, Janet Cherry
2005	W 306	Upgrading Competencies and Performance of Employees Through Job-Focused Learning	Cathy Lee
2005	W 105	Who is Developing the Top Human Resource Professional?	Breck Arnzen, Barbara Carter, Peter McLoughlin
2005	M 206	Your Leadership Legacy: The Difference You Make in People's Lives	Sarah Caverhill, Marta Brooks
2006	SU 204	Re-spiriting Work: Creating High-Passion, High-Performance Work Environments	Richard Whiteley
2006	SU 218	Retention Leadership: What Leaders Do to Retain Top Performers	Craig Taylor, Richard Finnegan
2006	SU 305	Muggles, Not Magic: Internships Transform Scholastic' s Leadership	Donna Deetz
2006	SU 406	Detoxifying Diversity: Four Healthy Ways to Get Real in Workplace Relationships	Bruce A. Jacobs
2006	M 107	Managing Talent: A Mentorship Case Study	Niël Steinmann
2006	M 200	70?the New 50: How Businesses Can Manage Boomers Bucking Retirement	Bill Byham
2006	M 311	Career Advancement: Reaching the Next Rung or Finding a More Fulfilling Job	Tony Lee
2006	M 318	Improve Workplace Satisfaction	Sharon Jordan-Evans
2006	W 118	Linking ASTD Competencies and Professional Development at American Express	Marjorie Meacham, Miki Hesleph, M. Ferrer- Jackson., M. Checketts, D. Floyd
2006	TU 107	Beyond "Mini-Me:" A Succession-Management Process That Really Works	Tom McKinnon, Michelle Harrison
2006	TU 206	Boomers, Gen X, and Millennials: Managing the Generations	Amy Glass
2006	TU300	The Leader's Role in Growing Other Leaders	Beverly Kaye
2006	TU207	CPLP Certification: The Time Is Now!	Jennifer Naughton, Nancy Thomas
2006	W309	Motivating a Multicultural Workforce	Jinsoo Terry
2007	SU207	Prescriptive Development: Linking Business Outcomes to Succession Planning	Mark Walker, Pete Hammett
2007	SU216	Managing Successful Mentoring Relationships: Both Ways	Niël Steinmann

2007	SU300	The Basic Mechanisms for Making Life Changes Happen	Richard Bolles
2007	SU306	Decoding Employee Engagement	Cristina Wildermuth M.Ed.
2007	SU319	CPLP Certification: The Time Is Now!	Jennifer Naughton
2007	SU407	Talent Management at American Express: Reporting on the Results	Dorothy Craddock
2007	M107	Accelerated Executive Transitions: Keys to Increasing Retention, Effectiveness, Leadership Success	Kathy Bernhard, Ronnie Kurchner-Hawkins
2007	M206	Best Practices to Engage and Retain Employee Talent	Derrick Barton
2007	M307	Design and Develop a Retirement Readiness Program for Baby Boomers	Beverly Edwards Ph.D., Gale Gibbons
2007	TU105	Beyond Turnover: An Evidence-Based Model for Impacting Employee Retention	John Cox
2007	TU206	Get Ready, Here They Come! The Who, What, and How of Coaching the New Generation Workforce	Bob Lewis, Pat Schnee
2007	W201	Building and Sustaining an Engagement Culture: Foresight, Hindsight, and Insight	Beverly Kaye
2007	W206	Business and Life Coach Qualifications: Differences Between Europe and the United States	Bert Feustel M.A., Wyatt Woodsmall Ph. D.
2007	W307	Strategies for Implementing A Recognition Program that Works	Cindy Ventrice
2008	SU107	Maximizing the Impact of Coaching in Your Workplace	Beverly Edwards Ph.D., Gale Gibbons
2008	SU108	The Career Is Dead. Long Live Career Development	Chris Brunone
2008	SU206	Identifying Solutions for Effective Individual and Team Onboarding	Jeff Sandt, Maude DiVittis
2008	SU307	Employee Retention Strategies: Learning and Development's Vital Role in Keeping Great Talent	Craig Taylor
2008	SU310	High Potentials: Who Gets In? Using EQ Interviewing as One Method to Screen	Adele Lynn
2008	M100	Taking Talent Management Seriously	Edward Lawler III
2008	M103	Zero to Sixty: Ramping Up Employees to Minimize Time to Productivity	William Byham
2008	M106	Recognizing Career Contentment	Jeffrey Garton
2008	M107	Talent Sustainability: Orchestrators, Accelerators, and Influencers	Michael Campbell, Roland Smith

2008	M108	How Companies, Leaders, Educators, Trainers, &HR Executives Contribute to the Building of a Nation' s Professionalism	Chuck Albritton, Mahmoud Khan
2008	M201	The Development Dialogue: The Critical Link to Engagement and Retention	Beverly Kaye
2008	M224	CPLP Certification: The Time Is Now!	Jennifer Naughton
2008	M310	Engaging New Employees Day One at the World' s Largest Retailer	David Dauman, Heather Hetrick, Scott Sutton
2008	TU105	Generation Next: Developing the Next Generation of Sales Performers	Tim Ohai
2008	TU106	Modern Strategies for Finding and Keeping the Best Employees	Alexandra Levit
2008	TU108	Increasing Employee Engagement and Development Through Career Laddering	Mack Thompson
2008	TU206	China Talent Market: Challenges, Opportunities, and Strategy	Zhen Wen Ling
2008	TU224	Identify, Train, Appoint: A Performance-Based Approach to Manager Precertification	Douglas Dillon
2008	TU310	Try Before You Apply: Sheetz's Realistic Job Preview Case Study	Dave Colaizzi
2008	W107	Applying HRD Fundamentals for a Successful Work-Life Balance Strategy	Michelle Sterling CPLP
2008	W108	Managing the Learning Organization: Internal and External Case Study	Dick Handshaw, Heather Fausnaugh
2008	W206	Assessment as a Catalyst for Aligning Development to Business Needs	John Jones Ph.D, Ray Narducy Ph.D.
2008	W310	Minute Mentoring: Using Day-to-Day Relationships to Build Skills	Alexa Krezel, Serena McDonald

학습설계 및 운영(Designing and Delivering Learning)

연도	Session ID	Session 명	발표자
2004	Workshop D	Creative Training TechniquesTM for Technical Trainers: 37 Ways to Get More Into and Out of Your Technical Training	Cindy Rae Pautzke
2004	Workshop C	High Impact, Fast Track Instructional Systems Design: 11 Steps to Designing the Ultimate Training Experience	Kathy Dempsey
2004	Workshop E	Project Management: Positioning, Planning, and Propelling Competitive Advantage	Betsy Allen

2004	Workshop A	The New Creative Training Techniques Boot Camp	Bob Pike
2004	Workshop 2	Accelerated Learning in the Corporate World: Learning That Transforms	Gail Heidenhain
2004	Workshop 7	Interactive Instructional Design: 25 Ways To Do it Faster and More Effectively	Catherine Mattiske
2004	SU202	Faster, Cheaper, Better: Seven Secrets of Powerful Training Design	Raja Thiagarajan, Sivasailam Thiagarajan
2004	SU305	Start With an Earthquake and Build to a Climax	Gerry Beamish
2004	SU314	The ABCs of A Successful Partnership Project: ASTD, Business, and Community	Greg Rider, Lisa Bing
2004	SU402	Improve Learning, Establish Credibility, and Increase Sales: The Graco Story	Brian Welborn, Erick Reinikka, John Wentzell
2004	M218	How the Transportation Security Administration (TSA) Uses High Standards to Select, Train, and Certify its Security Screener Workforce	Terry Bickham, Elizabeth Kolmstetter, Rob Parrish, Allison Rossett
2004	TU101	Excellence In Practice Awards Criteria	Dede Bonner, Roger Chevalier, Peggy Hutcheson, William Lee, Julie O'Mara
2004	TU302	Managing Small Training Departments: Essential Competencies	Carol McCoy
2004	TU416	Win-Win Negotiating for Maximum Gain	Andrew Lewis, Donny Ebenstein, Michael Rosenthal
2004	TU510	Action Learning: Developing Strategic Planning Skills for Oracle Managers	Kirsten Hanson, Susan Cusson
2004	TU502	Interactive, Offbeat, Creative Presentations	Bob Lucas, Lenn Millbower
2004	W102	Instant Case Studies	Jean Barbazette
2004	W202	Hot Topics in the Law of Copyrights	Francine Ward
2004	W302	Reducing Interpersonal Tensions in Organizations: Six Training Designs	Freda Hansburg, Mel Silberman
2004	W402	On Location: Moving New Employee Orientation from Ordinary to EXTRAordinary	Dusty Harmon
2004	TH202	Point / Counterpoint: Partnership Views from Both Sides of the Desk	Catherine Rezak, Darlene Caplan
2004	TH210	The Power of Stories to Enhance Learning	Mary Wacker
2004	TH207	Turning SMEs into Terrific Trainers	Geri Lopker

2004	TH203	What Media? Choosing the Right One	Bill Ellet, Cindy Huggett, Jeff Merrell, Robert Rosell, Elizabeth Thaler-Barger, Will Thalheimer
2005	Workshop 1	Changing Attitudes and Behaviors Through Experiential Activity	Mel Silberman
2005	W 205	Accessible Training From Idea to Implementation	Marsha Allen
2005	W 115	Beyond the Basics: Make Adult Learning Come to Life!	Jean Barbazette
2005	M 207	Computer Simulation: The What, Why, and How for Managerial Learning	Jeremy Hall
2005	SU 409	Confessions of a Former Talk Show Host	Jonathan Halls
2005	TU 409	Crash and Learn	Jim Smith, Jr
2005	TU 316	Designing for Learning That Lasts	Ernie Turner, Urban Skog
2005	W 413	Developing Expertise: Best Practices in the Real World	Michelle Meredith, Edward Palacios
2005	M 306	Eliminate the B-O-R-I-N-G: Unlock the Magic of Performance-Based Training	Peter Seaman, Aletia Sexton
2005	TH 202	Emotional Intelligence: How to Apply It and Why It Matters	Travis Bradberry, Jean Greaves
2005	TU 402	Euro Forum: Efficiency, Effectiveness, Alignment, and Sustainability of Learning	Neil Lasher
2005	TU 404	Financial Services Best Practices Roundtable	Katlann Smith
2005	TU 107	Growing Better Learners	Jane Bozarth
2005	W 104	Guidelines for Training Nonnative Speakers of English	David Braasch
2005	W 412	Helping Leaders Conduct Painless Performance Evaluations	Marnie Green
2005	Workshop 7	Interactive Instructional Design: 25 Ways to Do it Faster and More Effectively	Catherine Mattiske
2005	TU 105	Just-in-Time Learning: The Key to Powerful Training Deli	Terrence Gargiulo
2005	Workshop 8	Laugh and Learn: How to Use Humor to Boost Training Results	Doni Tamblyn
2005	TU 202	Perfect Together: Training, Support, and Knowledge at the World Bank	Joseph S. Barone
2005	SU 214	Preparing International Learner for the American Training Experience	Liese Tamburrino
2005	W 409	Rock Your Way to More Effective Training Reinforcement!	Donna Long
2005	TU 308	Role-Based Integrated Learning Solutions for the Navy's Aviation Maintenance Personnel	Michelle Bruce, Lynnetta Babuchiwski, Thomas Dobry

2005	SU 205	Squeeze More Into Your Training Sessions	Elaine Biech
2005	Workshop 11	Stimulating Learning With Interactive Offbeat Creative Techniques	Lenn Millbower, Bob Lucas
2005	Workshop 12	The Eight Kinds of Smart: A Revolutionary Design Tool	David Lazear
2005	SU 315	The Thinking Trainer…Balancing Creativity with Content	Catherine Mattiske
2005	M 310	Theatre Extraordinaire: Using Role Plays Effectively : Theatre Extraordinaire	Diana Lucas
2005	Workshop 13	Training Design That Drives Business	Bill Wilson
2005	SU 303	Training the Trainer in Accelerated Learning Techniques	Adrian Cottín-Belloso
2005	TH 203	Training With A Beat: Music-Based Techniques for Learning SuccessTM	Lenn Millbower
2005	W 216	Training: It's the Law in France	Guillaume Hamalian
2005	W 313	Tricks for Trainers: Props, Object Lessons, and Magic	Dave Arch
2005	M 107	Using the Ordinary to Make Your Presentations and Training Extraordinary	Sharon Bowman
2005	W 309	When Your Learner Can' t Read or Click	Jennifer James, Melanie Stepanov Bucher
2006	SU205	Captive to Interactive: Transforming Unreceptive Learners	Marc Levine, Laura Arellano
2006	SU206	Train the Trainer in Accelerated Learning Techniques	Adrian Cottin
2006	SU214	Squeeze More Into Your Training Sessions	Elaine Biech
2006	SU303	How a Spiral Learning Design Revolutionized Training at Quiznos University	Christine Fleming
2006	SU306	Laugh and Learn: How to Use Humor to Boost Training Results	Doni Tamblyn
2006	SU307	The Power of Jolts: Brief, Multipurpose Exercises	Mel Silberman
2006	SU307	Transform Your SMEs Into Facilitators of Learning	Kathleen M. Edwards
2006	SU408	Use the Ordinary to Make Your Training Extraordinary	Sharon Bowman
2006	M108	Efficiency in Learning: Proven Methods for Faster and Better Learning	Ruth Clark, Frank Nguyen
2006	M109	The Holy Grail of Learning Transfer: How Do We Get Our Training to Stick?	Jack Zenger Tom Ruby
2006	TU109	How to Effectively Train Diverse, Multicultural, and International Audiences	Fernando Sanchez-Arias
2006	M117	Performance Imitating Art: Focus on Observation	Lorimer Fauntleroy

2006	M208	Leadership Learning Outside the Classroom: Gain Confidence, Make a Contribution	Howard Prager, Patrick Rawlings
2006	M209	Crash and Learn: 101 Plus Trainer Mistakes	Jim Smith, Jr.
2006	M210	Using Role Plays Effectively	Diana Lucas
2006	TU201	High-Impact Training: 17 Ways to Design, Deliver, and Transfer Training Faster, Better, Easier	Bob Pike
2006	TU208	Training Methods That Reach the Cognitive and Affective Domains	Sharon Sloane
2006	TU306	The Power of Interactive, Experiential Game Technology to Accelerate Learning	Ronald Roberts
2006	TU307	The Story Theater Method: Using Emotional Triggers to Enhance Learning	Doug Stevenson, Marcia Pessemier
2006	W107	Discover Booz Allen: Creating a Successful Global Immersion Program	Eileen Adenan, Raymond Houck
2006	W217	Now You' ve Got 'Em…What Should You Do With 'Em?	Lisa Stover, Karen O'Connor
2006	W218	Adding an Audio Component to Your Blended Learning Strategy	Ted Forbes
2006	W207	Carnival Cruise Lines Corporate Training Fun Ship Style	Eileen Tighe, Juan Trueba, John Migliori
2006	W305	Rhythm Circles	Mel Wildermuth
2007	SU200	Beyond Fads, Fables, &Folklore: Is it Time for an Evidence-Based Approach to Workforce Learning?	Ruth Clark
2007	SU202	Got a Minute? 60-Second Activities That Increase Retention.	Sharon Bowman
2007	SU208	How to Create New Knowledge via Formal and Informal Learning	Betty Collis, Erland Joergensen
2007	SU209	The Case for Integrating Informal Methods into Your Training Strategy	Robert Pearson
2007	SU301	The Story Theater Method: Using Emotional Triggers to Enhance Learning	Doug Stevenson
2007	SU307	Unleashing the Power of Experiential Learning	Martin Thompson
2007	SU308	Wake Me When It's Over: Keeping Generation Y Engaged in the Classroom	Kim Rowe
2007	SU405	I' ll Take Learning for 500: Using Game Shows to Engage	Dan Yaman, Missy Covington
2007	SU408	Train the Trainer in Accelerated Learning Techniques	Adrian Cottin, Mary Gil
2007	W309	So Much to Learn, So Little Time	David Rock

2007	M105	Spacing Learning Over Time: A Research-Based Secret	Will Thalheimer
2007	M109	Training and Working in Multicultural Environments	Alfredo Castro
2007	M201	Changing Attitudes and Behaviors through Experiential Activity	Mel Silberman
2007	M207	Attacktics	Deborah Thomas
2007	M208	Hindsight 20/20: Aligning Prequel Training with Your Current Programs	Kimberly Devlin, CPLP, Ronnie Glotzbach
2007	M300	Faster, Cheaper, Better: Alternative Approaches to Instructional Design	Sivasailam Thiagarajan
2007	M301	The Ultimate Trainer's Tool Kit: 10 Techniques, Tips, and Strategies for Training Results	Bob Pike CSP, CPAE - Speakers Hall of Fame
2007	W306	Are You Ready to Train the Emerging Generations?	Mary Cornetta-Brown
2007	M306	Hip Hop ADDIE: How to Make Training Pop	Lenn Millbower BM, MA, the Learnertainment® Trainer
2007	M308	Accelerating the Transfer and Application of Learning	Cal Wick, Andrew Jefferson
2007	M309	Developing Intercultural IntelligenceTM: Effectively Coach Leaders for Multicultural Environments	Paolo Nagari
2007	M321	What Museums Can Teach Trainers about Informal Learning: An Interactive Experience	Saul Carliner
2007	TU102	How to Effectively Train Diverse, Multicultural, and International Audiences	Fernando Sanchez Arias
2007	TU109	Team Teaching: It's More than Taking Turns Talking	Bob Pike CSP, CPAE - Speakers Hall of Fame, Rebecca Pluth
2007	TU207	Do Cultural Differences Matter in Training?	Eva Lo
2007	W207	Storytelling Strategies for Learning Transfer	Cynthia Clay
2007	TU302	Transform Your SMEs into Facilitators of Learning	Kathleen M. Edwards CAE
2007	TU305	Dance Like Nobody's Watching: Awesome Ways to Unleash Your Personal Pizzazz Power	Jim Smith, Jr. Mr.
2007	TU309	So Much to Learn, So Little Time	David Rock, David Rock

2007	TU320	GPS Team Building: The Seven Keys to Cross-Team Collaboration	John Chen
2007	W105	The Five Steps to Becoming Expert	Paul Schempp Ph.D.
2008	SU103	Rev Up Your Accelerated Learning Techniques	Adrian Cottin
2008	SU109	Sim-Elations: Make It Real and Wow Your Learners	Dodie Busch, John Majeski
2008	SU110	Building a Masterful Instructional Team for the Classroom	Paula Grace
2008	SU207	Right from the Start: What Beginning Trainers Need to Know	Sharon Bowman
2008	SU209	Facilitate Discussions with Impact!	Jean Barbazette
2008	SU210	Guiding the Journey from SME to Learning Facilitator	Kathleen Edwards CAE
2008	SU224	ASTD Competency Study: A Pulse Check in 2007	Bernadette Kasshanna, Joyce Xue, Naseem Sherwani, William Rothwell Ph.D.
2008	SU311	Using Job and Task Analysis in a Faster-Is-Better World	Lannette Bailey, Lisa Abate, Robert Calderon, Walter Gragg
2008	SU312	The Power of Voice: Using Vocalics to Influence and Persuade	Ruth Sherman
2008	M102	Crash and Learn: Eliminating the Mistakes that Kill Participation and Motivation!	Jim Smith, Jr.
2008	M109	Competency-Based Training	Gina Phillips, James Trinka Ph.D., Nicole Franklin, Tracie Carter
2008	M207	Needs Assessment Redefined: Using a Human Performance Improvement Approach	Mimi Banta
2008	M209	Untangling the Training Challenges (Challenges Galore) of a Nation	Karthik KS
2008	M301	Creative Training Techniques: 17 Ways to Increase the Impact of Your Training	Bob Pike
2008	M308	Story Theater: Using Emotional Triggers to Enhance Learning	Doug Stevenson
2008	M312	A Teachable Moment: Processing the Experience	Michelle Cummings M.S.
2008	M327	Impacting Multicultural Audiences: Effectively Train Diverse, Multicultural, and International Audiences	Fernando Sanchez Arias
2008	TU109	Use Your Noggin: Science to Make Your Presentations Brain-Friendly	Spencer Kagan

2008	TU207	Running Interference: Getting the Learner to Touchdown	John Townsend MA, Paul Donovan MSc. Mgmt. PhD
2008	TU209	Learning in a Frenzied World: Strategies for Grabbing Learners' Attention	Howard Prager, Lenn Millbower BM, MA, the Learnertainment® Trainer
2008	TU303	Jolt Participants into Awareness and Action	Sivasailam Thiagarajan, Tracy Tagliati
2008	TU308	The iTeam: Using Technology to Build Teams	John Chen
2008	TU309	The Hat Exercise: A Diversity Simulation	Ronald Adderley
2008	TU311	Overcoming Staffing Challenges in a Global Learning Environment	Duke Yaguchi, Lorianne Konerza
2008	TU312	Designing Leadership Development to Bridge the Generation Gap: Pitfalls and Practical Lessons	Geri Lopker
2008	W109	Captive to Interactive: Transforming Resistant Learners	Laura Arellano, Marc Levine
2008	W219	Measurement and Improvement through a Quality Service Program in an Insurance Company	Magdalena Gili, Rodrigo Lara Fernandez Mr
2008	W222	Performance Out of Chaos: Lessons from Navy SEAL Training	Carl Czech, Josh Butner
2008	W308	These Are a Few of My Favorite Games	Doni Tamblyn
2008	W312	Using Learning Styles to Create Training That Sticks	Jeanine O'Neill-Blackwell
2008	W311	Informal Learning: Are We Missing a HUGE Opportunity?	Bob Mosher

성과 개선(Performance Improvement)

연도	Session ID	Session 명	발표자
2004	Workshop 5	Connecting Human Performance Improvement Interventions to Business Goals and Metrics	Dennis Dressler, Robert Brinkerhoff
2004	SU206	Incentives, Motivation, and Workplace Performance	Harold Stolovitch
2004	SU209	The Power of GAPS!	Dana Robinson, James Robinson

2004	SU306	Performance Architecture: Aligning the Work, Worker, and Workplace	Roger Addison
2004	M111	Blending Learning With Work: A Case Study for Integrating Learning into Systems	Garry Moore, Joseph Farrell, Mark Foster
2004	M106	MORE Needs Analysis = LESS T&D	Darryl Sink
2004	M206	Training Ain't Performance	Harold Stolovitch
2004	M318	Learning at the Edge of Chaos: Team Development Through Music	Gary Muszynski
2004	M308	The Transition From Wants-Based to Results-Based Performance Improvement	Elena Galbraith
2004	TU206	Drilling to the Core Competencies and Mining for Employee Learning	Janis Houston, Mary Ann Bopp, Sharon Arad
2004	TU306	Multiple Methdologies: How One Company Linked Them All Together	Bob Green, Caroline Schein
2004	TU403	Baldrige Criteria: Your First Step to Organizational Excellence	Rachel Kinney
2004	TU407	Blended Solutions: The key to Effective Training and Support for New Business Systems	Brenda Cruz, Darryl Sink
2004	W204	7 Steps to Negotiate a Performance Improvement Intervention	Eduardo Saleh
2004	W215	The Nature of Performance	Dennis Sandow, Nikola Zeniuk
2004	W211	Validated Practice: The Research Base for Performance Improvement	Brenda Sugrue
2004	W304	From Corporate University to Performance: An Iams Case Study	Philip Crippen, Thomas LaBonte
2004	W409	Linking Performance Consultants and Evaluators for Optimal Results	Mary Broad, Toni Hodges
2004	TH204	Thinking and Acting Strategically About Performance	Eileen Adenan, Laura Mendelow
2004	TH208	Transitioning Your Training Department to Performance Improvement	Joe Willmore
2005	SU 212	Performance Architecture and Performance Systems Design	Roger Addison
2005	SU 310	The Nine Deadly Sins of New Performance Consultants	Joe Willmore
2005	TU 212	Alignment as a Competency for Business Performance	Steven Rosenthal, Eric Jackson
2005	TU 214	Are You Certifiable? How to Become a Certified Performance Technologist	Roger Chevalier
2005	M 114	Beyond Transfer of Training: Engaging Systems to Support Performance	Mary Broad

2005	TU 112	Implementing a Strategic Enterprise-Wide Performance Management Process	Wayne Connell, Rose Wallace, Jason Urquhart
2005	TU 411	Improving Customer Satisfaction in the Insurance Industry	Tom Petro
2005	TU 314	People Performance That Makes Dollars and Sense	Vicki Schneider
2005	W 211	Performance Consulting for Business Results: A Line Executive's Perspective	Thomas LaBonte, Dina Schultz
2005	M 213	Sales Performance-Based Needs Assessment: The Pioneer Hi-Bred Experience	Boyet Norte, William Beane
2005	TH 210	The Human Performance Center ? Integrating HPI into the 21st Century Navy	Matthew Peters
2005	M 115	What Business Are You In? Facing the Post-Training Era	Thomas Cavanagh
2006	SU215	From Theory To Practice: 20 Smart Tips on Performance Improvement	Szymon Kudla
2006	SU316	Beyond Transfer of Training: Engaging Systems to Improve Performance	Mary Broad, Bradford Grant
2006	SU416	Partnering: The Critical Competency	Joe Willmore
2006	M217	Never Worry about Transfer Again: Six Strategies for Converging Learning and Work	Allison Rossett
2006	TU110	How Top Companies Invest in Human Capital	Jac Fitz-enz
2006	TU116	Put Performance Tools Into the Hands of Managers	James Robinson
2006	TU117	Are You Certifiable? How to Become a Certified Performance Technologist	Roger Chevalier
2006	W102	From Tactical Request To Strategic Opportunity: Ask Powerful Questions	Dana Robinson
2006	W115	State Farm's Enterprise Performance-Improvement Initiative: Getting Started, Getting Results	Thomas LaBonte, Molly Necessary
2006	W214	Human Performance Improvement: Influencing Organizations	Geri Lopker
2006	W314	Negotiation Skills for the Performance Consultant	Eduardo Saleh
2006	W315	The Ties that Bind: Social Capital and Human Performance	Brian Grant
2007	SU218	From Training Request to Complex Performance Solution: An Interactive Case Study	Szymon Kudla
2007	SU317	Taking Performance Consulting to the Next Level: The Strategic Partner Role	James Robinson
2007	SU417	Conducting HPI in a Large, Complex Military Organization	Carol Huggins
2007	SU418	Leveraging HiPo SMEs and Partners in Your HPI Solutions	Darin Hartley M.Ed., Irada Sadykhova

2007	M101	From Tactical Request to Strategic Opportunity: Ask Powerful Questions	Dana Robinson
2007	M118	Spicy HPI: Southeast Asian Perspectives on Implementing Human Performance Improvement	Donald Ford CPT, Mario Del Castillo Ph. D
2007	M217	Expanding Our Toolbox: Coaching Stakeholders on Performance Improvement Options	Jim Maddock, Mary Broad
2007	M318	Best Practices in Achieving Performance Results: A Case Study	Molly Necessary, Thomas LaBonte CPT
2007	TU217	Small Business Success in Global Competition through Better Performance	Margarita Lozano Job
2007	TU118	Job Aids as Performance Improvement Solutions	Joe Willmore
2007	TU220	A Dutch Case Study on Human Performance Improvement	Jos Arets, Vivian Heijnen
2007	W118	Negotiation Skills for the Strategic Business Partner	Eduardo Saleh
2007	W318	10 Easy Steps to Get Buy-In for Using Performance Analysis	Dennis Mankin, Dennis Mankin
2007	W217	Using Recognition to Foster A High-Performance Culture	Sheree Herr
2008	SU111	Great Teams: What Does It Take and How Can HR Contribute?	Howard Guttman
2008	SU121	Four Key Ingredients to Teamwork and Performance Improvement at Work and at Home	Marcey Uday-Riley MSW, CPT
2008	SU122	Competencies that Count: Using HPI to Create Performance-Based Competency Models	Mason Holloway
2008	SU202	Performance Consulting 2.0: What's the Same and What's Different?	Dana Robinson
2008	SU220	Optimizing Electronic Performance Support Systems	Frank Nguyen
2008	SU221	Bottling Expertise: Using Cognitive Task Analysis to Specify Expert Problem Solving	Deborah Stone, Steven Villachica
2008	SU322	Organizational Culture for Performance Consultants	Joe Willmore
2008	M122	Realigning Our Processes to Focus On and Achieve Performance Results	Ron Stone
2008	M202	Performance Improvement the Coast Guard Way	David Hartt
2008	M221	Inside Out: Understanding and Influencing Breakthrough Human Performance	Alan Fine
2008	M322	West Meets East: Human Performance Improvement in Asia	Donald Ford CPT, Koko Nakahara, Mario del Castillo PhD, Phyllis Liu-Ford MA

2008	TU121	HPI in Love with Informal Learning: Four Funerals and a Wedding?	Jos Arets, Vivian Heijnen
2008	TU122	You Have a Core Competency Model. Now What?	Tom Karger
2008	TU221	HPI as a Management Model at Saudi Aramco Oil Company	Dennis Mankin, Geri Lopker, Kent Christensen
2008	TU322	Delivering Business Results as an Internal Consultant: A Case Study	Kathleen Schulz, Thomas LaBonte
2008	W319	Color Me Red: Training Programs as Brand Assets	David Perotta, Nurit Barnea
2008	W323	How Social Networking Affects Training and Performance: A Case Study	Ray Jimenez Ph.D.

측정, 평가 및 투자수익률(Measurement, Evaluation and ROI)

연도	Session ID	Session 명	발표자
2004	SU208	Demonstrating Business Impact of Training Investments at Schwan's Food Services	Heather Wiley, Robert Brinkerhoff
2004	SU217	Shoestring Strategies for Ensuring Training Transfer and High Impact Results	Holly Burkett
2004	SU311	Learning Effectiveness: Evaluating Learning Portfolios to Maximize Organizational Performance	Anthony DiBella
2004	SU414	Evaluating the Impact and ROI of Training and HPT Solutions	William Lee
2004	M120	Effective Online Assessments in a Multi-Organizational Training Environment	Jason Smith
2004	M109	Predicting the Impact of T&D on Knowledge Team Effectiveness	Christopher Avery, Jane Lowther, Robert Marshall
2004	M321	ASTD Launches New "Excellence in Research-to-Practice" Award	Darren Short, John Sherlock
2004	M320	The Organizational Factor: The Missing Dynamic in Training ROI Models	Alex Trouteaud, Robert Trouteaud
2004	TU209	View From the CLO: Measure &Communicate Value of Investment: An ROI Alternative	Ed Cohen, Jimmy Henry
2004	TU406	Return on Education Investment: Questions Organizations Should Ask	Bruce Such, Howard Prager
2004	TU402	Setting a Research and Development Agenda for Workplace Learning and Performance	Daniel Blair, Marijke Kehrhahn, Tony O'Driscoll, Tom Shindell, Brenda Sugrue

2004	W108	How to Evaluate Hard and Soft Data	Judith Hale
2004	W207	Turn Evaluation Requests Into Performance Improvement	Bruce Aaron
2004	W307	Bottom-Line Evaluation	Donald Ford
2004	TH212	Lifetime Achievement Award in Workplace Learning and Performance: Evaluating Training Programs: The Four Levels	Donald Kirkpatrick
2004	TH201	Six Sigma Process Improvement Methods Enhance Training Effectiveness	Kevin McCants
2005	SU 211	Evaluating Training Programs: The Four Levels	Donald Kirkpatrick
2005	TH 208	A Six Sigma Approach Makes Training Pay	Martin Schmalenbach
2005	W 210	Action Planning as a Performance Measurement and Transfer Strategy	Holly Burkett
2005	TU 218	Analysis AND Evaluation: Siblings Separated at Birth	Allison Rossett
2005	TH 102	ASTD Briefing: The ROI Network and ROI Certificate Program	.
2005	W 312	Beyond ROI: Establishing Predictive EVA-Based Training Metrics	Michael Beckmann
2005	M 305	Critical Steps in Planning for Critical Impact Studies: A Case Study	Judy Frank, Toni Hodges
2005	SU 309	Demonstrating Training Value: Aligning Kirkpatrick's Four Levels With Balanced Scorecards	James Kirkpatrick, Megan Barrett
2005	TU 211	EIP Award Winner: The Business Impact of Executive Coaching: Demonstrating Monetary Value	Vernita Parker-Wilkins
2005	TU 304	Gear Your Management Development Program Towards Raising ROIs	Diederick Stoel, Herna Martens
2005	TU 111	How To Evaluate Hard and Soft Data	Judith Hale
2005	TU 410	Implementing ROI: Effective Measurement Requires More Than the Numbers	Lynn Schmidt, John Miller, Toni Hodges
2005	TU 305	Leadership Training: Return-on-Investment in the Federal Workforce	Karen Willis
2005	TU 104	Reshaping the Coast Guard's Evaluation System	David Hartt
2005	M 105	The Five Cs of ROI: Challenge, Credibility, Collaboration, Concentration, and Caution	Jack Phillips
2005	TU 203	The Leadership Scorecard: What's the ROI of Leadership Development?	Lynn Schmidt, John Miller

2005	M 108	The Real Cost of E-Learning	Eric Parks
2005	M 212	The ROI Reality Show	Carolyn Reeves, Barbara Bucklin
2005	M 203	Use the Chain of Impact to Leverage Data and Demonstrate ROI	Bruce Aaron
2005	W 110	Using Learning Metrics to Validate and Optimize Training Programs	Martin Bean, Jeffrey Berk
2005	M 118	Using the Success Case Evaluation Method to Enhance Training's Value	Robert Brinkerhoff
2006	SU415	Implementing Training Scorecards: Prove That Training Pays	Lynn Schmidt
2006	SU15	Evaluating Training Programs: The Four Levels	Donald Kirkpatrick
2006	M116	Make Evaluation Work	Patti Phillips
2006	M216	Demonstrate Training Value: Aligning Kirkpatrick's Four Levels With Balanced Scorecards	James Kirkpatrick
2006	TU115	Training Impact Evaluations That Senior Managers Believe and Use	Robert Brinkerhoff
2006	TU118	See the Organizational Big Picture: An Action-Oriented Evaluation Case Study	Steven Villachica, Deborah Stone
2006	TU203	Meaningful Metrics to Measure The Value of Knowledge Management	Bruce Aaron
2006	TU214	How to Evaluate "Soft" and "Hard" Data	Judith Hale
2006	TU215	Measuring Human Capital	Dennis Kravetz
2006	TU315	Create an Annual Report for Training and Development	Rachelle Verkamp
2006	W114	Take Charge: Design Training for Results and ROI	Ron Stone
2006	W310	Leveraging Technology for Practical and Scaleable Learning Analytics	Jeffrey Berk, Bob Dean
2007	SU217	Domino's Pizza Delivers High Performance Management Training With Measurable ROI	Ruth Wade, Stan Gage
2007	SU315	The Business Impact of Leadership Development	Lisa Cavallaro, Lisa Cavallaro, Pat Keating, Timothy Mooney
2007	SU316	ROI on a Shoestring: How to Measure More With Less	Holly Burkett MA, SPHR, CPT
2007	SU401	Training Impact Evaluation That Senior Managers Believe and Use	Robert Brinkerhoff
2007	SU416	Using Objective Mapping to Link Your Training to Business Objectives	Lynn Schmidt, Toni Hodges DeTuncq
2007	M117	Measuring ROI in a Quality Service Program: A Financial Industry Evaluation Experience	Jaime Rosas, Rodrigo Lara Fernandez Mr

2007	M215	ROI Is Easy When You Use This Three-Step Approach	Janet Vorwerck
2007	M316	Measuring ROI: Progress, Trends, and Outlook	Jack Phillips Ph.D.
2007	M317	Executive Coaching: What We Do and Do Not Know	Nona Saling
2007	TU101	Implementing Kirkpatrick's Four Levels	Donald Kirkpatrick
2007	TU117	Show Me the Money: Moving from Impact to ROI	Patti Phillips
2007	TU215	The Business Impact of Leadership Development	Pat Keating, Timothy Mooney
2007	TU216	Demonstrating Training Value through Compelling Evidence	James Hashman, James Kirkpatrick
2007	W117	Got Goals? Creating and Linking A Training and Development Scorecard	David Pease
2007	W317	Test Writing: 1-2-3 Go!	Nancy Thomas, Ahluwalia
2008	SU119	Measuring Project Management Performance: The Fundamentals in Creating an Effective Project Management Scorecard	Debbie Crawford
2008	SU217	Developing Valid Level 1 Evaluation Forms	Ken Phillips
2008	SU218	Case Study: How WellPoint Aligned Learning Strategies to Business Strategies… and then Evaluated for Optimal Business Impact	Benjamin Cook, Todd Harrison
2008	SU219	When the Bottom Line Is Human Life: Evaluating a National Health Care Program	Dawn Campbell, Lynette Gillis PhD
2008	SU320	Designing Surveys the Actionable Way	Cathy Missildine-Martin
2008	SU321	Verifying Capability to Perform: Designing and Developing Performance Tests	Peter Hybert
2008	M120	The Value of Learning	Martyn Sloman
2008	M218	Using Evaluation to Move from Training Partner to Business Partner	Darell Provencher, Timothy Mooney
2008	M219	Action Planning as a Performance Measurement and Transfer Strategy	Holly Burkett
2008	M303	Show the Impact of Learning and Development: Techniques to Isolate the Effects of Programs	Jack Phillips
2008	M320	Improving Your Knowledge Tests: A Practical Short Course for Test Authors	Jim Higgins
2008	M321	ROI: The Big Picture	Patti Phillips CPLP, Ph.D.

2008	TU102	Evaluating Training Programs: The Four Levels	Donald Kirkpatrick
2008	TU104	Proving the Business Impact of Leadership Development at Children's Healthcare of Atlanta	Larry Mohl
2008	TU119	A Meta-Analysis of the Meaning of Trainee Reaction Data	Traci Sitzmann
2008	TU120	Learning Evaluation: It's a Full-Time Job	David Maciag, Michael Kasper
2008	TU218	Crossing the Great Training Divide: Program Development and the Four Levels	Allison Wimms, James Kirkpatrick
2008	TU219	Asian Characteristics: Results of Evaluation in Japan, Korea, and China	Han Soo Kim, Kazuro Masuda, Shinichi Imaoka
2008	TU304	Scorecards: Using Strategy Mapping to Link Education to Organization Outcomes	Daniel McLinden, Rebecca Phillips
2008	TU320	Training Impact Evaluation that Senior Managers Believe and Use	Robert Brinkerhoff
2008	W119	The Success Case Method at Work: VELUX Corporation	Conny Bauer, Niels Espersen
2008	W321	Implementing Objective Mapping: Linking Learning, Performance Change, and Business Results	Lynn Schmidt, Toni DeTuncq

자기계발 및 전문성 계발(Personal and Professional Development)

연도	Session ID	Session 명	발표자
2004	Workshop 8	Project Management for Trainers	Lou Russell
2004	Workshop 10	The Artist' s Way at Work: Riding the Dragon	Mark Bryan
2004	SA102	International Orientation--Making the Most of the ASTD Experience	Jack Maykoski, Joe McVeigh
2004	SU102	International Orientation: Making the Most of the ASTD Experience	Jack Maykoski, Joe McVeigh
2004	SU203	Civility and Spiritual Nourishment in Times of Terror	Giovinella Gonthier, Sarah Karnes
2004	SU302	You Don't Have To Go Home From Work Exhausted	Ann McGee-Cooper
2004	SU407	Developing Intercultural Competence: An Accelerated Learning Approach	Bonnie Roelofs, Dianne Hofner Saphiere, Gail Heidenhain

2004	SU417	Games Trainers Play	Finn van Hauen, Jan Larsen, Susan Bahl
2004	SU415	Play with Purpose	Evan Marcus, Tara Marcus
2004	M103	Life Balance for Individual Well-Being and Organizational Retention	Marjorie Blanchard
2004	M121	Sneak Preview: ASTD Workplace Learning and Performance Competency Model and Certification	Jennifer Naughton, Patty Davis, William Rothwell
2004	M113	Uh Oh! What Now? A Professional Approach to Ethical Dilemmas	Madeline Finnerty
2004	M203	Get a Life Without Sacrificing Your Career	Dianna Booher
2004	M307	Laugh and Learn: How to Use Humor to Boost Training Results	Doni Tamblyn
2004	TU217	Sneak Preview: ASTD Workplace Learning and Performance Competency Model and Certification	Jennifer Naughton
2004	TU303	The Pattern That Connects	Patricia Kochevar
2004	TU414	From Hurrying to Running on Plenty at Work	Krista Kurth, Suzanne Schmidt
2004	TU413	It's Your Move: A Game Plan for Work-Life Success	Cyndi Maxey, Jill Bremer, AICI, CIP
2004	TU508	Ethics In Practice: A Roundtable Discussion for the Profession	Mayra Baez, Carol DeVaney, Richard Greentree, Michael Hansen, Gudrun Höy, Robert Kelley
2004	W408	A Journey to Center: Turn a Life of Work Into a Work of Art	Thomas Crum
2005	SU 207	ICA Welcome--50 Rapid-Fire Questions Panel	David Shore
2005	TU 113	Achieving Work-Life Effectiveness: An Asian Hospital's Experience	Cheryl Liew
2005	M 202	Combining Problem Solving with Team Style	Jack Hipple
2005	TU 116	Coach-Based Consulting: The Ultimate Client Connection	Bob Moore
2005	SU 408	Coaching Olympic and Business Athletes	Jan Larsen
2005	W 411	Communicating Effectively Across Cultures: The Language Factor	Joe McVeigh
2005	SU 414	Cracking the Elusive Sales Code: The Seven Strategies of Power Selling	George Ludwig
2005	W 314	Crucial Confrontations: Never Walk Away From A Problem Again	Joseph Grenny

2005	TU 213	First Do No Harm: Avoiding Diversity Land Mines	Susan Gray, Cristina Wildermuth
2005	TU 219	Generational Product Development: Create Saleable Products from One Core Product	Richard Parker
2005	TU 220	Getting to Yes! Four Questions You Must Answer Before a Prospect Asks	Rob Levinson
2005	W 213	Grit with Grace: The Courageous HR/OD Professional	Pat McLagan
2005	SU 403	How Consulting Resource Management Will Impact Your Sales and Your Client's Satisfaction	Bob Brown
2005	M 218	How to Get Published for Instant Credibility	Elaine Biech, Kristin Arnold, Rex Davenport, Martin Delahoussaye
2005	M 103	How to Write a $250, 000 Proposal in Less Than Three Hours	Bob Pike
2005	SU 207	ICA Welcome--50 Rapid-Fire Questions Panel	David Shore
2005	M 214	Keep Your Email From Becoming a Legal Pain in the Net	Patricia Eyres
2005	TU 408	Leadership Presence: Dramatic Techniques to Reach Out, Motivate, and Inspire	Sean Kavanagh, Belle Halpern
2005	M 104	Leveraging Technology for Your Consulting Practice	Debbie Foster
2005	TU 117	Leveraging the Seven Key Variables to Boost Seminar Attendance	Ralph Elliot
2005	SU 301	Mergers and Acquisitions: The Consultant's Goldmine	John Nelson
2005	SU 410	Neuro-Linguistic Programming: Manage Yourself, Talk to Others	Wyatt Woodsmall, Bert Feustel
2005	M 316	Powerful Pricing Practices to Catapult Your Success	Sharon Youngblood
2005	SU 311	Prisoners of Our Thoughts: Viktor Frankl's Principles at Work	Alex Pattakos
2005	W 212	Resolve Conflict, Bridge Differences, and Build Stronger Working Relationships	Amy Fox, Michael Rosenthal, Donny Ebenstein
2005	SU 402	Selling for Consultants Who Sell Consulting	Alan Zell
2005	TU 413	Social Intelligence: The New Paradigm for Personal and Career Success	Karl Albrecht
2005	W 112	The Art of Speaking	Jean Findlater
2005	SU 318	The Complete Trainer: It's a Process, Not an Event	Bob Pike
2005	SU 302	Three Essential Strategies for Developing a Unique and Sustainable Competitive Advantage	David Shore

2005	SU 213	What Every Training and Performance Professional Should Know About Copyrights	Francine Ward
2006	SU212	Ten Strategies for Communicating in the C-Suite	Dianna Booher
2006	SU317	From Victim to Victorious	André Vermeulen
2006	SU318	Straight Executives Come Out in Support of GLBT Employees	Martin Finkle, Amy Zuckerman
2006	SU404	Secrets of a Theater Director: Inspiring Award-Winning Performance	Karen Willis
2006	M118	Get Past the Myths About Copyrights and Trademarks	Francine Ward
2006	M219	Mastering Vendor Negotiations	Michael Rosenthal, Donny Ebenstein
2006	M307	Three Deep Breaths: Skills for Peak Performance and Vitality	Thomas Crum
2006	TU217	Courageous Leaps: Become a Lion In a World of Sheep	Pam Walsh
2006	TU317	Organizational Politics: Positive and Ethical Strategies for Surviving and Thriving	Ronnie Kurchner-Hawkins, Rima Miller
2006	W113	Communicating Up, Down, and Across the Organization: Influencing Stakeholders to Gain Support	Susan Mason
2006	W216	The Creativity and Strategic Thinking Toolkit: Essentials for Maintaining a Competitive Edge	Ann Herrmann-Nehdi
2006	W304	Relating Dance to Communication: Lessons from the Argentine Tango	Jewel Ray Chaudhuri
2006	W316	Whale Done! The Power of Positive Relationships	Chuck Tompkins, Thad Lacinak, Cathy Huett
2007	SU206	10 Steps to Successful Project Management	Lou Russell
2007	SU219	The First 60 Days: Seven Things to Do as a New Learning Leader	Jeff Lucas, Tracy Cox
2007	SU318	Appreciative Coaching: A Positive Model for Change	Ann Clancy, Jacqueline Binkert, Sara Orem
2007	SU406	Improvisation for Leaders of Organizational Change	Maureen Kelly
2007	SU419	On Your Feet or From Your Seat: Presenting and Proposing to the C-Suite	Cynthia Maxey, Kevin O'Connor
2007	SU420	Speak to Be Heard! Communication Strategies That Get Results	Stacey Hanke

2007	M119	Right Brain Accounting: The New Way to Foster Organizational Communication	Peter Frampton
2007	M218	Consulting Skills: Becoming an Internal Strategic Partner	Mary Jo Huard
2007	M219	Network Learning: Develop Managers and Leaders, Activate Knowledge, and Improve Performance	Hanne Vibeke Moltke
2007	M305	Training Tips From Tinseltown: How Hollywood Can Save the Training Industry	Andrew Janning
2007	M319	Discover the Secrets to Protecting Your Valuable Copyrights and Trademarks?Without A Lawyer! Part 1	Francine Ward JD
2007	TU119	Optimizing Your Work-Life Balance	Michael Dunphy
2007	TU120	Increasing Trust, Effectiveness, and Results for Individuals and Organizations	Gary Eyring, Karen Tuff
2007	TU218	Applying EQ to Survive and Thrive	Roger Pease, Valerie Pease
2007	TU219	Exemplary Performance: Your Competitive Edge	Jennifer Naughton, Terri Smith, Ph.D, SPHR Ph.D., Tiffani Payne MAOM, William Rothwell Ph.D.
2007	TU306	Three Deep Breaths: Finding Power and Purpose in a Stressed-Out World	Thomas Crum
2007	W319	LeaderMind: Benefit More from Your Own Mind, Be Aware of the Power within You	Deniz Senelt
2007	W109	Cultivating a Wise Response: Leadership for Career and Life Success	Dan Clemens, Dan Clemens
2007	W119	Creative Leadership for Fostering Innovation	Etsuko Ogiso, Yasuo Takayama
2007	W218	Just Enough: Project Management for the HR Professional	John Rahiya PMP
2007	W219	I'd Love A Balanced Life, But I Haven't the Time	Gerry Beamish
2007	W305	Team Creativity Disney Style	Joel Strack
2008	SU102	Optimizing Your Work-Life Balance	Michael Dunphy
2008	SU123	Beyond Time Management	Mark Reynolds
2008	SU124	Executive Coaching: Can You Afford an Uninformed Decision?	Sue Lindgren
2008	SU223	Kaikaku: Building Innovation Skills in Japan	Etsuko Ogiso
2008	SU308	Neurobics	André Vermeulen

2008	SU309	Critical Thinking Skills for Trainers	Lori Glander, Marjorie Treu
2008	SU323	Mastering Professional Networking: Turning Relationships into Lifelong Assets	Neusa Hirota
2008	SU324	Getting to the Heart of the Matter	Dennis Matthies
2008	SU325	LeaderMind: Benefit More from Your Own Mind; Be Aware of the Power within You	Deniz Senelt
2008	CM202	Networking is About Making Great Connections	Peter Kendall
2008	CM101	Approaching Your Job Search from Your Heart	Peggy Titus-Hall
2008	CM102	Take Charge of Your Career	Marshall Brown
2008	M123	How to Speak with Senior Leaders with Authority and Research	Scott Blanchard
2008	CM201	Trainer Outsourcing: A Gateway to Career Opportunities	Jeanne Picardi
2008	M324	Living a Centered Life: Tools for Living and Working in Stressful Environments	Thomas Crum
2008	M325	Moving Beyond One-to-One: Essential Tools for Coaching Teams with Impact	Paul Sherman, Phillip Sandahl
2008	M326	Copyright Basics for Learning Professionals	Francine Ward
2008	TU123	Working with Consultants: Moving from Conflict to Partnership	Charlene Zeiberg, Joanne Polichetti
2008	CT101	Secrets of a Professional Resume Writer: Advanced Strategies that Get Results!	Ross Macpherson
2008	CT102	F-A-N-C-Y Strategies for Navigating Your On-Line Job Search	Timi Gleason
2008	CT201	Been There, Done That, What' s Next? -- Career Options for Seasoned T&D Professionals	Anne Hull
2008	TU222	"No": The Most Effective Word for Managing Your Workload	Kathleen Barton MBA
2008	CT202	Behavioral Interviewing - A Key to Effectively Being Hired and Hiring	Sharon Armstrong
2008	TU323	New Pathways to Develop Coaching Skills	John Zenger
2008	W123	Creating Executive Presence: Communicate with Confidence® in the C-Suite	Dianna Booher
2008	CW101	Why Should I Hire You? How to Answer This Question Before It' s Even Asked	Daisy Swan
2008	W220	Evolution Is the Next Work Revolution: Are You Prepared?	Patricia DiVecchio
2008	W221	Staying Away from the Dark Side: Developing Political Savvy	Nan Russell
2008	CW201	Preparing for the Three Basic Things Interviewers Want to Know About You	Carl Wellenstein

2008	W309	An Innovative Kick in the Pants: Unlocking Creativity and Innovation for You and Your Business	Aviva Mohilner, Simon Bray
2008	W324	What No One Tells You about Becoming an Independent Consultant	Barbara Stennes, C. Michael Ferraro, Christine Gatti, Julie Straw, Sharon Wingron CPLP
2008	W325	Barriers to Training Implementation: They're Just Criminal!	Parimal Gandhi

이러닝(E-Learning)

연도	Session ID	Session 명	발표자
2004	Workshop B	The Blended Learning Solution: Seven Steps for Combining Participant-Centered Classroom Learning with E-Learning Solutions	Dave Arch
2004	Workshop 4	Business Strategy for E-Learning: A Practical Introduction	Saul Carliner
2004	SU210	Using Blended Learning for Sustained Problem-Solving Results at American Honda Motors	Godfrey Parkin, Leon Ronzana, Wayne Stottler
2004	SU315	Calculating the Total Cost of E-Learning	Eric Parks
2004	SU308	Crafting a Savvy E-Learning Request for Proposal	Karl Kapp
2004	SU411	CSI Hong Kong: Anatomy of an E-Learning Program	Andy Yip
2004	SU418	Linking Learning &Performance in the National e-Learning Project in Taiwan	Thomas Chiu, Claire Hsieh, Dennis Wang
2004	M112	Developing Future Leaders at Hyundai Motor Company Through Blended Learning	Chris Choi
2004	M108	Don't Make Your E-Learning Users Into Losers	George Piskurich
2004	M110	Going Mobile: Learning Objects on the Run	Clark Quinn
2004	M115	Harvesting Knowledge at Xerox	George Barnes, Karen Johnson
2004	M208	E-Learning Courseware Evaluation: Tools and Tactics	Le'a Kent
2004	TU208	Keys to Successful E-Learning Implementation	Lance Dublin

2004	TU308	Repurposing Content: How to Make Good Material Work Again and Again	Speaker(s), Saul Carliner, Margaret Driscoll
2004	TU405	So You Bought an LMS. Now What?	Paula Moreira
2004	TU511	Blended Coaching Methods: How to Make it Work	Karen Mantyla
2004	W107	Improve Your E-Learning With Performance Support and Knowledge Management Innovations	Craig Marion
2004	W114	Leveraging E-Learning to Promote Transfer: A Research-Based Approach	Will Thalheimer
2004	W104	What Every Manager Must Know About E-Learning	Marc Rosenberg
2004	W206	Accessible E-Learning: The Text-Only Alternative	John Low, Rosalind Mehra
2004	W306	E-Learning Best Practices: Empire BlueCross BlueShield Pushes the Envelope	Francine Hunt, Lela Rotondo
2004	W411	Building a Virtual University	Rob Henderson
2004	TH206	Collaborative Technologies Supercharge Informal Learning	Jay Cross
2004	TH211	Collaborative Technologies: Dissected, Discussed, Demystified	Liz Winfeld
2005	Workshop 3	E-Learning Strategy 101: Designing an Effective Roadmap for the Enterprise	Gerry Lang, Keith Hazen
2005	SU 304	Clients Are From Mars, Vendors Are From Venus	Karl Kapp
2005	W 215	Deriving Productivity and Financial Benefits From e-Learning at Cisco	Nader Nanjiani, Tom Kelly
2005	M 120	e-Learning e-Volution: Keeping Your e-Learning Strategy In-Sync with Your Organization' s Needs	Lance Dublin
2005	TU 309	E-Learning in Europe: Results and Recommendation	Peter Littig
2005	SU 206	E-Learning Maintenance Strategies: Why You Need One	Coley O'Brien
2005	W 214	E-Learning: Fast, Cheap, and Good?Yes You Can Have It All!	George Piskurich
2005	TU 216	Forget What You Know About Instructional Design and Do Something Interesting	Michael Allen
2005	TH 204	From Apathy to Application: Four Strategies for Effective Blended Learning	Dan Glaser, Jamie Grettum
2005	SU 216	Future of Standards in the E-Learning Industry : e-learning	Ed Cohen
2005	M 208	Keeping Your Learning Strategy in Balance With Enterprise Learning Technologies	Bryan Chapman

2005	SU 220	Metaphors, Taxonomies and Metrics in Online Learning Design	David Shoemaker
2005	TU 406	No More Page Turners!	Kelly Pounds, Robert Allen
2005	W 107	Promoting Collaboration With Online Tools: Empirical Research, Practice, and Theory	Michael Doerk, Stephen Garcia
2005	W 206	The Visual Impact Zone: Leveraging Visuals for More Effective Learning	John Low, Beth Borko, John Carney
2005	W 308	Twelve Principles You Need to Know to Create E-Learning Content	Jeffrey Harris
2005	W 315	Virtual Collaboration: What's New on the Horizon?	David Robins, Garry Orsolini
2005	M 309	What Every Manager Must Know About E-Learning	Marc Rosenberg
2005	M 113	Workforce Connections On-Line Knowledge to Go	William Peratino, Courtney Cox, Michael Gerwitz
2006	SU207	Beyond E-Learning: New Approaches for Managing and Delivering Knowledge	Marc Rosenberg
2006	SU208	Training and Working in Multicultural Environments	Alfredo de Castro
2006	SU209	Top 10 Secrets to Developing an Engagement and Feedback Model for E-Learning	Jamie Barron
2006	SU308	Open the Door to More Creative E-Learning	Claudia Escribano, Heather Porterfield
2006	SU309	Serious Games and Simulations: Adding Entertainment to Education	Bjorn Billhardt
2006	SU410	Managed Learning Services: Leveraging Technology and Training Outsourcing	John Shrader
2006	SU418	The Beauty of Knowledge: Comprehensive E-Learning for 600, 000 Avon Representatives	Michael Noble, Barbara Burlingame
2006	M111	Podcasting: The Next Big Thing in E-Learning and Mobile Training	Anders Gronstedt
2006	M202	Forget Everything You Know About Instructional Design and Do Something Interesting	Michael Allen
2006	M313	Rapid E-Learning: What Works?	Jo-Ann Killinger, Josh Bersin A. Caputo, G. Cook
2006	TU209	Highly Efficient Online Learning Models for Small-to-Medium-Sized Organizations	Bryan Chapman
2006	TU216	Understanding the New Media: GIFs, JPEGs, Streaming Video, and More	Jenny Green
2006	TU312	Rapid Acclimation: IBM' s Innovative Approach to Training New Employees	Mary Ann Bopp, Maura Wasson
2006	TU313	Keys to Successful E-Learning Implementation: Motivating Learners and Engaging Organizations	Lance Dublin

2006	W108	Data Mining in E-Learning: Finally Some Solid Facts About Learning	Gideon Zailer
2006	W208	Emerging E-Learning: Innovative Content and Technologies for the Next Five Years	Gary Woodill
2007	SU201	Beyond E-Learning: New Approaches to Managing and Delivering Organizational Knowledge	Marc Rosenberg
2007	SU210	How to Commit 7, 000 Employees To the Customer	Jorge Garcia, Victoriano Isasi
2007	SU211	Avoiding a Learning Technology Nightmare	Dave Brent, Pat Roue, William Finegan
2007	SU302	10 Ways to Better Blended Learning for Knowledge Workers	Deborah Stone, Steven Villachica
2007	SU309	E-Learning 2.0	Tony Karrer
2007	SU409	Hitting a Moving Target: Serving the Mobile Learner	Bob Lee
2007	SU410	Creating Flow in Distance Education	Dennis Glenn
2007	M102	Keys To Successful E-Learning Implementation: Motivating Learners, Managers, and Organizations	Lance Dublin
2007	M110	The Organizational Lost Jewel or, What Is Informal Training?	Filipe Carrera, Filipe Carrera, Filipe Carrera
2007	M111	Transforming Frontline Performance with Podcasting	Anders Gronstedt Dr.
2007	M202	Forget What You Know About Instructional Design and Do Something Interesting	Michael Allen
2007	M209	Informal and Work-Flow E-Learning Design	Neil Lasher MSc AIMC MinstD FRI
2007	M310	Effectively Outsourcing Your E-Learning Requirements to a Vendor: A Rigorous Approach	Vivek Agarwal, Subroto Banerjee
2007	TU110	Using E-Learning to Improve Your Instructors' Teaching Skills	Melinda Jackson, William Lee
2007	TU111	Levelling About the Levels: How Technology Is Changing Analysis and Evaluation	Allison Rossett
2007	TU205	Technologies of Cooperation and Collaboration	Gary Woodill
2007	TU209	Maximizing the Power of Role-Play Simulations in E-Learning	Mark Budke, Steve Wellington
2007	W313	The Power of the People: Learning Revolution 2.0	Charles Beckham, Karie Willyerd

2007	W209	Instructional Systems Design vs. Rapid Prototyping: The Great Debate	Mark Steiner
2008	SU101	E-Learning and the Science of Instruction	Ruth Clark
2008	SU112	Microsoft' s Answer to a Global Management Development Dilemma	Julie Martin, Mary Alida Brisk
2008	SU201	Beyond E-Learning: New Approaches to Managing and Delivering Organizational Knowledge	Marc Rosenberg
2008	SU211	The Cognos Curriculum: Finding the Right Balance for a Blended-Learning System	Colleen Armstrong, Janice Cooney
2008	SU313	Keeping Interactivity at the Center of Rapid Development	Bryan Chapman
2008	M112	Learning in the Virtual World of Second Life	Anders Gronstedt Dr.
2008	M210	Evolutionary Development for DoD Training	Patrick Wills, Sue Stein
2008	M211	E-Learning in the Middle East	Ahmad Al-Failakawi
2008	M302	Forget What You Know About Instructional Design and Do Something Interesting!	Michael Allen
2008	M304	Learning's Perfect Storm: Are We Ready?	Charles Beckham, Karie Willyerd
2008	M313	E-Learning 2.0 for Personal and Group Learning	Tony Karrer
2008	M314	Offshore E-Learning: Cultural Challenges, Opportunities, and Solutions	Andrea Edmundson CPLP
2008	TU111	The Virtual Facilitator: Creating Interactive Online Learning Experiences	Cynthia Clay
2008	TU112	AT&T' s Approach to Maximizing Impact in the Virtual Classroom	Carmen Taran, Howard Lewis CPT
2008	TU205	Off-the-Chart Results: Successful Sales Training through a Blended Learning Solution	James Jennings, Lorna Riley
2008	TU210	How Do Executives Really Evaluate Distance Training?	Paul Hardt
2008	TU313	Learning 2.0: Mobile, Rapid, Immersive, Collaborative, and Non-Formal	Lance Dublin
2008	TU314	Why Your Brain Loves Video Games &the Implications for E-Learning	Julie Dirksen
2008	W104	Formal vs. Informal Learning: Is the Course Dead?	David Shoemaker
2008	W111	Immersive E-Learning Simulations for Wachovia Customer Service Training	Ben Hughes, Jennifer Jageler
2008	W313	Serious Learning with Serious Games	Anne Derryberry

부록 2 한국의 ASTD 참가 역사

우리나라는 지난 1994년 ASTD 학회에 처음으로 참가한 이래로 해마다 참가 인원이 증가하여 2007, 2008년의 경우 외국인 제 1 참가국을 기록하고 있다(2007년의 경우 캐나다 196명, 일본 178명, 쿠웨이트 122명, 네덜랜드 71명 참석). 아래 표는 최근 5년 동안의 대회 장소와 우리나라 참가 인원을 정리한 것이다.

ASTD의 연도별 대회 장소 및 한국인 참가 인원

연도	대회 장소	한국인 참가 인원
2004년	워싱턴	328
2005년	올랜도	327
2006년	댈러스	346
2007년	애틀랜타	432
2008년	샌디에고	442

찾아보기

《인 명》

Bersin, J. 54
Biech, E. 135
Bingham, T. 49
Blair, D. 24
Booher, D. 296
Buckingham, M. 165

Clark, R. 185
Collins, J. 122
Cooperrider, D. 145

Damasio, A. 140
De Geus, A. 138
DiVecchio, P. 282

Frankl, V. 282

Galdwell, M. 161
Galenson, D. 162
Goodnight, J. 275

Hirota, N. 291

Israelite, L. 186

Kanter, R. 134
Kelly, R. 182
Kirkpatrick, D. 236
Kotter, J. 134
Krock, R. 148

Marshak, R. J. 128
McLagan, P. A. 20

McLean, P. 196, 205
Modis, T. 80
Morgan, G. 138

O' Driscoll, T. 24
Ogilby, D. 148
Otto, K. 138

Pessemier, M. 201
Phillips, J. 236

Robinson, D. G. 219

Schein, E. 227
Seligman, M. 146
Shoemaker, D. 179
Srivastva, S. 145
Stevenson, D. 201
Sugrue, B. 24

Ulich, D. 134

《내 용》

4단계 프로페셔널 네트워킹 마스터 기법 292
ASTD 15
ASTD 국제학술대회 15
ASTD 역량모형 32
CLO 59
HRD 실천모형 205
HRD 훈련투자모형 69
ROI 평가 250
stay factor 154
WLP 성과표 74
WLP의 개념 24
X세대 114, 171
Y세대 171
'No' 라고 말하기 288

강점 기반 조직개발(AI) 121, 143, 307
강점혁명 160, 306
개념적 혁신자 162
개인 간 상호연계 리더십 86
개인 내적인 리더십 86
개인 역량 38
개인 지원 학습 176
개인계발계획 61
결점 기반 변화 관점 144

결핍주의모형 306
경력개발(CD) 21
경력충족 169
경성자료 246
경영성과 51
경영성과 중심의 평가 257
공존지수(NQ) 291
과정모형 HRD 30
교수 방법 185
교수체제설계(ISD) 201
구조적 저항 127
균형성과표(BSC) 74
글로벌 리더십 106
긍정심리학 146
긍정적 변화 관점 144
긍정혁명 306
기대수익률(ROE) 258
기업대학 63
기업의 사회적 책임 98
기업합병 124
기초 역량 35

내용모형 HRD 30
뇌의 삼위일체설 197

다세대통용 학습 194
대뇌신피질 197
대인관계 역량 36

리더십 개발 79

마케팅전쟁 147
마태복음 효과 165
매체 185
몰입 96
무형식 학습 175
문화합병 124
밀레니엄 세대 114, 171

베이비붐 세대 113, 171
변연계 197
변화 저항 요인 126
변화관리 134
비즈니스 성과운영모형 67
비즈니스 코칭 117

사회 · 문화적 저항 127
사회적 기대 131
샌드위치 접근 289
성공사례기법(SCM) 264
성과 24, 206
성과 개선 205
성과 컨설턴트 207
성과 컨설팅 211
성과 컨설팅 2.0 시대 216
성과맵 72
수행공학 205, 208
스케줄 관리 285

스토리텔링 199
스트레스 관리 293
시각자료 185
시간관리 285
신체의 최적화 280
실험적 혁신자 162
심리적 저항 127

액션 러닝 102
얼라인먼트 51, 52
얼라인먼트 모형 224
역량 중심 HRD 167
연방형 HRD 거버넌스모형 64
연성자료 246
온보딩 프로그램 155
의사소통 296
이성적 저항 127
이야기 연기법 200
인사관리 152
인재경영 150, 152
인재관리 220
인재배치 62
인재예측 61
인재육성 62
인재육성형 리더십 91
인재전쟁 147
인재진단 62
인적자원 휠 모형 20, 21
인적자원개발(HRD) 20, 21
인적자원개발학회(AHRD) 31
인적자원관리(HRM) 21, 152
인터벤션 28
일과 삶의 균형(WLB) 274, 275
일과 삶의 조화(WLH) 278
일터 174
일터학습과 성과(WLP) 23, 28
일터학습성과모형 23

전문분야 38
전문역할 39
조직 지원 학습 176
조직개발(OD) 21
조직과 구성원이 함께하는 변화관리모형 137
조직문화 122, 228
지속가능경영 151
지원적 거절 290
직무 스트레스 293
직무만족 169
진화경영 138
집단 간 리더십 87
집단 내 리더십 87

창의적 리더십센터(CCL) 80
창의적 제안을 통한 거절 290
책무성 사다리 223
추세선 분석 255

커크패트릭의 4수준 평가모형 236

태도의 최적화 278
투자수익률(ROI) 235

파충류 뇌 197
팔로우업 104
평균의 지배 261
품질경쟁 147

학습 24
학습 브랜드 61
학습 서비스 64
학습문화 54
학습성과 전문자격(CPLP) 40
핵심평과지표(KPI) 246
행동관찰조사(BOS) 118
헌신 158
헌신관리의 최적화 281
현재시점 거절 290
협상을 통한 거절 290
효율화 51
훈련 · 개발(T&D) 21

저자 소개

• 오헌석

서울대학교 사범대학 국민윤리교육과, 동 대학교 대학원 교육학과를 졸업하고 미국 미네소타 대학교에서 인적자원개발 박사학위를 취득하였다. 현재 서울대학교 교육학과 교수로 재직 중이며 서울대학교 한국인적자원연구센터의 소장을 맡고 있다. 2005년부터 한국능률협회 ASTD 코디네이터 교수로 참여했으며, 한국인력개발학회 인력개발연구 편집위원장을 맡고 있다.

ASTD 인적자원개발 트렌드

2009년 9월 21일 1판 1쇄 발행
2013년 9월 25일 1판 5쇄 발행

지은이 • 오 헌 석
펴낸이 • 김 진 환
펴낸곳 • (주) 학지사
121-837 서울시 마포구 서교동 352-29 마인드월드빌딩 5층
대표전화 • 02) 330-5114 팩스 • 02) 324-2345
등록번호 • 제313-2006-000265호

홈페이지 • http://www.hakjisa.co.kr
커뮤니티 • http://cafe.naver.com/hakjisa

ISBN 978-89-6330-159-4 93370

정가 16,000원

저자와의 협약으로 인지는 생략합니다.
파본은 구입처에서 교환하여 드립니다.